谋杀灵感

冯 锐 著

群众出版社

·北 京·

图书在版编目（CIP）数据

谋杀灵感／冯锐著. —北京：群众出版社，2019.

ISBN 978－7－5014－5917－9

Ⅰ.①谋…　Ⅱ.①冯…　Ⅲ.①纪实文学—作品集—中国—当代　Ⅳ.①I25

中国版本图书馆CIP数据核字（2018）第289262号

谋杀灵感

冯　锐　著

出版发行：群众出版社

地　　址：北京市丰台区方庄芳星园三区15号楼

邮政编码：100078

经　　销：新华书店

印　　刷：天津盛辉印刷有限公司

版　　次：2019年1月第1版

印　　次：2019年1月第1次

印　　张：23

开　　本：787毫米×1092毫米　1/16

字　　数：387千字

书　　号：ISBN 978－7－5014－5917－9

定　　价：48.00元

网　　址：www.qzcbs.com

电子邮箱：qzcbs@sohu.com

营销中心电话：010－83903254

读者服务部电话（门市）：010－83903257

警官读者俱乐部电话（网购、邮购）：010－83903253

啄木鸟杂志社电话：010－83903494

自　序

冯　锐

首先，感谢《啄木鸟》杂志社把我的这些作品搜集整理成册，并由群众出版社出版。

对于偶入文字行当，学生时期作文质量很差又不得不以此为生的人来说，除了起早贪黑刻苦奋斗别无选择。这本文集收录的文章，选自公安文学刊物稿费最高的《人民警察》《东方剑》两本杂志。为了让文章登上这两本杂志，在经历了连续两年，多篇稿子被毙后，《血腥泥沼》终于在2002年年底的时候发表了。2002年的时候我27岁，《血腥泥沼》刊发8000字左右，稿费1500元，而当时在我生活的城市齐齐哈尔，房价每平方米1000元左右。

作为那个城市公安机关的宣传干事，经常需要招待各路媒体，但直到离开那个单位也未曾报销过一毛钱招待费，而我的稿费是实现一次次盛情招待的源泉，当然也是给女儿买奶粉和饼干的源泉。

快乐与意气风发之势都是短暂的。其他小杂志可以满足生活补贴，稿费最高的《人民警察》《东方剑》却是一直很难被采用。随后四年的投稿，又是大量文章被毙掉，其间仅仅有三篇文章刊发。自2007年开始，终于步入相对成熟、顺利的发稿模式，也曾有过连续每月一篇，甚至一个月用不同笔名发两篇的情况。这个时候，追求稿费的目的已经和文学之乐趣并列第一位了。

常年沉浸于各种工作调研材料之中，经常会感觉身心疲惫，有时也会感觉生活目标的迷茫。2010年秋天，6岁的女儿来哈尔滨看望孤独的我。后半夜的时候，我还在挑灯夜战写作大庆公安改革内参经验，躲在小被子里熟睡的妮妮几次醒来说“爸爸睡吧”，最后一次说“你真用功啊”便不再理我了。

工作材料写到夜深人静后往往难以入睡。这个时候，我会在深夜打开文字的另一扇门，为《午夜短信》《风雪断魂穹》《胭脂脸》之类的文章增加个千八百字，那些文字给我的感觉信马由缰、畅快淋漓，令因公文写作而紧张的神经松弛、快乐、平静起来，随后的疲惫感会带我入眠。这样的状态，我将其总结为“文字大练兵”“文字拉练”，作文基础不佳的状况因此得到了一定缓解。第一部长篇小说《胭脂脸》发表后，厅机关老大哥建伟说：“嗯，看出来了，后半部开始会写啦……”

没错啊，建伟大哥说得特对，因为他看出了我的外行与努力。文字对我来说是在写作中学习写作，在战斗中学会战斗的过程……这个活计比较艰苦，尤其是对我这样笨手笨脚又有点儿热情奔放的人来说更是这样。热爱是最好的老师。好在我是发自内心的热爱这个职业，让我抓捕的时候用力奔跑，让我码字儿就全力以赴。我曾经给自己总结：除了与警察两个字有关的东西，其他我一个字儿也写不出来。

基础在那儿呢，所以请原谅这本文集的诸多不足处。这本文集也仅仅见证了一段没有虚度的青春而已……

目录 CONTENTS

变脸毒玫瑰

引子

护士慢慢为张颖揭去脸上的纱布，露出了整容后的瓜子脸，主刀男医生何杰递过来一面镜子放在她的面前："非常成功，比我预想的还要成功，和你要求的一样。"

张颖注视着镜子里全新的自己，面色平静，眼神中带着几丝忧伤和憔悴，她摸了摸自己全新的脸庞，顺手牵过一缕滑落脸颊的长发，里边有一缕白发，她对着镜子无奈地叹息。医生则一脸轻松："有点白发不要紧，染了不就成了，现在黑头发能染成五颜六色呢，你这几根白头发不算什么。"

张颖面无表情地看了看医生，即使是表达感激也依然面无表情："谢谢你医生，没想到你的医术这么好，我出院后请您吃饭，好好感谢您一下……"

医生："谢谢，我一定接受，过几天你就可以出院了，没有问题。"

医生一边说，一边和护士走出病房。走到门口，他又回头看看自己的作品，嘴角抽动了一下，那种表情似乎是在表明他对自己的作品相当满意。

张颖独自坐着发了一会儿呆，随后从包里取出一张她自己过去的照片，她目不转睛地注视着过去的自己，随后把那张照片撕得粉碎，扔进废纸篓里。张颖来到镜子前，又仔细观察了一下那张全新的脸，冷笑了一下。

一、感谢你，给了我一张令我满意的脸

张颖撕碎自己照片的时候，市公安局清网办正在召开与抓捕她有关的会议，张颖的照片放大后清晰地呈现在背投屏幕上，众多侦查员都眉头紧锁，对于禁毒支队支队长孟良来说，张颖是他的老熟人了，但却是一直没有见过面的老熟人。2003年的时候，他还是禁毒支队副支队长。当年，除了张颖本人，她为首的那个贩毒团伙几乎被一网打尽。孟良在心里念叨着：这个奸诈的女人，这么多年怎么一点人影都没有？

张颖曾是非常有名气的“女毒枭”。当年全市几乎所有的摇头丸、K粉、冰毒都来源于她，而且她还垄断着全省西部地区的毒品市场。这个女人的确狡猾得不得了，她逃走的时候，手里还有大量赃款，生存应该不是问题，孟良他们这么多年始终在搜索她的踪迹，但没有任何收获。

张颖逃走的时候，女儿才两岁，现在她的女儿佩佩已经读小学四年级了，所在学校是一个学费很高的寄宿学校。佩佩的父亲刘宇是一名厨师，按理说是供不起女儿读贵族学校的，孟良一直怀疑他们父女俩和张颖有联系，但这么多年始终没有发现任何蛛丝马迹。

这次会上，刑侦局长赵刚提出：市局逃犯库存已经降到很低了，像张颖这样的重点逃犯，无论如何也得想办法抓捕到位。现在要把过去所做的工作重新梳理一下，重新确定工作措施。

在孟良看来，抓捕张颖要想取得突破，还是应该从张颖的女儿佩佩那里入手，仔细分析一下佩佩父亲收入和支出情况的矛盾之处，他要是供养不起女儿上贵族学校，那就说明张颖一直在幕后提供支援。为此，孟良已经围绕佩佩制定了一系列工作方案，他在会上进行了详细汇报，赵刚听完汇报后提出：我有一个想法，你们再研究一下，是否可以开展一些化装侦查，派人深入佩佩和她父亲刘宇身边，我觉得这样一定能够发现一些关键线索。

孟良觉得赵刚局长的建议非常好，而且完全具有可行性，他当即表示要认真研究一下，待时机成熟后立即开展这方面的工作。

“感谢你，给了我一张令我满意的脸……”

“不、不，你那么多钱，没白花就行。我说心里话，你原来的脸就很漂亮，为什么要改呢？而且，我手术时能看出来，你这已经不是第一次整

容了。”

“也许，这张脸看腻歪了，我还会改变……到时候，还找你帮忙……”

灯光幽暗，张颖与医生何杰对餐盘里的东西似乎都很心不在焉。说是因为感谢而宴请何杰，张颖的表情始终平平淡淡，何杰则总是想方设法寻找轻松愉快的话题，却始终未能改变张颖的情绪。

“你好像总是心事重重啊！”

“是吗，我从小到大都是这样，和我吃饭是不是不大开心？”

“不、不，和你这样的美女在一起，无论怎样都是开心的！”

张颖微微笑了一下，这么长时间以来唯一一次流露出了一丝开心的笑容，然后便用带着几分叵测和几分挑逗的眼神望着何杰：“我，是你的作品，有时间，要多来照看自己的作品……”

听了张颖的一番话，何杰顿时来了精神：“随叫随到，我恨不得天天和我的作品在一起。”

“真的？”

“真的！”

何杰郑重地点头。两人举起酒杯碰了一下，然后一饮而尽。

“佩佩这孩子，性格非常内向，平时也不愿意和同学交流，学习成绩一般，但乒乓球打得很好。”

听了佩佩老师的话，孟良和同来的女警海玲对视了一下。海玲随后走出校长办公室，拨通了赵刚的电话：“赵局，佩佩的老师说她喜欢打乒乓球，我看我今天就留在这儿吧，我乒乓球可是专业级别的，再说我女儿和佩佩年龄相仿，和她沟通起来应该比较容易。”

赵刚立即表态：“行，我看这件事情宜早不宜迟，你有信心就留下吧。打乒乓球，清网办这边还真就只有你有那两下子。把你在家里没有充分发挥出来的母爱，在那个小女孩身上好好发挥一下吧！”

校长办公室内，孟良把与佩佩妈妈有关的案件情况，详细地对校长和佩佩老师讲述了一遍，并拜托他们一定要保密。

孟良说这番话的时候，海玲走了进来，她在孟良耳边嘀咕了一阵子，把她和赵局沟通的情况都说了。孟良听后点点头，接着对校长说：“下一步，我们想围绕佩佩开展些贴靠工作，就是我们公安机关派这位女警官伪装成老师，和她接触一阵子，看看能否发现一些情况。”

听到孟良的想法，校长的表情略显复杂，他沉默了足足有一分钟的时间，然后表态："我们会支持你们的工作，但是我有一个要求，你们可以伪装成教师的身份和佩佩接触，但从开始到结束不要露出任何破绽，也就是说，来了又走了，要做到就像没来过一样才行，我不希望你们公安机关的工作给佩佩和我们的教学，以及孩子们带来任何不必要的影响，能理解我的意思吧?"

孟良对于校长的忧虑非常理解，他对校长表示："我们明白您的意思，您放心，我们也不想因为我们工作的原因，给孩子们带来任何情绪波动!"

"那就好，这位女警官，你看看你能教学生哪门功课呢?"校长转而问海玲，海玲笑着说："我可以当体育老师，教别的我觉得会误人子弟，您看是否可以?"

校长对此非常赞同，立即说："这个，我看很恰当，那就这么办吧!"

在那所学校的体育馆内，海玲第一次见到了佩佩。

海玲注视着正在打乒乓球的佩佩，她的球技相当不错，却发现这个孩子赢球的时候没有应有的那种兴奋，而在输球的时候，情绪也没有任何波动。打完球后回到旁边的座位上，也不和其他孩子说笑，只是静静地坐在那里，一声不吭。

"你的球，打得不错啊!"

海玲主动搭话，佩佩看了她一眼，然后躲开了海玲的目光，又不吭声了。

"大家静一下，我向大家介绍一下，这是我们学校新来的海玲老师，她的专长就是乒乓球，以后乒乓球课程都由她授课……"

一位老师这样介绍后，同学们响起了表示欢迎的掌声，海玲的注意力还是集中在佩佩那里，她发现她依然默不作声，只是静静地注视着自己，她那小小的身躯显得那样孤单落寞，海玲顿生怜惜之情。海玲决定组织一场全校性的乒乓球比赛，她非常看好佩佩的球技，她相信她一定会取得好名次。

从体育馆出来，海玲直接回到了校长办公室，听了海玲的想法，校长笑着说："你要搞乒乓球比赛?你进入角色真快呀!"

海玲不知道自己这样做，校长是否会同意，她也担心自己的想法会影响学校的正常教学安排，于是进一步主动表态："奖品嘛，我自己掏腰包，不，是我们公安局出，您看会耽误教学吗?"

校长听了以后笑了，对海玲的想法非常支持："不会，我们也愿意定期搞类似的比赛，但很多时候就是缺像你这样一个喜欢张罗的人啊！好，我支持，奖品不用操心，我们学校出，你就拿方案吧！”

听了校长的话，海玲心里很踏实，也很欣慰。她知道，这样一来，自己就会有更多机会和佩佩接触了。

二、不知不觉中，他成了张颖的玩偶

与何杰所有的交往，张颖表面上看起来对一切漫不经心，但心里一直存在着某种预谋，自从她发现何杰这个人对自己有些色心的时候，她的那种预谋就开始了。何杰对此毫不知情，他在不知不觉中成了张颖的玩偶。

走进一家高档表行，张颖为何杰戴上了一块欧米茄：“喜欢吗？送给你！”何杰一脸惊喜：“送给我，这么贵重？”

张颖直盯盯地看着何杰，眼神中掠过一丝说不清的笑意：“这表配你，算是物有所值！”

离开表行，张颖又和何杰来到一家4S店，当何杰看着一辆钟情的SUV出神的时候，张颖将一把车钥匙递给何杰：“送给你！”

这一次，何杰什么也没说，他确定自己碰上了一次难得的艳遇，而且这次艳遇的女主角竟是一个腰缠万贯的女人，他非常乐意这样陪她玩下去，他向她潇洒地一歪头：“上车！”

何杰载着张颖飞驰而去……

夜晚来临，慢摇吧内的灯光扑朔迷离。何杰陪着张颖一番热舞，汗水很快湿透衣衫。这一晚，他看到了自己认识张颖以来，这个女人持续最久的笑容，何杰预感到今晚即将发生什么，但他依然耐心控制着两个人的发展节奏。

在吧台前端着酒杯，何杰头一次问张颖：“你，是做生意的？做什么生意？”

张颖端着酒杯与何杰碰了一下：“做什么生意，做赚钱的生意呗！”

何杰直截了当：“你喜欢我？”

张颖再次与他碰了杯，随后一饮而尽，只是笑着看着他，却什么也不说。

夜深了，一张大床上，何杰与张颖争相裸露自己，他们彼此欲火焚身。这时，张颖突然停了下来，她从包里取出了几粒药片：“吃点这个，会更起劲儿！”

何杰已经没剩下多少理智，仅仅随口问了一句：“这是什么？”

两个人双双吞下药片，重新陷入疯狂之中……

一切渐渐恢复平静，两人睡得都很沉。这种寂静突然被张颖的惊叫声打破："别抓我！你们别抓我，我不是张颖，你们抓错人了……"

何杰与张颖几乎同时惊起，何杰只是感觉到张颖在大喊大叫，并没有注意她喊的是什么，只是安慰说："你做噩梦了，不要紧，不要紧……"

海玲是全局的乒乓球女单冠军，球技精湛。连日来，海玲始终在给佩佩辅导，她相信她一定会在这次比赛中获得好成绩。此时，海玲全身心投入，没有过多地去想工作上的事情，她的女儿和佩佩年龄相仿，她见到佩佩的时候，就像见到了自己的女儿一样。但说实话，海玲这么多年从来没有陪自己的女儿打过一次乒乓球，女侦查员的生活是非常忙碌的，平日里陪女儿的时候，也往往是心不在焉的样子，她的脑海里总是思考着与各种案件和各类嫌疑人有关的问题。海玲总是深怀对女儿的愧疚之情，以至于她见到与女儿同龄的孩子，那种感觉就会升腾起来，那种感觉是无比酸楚的。

海玲见到佩佩的时候，同样产生了一贯的感觉，所以当她和佩佩接触的时候，一种很自然的爱便流露出来。她觉得佩佩的基础这么好，多加把劲儿，拿个名次不是问题。这样一来，海玲辅导佩佩的时候更加专心致志，她尽最大努力帮助佩佩，她衷心地希望佩佩能够拿到一个好名次，甚至是冠军。

佩佩依然不大爱说话，但对海玲非常配合，训练也异常刻苦，每次聆听海玲辅导的时候，这个女孩都会用力点头。一天训练结束后，海玲对佩佩说："比赛那天，把爸爸妈妈都叫来，让他们看着你过关斩将！"

突然间，佩佩僵住了，一阵发呆过后对海玲说："爸爸一定不会有时间……我从小就没见过妈妈，爸爸说妈妈在很远的地方，不能回家，我觉得他一直在骗我……"

话题不经意间触碰到了这样的环节，海玲对佩佩的表现显得有些意外："那么，你觉得妈妈会在哪里呢？"佩佩一副若有所思的样子，那样的表情和她的年龄显得很不相称："我觉得她已经死了，爸爸就是在安慰我，我已经长大了，他骗不了我。"

"爸爸怎么会骗你呢？"海玲随意问到，心里感觉很不是滋味，她觉得可怜的佩佩承担了她这个年龄不应该承担的东西，她的冷静与回答令人心里寒冷，她说："爸爸最会骗我，他有时会和一个女的在一起，让我叫她阿姨，说那位阿姨是他的好朋友。我知道，其实他是想给我找个后妈。”

海玲望着佩佩，一时间语塞……

上午十点左右，负责刘宇餐馆的片儿警小刘陪着孟良来到餐馆，见了餐馆赵老板，他们和赵老板同样详细说明了来意，想请他提供帮助，赵老板对孟良说：“没问题，您这么大个支队长，有事您说话。”孟良的表情略带歉意：“您真客气，真是打扰您了。首先得麻烦您多盯着点刘宇，尤其是他若见什么人，重点是女人，请立即给我打电话。”

赵老板非常爽快，他听了孟良的请求后立即说：“我是从没看见刘宇和他前妻接触，有时聊天也从未听他说过。我的弟弟负责餐馆采买，和后厨接触多。有些事情，孟支队您可以多和他联系，让他多盯着点就行。”

孟良向赵老板表达了谢意，同时提出在抓不到刘宇前妻之前，他和民警可能就要多打扰一阵子，但不会影响餐馆的经营。赵老板听了他这番话，用带有试探性的语气说：“不过，要是这个大厨真的涉嫌包庇之类的，您要动手抓人可别在我这里，我们做生意的，嫌这个晦气，行不?”

孟良听了老板的话当即表示：“您放心，我们会注意这一点的。”

刘宇翻弄着大号炒勺，挥舞着上下翻飞，大勺里不断冒出滚滚火光，一道菜接着一道菜陆续出锅，动作非常麻利。可以看出，他是一个非常优秀的大厨。

此时，餐馆老板的弟弟赵二和孟良在不远处看着他，赵二向着刘宇的方向示意了一下。孟良仔细打量了一下刘宇，和人口信息上的照片还是有一定差距的。孟良问赵二刘宇在这里工作多久了，赵二说刘宇是他们餐馆元老级的厨师，徒弟都带了一大帮了，平时为人很好，大家都愿意和他接触。赵二同时说他心里可真是不希望刘宇和他那个贩毒前妻有什么瓜葛，刘宇这个人好着呢。

孟良说：“法律无情啊，但他要是主动配合，另当别论。”赵二听了无奈地摇摇头：“嗨！这人好着哪，这么多年从来不找女人，自己独自带着个女儿，很不容易啊！”

市局会议室里，赵刚和孟良、海玲及众多侦查员一起深入研究了张颖案件。海玲指出：“佩佩这孩子，性格忧郁内向，我们要不是采用这种贴靠方法，估计从她那儿是什么情况也得不到的。佩佩说，她爸爸有一个女朋友，我觉得这个女朋友会不会就是张颖呢?”

孟良从餐馆那边得到的情况是，刘宇一直独自和女儿生活，这么多年并没有找女朋友，这说明什么？对此，赵刚提出了这样一个观点：“刘宇在朋友圈子里从来不说自己要找女伴，说明他心里存在着某种寄托。一个单身男子，处于这样一个年龄，在朋友圈子里是不应该卖关子的，佩佩说的那个女朋友有两种可能，一种是这个女人的确是他中意的一位女友，可能出于对女儿的爱护，而没有和这个人结婚，再有一种可能就是——那人就是张颖。”

孟良认真研究过刘宇的通话记录，没有任何可疑号码，尤其是没有发现孟良说的那个可疑女人。眼下，孟良已经在刘宇的住处周围加派了警力，他想下点笨功夫，看看能否发现那个可疑的女人。

孟良同时也在盘算，从通话记录上没有发现那个可疑女人的号码，那就说明刘宇还会有一部和这个女人单线联系的手机，那剩下的就只有一个可能——那个女人，就是张颖！

孟良的这个推理听起来非常令人信服，所有人都为此来了精神，立即奔赴各自岗位继续开展工作。

会议结束了，孟良开车送海玲去学校。路上，他一边开车一边对海玲说：“推理归推理，但除了目前咱俩掌握的这点情况，什么抓手都没有啊！”孟良显得很急，但女警察海玲却显得比较有耐心：“慢慢来，要是有抓手，不早就抓到了？”

“也许，这个张颖根本就没在咱们的城市里，全中国这么大，说不定在哪个角落藏着呢。”听到孟良一番自言自语，海玲倒显得比较自信：“那倒是，但只要佩佩说的那位阿姨存在，她早晚还会出现，到那时候，我们抓住机会就行了。”

三、搂着你那么多年，你化成灰我都认识

转眼间，他们已经来到学校大门前，孟良努努嘴：“老师，你上班的地方到了，认真授课，不要误人子弟。”海玲一边开车门，一边回答：“我不会误人子弟的，我一个体育老师，陪着孩子们玩好就行。”

海玲下车，关上车门，转身进了学校。此时，正是下课时间，很多孩子都在操场上玩耍，佩佩也在其中，她独自坐在台阶上，望着海玲这辆车停下，又望着海玲走进学校大门。

佩佩朝海玲跑了过来，对海玲说：“老师，今天晚上，我们还能练

球吗？”

海玲抚摸着佩佩的头，和蔼地说：“好啊，佩佩，老师一定陪你。”

此时，上课铃声响了，佩佩转身跑向教室的方向，临进教学楼前转身，对海玲挥挥手：“一言为定。”

海玲坐在办公桌前，心里涌上阵阵伤感，她觉得如果有一天，自己真的亲手把佩佩妈妈抓到了，她会怎样想呢？这样的局面，是不是太残酷了？多好的一个小女孩，怎么会有这样一个母亲？但海玲转念一想，张颖是个大号毒贩子，她对社会的伤害又怎么说？就是今天，公安机关依然没有抓到她，说不定她还在哪个角落害人呢。还是那句老话，法不容情啊！海玲对自己说，专心工作吧，不要胡思乱想了。

孟良送完海玲，回到办公室，独自坐着冥想了一会儿，又走出自己的办公室，来到了民警办公室，年轻民警鲁齐鸣和纪轩伟正在钻研法律书籍，见领导来了纷纷起身，笑脸相迎。

孟良示意二人坐下，随后眉头紧锁地说：“你们两个虽然参加公安工作时间不长，但在侦查的时候也要大胆思维，发挥想象，说不定就会遇到案件的关键突破口。我这里有一个任务交给你们，咱们前一天开会研究的那个女毒贩张颖，她的丈夫名字叫刘宇，是一名普通的餐馆厨师，却供养着女儿就读一所贵族学校，你们怎么看？”

两个人沉默了一会儿，纪轩伟首先表达了自己的观点：“我觉得应该到银行调取刘宇所有账户的资金往来状况，再详细了解一下他的实际收入和支出情况，看看是否能发现什么不对的地方。”

“纪轩伟说得很对，这是一种常识性思维。”孟良立即要求这两名民警先调取一下刘宇的个人身份证号码，再到市局开个介绍信，然后到银行去调查。与调查有关的其他一些小环节，让他们一边了解，一边办理。

两名年轻民警表示他们一定完成好这个任务。这一次，纪轩伟的侦查思路来得很快，鲁齐鸣没捞到发言机会，有些失落。

早晨，张颖来到一个报亭，买了一张当天的报纸，她看了看，竟在最后一页发现了自己的通缉令，那上边印着的照片是过去的自己，上边还注明说公安机关正在开展清网行动，举报有奖，逃犯自首从轻处理。张颖再一次仔细地看了看照片，那是自己七年前的照片，任何人拿着那张照片与她现在相比较，都不会发现任何共同点。张颖看了一阵子报纸，随后轻蔑地笑了，她把报纸团成一团，扔到了垃圾箱。

张颖来到一家小型的房屋中介，她说她要租房子，租三户。中介工作人员扔给她一个本子，让张颖自己看，选好了告诉他，他负责去给讲价。

张颖翻了翻，随后选择了三处房子，做了标记，又把本子递给那位工作人员，她说想租那三户，她是给手下几个员工租的，条件一般化就可以。

张颖再把几张假身份证递给工作人员，并说就是这几个人租房子。中介人员仅仅是把身份证内容在一个破旧的本子上作了简单登记，随后又还给了张颖。在这样一个破旧的中介所里，永远不会深究生意对象的更多内容。

张颖交过押金和房钱，便领了钥匙，那人说要带她去认门，张颖则连连摆手说不用，她说那几个地址她能找到，而且向中介保证绝对不会拖欠各种水电费用。

张颖背着一个双肩包，走过一个又一个街区，来到一处房子，便往里放一份毒品，她故意把这些毒品分散，当自己的下线在自己的监视下来取毒品时，即使被抓，也就那么一点点，而她可以立即断线，来个金蝉脱壳。

最后，张颖回到了自己的住处。房间内的桌子上摆满了手机，一部手机就是自己的一个下线，其中还有一部属于前夫刘宇，一部属于医生何杰。张颖一根接着一根吸烟，一个电话响了。有人要买二百粒摇头丸，张颖回答说最多五十粒。

张颖驾车来到另一处房子附近，把车停下后静静地潜伏在一个暗处。她看到自己的一个下线到房子里取了货，又出来。下线随后在胡同口等待，一辆轿车驶过来，突然停在他身边，双方一手交钱，一手交货。交易很快结束，轿车飞驰而去。

张颖看到下线在拨打电话，她的手机随后就响了：“老板，成交完毕，五十粒。”

张颖前后左右地看着，很警惕，她向对方交代：“记住，无论什么样的主顾，都不要超过五十粒，这是你我的保命关键。回头，你留够自己的费用，余下的打进我给你的卡号里。”

一切都很平静，没有出现任何意外，张颖驾车离开。这时包里的一部手机响了，是何杰的那部。

何杰问她在哪里？张颖说她在谈生意，在挣钱。

何杰问张颖："你说我们一起开车去广州，你看什么时候出发啊？"

张颖回答："今晚，怎么样？"

"说走就走？不觉得仓促吗？"何杰有些意外，他没想到张颖做事这么"神仙"，张颖则这样答复他："手里边的事情太多，不果断点，永远也走不出这座城市。"

放下电话，张颖诡秘地笑了。这一夜，将成为她全新计划的起点，她需要利用何杰，利用他陪着自己去采购毒品，她手里的存货不多了，何杰将会成为自己最完美的"黄牛"。

同样是这个夜晚。刘宇把灶台擦得铿亮，把各种刀具摆放整齐，然后擦擦手，对厨房里为数不多的几个人道了晚安，然后拍拍手说："我收工啦！"

刘宇走出厨房，来到更衣间，换好了衣服，走出酒店。孟良一直默默注视着他的一切，耐心地跟着刘宇。刘宇进了一家浴池，孟良便一直在外边等着。二十分钟后，刘宇走了出来。刘宇漫无目的地溜达，时不时地回头，孟良的跟踪技巧相当不错，但也有几次差点引起刘宇的怀疑。孟良心想：这家伙，看来绝对不是等闲之辈，有戏啊！

转眼间，刘宇进了一个酒吧，孟良怕引起他的怀疑，没有立即跟进去，而是隔了一段时间才进去。但是，等他进去后却没有发现刘宇的踪影，他仔细查看了每一个角落，依然没有结果。当见到一个服务生，孟良问："麻烦你，我问一下，刚才有个穿着深色夹克，戴着运动帽的人，进来怎么不见了？"服务生的回答，则令孟良大吃一惊："那个人，进来并没有在店里停留，直接从后门走了……"

孟良狠狠地敲打了自己的脑门儿。

每次与张颖见面之前，刘宇都会以百倍的警惕甩掉一切可能会出现的尾随者，这是张颖多年来对他的要求，也已经成了他的某种生活习惯。当刘宇确信没有可疑人和可疑车辆存在于自己的周围时，他来到了那家老咖啡馆。

透过玻璃，刘宇看到一辆奢华的轿车停在咖啡馆不远处，然后看到自己的前妻张颖从副驾驶上走下来，东张西望一阵子后，才走进咖啡馆。张颖进门，朝刘宇走来。

张颖刚刚坐定，便问："没人跟着吧？"刘宇的脸上写满了自信："放心吧，你不是告诉我，任何时候咱俩见面前，都要按照有人跟踪处理吗？"

"你还能认出我吗？"

"你一下车，我就认出来了。"

"第二次动刀后，我自己对着镜子都认不出来了，你还能认出来？"

"你，化成灰我都认识！搂着你那么多年，认不出来？那就怪了！"

张颖将装满钞票的皮包递给刘宇，那是佩佩的学费。张颖觉得自己这辈子就这样了，不会见天日了。但为了女儿，她什么都可以承受。这一夜即将开始的冒险，除了满足自己那点好奇心，很大程度上是为了女儿。

"你总是这么有心情？弄了这么好的车！"

"这不是做生意方便嘛，警察很少怀疑这种手续齐全的好车。"

刘宇问张颖开车的那人是谁？张颖回答说是她新认识的一个朋友，而且用略带诡谲的语气对他说："我用他的名字买的车，又办理了几张银行卡，为了解闷，也为了生意方便。"

刘宇沉默了，一声不吭。张颖见他有几分醋意，顿时皱起了眉头："你不高兴？当年要不是你整天和我吵架，让我心情不好乱了脑筋，怎么会被警察发现破绽，以至于今天躲躲藏藏？我呀，乐呵一天是一天啦……"

四、和你约会，做鬼也值得

刘宇拿出他用来和张颖单独联系的手机，上边屏保竟是张颖整容前的照片："无论怎样，想你的时候，我就会看看这个。"张颖看后非常生气："你想让我死啊？别让任何人察觉我们还有联系！"

她抢过手机，迅速将这张照片删掉："今晚，我就和那个白痴去广州，他以为我是去和他寻开心，我其实是去进货。手里货不多了，但销路很好。"

"回来的时候能不能看看孩子？她说最近要进行乒乓球比赛，想让我去看，她乒乓球打得很棒。"

听了刘宇的一番话，张颖沉默了，眼泪哗哗地流下来："这日子，真不是人过的！亲生女儿，竟不认识自己的妈，甚至还不知道她的妈妈还活在这个世界上。行了，只要金钱能让她幸福，就行了。我得走了，给女儿赚大钱去！"

"要不，我和你去广州？"

“开什么玩笑？为了女儿，你必须永远是清白的。”

“要不，别干这个了，我陪你去自首，蹲几年监狱没什么，出来后我养活你。”

张颖很长时间没有说话，她直盯盯地望着窗外：“难得你还有这份心。开弓没有回头箭了，你也养不活我，开销大着呢！哼，自首，你知道我自首的结果是什么？——就是这个！”

张颖转过脸来，做了一个割喉的动作。

“那你一定要注意点，我等着你平安回来。”

“放心吧，有外边那个傻帽儿陪着，我会万事大吉的。”

从张颖转身离去的那一刻开始，刘宇的心便悬了起来，他不知道张颖此行到底意味着什么，虽然她在自己面前显得那样自信，所有的准备似乎是那样充分，但刘宇知道很多事情不是人算的。此刻，他最渴望的是那种正常人家的生活，而他们一家三口却没有那个权利。

张颖朝轿车走去，何杰站在车门口吸烟，看到张颖出来，殷勤地打开副驾驶车门，待张颖上车后，又轻轻地关上，随后打开主驾车门，上了车。

何杰加油很猛，轿车在几秒钟内便无影无踪。

刘宇摇摇头，叹息了一下：“服务生？”

“先生，结账？”

“……一打啤酒……”

“嗨！干了这么多年，怎么跟一个人还会跟丢了？看来，我老了，不行啦！笨死了！”

孟良没完没了地自责，众人都在劝他、安慰他，海玲分析说：“这也不能全怪你，看来，刘宇比我们想象的要复杂和狡猾得多。目前，最起码说明一个问题，刘宇肯定有背着人的事情，也许这个背着人的事情，就是和张颖有关。”

孟良已经以酒店老板弟弟朋友的身份，多次到过酒店后厨，刘宇并没有注意到他，那天跟踪的时候，他也把自己掩藏得很好，但鉴于刘宇目前这么狡猾，孟良觉得以后他自己一个人跟踪不大妥当，容易暴露。他决定以后让鲁齐鸣和纪轩伟配合自己，他已经让鲁齐鸣和纪轩伟调查过了，刘宇和他的实际收入比起来，他在银行的存款远远超过当厨师的收入。

这时候，孟良再次接到鲁齐鸣和纪轩伟打来的电话，他们向孟良汇报说，今早银行刚刚开门，刘宇的账户上就多了二十万元。他们还调阅了银行录像，存款的就是刘宇本人。

孟良再一次拍了拍脑门儿。看来，刘宇昨晚一定是和张颖碰面了！错过一次重大机会，孟良觉得自己应该接受处分。孟良就是这么样一个直爽的人，对自己的错误从来不回避，从来不因为自己是个支队长，就武断地认为自己什么都能行，什么都对。也正是因为这样的一个性格特点，孟良在全局上下有着很高的威信。

局长赵刚听了孟良的“忏悔”，发现他已经有些像祥林嫂了，便鼓励他说：“说心里话，包括我在内，事先也没想到对方会这么狡猾，刘宇昨晚那阵势，谁跟都得丢，我跟也得丢！咱们别气馁，接着努力，越是狡猾的老鼠，捉起来越有意思！”

孟良表示自己争取戴罪立功。

回到办公室，孟良开始认真翻看着刘宇的银行卡信息单据。此时，鲁齐鸣和纪轩伟已经调查归来，他们站在孟良身旁，孟良用笔画了一下，然后说：“看，刘宇上次收到二十万元，大约是在八个月之前，这应该是他和张颖见面的日子。”

纪轩伟立即顺着他的话推断：“那是不是可以说明，八个月以来，他们两人曾经两次见面？”

孟良思索着说：“不能那么下结论，送钱应该是两次，但见面的次数就不好说了。从他们女儿那里反映出的信息看，刘宇有一个女朋友。如果那个所谓的女朋友就是张颖，我想，张颖始终是定期不定期地以某种方式和女儿见面。所以，他们一家三口会面的时候还是有的。”

鲁齐鸣把那些单子向前翻了几页，然后指着上边的一些数字说：“看！这里还有大额进账！”

孟良他们发现，最少七八个月，最多不过一年，刘宇就会收到一大笔钱，但张颖为什么不一次给清呢？难道是她对前夫不信任？

纪轩伟说：“也许，她的手头也不宽裕，需要不断挣钱呗？”听了纪轩伟的话，孟良点点头：“不错，你这个推断很有道理！张颖，也许早就重操旧业了。”

高速公路上，何杰与张颖急速飞驰，两边的景物不断后撤。距离广州市区已经很近了，车上的导航显示，他们距离广州市区还有二十多公里。

“一会儿我们找一家最好的宾馆，住宿登记就登记你的身份证，我的没带。”

“出门怎么不带身份证呢？现在走到哪里都要用，不带是不行的。”

“只要不坐飞机，不取大额钞票，不带也没事。我有飞机恐惧症，所以从来不坐，也就没有携带身份证的习惯。”

“那你做生意，和别人签个合同协议什么的，也不用身份证？”

“生意上的事情，也用不着。”

两个人你一言我一语地聊着，不知不觉地穿过入城口，又开进市区，最后来到一家高档酒店门前。一路走来平安无事，没有任何波澜，张颖对此满意极了，她觉得这是一个好兆头，她估计这一路继续走下去，也一定会很顺利的。

车停了下来，门童打开车门，张颖下车来到主驾驶车门前，打开车门小声对何杰说：“下车，我去送车提行李，你去开房间，记住就说你一个人住，否则要我的身份证什么的，很麻烦的。”

“我明白，行李你能拿动吗？”

“没事，空箱子，放车上就行。”

“也是，你那个大皮箱子那么大，那么轻，估计回去的时候就会很重了吧？”

“你说得对，我要在广州购物，回去的时候，就得你出力了。”

张颖上了车，奔着停车场方向开了过去。车停稳了，她下车，锁好车门，然后慢慢朝着宾馆大门走去。张颖的眼神非常警惕，她进了宾馆大门，目光注视着不远处的宾馆前台，何杰正在和服务员交流，付过押金，又领了房卡，随后转身正好遇见张颖。他朝张颖递过来一个表达默契的眼神，接着朝电梯方向走过去，张颖很快跟了上去。

电梯门开了，两人鱼贯而入。

“觉得我们像做贼。”何杰在电梯里说。张颖瞪了他一眼：“是吗？你背着妻子和我出来，不就是贼吗？家贼！”何杰有点窘迫地笑了：“值得，值得！和你出来，做鬼也值得。”

已经是晚上八点多，佩佩依然在挥汗如雨地训练，海玲不时地给她作指点。海玲看了看表，发现时间不早了，便对佩佩说：“好了佩佩，今天可以了。洗完澡，和老师去吃点夜宵。”佩佩的情绪很不错：“谢谢老师！”

海玲轻抚着小女孩的头，她问佩佩对自己是否有信心？佩佩攥起拳头，向着海玲做了一个很自信的手势。

佩佩洗完澡后，穿好衣服走了出来，头发湿湿的，海玲立即迎了上去："不行啊，佩佩，头发这么湿，出去会感冒的，把毛巾给我。"佩佩从包中取出毛巾，海玲拿过去后发现很湿："你的毛巾这么湿，来，用老师的。"

海玲从包里取出自己的大毛巾，给佩佩擦起了头发，佩佩的表情非常安逸，不断用眼睛斜视海玲，眼神中充满感激。头发擦干了，但还没有干透，海玲对佩佩说再坐一会儿，头发干透了就走。

海玲和佩佩一起转身，到休息区落座。佩佩坐在那里，非常文静的样子，海玲内心满是怜惜，用一只胳膊搂过佩佩："佩佩，加油，老师相信你，一定能进前三名。"佩佩的表情依然很自信，她的神情里满是喜悦："老师，我争取拿冠军，为你！"

听了佩佩的话，海玲的眼泪都快下来了，其中的酸楚只有她自己知道，但她依然忍耐着，履行自己的职责。海玲问佩佩："佩佩，你想过自己的妈妈吗？"

五、这一夜，两个人的身体始终死死纠缠

海玲问她是否想妈妈，佩佩沉默了许久，大眼睛转来转去，接着就流下了几滴眼泪："经常想，但我不敢问爸爸，每次我问他，他都会很不高兴地说妈妈在很远的地方，说我长大了就会见到她。但我不信，我觉得他们可能是离婚了，妈妈永远不要我了。我们同学里，爸爸妈妈离婚的很多呀，我知道是怎么回事。"

"佩佩，你这么惹人喜爱，妈妈怎么会不要你呢？不要多想，啊！"

"爸爸要是和那个女朋友在一起，妈妈就永远不会有机会回来了，她会取代妈妈的位置。"

佩佩的这番话，令海玲有些惊讶。看来，佩佩的心里还是很有想法的。

"爸爸的那个女朋友，你经常见到吗？她去过你家吗？"

"她倒是没去过我家，每次都是我和爸爸在餐馆吃饭的时候，她突然来，来了也不吃东西，也不怎么和爸爸说话，就是看着我，然后问我一些话。"

"你不喜欢她？"

“嗯，不喜欢。但是，她和我妈妈略微有点像？”

“你不是没见过妈妈吗？怎么会知道她们有点像？”

“爸爸的抽屉里，有他和妈妈的合影，我看他手机屏幕上的那张照片，也是妈妈。所以，我能看出她和我妈妈有点像。”

“都哪里像呢？”

“眼睛，主要是眼神，别的地方就不那么像了……”

海玲摸摸佩佩的头发：“好了，干了，我们去吃饭。”

宾馆房间里，何杰与张颖似睡非睡，床头柜上残存着几粒毒品，那是两人睡前疯狂的见证。此时，一场噩梦降临张颖身上。

……别动，别动！警察将她团团围住，一副锃亮的手铐铐在了她的手上。

不要抓我，我不是张颖，你们仔细看看我，我的脸不是她，啊……

张颖又是一阵歇斯底里的尖叫，何杰腾地一下子坐了起来，他揉揉眼睛又看了看张颖，她浑身颤抖，满脸汗水，他一把搂过张颖：“醒醒，你怎么总是做噩梦？”

张颖醒了，她又一次梦见自己被警察抓了，她清楚地知道自己做了什么梦，却不能对何杰说。

“你梦见什么了？”

“我记不清了！”

“是不是，经常使用这个造成的？”何杰从床头拿起一粒毒品，张颖摆摆手：“不是，这个是助兴用的，不是扫兴用的。”

“我经常用这个，会不会上瘾？”何杰仔细看看那粒毒品，然后忧心地说。张颖起来喝了一杯水，然后安慰他说：“没事，偶尔用用不要紧，这又不是吗啡、可卡因，你不要多想。”

血液里有毒品支撑着，睡觉原本就是一件难事，这样一来两人已经不可能入睡了。一杯水下肚，并没有平静多少。张颖感觉到自己那颤抖的身体空空如也，她用力搂过何杰，何杰不容分说在她身体上疯狂舔舐。这一夜，两个人的身体始终死死纠缠。纠缠着，张颖才会觉得从容，才会忽略心底那份恐惧。

许多天以来，孟良带着鲁齐鸣和纪轩伟一直盯着刘宇。刘宇则保持着很常态的生活，没再出现先前那种鬼鬼祟祟的情况，他们在他的住处也进行了连续蹲守，始终没有发现任何问题，鲁齐鸣和纪轩伟几乎天天晚上盯着，体力消耗不小，只要有点机会就会打盹儿睡一会儿。

无论怎样疲惫，他们也得盯着。对于刘宇这样的工作目标，多花点笨功夫是必不可少的。既然已经确定张颖和刘宇有联系，他们见面是早晚的事情。对此，所有人都期待着那种见面的场景早一天出现。

海玲清楚地记得，佩佩曾经说过，他爸爸的那位女朋友，眼神非常像她照片上的妈妈。有几次她和爸爸在餐馆吃饭的时候，那人会突然出现，不吃东西，也不和她爸爸说话，只和她说话。海玲特意把这个细节拿出来，供大家讨论、琢磨。

“眼神和照片上的妈妈很像。大家重点分析一下这句话，看里边有什么信息？”

对于海玲提供的这个情况，鲁齐鸣说：“这么多年过去了，张颖的长相一定有变化，但人的眼神是很难变化的，这孩子看得真细心哪，但她不知道那人就是她的亲妈。如果张颖的面貌真的有变化，我们抓人的时候就要小心了，否则鸡飞蛋打，就容易乱了。”纪轩伟的观点则很大胆：“还有一种可能，现在很多逃犯都整容，张颖也不一定就是原来的样子了。”

孟良听了纪轩伟的话，点了点头：“要是那样，倒也很可能。张颖要是整容了，抓起来就更费劲儿了。但还有一个复杂点，假如某天刘宇和某个女人会面，我们就很难确定是否抓捕。动手吧？一旦错了，惊了刘宇，无异于给张颖报信。”

虽然难题不少，但一切已经越来越明显，所有人都确信，抓住张颖只是时间的问题。刘宇和佩佩，都是警方现有最好的抓捕条件，只要把握的时机恰当，张颖落网就没问题。

距离学校这边乒乓球比赛的日期越来越近了。几天来，海玲一直加班加点辅导佩佩，那孩子球打得很好，她相信她一定能取得好名次。海玲觉得，假如张颖在比赛那天能够来观看比赛，也许会是个抓捕时机。她把这个想法也表达出来。孟良觉得有道理，并提出针对这一点做出一个工作预案来，把所有细节都考虑进去。

鲁齐鸣显得有些急躁：“要不我看，直接抓了刘宇得了，给他陈明厉害，让他主动交代张颖的去向，否则对他从重发落。反正，目前已经可以确定，刘宇和张颖是有沟通渠道的。”

孟良对此不同意，他明确表态：“不行，不能冒这个险。万一，刘宇死猪不怕开水烫，什么也不说，刘宇就砸在我们手里了，张颖也就很可能永远地销声匿迹。现在是重证据的时代，老方法不管用喽！大家还是按部就班各就各位，耐心等待转机的出现！”

张颖已经在宾馆里待了一阵子了，那里成了她的“工作据点”。

夜晚时分，一名中年男子出现在宾馆的茶座，并独自坐在了灯光昏暗的角落里，张颖走了过去，两人嘀咕了一阵子。男子递给她一张这家酒店的房卡，两个人又聊了几句，气氛显得轻松愉快，但两人都不时地望着四周，表情异常警惕。不久后，双双起身一起离去。

他们一起来到取款机前。张颖在取款机上熟练地操作，随后对旁边男子说：“好了，你查查卡里的资金。”该男子没说话，把卡插进取款机，操作了一番，随后向张颖做了一个OK的手势。

两人就此分别，男子离去，张颖则独自上楼。

深夜，宾馆走廊非常寂静，张颖乘坐电梯来到另外一个楼层，拿着刚才那名男子给她的房卡，来到一个房间。

张颖打开灯，关好门，随后打开壁柜，发现了一个大号旅行箱。她把旅行箱放倒在地，输入密码后便打开了箱子，里边满满一箱子毒品，张颖眼睛一亮。她取出一点样品，尝了尝，味道非常纯正。张颖拨通了刚才那名男子的电话：“不错，合作愉快，来日方长！”

张颖回到房间，蹑手蹑脚，但还是把何杰弄醒了：“回来了？生意谈完了？”

“还没睡实？”

“等你呢。”

“大事都办完了，我们明天就可以回去了。”

“我还没和你待够，怎么就要回去？”

“正事要紧，明天就走！”

“你不是要购物吗？”

“刚才朋友陪我去了，箱子里已经装不下了！”

第二天早晨，何杰将房间结账后，和张颖一起将两个大皮箱都抬上车：“真重啊！看来东西没少买！”

何杰将车的后备箱关上，便和张颖一同上车，随后飞驰而去。两人踏上归程，何杰满心轻松，张颖却有些紧张。她清楚地知道，归程和来时不一样，皮箱在来的时候空空如也，现在则满是可以置自己于死地的毒品，一旦有一点点闪失，一切都将化为泡影。

何杰依然在和她唠叨："你买的都是什么？这么重？衣服不应该这么重啊？"

张颖胡乱回答："什么都有，化妆品、皮具，说不清。"

何杰的神经很兴奋，话题不断，但他明显感觉到张颖显得心不在焉。

转眼间，轿车来到高速路入口，那里警灯闪烁，各种车辆排着长队一辆接着一辆进入高速，警察并没有对任何一辆车进行检查，看来像是在进行着某种例行的勤务。但张颖内心还是紧张起来，眼睛瞪得很大。

车辆在高速路入口鱼贯而入。张颖眼看着自己的轿车驶过警车，最后又来到高速路领卡处。短短的两三分钟，好像过去了两三年，张颖的心头仿佛压上了一块重重的石块。

何杰打开车窗，领了卡，随后加速进入高速路："好了，上路了，回家了！"

张颖一声不吭，面色惨白，车速上到时速100公里的时候，她才长长地呼出一口气，心里想：不容易啊，不容易！

何杰有点纳闷，他觉得张颖似乎不舒服，问张颖怎么了，是不是晕车？张颖说她从不晕车，刚才在市区堵车堵得胸闷，出来就好了，心里也敞亮了。

六、医生何杰，那双握手术刀的手在颤抖

午夜，一个小伙子正和买家进行毒品交易，当双方把冰毒和钱款互换的时候，小巷的两头突然警灯闪烁。

"双手抱头，站在原地，不许动！"

交易双方原本想逃，但发现已经无路可退，于是按照警察的要求双手抱头，站在了原地。

对讲机响起："孟良支队长，抓捕从你们的方向进行，我们负责在这边堵截防范。"

孟良对着对讲机说："明白！"

临打开车门前，孟良对车内几名侦查员说："大家一定注意安全，搜身要仔细。"

几名警察迅速来到嫌疑人身前，干净利落地搜身并查获了毒品和钱款。

孟良在一旁注视着一切，其他民警进行搜查的过程中，在地上发现了

一包摇头丸，于是有警察对着嫌疑人说："动作挺快呀，还把罪证扔了？"

嫌疑人像泄了气的皮球，一声不吭。孟良则用镊子把那包摇头丸夹起，并放进一个塑料袋里。

最近一段时间，市区毒品交易又抬头了，线索不断被反映到公安局。几天来，警察忙得够呛，但大家觉得东抓一下、西抓一下也不是个办法，每一名警察都觉得应该立足某个线索深挖一下，争取挖出大鱼。但是，此次出现的系列贩毒活动，手法非常老到，明显是有高人在幕后排兵布阵。市局多位刑侦专家研究后发现，得到线索若不抓，最后就会什么也抓不到。嫌疑人落网后的审讯，基本上都是立足现行犯罪就事论事，每个嫌疑人都说不出自己上线的任何情况，这些人都是以贩养吸的瘾君子，都是被人家利用挣快钱的。

孟良清楚，这样狡猾的贩毒模式和当年张颖的手法有些类似，甚至有过之而无不及。会不会就是张颖在幕后指挥呢？孟良觉得这个可能是不能排除的。眼下，抓捕张颖的可能性还是有的，但需要恰当机会等待她出现，最后的结果应该是自投罗网，该做的扣都已经做好了，大家都在忙着，张颖肯定跑不了。

张颖逃了那么多年，一定有着某种过人之处。孟良决定追逃和专案侦查两不误，追逃工作不放松，同时也重点从案件这边再深入挖掘一下，看看能不能顺线调查出一些情况。

从广州一路走来，转眼到了沈阳。又是一个傍晚，何杰累得够呛，张颖告诉他不开夜车了，在沈阳好好休息一夜，明早早点出发，中午就能到家了。

"是得好好休息了，开车真累呀！"何杰不断打哈欠，张颖依然在嘱咐他："住宿登记老规矩……你去……"

两个人来到了一家高档酒店，何杰迅速办理完毕所有手续，和张颖一起来到房间。

一走进房间，张颖便宽衣解带，直奔浴室。张颖在洗澡间洗澡，何杰注视着地上的两个大皮箱，充满好奇。几天来，他始终觉得张颖这人有点奇怪，但还具体说不出个所以然。

何杰来到皮箱前，一个带密码，打不开。另一个也有密码，但他扭了几下按钮，箱子竟然开了。他轻轻拉开拉锁，里边的东西让他大吃一惊——里边全是他们两人夜晚疯狂之前服用的东西，豆大的汗珠立即从他脑门子上涌出。

“你在看什么？怎么私自动我的东西？”听到张颖的问话，何杰吓得咕咚一下子坐到地上：“这是什么，你，你到底是干什么的？”

“既然这样，你应该清楚我是干什么的！”

“这样折腾，不把命搭进去了？我这回知道你为什么住店不用身份证了，你是不敢！”

起初，张颖一声不吭地看着他，沉寂了一段时间过后，她阴森地笑了一下，脸上一副令何杰浑身发麻的表情。

“你已经难逃干系了，是你把这个东西一路运回来的……要不我打电话报警，咱们投案自首，怎么样，医生？”听了张颖的一番话，何杰顿时更加懵了：“别别，我好好想想！”

“何杰，我是比较喜欢你这个人的，几天来，我和你在一起也挺快活，你要是没什么其他想法，咱们一切照旧。即使将来我出了什么事情，也不会连累你。”说完这番话，张颖拿起手机，拨了电话：“你们来一下，何医生已经知道我们是干什么的了。”

没过多久，有人敲门。张颖打开门，三个长得古怪的人出现了，他们来到何杰身旁，其中一个人竟然直接说出三个字：“杀了他？”

何杰万万没有想到，由于自己对那两个皮箱的好奇心，竟会引来杀身之祸。听到这三个字，他明白了什么是五雷轰顶。直到把三个人引入室内之前，他完全没有把事情想得那样严重，他甚至认为自己掌握有某种主动权。潜意识里，他觉得自己随时可以把所有情况举报给警察，随时可以使自己平安无事地抽身而出。何杰想得太简单了，这使得危机暴露的最初阶段，他的表情上还带着几分沉着和占据上风、把握主动的优势感。但在听到那三个字的时候，所有的一切顿时灰飞烟灭，他感觉自己的魂儿都飞了。

何杰后悔，后悔没有早一点夺门而出，早早逃命了事。此刻，他的小命已经彻底受制于人了。他那双握手术刀的手，对于眼前几个壮汉来说，一定是不堪一击的。那双医生的玉手，此刻不停颤抖。

“是死，是活，他自己选择吧。”张颖抱着肩膀，眼神里写满绝情，“何杰，这一路，咱们其实并不孤单，这三位一直陪着呢。他们是我多年的手下，非常忠诚。与我不同，他们都不是在案逃犯，也就是喜欢品尝点毒品，吃点小药之类的，但要让他们大量运送毒品或是进行现金周转，那是绝对没有你安全的。”

“这么多天，你一直在利用我?”

“你以为我是小姑娘？那么喜欢谈情说爱？男人，都死在自己的幻想里，你明白不？听你这话，意见挺大，估计留着是没用了。”

“不、不，我没那意思，我怎么配合都行，刚才你不是说了吗？将来即使你出事了，也不会连累我，那我怕什么？我帮你们把东西安全运回去，放心，你们放心。”

为了保命，何杰选择了配合。第二天一大早，几个人重新上路。何杰驾驶着轿车，握着方向盘的双手显得很僵硬，额头上不时有豆大的汗珠往下掉。眼见何杰这个样子，张颖有点不耐烦地说：“你能不能放松点，这么开车，你不想活，我还想活呢!”

“是，是，我放松点。可是，你给我的打击，也实在太大了，我心里还是很喜欢你的，这让我如何是好呢?”何杰很机械地回答，又摇了摇头，张颖看了看他，用略带安慰的语气说：“我会尽量保住你的命，你沉着点，否则，后边那几个也不干，你不能让人家失去‘安全感’，你知道不？所以，我让你沉着点，完全是为你着想，也是为你的命着想。”

“你这么好的一个女人，为什么非得贩毒？要不，你主动投案，争取宽大处理，以后我能养得起你!”何杰的这段话，张颖感觉他是在收买人心，这点小伎俩对她是没有用处的，她厉声说：“停！不要说了，你说得有点不靠谱了!”

张颖的几个同伙一直驾车跟着她，车内几个人的目光都集中在前边那辆车上。其中一个人说：“我看，那个小子不稳妥，心理素质不行，这样下去，一定是个祸根。”

另一个人说：“我看也是，先把东西运到了再说。这个人，估计不能留了，要不咱们就够呛了!”

第三个人说：“咱们想一块儿去了。但怎么下手？我看，咱们的女老板，还是挺喜欢那家伙的，咱们如果真动手，她可能不干。”

另一个人说：“谁不干，咱们也得干，否则咱们自己就死路一条。保命这事情，可不是闹着玩的。”

终于到家了。两辆车同时到达一幢居民楼下，何杰与张颖等人相继下车，同时警惕地扫视着周围，随后大包小裹地上楼了。上楼前，何杰显得有些犹豫，后边的一个男子暗暗用拳头敲打了一下他的后背：“你别啰嗦，听到没？"

何杰的双脚仿佛被缀上了铅坠，他知道自己的利用价值已经基本使用完毕，他对自己的安危有种本能的担忧。但在众人的包围下，他根本没有逃脱的机会，最后踉跄着上楼并来到一个房间。

房间内，张颖的一个同伙看押着何杰，何杰显得紧张异常。

另一个房间，张颖的两个同伙一致要求把何杰处理掉，以绝后患。其中一个人说："他这个状态，太差了，只能坏事，不能留！"另一个人说："姐，只要你一句话，我自己来办，不用兄弟们动手！"

"你回来了？顺利吗？"张颖犹豫着，她和刘宇的专用手机响了。"回来了，一切顺利，有点小插曲，正在处理。"

"……无论怎样，不要把事情做得太绝！能给自己留后路的时候，就要留一点，不能破罐子破摔！"

"我知道，谢谢！"

七、他们今天就想要你的命

"……这个周五上午，佩佩乒乓球预选赛，你能去看看不？"

听到女儿佩佩的消息，张颖来了精神："是吗？……我想办法，尽量去看看……"

"好的，周五上午，学校的体育馆，你自己处理吧！"

电话撂了，张颖急忙问周围的人："今天，周几？"一个人回答："周一。"

张颖若有所思的样子，持续了很久。同伙们以为她在考虑如何处理何杰，但她此时满脑子都是女儿佩佩。最后，一位同伙再次问她："那个家伙，怎么处理？"

此时，张颖想起了刘宇刚才的那番话：能给自己留后路的时候，就要留一点……

于是起身，来到另一个房间。张颖来到何杰近前，用威胁的语气对他说："看在咱俩的情分上，我想给你留个活路，但这是我个人的意见，这几位其实都不答应，你看怎么办？"何杰的身体抖如筛糠："饶命，饶命，我绝对不会告发的，别杀我！"

"你冷静些，要不然你不会恰当领会我的意思，知道吗？喝点水！"张颖递给他一瓶水，何杰几口就喝了下去，情绪逐渐稳定。张颖接着对他说：“何杰，放了你可以，让你守口如瓶的事情我就不教了。我只告诉你，这几位都是我的秘密武器，将来即使我有了什么闪失，他们也不会出现任何问题。如果有一天，你把我的事情对警察讲了，我被枪毙了，警察也不会找到他们。但是，他们却能找到你！更能找到你的家人！你，明白吗？”

“我明白，明白。你放心！”

“他们今天就想要你的命，是我在力排众议，你明白吗？”

“明白，明白，以后无论你说什么，我都会照办！”

“好，送何医生回家！”

几个人乱哄哄地带着何杰下楼，又将他推搡进车里。刚一上车，何杰就感觉气氛不对头，他万分惊恐：“你们要拉我去哪儿？”一个人回答说：“去你该去的地方！”

“刚才，她都说了，你们怎么还？”另一个人回答说：“这件事情，她说了不算，我们只做对她和我们有利的事情。”

何杰整个人如同水洗一般，他突然惊叫，并想打开车门。结果无济于事，有人照着他的后脑狠狠一锤，何杰顿时昏死过去。

夜色下，载着何杰的轿车在郊外一处空地停下来，何杰被拖下车。几个人来到树林中，一根绳套套在了何杰的脖子上，原本昏死过去的他突然醒来，想挣扎但已无济于事。

何杰已经彻底瘫软，几个人匆匆离去。

城市里，毒品交易激增。孟良感觉毒贩子们真是活跃得有些嚣张了，他感觉这背后一定有人在进行着周密的组织。孟良从一个线人那里获得这个线索，他想看看到底准不准。深夜里，他和战友们在一个角落执着地等待着。

“肚子饿没？我包里有面包和火腿肠，谁饿了谁吱声。”孟良问两名手下，手下说：“没啥感觉，抓人的时候，很少会感觉饿。”

这时，孟良的手机响了，街口蹲守那辆车的警察打来电话：“孟支队，有个可疑人出现了，一米七的个头，很瘦，朝你们的方向去了。”

孟良立即向两名手下通报：“我还说吃火腿肠呢，人来了。一米七的个头，很瘦，朝我们的方向来了。”话毕，孟良突然发现了目标：“看，那位就是！”

一个东张西望的人进入视野。

此时，目睹这个场景的除了警察，还有张颖，她也在一个角落隐藏着。数量差不多的交易，她都会亲临现场“督战”，这已经是她多年的习惯了。

下线已经和买家接上头了，就在他们双方交易的时候，几辆警车突然出现，将张颖下线和买家团团围住。张颖无奈地摇摇头。她眼看着自己的下线和买家被警察带走，这笔生意彻底泡汤了。街道重新恢复了平静，张颖发动汽车，同时把用来和刚才落网的那位下线专线联系的手机扔到窗外。

依然是昨夜的街道，在寂静无声中迎来了新的黎明。

一位清洁工正在工作，发现地上有一部手机，他左右看看没人，于是捡起来，他按了几下键盘，一看完全好用，便装进自己兜里。

警察这边，审讯工作已经进行了一夜，天亮了也没见起色。又是一个一问三不知的小马仔，但好在这次他提供了一个重要情况。他说他的上线是一个女的。

纪轩伟眼中布满血丝，他揉揉疲惫的双眼说：“我总是感觉，咱们这样抓来抓去，不是个办法。”孟良摇摇头，说：“不这样抓，也没别的办法。线索上来，无论怎样查，也查不出个所以然。不抓这些小虾米？我们最后连虾米都吃不上。这么狡猾的贩毒方式，幕后一定有个经验丰富的大毒贩，给我的感觉，那人一定是张颖。”

得知上线是个女的，赵刚局长一大早就赶来了，他也希望这个女的就是张颖。听完孟良的情况汇报，赵刚说：“这些年，咱们局里抓了大大小小那么多毒贩，还从来没有遇到过这么滴水不漏的。”这个时候，赵刚的电话响了，他接听了一阵，然后说：“现场勘查的都出发了？好，我知道了，我马上过去。”

撂下电话，赵刚对孟良说：“这边，你先忙着，东郊发现一具无名尸，我得看看。咱们现在命案现案破案率可是百分之百呀，真是添乱！”

孟良对赵刚说：“不要紧，你一定百战百胜！”

赵刚点点头：“借你吉言吧！”

赵刚的警车来到现场。警车停在了警戒线以外，他随后下车了。

现场勘查人员正在紧张地忙碌，赵刚仔细查看着现场的每一个环节。这时，一位从事现场勘查的刑警向他走来：“局长，基本确定这里就是第一现场。”

“死亡时间，大约什么时候?”

勘查刑警回答：“从尸体状态来看，应该就是昨夜凌晨左右。我们初步判断，一辆轿车停在那边的公路边上，把死者拖曳到现场，痕迹非常明显。”

“既然是拖曳，这里会不会是第二现场，仅仅是抛尸地呢?”

勘查刑警回答：“不会，拖曳痕迹说明死者可能已经受伤，或是处于昏迷。从尸体周围的脚印可以清晰地判断，现场当时除了死者，还有另外三人，他们的脚印围绕着尸体周边，呈现很乱的状态，说明在现场有过一阵子停留，完全不是扔完就走的那种状态。”

“致命伤，是怎样的?”

勘查刑警回答：“是被勒死的。死者头部有水肿，他死前很可能因为这个伤而昏迷，然后被人从车上拖到这里。现场有两个陷得比较深的脚印，痕迹已经走形，那个位置应该就是凶手的站位。”

“轮胎特征清晰不?”

勘查刑警回答：“非常清晰，已经有人去调阅周围的城市监控，看看能不能有个好的发现。”

一大早捡了一部手机，清洁工满面欢喜。下班了，他晃晃悠悠往家的方向行进，并给家里打了电话：“我正往家走呢……好，我买肉回去!”

清洁工不断地摆弄着手机，电话铃声几次响起，但他一次都没敢接，都是直接按掉。但他往家里打电话，却使用了这部手机，他的本意是占点儿电话费的便宜。

此时，审讯毒贩的工作基本完毕，鲁齐鸣和纪轩伟对着那名马仔无奈地摇摇头。

孟良来到审讯室，把纪轩伟叫了出去。在审讯室门口，孟良问纪轩伟说：“没什么审的了吧?”纪轩伟无奈地摇头：“是的，这人也同意配合我们钓上线，但是电话打了很多遍，一直没人接。”

“不要紧，那部手机已经和一部固定电话通话，我们已经锁定位置。但是很长时间以来，那部手机只和里边那个小子一部手机通话，看来是毒贩子专用的工作电话。我怀疑机主是把那部手机扔了，被人捡去了。”对于那个已经锁定位置的电话，孟良显得不以为然，纪轩伟也觉得支队长的话很有道理：“被人捡去了，这个很有可能。”

两个人聊着的时候，抓捕组已经出发，持有那部手机的人，孟良估计很快就会到案。

清洁工提着一块肉，敲门。门开了，他随后进屋了。然而就在他进屋的一刹那，还没来得及关门，几名警察突然出现在他家门口。清洁工一阵紧张，那块肉也掉在地上。

清洁工被“请”到了公安局，他一开始闭口不提手机的事情，但后来觉得事情好像闹大了，才坦白了捡手机的事情：“我知道我错了，以后不会再贪小便宜。”

经过一番了解，最终确定了清洁工捡拾手机的全过程。于是决定放他回去，临走时，警察对他一番教育：“以后要注意，不是自己的东西，不能打歪主意。”

清洁工走出了办公室，孟良坐在一个角落一声不吭，苦笑了一下，但同时他也站在某一个视角，进行着另一番思考——清洁工捡手机的位置令他非常感兴趣！

清洁工捡手机的位置，就在昨晚抓捕现场不远的地方，这说明了什么？说明抓人的过程，一直有人全程监视着，这个人眼看自己的马仔被警察抓走，自己随后无奈地离开现场。离开前，这个人把用于和马仔专线联系的手机扔掉了！孟良把一沓文件举起，又狠狠地摔在桌子上：我们就这样被她耍了！

八、他医术医德都一流，一定要找出凶手

“佩佩，不错。如果你发挥得好，一定没问题。”海玲和佩佩紧张的训练结束了，海玲对佩佩的球技赞赏有加。佩佩的情绪显得非常高涨。许多天来，随着和海玲接触的逐步深入，她的性格也开朗了许多：“谢谢海玲老师，我要能取得好名次，一定得好好谢谢你！”

海玲摸了摸佩佩的头，亲切地笑了：“和爸爸说了没，来看你一路过五关斩六将？”

佩佩回答：“我和他说了，但估计够呛，爸爸工作忙，离不开。”

“那不要紧，老师给你加油，给你当拉拉队。”

佩佩笑了。

佩佩忙碌训练的夜晚，张颖待在一个黑暗的屋子里独自忧伤，她想念佩佩，想念搂着她的温暖。那一夜，张颖的脑海里全是佩佩。早年的时

候，张颖是一个疯狂无度的女人，她曾在迪厅里领舞，曾在各种各样的夜场里坐台、出台，每一个夜晚对她来说都充满癫狂。当年的每一个清晨，她都会干瘪着肚子开始一次昏睡。直到后来遇到了大厨刘宇，刘宇会在每天早晨为她熬好米粥、菜汤，那种香味至今仍存留在她的心头。刘宇、米粥、菜汤和后来的佩佩，那些星星点点的记忆，成了张颖生命里最值得留恋的人间烟火。张颖心里清楚，烟火总会散去，因为自己并不属于那片烟火。

是什么让我们各奔东西，是什么让我们天各一方难重逢……那首老歌又回响在耳边，张颖渐渐睡去了，直到被床头的电话吵醒。这阵子，她很辛苦，但梦里有佩佩做伴，这一觉睡得还是很踏实。电话是他手下打来的："老板，那个医生实在不妥当，我们把他结果了！"

"我不是说了吗！为什么不按照我的意见办？"张颖听了，腾地一下子坐了起来。对方接着解释："将来有事，我们担着，但这人的状态实在不好，我们也是为你考虑。"

"你知不知道，你们这样容易坏事。让他活着，对我们来说很重要，我现在手里的银行卡写的是他的名字，我们的车都是用他的名字买的。这样一来，我们的生意就彻底瘫痪了，你们明白吗？"听了张颖这番话，对方无语了。张颖气得将电话摔在地上："一帮猪脑袋！"

张颖立即穿衣下楼，忙乱着跑到一个自动取款机前。她神情紧张，因为生气而面色青紫，很快把用何杰的名字开户的银行卡内的现金全部转账到另一张卡内。随后，张颖把手下们都召集到一起。

张颖让手下把用何杰名字购买的轿车车牌摘下，换了一个假牌子。张颖对三个人说："我们合作了这么多年，一直非常和气，大家钱都没少赚。虽然前前后后出了那么多事情，甚至连我目前也被警方通缉，但你们一直没被发现，靠的就是我。你们，怎么能不信任我呢？"

三个人默不作声。张颖接着说："你们都非常清楚，即使有一天我真的要掉脑袋了，也不会交代出你们。你们心里都清楚我的为人，要不然也不能合作这么多年。你们这次杀了那个医生，知道意味着什么吗？"一个手下说："我们不是看他容易坏事嘛。"

"你们不听我话，才会坏事。要动手，也不能这么早动手。我们手里这么多货，最近都不能往外放了，所有生意都得停。而且，我还得出去躲一阵子，还得遭罪，换张脸。"手下们似乎还是不太相信张颖的话，张颖显得很气愤："不信，你们走着瞧。假如我有个三长两短，你们几个要准备点钱，给我女儿。”

“别说得那么丧气，不会的！我们把那医生的证件全部拿走了，警察不会知道他是谁。”

这样的安慰，显然不能打消张颖的顾虑，她叹息着说：“但愿吧！你们记住我刚才的嘱托，就可以了。”

此刻，市公安局正在召开紧急会议。

对于这起命案，当前最重要的是要找到尸源，否则一切无从谈起。凶手作案用车已经查出了一点眉目，刑警围绕案发现场，认真调阅了周边视频监控录像，发现了一辆可疑的白色捷达轿车，这辆车驶离市区和返回市区中间有一段时间，这段时间与被害人遇害时间相吻合。重要的是，这辆车曾在距离现场最近的一个摄像头前出现，也是一去一回，一个晚上出现过两次。进一步调查发现，车牌子是假的。

为了快速查找尸源，这次会议研究了很多办法，并决定在全市各家媒体发布无名尸认领广告，各派出所也部署了相关的清查任务。接下来，大家开始耐心等待，一旦确认尸源，后续工作将迅速开展。

公安机关紧张忙碌的时候，何杰所在医院的同事们也正处于焦虑之中。早晨，医院的一位副院长夹着一张报纸来到美容科病房区，表情显得有些急躁。一位护士见了他，急忙问好。

副院长问：“何医生前段时间请假说去广州，假期已经过了五天了，他一直没有和你们联系吗？”

护士回答：“没有，所有人给他打电话，都没打通。

副院长问：“给他的家属打了没有？”

护士回答：“他的妻子这几天每天都要来好几个电话，她也找不到何医生。”

听到副院长的声音，所有的医生和护士都陆续来到他身边，副院长拿起报纸递给大家看：“……你们看这个……与何杰是否很像？”

大家一看，每个人的心都紧绷起来，眼睛瞪得很大。副院长对一位护士说：“和报纸上提供的这个电话，联系一下吧！但愿不是！”

一阵忙乱的联系过后，很快确定了死者与何杰的诸多联系。何杰的妻子得知消息后，当即昏了过去。等到情绪稍稍稳定些，医院领导与何杰的妻子一起来到公安局，赵刚、孟良等人接待了他们。

“拜托了，何医生平时医术医德都是我们医院一流的，一定要找出凶手。”何杰的妻子泣不成声，何杰医院的副院长对赵刚说，赵刚来不及客套，直接问：“前几天，你说他请年假去了广州，和谁去的？”

“这个我不知道，问问他妻子吧？”随后看着何杰的妻子，等着她来回答。何杰的妻子哭泣着摇摇头：“我不知道，他只说和几个朋友，前几天在广州的时候，他给我打电话还热热闹闹的样子，看不出有任何不对劲的地方，怎么这人突然死在家跟前了呢？”

“他从广州回来，也没和家里及周围的人打招呼？”

何杰的妻子与副院长都摇摇头：“没听说。”

“何杰最近和患者之间发生过什么纠纷没有？”

“他可是我们医院零投诉的医生，平时工作态度好着呢，和患者的关系一直非常融洽。”

说话的时候，鲁齐鸣和纪轩伟拿着一沓手机的通话记录单走了过来。纪轩伟对孟良说：“你看，这个手机号码一直和何杰联系，我们调阅了这个号码的通话记录，这个号码只和何杰一人联系。何杰死后，这个号码就再也没有和他联系过。”

孟良心里一惊，这种手法，和那个贩毒马仔的上线，很一致啊！会不会就是一个人呢？广州，可是很多毒贩进货的地方。所以这样联想，也未尝不可。赵刚要求孟良他们和广州警方联系，查一下何杰在广州的活动轨迹。

广州警方发来了与何杰有关的全部活动轨迹，孟良用笔记本电脑熟练操作着多媒体课件，对着投影屏幕向在场人员介绍：这是何杰入住的酒店，这是他驾驶的车辆，车牌是我市的。他在酒店住宿登记是自己一个人，但通过宾馆内视频监控显示，还有一个女人一直陪着他，但这个女人并没有做入住登记。我们还调取了何杰入住期间，这家宾馆的我市客人。发现共有十人，其中有三个人非常可疑……

屏幕上出现了三名男子的照片。

孟良已经查明，三名男子都是有吸毒前科的人，他们三个与何杰、一名女子同一天入住，又在同一天离开。但是在广州期间，并没有发现他们双方彼此联系的证据。孟良觉得这个女子非常可疑，另外三名男子同样非常可疑，他断定这里一定有某种情节。此前，纪轩伟已经调阅了何杰的银行卡交易记录，他的账户前一段时间突然资金暴增，而在他死后第二天，所有资金全部被转移。通过取款机监控显示，转账的是这个女人。

纪轩伟把U盘插到电脑上，投影屏幕上出现了一个女人的视频截图画面。大家发现，这个女人，和广州宾馆出现的那个女人很像。

会议进行到这里，局长赵刚要求："把这个女子的截图照片，拿到何杰医院同事和他的家人、朋友那里组织辨认。至于那三个男的，调查一下，他们当中是否有人驾驶白色捷达。"

九、我要自首

得知何杰的遭遇，医院里便被一种特别的气氛笼罩了，人们的心里仿佛压上了一块大石头。

一名护士握着纪轩伟拿来的辨认照片，立即激动地说："这个女人，我见过，她应该是在我们这里做过整容手术的。对了，她是何医生的病人，我想起来了。"

纪轩伟要求把这个病人的详细情况调一下，护士在电脑前一顿忙碌，然后说这个病人名字叫张岚，别的情况就没了。该人没有身份证号码，也没有家庭住址之类的信息。护士说他们医院收治病人的时候，不会像公安局那样仔细了解病人的身份信息，尤其是他们这样的小医院。

纪轩伟让那位护士尽量回忆一下与那个女人有关的一些情况，护士说那个女人似乎很有钱，但从住院到出院，没有一个人来看她。她的神情总是很忧郁，从来不和护士交流，但与何医生好像相处得很融洽。

纪轩伟明白了，何医生看来是个风流医生，他为此付出了生命的代价，但具体过程还需要认真调查。

这段时间，即使是在白天，张颖也要把窗帘拉上，只有黑暗才会给她带来些许的安全感。按理说，她早已习惯了在危机状态中度日，但最近这段时间和以往不同，一种从未有过的恐惧感每时每刻都在袭扰着她。最近一次整容过后，她认为自己迎来了新生，她甚至已经准备凭借这张全新的脸，办一张假身份证，然后过上正常一些的生活。她也曾认为自己经历了很多事情以后，再次作案会天衣无缝，但她发现自己大错特错了，自己目前的状态还不如前些年。张颖感觉无助，她拨通了自己和刘宇的专线电话："你忙吗?"

"这个时间，是一天最轻松的时候，距离开工还有两个小时呢!"听刘宇说着家常话，张颖的情绪好了很多，她叮嘱他说："记住，我们通电话的这部手机，千万不要给第二个人打电话。"

"我记着呢，你都嘱咐我一万遍了。"刘宇的回答令张颖感到放心，她接着对他说："我有个想法和你说，你给个建议。我对现在的生活厌倦了，厌倦透顶了，我想再次去做整容，但已经没有勇气了，我逃得累了——我，想自首！"

"自首？你不怕……"

"我现在对周围的几个老手下，都已经很力不从心了，控制不住他们了，新物色的几个人更不中用，几乎被警察抓了一半。这碗饭，不好吃了！"

"你怎么决定，我都支持，但是……"

"你怕我没命？但我不怕了，我已经活得很不耐烦了。其实，我手上有大量可以戴罪立功、争取宽大处理的东西，只要我提供出去，估计还是可以保住一条命的。"

"你要有这个信心，我赞成你自首。"

"我这些年，没有睡过一个好觉，我真的累得支持不住了。但我唯一放心不下的，就是佩佩。"

"佩佩，你不用操心，我能照顾好她，我攒的钱够用。"

当刘宇问张颖准备什么时候去自首，张颖流着眼泪回答说："我，想看看佩佩的乒乓球比赛，比赛结束了，我就自首。"刘宇不知道张颖说的是真还是假，他估计她很有可能是一时心血来潮，但也有可能是真实想法，他安慰她说："你定吧，你怎么样都可以。事实上，这些年我也从来管不了你，但无论你怎样，我这辈子是不会找了，我就和佩佩这么过，直到她长大，你放心。"

张颖问佩佩的乒乓球比赛什么时候开始，刘宇告诉她说周五、周六、周日，总共三天。最后，张颖让刘宇和警察联系，告诉警察她准备周一去自首！

刘宇沉默了很久，他感觉张颖的这番话印证了她的决心，看来她是真的想来点大动作了，刘宇再一次问她："你，真的让我这么做？"张颖语气郑重："是的！"

张颖的直觉是非常灵敏的，也是非常准确的。事实上，围绕他们一伙人的包围圈，已经越来越小。一天夜里，张颖的三个手下踉跄着从餐馆走出，互相勾肩搭背，当他们来到那辆白色捷达轿车的时候，大量警察突然间从四面八方涌来：站住，别动！双手抱头！

三个人束手就擒，警察从三个人的身上，全部搜出了毒品，摇头丸、冰毒一应俱全。

三名落网的嫌疑人显得没精打采，对办案刑警的问话所答非所问，而且三个人的回答如出一辙。

刑警："你们去广州干什么。"

嫌疑人："玩，我们三个人玩去了。"

刑警："何杰，你们认识吧？下手够狠哪！"

嫌疑人："你说什么，我不明白。"

这几个人都是老贼了，常规的审讯方法不好用。但已经可以确定的是，何杰被害现场的一种脚印和他们三个中的一个人对上了，那人被抓到的时候，还穿着那双鞋。这是对警察唯一有利的细节。警察决定采取各个击破的方式，将他们一个一个拿下。嘴硬的见得多了，警察是不会惧怕他们那点小伎俩的。

这个时候，有人来报警，竟是刘宇。孟良等人显得很吃惊。

"你说的，都是真的？"得知张颖要自首的消息，孟良有些半信半疑，他不知道张颖葫芦里这回卖的是什么药。刘宇看警察不太相信自己的话，显得很着急："千真万确，她现在有点私事，处理完就会在下周一准时投案。"

"你说，她还有重要情况提供给我们。"

"她是这么说的，她说足可以戴罪立功，争取宽大处理。但她要求你们对她目前的想法保守秘密。"

"这个，你放心，保密不是问题。我们怎么相信你，如果周一她不来，再一次逃之夭夭，我们不好办。"

"如果那样，你们就把我按包庇罪抓起来。我用我和我女儿的幸福担保，她一定会来，她自己也对逃亡生活厌倦了。我现在，可以先走吗？"

孟良和同事们互相看了看，然后一起对他点点头。

情况突然变化，大家都在揣摩刘宇的话。刘宇的出现，以及他所说的每一个字，都让所有的警察感到意外，大家觉得既可信，又不能全信，但有一点可以肯定，那就是抓捕措施依然不能弱化，张颖是否能够自首，只能看事态的自然发展。

对此，海玲觉得刘宇的话，有着很高的可信度，周五、周六、周日，正好是佩佩乒乓球比赛，海玲分析说："会不会是想观看完比赛，再去自首呢？我觉得这不是巧合，张颖应该是有意的。所以，我觉得张颖自首的承诺是可信的。"

孟良赞成海玲的话。可以肯定的是，张颖对佩佩的感情是很深的。他觉得如果事态真的按照海玲所说的发展，他们就要在佩佩比赛的时候，制定一个周密的抓捕方案。情况已经比较清楚了，那个所谓的张岚很有可能就是张颖，是经过整容的张颖。孟良要求把视频监控上一系列有关这个女人的截图全部打印出来，发给全体参与抓捕的警察。要求大家在佩佩乒乓球比赛现场，一定要注意发现这个女人。孟良同时指出，何杰前一段时间曾经买了一辆黑色SUV，他去广州开的就是这个，现在这辆车也失踪了，所有人都要注意发现这辆车。牌子肯定已经换了，但要注意同车型的车。

乒乓球比赛在周五那天如期进行，学生和家长们都在往乒乓球馆里边走，孟良、海玲、鲁齐鸣和纪轩伟等一大帮人警惕地注视着周围的一切。海玲来到孟良身边，说自己得进去了，她得给佩佩做场外辅导，还得给她加油。孟良告诉她注意里边的情况，发现情况立即打电话。

"佩佩加油，老师嘱咐你的，一定要记住。"海玲对佩佩说。佩佩一边做准备运动，一边点头。同时，这个女孩不断向看台上张望。海玲问佩佩："爸爸来了吗？"

佩佩摇摇头。

"老师给你加油，一定比别人的爸爸妈妈一起加油的声音还要大！"

佩佩笑了，随后走上赛场。

张颖早已经来到看台。这一天，她没有开车，而是早早地来到学校周围观察，她已经发现了一些可疑的人。张颖把长头发剪了，而且没戴墨镜。这样一来，她成功躲过了所有人的眼睛，随着拥挤的人流步入了球馆。

警方这边，每一个人手里照片上显示的，都是一个长发飘飘戴着墨镜的女人，而且都是视频截图，比较模糊。张颖大大方方地出场，反而成为了一种最好的掩护。比赛开始前，张颖给刘宇打了电话："没想到，警察已经盯上了这里。"

刘宇显得非常紧张："那他们要是先抓到你，就不算自首了吧？"

张颖："听天由命吧！警察想得真是太细了。"

十、发现目标！

张颖说话的声音很小，周围家长根本听不到，大家都把目光集中在场内自己孩子身上。

比赛激烈地进行着，看着在赛场上机敏灵活的女儿，张颖的眼泪不由自主地流了下来，别的家长都在喊加油，她却不断地抹眼泪。当女儿以大比分优势赢得首场比赛的时候，张颖泪如泉涌。

这个时候，张颖看到场内一位教师，始终在为佩佩加油，当女儿赢得第一局的时候，她还跑进场地，把佩佩抱住了。

张颖发自内心地感谢这位老师，内心对她充满感激。这个时候，她突然发现佩佩的眼睛直盯盯地看着她的方向，那位老师也顺势向她这边看了看！

张颖心中一惊。这位教师凝视她若干秒后，她觉得那位老师的状态有点像警察！

海玲的确发现了她。张颖的精神状态使她和周围的人泾渭分明。别的家长或欢呼雀跃，或喜气洋洋，张颖却显得沉默异常，三十米开外也能感觉到她的忧伤。

海玲望着张颖的同时，通过无线对讲系统向所有战友发出信息：发现目标！她坐在大约第九排、偏左的位置，短发、灰色上衣，手里有一个深色皮包……她起身离开了！

"大家堵住所有出口，按照预定方案，一人一个！"孟良一帮人跑步奔向乒乓球馆。

张颖挤出人群，快步走向卫生间。此前，她已经观察好地形，早就为自己设计好了逃生路线。许多年来，无论身处何处，张颖都会给自己留一手。没有这点头脑，她早就成为警察的囊中之物了。

此刻，张颖有些后悔了，她不想就这样被警察抓获。自首的想法最初确定的时候，张颖就一直在怀疑自己是否真的能做到。许多年来，逃亡、与警察博弈已经成了她的一种习惯，她甚至已经喜欢上了那种惊险刺激的感觉，那种感觉对于她来说会有一种快感，就像吸食毒品后的感觉。

张颖进入卫生间，直接从窗户钻了出去。一堵院墙挡在面前，她在这个时刻是不会顾忌自身形象的，折腾一阵子终于上墙，随后又跃下。这堵墙并不难逾越，平时也有很多男女学生跳来跳去的。

张颖来到大街上，不由自主地笑了，她很得意。她的手机在这个时候响起，电话是刘宇打来的。

“你，怎么样了？我一直在惦记你。”

“能怎么样？警察已经被我甩掉了。”

“你，不想去自首了？”

“想得很好，但真的到了那一步的时候，又很难做到。”

通电话的时候，鲁齐鸣在远处向张颖这边慢慢摸索过来，张颖同时也发现了他！张颖的防线彻底崩溃了，她直接对刘宇说：“我真的累了，你现在给警察打电话，就说我马上到乒乓球馆主动自首……”

“佩佩，你说那人就是那个阿姨？”中场休息，海玲一边给她拿水喝，一边问她。“就是她，她变了模样，我也认识她，而且她特别爱流泪。她刚才还在看台上擦眼泪！”

海玲顺着佩佩的指向看了张颖一眼后，便不敢再与她正视，尽量开始用余光盯着她，以防她警觉。但再一次寻找的时候，却发现那个座位已经空了。

鲁齐鸣觉得自己立功的时刻到了，心急火燎地开始快步上前。其实他不知道，张颖的车就在附近，她几个箭步冲上车，发动汽车便离开了。

鲁齐鸣独自喘着粗气，立即向田雨泽报告情况，田雨泽没给他好听的：你平时不是觉得自己水平相当了不得吗？这么简单的一个环节，怎么会处理不好呢？

鲁齐鸣哑口无言的时候，纪轩伟则驾驶警车飞驰而过，直接追向张颖。

孟良把鲁齐鸣和纪轩伟作为机动力量，负责一些盲区的蹲守。见到一个女人越墙而出的时候，鲁齐鸣立功心切，独自行动，他过于相信自己的跑步能力。纪轩伟则临阵不乱，独自跑回警车，然后驾车跟随。

孟良已经和手下鱼贯而出，三两分钟的时间里，他获得了大量信息，目标一会儿出现，一会儿消失，一会儿又出现，这个时候又接到了刘宇的电话：“你们等着，张颖一会儿就会到球馆自首。”

此刻，张颖已经知道自己在劫难逃，虽然还有侥幸逃走的想法，但紧追不舍的警车已经彻底摧毁了她的心理防线。她围着学校兜圈子，后边追得也不温不火。这一次，她直接拨通了孟良的电话："警官你好！我是张颖，我准备自首，但你让我看完比赛，行不行？"

"可以，你放心，一定满足你的要求。"孟良直接回答。孟良正紧张的时候，张颖已经驾车来到视线之内，纪轩伟的警车紧跟其后。孟良立即下达命令："暂不抓捕目标，让她看完比赛。"

张颖驾车来到球馆门前，停车后不慌不忙走下车，在警察的注视下，走进球馆……

海玲正在忙碌，却发现张颖出现在门口，而且是朝着她走来！海玲目不转睛地盯着张颖，张颖也目不转睛地盯着她。海玲想起孟良的命令，对张颖没有做过多防范。张颖来到海玲身边，慢慢坐下。

"谢谢你，对我女儿那么好。以后，你能认她做干女儿吗？"

"我一定会，我非常喜欢佩佩，你有一个非常好的女儿。"

"谢谢你！我可以和你一起看完比赛吗？"

张颖的眼泪似乎又要流出，被海玲制止："你得控制一下，要不周围的人都不看比赛了。"

张颖满怀感激："谢谢，我控制，比赛结束，我就和你走！"

周五的比赛结束了，佩佩获得当天预赛的第一名。佩佩蹦蹦跳跳来到海玲和张颖身边，张颖将她搂在怀里。佩佩的目光却落在海玲那里，她对这位阿姨的热情，似乎有些不大理解。

海玲说："佩佩，表现不错，回去多吃点好吃的。"

佩佩兴奋地点点头，随后取了自己的衣服离开了乒乓球馆。佩佩的背影逐渐消失，张颖瘫软在地，哭泣不止。此时，孟良他们全部进入球馆。张颖说她只有一个要求，让她看完女儿的三天比赛，然后她会有惊人的案件线索告诉警方。

"张颖，今天你算是自首，你的要求我们可以考虑。"张颖听了海玲的话，立即转身对她说："这位女警官，我说的是真的，如果你不嫌弃她的母亲是个十恶不赦的毒贩，就认佩佩做干女儿，好吗？"海玲郑重地点点头："我一定答应，你好好认罪！"

张颖的要求得到满足，她交代了自己的全部犯罪事实。在她的配合下，警方侦破了何杰被杀案，同时远赴广州铲除了两个特大贩毒集团……

迷途薇拉

“你叫什么名字?”

“薇拉。”

“告诉我你的真名。”

“这就是我的真名。”

“这不像中国名字。”

“你说对了，我是俄罗斯人。十五年前，我从俄罗斯的赤塔来到中国，嫁给了中国人。”

“你说，你是俄罗斯人，我怎么一点没发现?你说的是真的，还是假的?要不今晚，我们出来坐坐?”

“我们在网上聊了有一年了吧?我们彼此之间什么时候说过谎?你要不信，我们见见面，今晚一起跳舞喝酒吧!”

“你想好了吗?和一个陌生的男网友见面?”

“我相信我们的默契，我相信你……”

一

这家歌舞厅是黑龙江边境地区最为典型的那种，装饰简陋而不乏热烈的气氛，霓虹闪烁而不乏癫狂的舞姿，入境的俄罗斯游客成了这里的主导，他们的热情豪爽不仅带来了欢快，也给这样一个在内地鲜有顾客光临的小歌舞厅带来了厚厚的人民币和卢布，同时也给毒品贩子们提供了一个充满诱惑的去处。

薇拉和网友张文浩第一次见面，就选择了这样一个喧闹的地方。薇拉的中国话说得相当好，除了发音有些略带生硬外，她已经是一个彻头彻尾的中国人了。当然，薇拉的性格依然是典型的俄罗斯女子，热情开朗，喜欢喝酒，喜欢跳舞。薇拉和张文浩一见如故，两人见面后在最短的时间便酩酊大醉。殊不知，一双罪恶的眼睛正死死地盯着他们。

一曲节奏感很强的乐曲结束了，薇拉和张文浩回到一张桌子前，薇拉左手插在自己金色的头发里，右手依然频频举杯和张文浩碰杯。张文浩平时的酒量是很不错的，但没想到自己会败在眼前这个名字叫薇拉的俄罗斯女人手里，他几乎已经坚持不住了，但依然勉强陪着薇拉一起干杯。他想，既然是第一次见面，就应该大醉一场，谁让两人最近一年来聊得那么开心呢？

透过薇拉的眼神，张文浩总会感觉到某种忧伤，就像和她在网上聊天时感觉的一样。他们两人总是有说不完的话题，他们的脾气似乎也很相近，这让他们彼此都颇感意外。

“你说，你十五年前嫁到中国，你现在怎么还那么年轻？”

“我结婚的时候，才十六岁，我们俄罗斯女孩成熟得都早。”

“今年，你三十一岁？比我小三岁。”

“今晚，我们只管喝酒，不要想明天的事情，好吗？”

“干杯！”

对于薇拉的建议，张文浩没有任何意见，和这样一个金发碧眼的网友如此热络，张文浩感觉非常有趣。转眼间，薇拉和张文浩周围摆满了酒瓶子。这个时候，一个身影出现在他们身边。

“‘十字架’，来点？助助兴？”

“十字架”是一种毒品。薇拉和张文浩原本都不碰这个东西，但醉酒令他们犯下了致命的错误，处于狂欢中的两个人，谁也没有多想。张文浩掏出二百元钱，来人随后往二人酒杯中分别放了药片。

“来，干杯！”

两人一饮而尽，随后进入舞池疯狂摇摆，但不久后便大脑一片空白。

第二天早晨，薇拉只是恍惚记得自己去了卫生间，有人对她推推搡搡，对于头天夜里发生的一切，已经是全然不知。在她清醒之前，医生对她的身体进行了详细检查，结果吃惊地发现，她已遭多名男子轮奸，而在整个被侵害过程中，她竟浑然不知！

“十字架”是毒品氟硝西泮的俗称，服用“十字架”过量会导致昏迷，并伴有强烈的性兴奋，薇拉在卫生间昏迷过去便什么也不知道了。在那个混乱无序的夜晚，这家小舞厅的卫生间曾经有将近一个小时的时间紧锁着门。很多人来了，一顿砸门后不见反应，便来到户外自己想办法，在这样一个舞厅，卫生间大门紧锁的事情经常会发生，紧锁的理由各种各样，人们都已经习以为常。

那个夜晚，与以往最不相同。卫生间紧锁的事情，没有谁当回事，但当服务生后来在卫生间发现一个俄罗斯女孩衣衫不整倒在里边的时候，突然感觉事情和以往大不相同。当时，这个女孩就像被人扔在那里，从体位上看完全不像自然晕倒后倒在地上。服务生立即将卫生间里的情况告诉了老板，后来又按照老板的要求拨打了报警电话。

警车呼啸而至，这个处于沉醉混乱之中的舞厅立即苏醒了，很多人离开了，也有一部分人留下来看热闹。卫生间被封锁，薇拉被救护车抬走，边防派出所和县局刑警大队民警二十多人来到现场。

刑警大队长钟伟明把刑警分成若干小组，分别向服务生及现场没走的顾客调查了解情况。钟伟明从服务生那里得知，薇拉当晚是和一个四十岁左右的男子一起来的，两人喝得酩酊大醉。刑警在服务生的引导下，找遍了舞厅的每一个角落，也没找到那名男子。那名男子就是张文浩。

此时，张文浩理所当然地被列为头号嫌疑人。而事实上，张文浩当晚被人带到一台车上，后来被掷于路边树林附近的一把椅子上，直到第二天早晨自己醒来。舞厅的夜晚，总会有各种各样的醉鬼被人抬走，张文浩的离去也没有引起任何人的注意。早晨醒来后，张文浩除了记得自己头天晚上与一个俄罗斯女网友见面喝酒，直到喝得大醉，什么都不记得了，他接连打喷嚏，头痛欲裂。这一天，张文浩没能去工作，踉跄着回到家中。

若干个小组经过一番仔细调查，却没有发现任何有价值的线索，这令所有人感到异常奇怪。

二

“我叫你出去鬼混，叫你出去胡闹……”

薇拉的丈夫朱强开着一辆路虎风驰电掣地来到医院门前，下了车便直奔病房。一进房间，他二话不说便把薇拉拖下床，当着外人的面就是一顿暴打。

薇拉一声不吭，不申辩，也不求饶，只是一副麻木的表情，令人感觉怪怪的。原本在一旁给薇拉做笔录的两名女警，费了很大劲儿才把朱强拉开。

“丢人，真丢人！你还有脸活？”

薇拉依然默不作声，整理一下头发和衣服，便像什么也没发生一样，重新躺到了床上。朱强转身对两名女警说：“查出是谁干的了吗？查出来，我非得扒了他们的皮！”

朱强是海拉尔一带典型的黑道人物，在中俄边境地区恶名响亮，他曾在二十世纪80年代伤害他人，并用自制炸弹炸伤抓捕的民警，因此被判处有期徒刑。刑满释放后，朱强开始在中俄边境地区当倒爷，赚得了第一桶金。最近几年，朱强突然暴富，警方一直怀疑他从事毒品犯罪活动，但始终没有任何证据。

朱强心狠手辣，平日里对待任何人都是一副霸道无情的样子，如今竟有人把他的老婆羞辱到如此程度，他的暴怒也就不可避免。若查出结果，会扒了对方的皮！这话若出自别人的口，一定是气话；但既然这话是朱强说的，那么他一定会说到做到，谁也不会怀疑。事实上，朱强已经开始发动手下寻找那伙对他的俄罗斯妻子胡作非为的人了，当然也是不见任何结果。

朱强有多少女人，谁也说不清，但薇拉是他的原配妻子，两人还有孩子。朱强对薇拉一向不好，轻则谩骂，重则让她皮肉受苦。不只是对妻子，朱强对谁都这样，就连跟了他多年的手下都怕他。

“你的妻子，平时都和什么人接触？”

对于警察的提问，朱强还是非常配合，因为他实在是希望警方能破案，他急于知道是谁让他如此颜面扫地。

“她平时很少和外人接触，终日上网看电影，经常在网上聊天。”

这个线索，令开展调查工作的刑警非常感兴趣。事发后，薇拉一声不吭，问什么也不答话，谁也不知道她在想些什么。办案刑警于是来到薇拉的电脑前，并很快破解了她的QQ密码。在她全部网友中，很快发现了关系最为热络的网友张文浩，并看到了他给薇拉的留言。

“昨晚，发生了什么？我怎么会睡在马路上？你怎么样？是不是我们喝酒喝得太多了？”“你怎么总是不上网？上来后，先给我留言。”

刑警队长钟伟明看了这些内容，立即断定那天晚上陪着薇拉喝酒的一定就是这位。钟伟明同时感觉到，这个人似乎不是嫌疑人，里边似乎还有蹊跷的东西。既然是这样，找到这个人并了解具体情况，已经显得非常重要。于是，钟伟明果断指派刑警和张文浩在网上联系，并说明情况。同时，迅速查明了张文浩上网常用的电脑IP地址，成功将其锁定。令办案刑警没有想到的是，张文浩出奇地配合警方，得知薇拉的遭遇后主动赶到公安机关说明情况。事实上，有刑警一直跟着他，并在这一过程中发现，张文浩没有任何逃跑的意思。看来，张文浩理应不是本案的嫌疑人了。通过随后的调查和生理特征鉴定，更加印证了这个观点。

张文浩如实向警方说明了自己一年来，在网上和薇拉交流的情况，对于那天晚上发生的事情，也交代得一清二楚。

“我是完全问心无愧的，真的!”

张文浩满怀诚意，可以感觉到他没有说谎。钟伟明按照这个思路分析判断，张文浩和薇拉在当天晚上一定是被坏人盯上了，他们双双人事不省的时候，薇拉遭遇不测，张文浩则被带走后又被抛在外边。但是，这伙人为什么没有把薇拉带走呢？他们完全可以把她带到无人的去处实施不轨行为，为什么选择了喧闹舞厅的卫生间呢？钟伟明心里，存在着很多问号。

“我和薇拉聊天的时候，能够感觉到她这个人每天都是闷闷不乐的，她曾对我说过，她的丈夫总打他，她和他在一起非常压抑，但又不能离开，因为她的丈夫很凶。她说他们夫妻之间没有任何共同语言，这是她人生最大的痛苦。”张文浩说。

按照张文浩的说法，他感觉薇拉的网友有很多，远远不止他一个人，他感觉薇拉的精神非常空虚，每天就靠网络聊天活着。他因此给过她很多忠告。钟伟明从张文浩那里调取了两人的聊天记录，其中有几段这样写着：网上的东西，聊天互动，互相关心问候，很温馨，这弥补了你实际生活上的缺失。但网上的东西，两张脸的现象非常普遍，很多人说得很好，但实际可能还不如你家里那位呢，而你会觉得对方很好。这就容易出问题，千万要小心；我发现，有时你特别在意网友的评价，往往会通过网络寻找自身定位，考量自己的实际状况，这是不对的；你完全可以自信满怀地生活，不依赖任何外界的东西，你是非常优秀的，只是缺乏恰当时机，如果这个时机永远不会出现，你也不能不自信，不能怀疑自己，知道吗？相信我的判断!

钟伟明分析后确定，薇拉和朱强的婚姻非常不幸，她便开始四处结交网友，寻找寄托。那么，这起针对她的案件是否是张文浩以外的其他网友所为呢？一组刑警开始认真研究薇拉的每一个网友，力求从中寻找突破。但在这个时候，薇拉的丈夫朱强突然遭遇不测，给这起案件又增添了几分神秘。

三

无论采取什么样的方法，薇拉就是不向警方提供任何情况，并且在医院没待几天就主动要求出院了。张文浩按照警方的要求，继续在网上和薇拉聊天，想办法帮助了解些情况。这个方法还算奏效，薇拉还真和张文浩说了点心里话。并且，薇拉对于自己遭遇的不测，一点也没有怀疑张文浩，反而对他充满内疚。

“连累你了，其实我觉得那些人都是针对我丈夫的……他们对我这样，就是为了报复他……最近，我总感觉有人跟踪我……我一肚子苦水，只有和你说……和我那位没有人性的丈夫说，没有用！和警察说，也没有用！”

钟伟明相信，如果薇拉的判断属实，那天晚上发生的一切就应该是朱强毒品生意上的仇家所为了。但是，目前连朱强的贩毒违法事实都没有完全查清，他那些所谓的仇家在哪里更是不得而知了。这个时候，传来了朱强被袭击并险些丧命的消息。

那天晚上，朱强独自走在大街上，后来又走进一条距离自家不远的小路。天气微凉，已经有人家燃煤取暖，空气显得非常不好，路上经常会遇到戴口罩的人。朱强就这样走着，一个戴着口罩的人从他身边经过，他并没有多想，以为此人就是因为空气的缘故才戴上口罩。可令他万万没有想到的是，该人突然从衣袖里取出一根铁棒，对准朱强的脑袋就是一顿猛砸。朱强倒地后，此人迅速离开。

经过医生全力抢救，朱强的命算是保住了，而且伤势并无大碍。经市里刑事科学技术协会鉴定，朱强系开放性脑挫伤、颅骨凹陷性骨折、硬脑破裂拌左侧蛛网膜下腔出血。

这样一来，办理薇拉专案的刑警又转而找朱强了解情况。这一次，朱强嚣张的情绪已经完全不在，极力配合警方却找不出所以然。

事实上，朱强始终在中俄边境地区从事毒品交易。

我国是天然麻黄素的主要生产地，麻黄素是冰毒等新型毒品的主要原材料。在俄罗斯，以麻黄素、MDMA、MDA 等苯丙胺类兴奋剂为主要成分的毒品价格很高，麻黄素在中俄黑市上有几十倍的差价，一粒摇头丸在俄罗斯可卖到五百到八百元，而俄罗斯的海洛因价格却低于我国。巨大的利润驱使一些中俄不法分子铤而走险，采取各种手段相互勾结双向走私贩卖毒品。朱强本身就是一个利用这种差价从中渔利的贩毒大户。

从近几年在中俄边境地区破获的案件中发现，真正运送毒品的往往并不是像朱强这样的主谋，而是一些“马仔”，在贩毒过程中充当直接贩运毒品的角色，而朱强这类主谋大都在远处或国外进行远程遥控。

朱强知道自己因为毒品生意上的事情得罪的人很多，很多人对他恨之入骨，但自己的仇家是万万不能对警察交代的，否则自己就会跟着暴露。朱强心里想，很多事情，也许就得打掉牙往肚子里咽了。

事实上，钟伟明一开始就怀疑是朱强的仇家对他下的狠手，朱强长期以来一直是县局禁毒部门的重点调查目标。钟伟明相信，如果把朱强被袭击的案子破了，很有可能就会连带着把他本人组织贩卖毒品的犯罪事实查清。

朱强住院期间，薇拉对他的照顾还是无微不至的，但警察发现这夫妻二人几乎谈不上有所谓的感情存在，薇拉就像是一个雇来的佣人，朱强总是不可一世的样子，而薇拉则显得顺从、逆来顺受。

此时，钟伟明已经和张文浩建立了热络的联系，张文浩已经答应钟伟明，自己会和薇拉继续保持深入接触，尽可能从中发现隐藏在这个家庭背后的一切。

四

夜晚微寒的风吹打在脸上，薇拉最喜欢这种轻松的感觉。她总是会在夜晚的时候，独自外出溜达，哪里人少她就会去哪里。在薇拉心里，热闹就要热闹得透彻，寂静也要寂静得分明。薇拉的胆子很大，从不在意任何恐惧的事情。海拉尔有一座敖包山，这座山的西侧有一个著名的万人坑。1939 年，日本关东军修筑的一系列军事工事完工后，为确保工事秘密，将参加所有修筑军事工事的劳工秘密处死后抛在该坑中。夜晚的时候，这里永远是城市里最恐怖的地方，当然更不会有人光顾。薇拉则是例外，她不在乎，她经常独自来这里散步。每当来到这里的时候，她的心里总会有种幽深的感觉，那种感觉会令她疲惫的身心沉静下来。

“我很想念俄罗斯，当年是因为俄罗斯那边太困难，我才远嫁中国，结果却嫁给了一个畜生不如的朱强。我经常会在铁轨旁，眼看着北京至莫斯科的国际旅客列车在我眼前经过，眼泪就会不由自主地流下来。我很想家！”

薇拉对张文浩这样表白。

“朱强，怎么会畜生不如呢？他到底坏在哪里呢？”

“他害人无数，他是一个毒贩子，我想举报她，但又不敢，我害怕他伤了我的性命。况且，我们之间还有孩子。”

“但是，他若这样，早晚会丢掉性命，早晚会伤到你和孩子的。”

“……”

接下来的一段时间，薇拉一直沉默，她很多天没有和张文浩交流。隔了很多天，薇拉主动给张文浩打了电话，她说她不想再过这种提心吊胆的日子了，她要有所改变，她想将朱强的一切提供给警察。张文浩表示自己可以帮助她和警察取得联系，一切会做得万无一失。

张文浩难掩内心的激动，于是找到钟伟明，他没想到自己能够帮助警方做一件这样惊心动魄的事情。他向钟伟明详细说明了薇拉和朱强的关系状况。在薇拉的认可下，张文浩带着钟伟明一同来见她。

“我可以把经常和朱强一起商量事情的那些人，提供给你；再有，假如我不加任何防范地上街，你跟着我就行，说不定哪天就会发现一个跟着我的人。如果把这人抓到手，估计那天晚上侮辱我的事情一定会查清，而且如果你们警察方法得当，来人也会提供与朱强有关的情况，你信吗？”

钟伟明觉得，薇拉的话应该是可信的。

五

刘凯奇万万没有想到，他的报复和跟踪对象，竟然会有所察觉，而且还会和警察取得联系。

朱强，是刘凯奇此生最为痛恨的人，即使亲手动刀将他活剐也难解心头之恨。

刘凯奇的哥哥刘凯龙早年是朱强手下的“马仔”，专门往返于中俄两国之间为朱强运输毒品，直到东窗事发。刘凯龙落网后，独自承担了罪责，被执行了死刑。此前，刘凯龙曾经说过，将来自己假如遭遇不测，朱强会照顾他们全家人的生活，他一再表示自己是如何如何信任朱强。但是，一切随着刘凯龙离开这个世界而结束了，朱强没有对刘凯龙有任何感激之情，对他们一家人也没有履行承诺。

刘凯奇自幼和哥哥便有着深厚的感情。从小到大，哥哥总是让着他，什么好吃好穿的都先给他。哥哥为了改变贫穷的家境更是付出了太多，十五岁便到大兴安岭的深山里伐木，直到后来一只胳膊被压断。哥哥拖着断臂回到家，将肩膀上的一书包钱送到了妈妈跟前，并对妈妈说：这钱，供弟弟上学用！

哥哥的性命，无声无息地断送在了朱强手中，刘凯奇一直伺机报复。他开始跟踪朱强本人和他的俄罗斯媳妇，他一心想掌握充足的证据，然后把线索举报给公安机关；同时，他也一心想玩点花样，把朱强气个神魂颠倒。

刘凯奇有一帮从小长大的好朋友，这些人虽然不是什么大号毒贩，但也经常在歌舞厅、洗浴中心之类的地方贩卖点摇头丸之类的东西。那天晚上在酒吧眼看着薇拉和一名男子一杯一杯地喝酒，刘凯奇一直伺机而动。直到机会来临，他的一个朋友上前卖给了他们两份超量的“十字架”。朱强在大小毒贩眼中，都是一根钉、一根刺，但为了赚钱，谁都在找机会和他合作；同时，只要有机会，谁又都在找机会祸害他。刘凯奇的想法很快得到了周围一帮人的认同，薇拉于是在那个夜里遭遇了不幸。而后来薇拉的判断，与事实真相毫无差别。

按照薇拉的建议，钟伟明一直暗中跟踪她，结果不费力便将刘凯奇捕获，他交代了全部真相，包括对朱强实施的袭击情况。同时，他也向警方交代了自己掌握的有关朱强贩毒的全部细节。按照刘凯奇和薇拉提供的情况，县局采取突击行动，将朱强团伙一网打尽。但是，美中不足的是，朱强却因提前发觉而逃之夭夭，他被列为网上逃犯予以通缉。

经过一系列调查取证工作查明，朱强与俄籍毒贩相互勾结，自2004年以来先后八次从我国其他省购进麻黄素近两吨，经由哈尔滨转运到中俄边境地区，再利用过境货车从口岸向俄走私。同时从俄罗斯向我国走私大麻、大麻油、冰毒和枪支弹药，牟取巨额利润。警方采取行动时，当场缴获制毒物品麻黄素935kg、摇头丸1325粒、冰毒7g、大麻45g，各种枪支共7支，子弹450余发，扣押毒资近100万元，车辆3辆。

六

就在警方为了抓捕朱强而发愁的时候，一天晚上八点左右，县公安局指挥中心接到薇拉的报警电话称，朱强突然回家并对与她在一起的张文浩实施报复。指挥中心值班人员立即指派边防派出所、刑警大队、治安巡警大队的值班民警出警并将情况向局领导汇报。

钟伟明在朱强家附近见到了薇拉及闻讯赶到现场的一些围观者。薇拉告诉钟伟明说，张文浩已经被朱强劫持在自己家中，她找机会逃了出来，她十岁的儿子也在屋内。

钟伟明劝告围观的人员不要靠近后，带着年轻刑警王勇轻轻推开院门，悄悄进入院内走近房门。透过窗户，他可以看见朱强情绪激动，手中持枪威逼着张文浩。不久，朱强持手枪逼着张文浩打开房门往出走。站在前面的钟伟明当即示意，让张文浩往大门外跑。趁着朱强看见警察，注意力暂时分散的片刻，张文浩夺门而出，跑向院外，并大声喊“有枪”。钟伟明和一同进入院子的刑警王勇立即挡在朱强身前，确保张文浩顺利脱离危险。看到张文浩跑出院子，朱强用枪瞄准钟伟明和刑警王勇，并对他们叫喊：“你俩把他整跑了，你俩跟我进屋，要不进来我就把屋里的人质杀了。”

朱强这里所说的人质，其实就是他自己的亲生儿子。

“别激动，我们跟你进去，把屋里的人换出来！”钟伟明立即回答。

朱强用枪逼着两名警察慢慢退进屋里。进屋后，借着室内的灯光，两名警察看见朱强的左手捂在胸前，按着一个长约三十公分的布包，嘴里还咬着一根蓝色的绳子，绳子的另一端连在包内，腰间系着一枚手榴弹，手榴弹旁边还别着一把卡簧刀。朱强用枪威逼钟伟明两人坐在客厅北侧的沙发上，并威胁他们不准动，动的话他就把胸前的炸药拉响，同归于尽。

钟伟明发现朱强并没有伤害自己亲生儿子的狠心。这时，院里又进来一个人，朱强情绪非常激动，破口大骂：“你们都想逼我！我刚离开家几天，我的媳妇就有人来偷！来吧，警察来得越多越好，咱们一起同归于尽！”

“不能同归于尽，最起码不能伤到你的儿子，我让外边的人都撤了。咱们做个交易，只要不伤到孩子，你可以先走，以后我们能不能抓到你，就看我们的本事，你觉得怎么样？我们放你一次！”

听了钟伟明的这番话，朱强似乎来了精神。

借着这个机会，钟伟明机警地对刑警王勇说，你看看院里是谁，示意让他赶快出去。刑警王勇趁朱强不备，离开房间。将进入院子中的一名同事推出大门后，向现场同事和局领导汇报了屋内的情况。为防止伤及无辜，围观人员全部被疏散。

因为担心钟伟明一个人被朱强挟持有危险，刑警王勇置个人安危于不顾，又返回朱强家，并对他说：“你放心，不会再有人进来了。”朱强威逼王勇坐在沙发上，从身上解下一枚手榴弹，强迫王勇把手榴弹绑在身上。一旁的钟伟明说：“别让他绑了，他的岁数小，要绑绑我身上吧！”朱强说："不行，就得绑他身上。"王勇说："绑这个干啥呀，至于吗？"朱强向王勇的背部连踹了几脚，并说："让你绑你就绑，你他妈的怎么那么多话呢？要死咱大家一起死！"

王勇坐在沙发上，将手榴弹绑在了自己的腹部，之后王勇慢慢从沙发上站了起来。朱强吼道："别动，我这炸药可快，一拽就响，比我上次炸警察用的那种可快得多！"王勇为了拖延时间就问朱强："你的炸药在哪整的，真的假的？你真厉害，想弄什么都能弄到！"

朱强说："在矿上买的，不贵，才几千块钱。"朱强边说又边从身上拿出来一根绳子，命令钟伟明用绳子把王勇捆起来。钟伟明不从，朱强就用脚猛踹他的肋部，王勇上前用身体挡住了钟伟明并对朱强说："你别踹他，踹我吧，我岁数小。"王勇接着问朱强："你想要干什么呀，有啥要求你就说。给你创造机会逃走，你还不干！"朱强狠狠地说："你们让我媳妇和刚才跑出去的那个小白脸马上回来！"于是，钟伟明用手机给局领导打电话，说明当前处境和朱强提出的要求。

此时，县局局长翟刚已经带领民警赶到现场。为查明现场情况，翟刚打通钟伟明的电话与朱强直接通话。朱强接过电话后对着电话就大喊："我就要现在见到我媳妇和那个小白脸，说别的都没有用！"接着就挂断了电话。

随后，朱强又强迫钟伟明将左手用绳子绑上，将绳子的另一端绑在王勇的右手上，并让王勇把连在一起的绳子绑在腹部手榴弹的拉环上。为了赢得更多的时间，钟伟明拿起手机又与翟刚重新通电话。翟刚让钟伟明转告朱强，他的妻子已经联系上，那个小白脸也联系上了，他们两个刚才离开了，现正在往回赶。朱强接过电话说："我不管你们怎么办，现在我就要马上见到他们。"之后他再次挂断了电话。挂断电话后，朱强再次威逼王勇将腹部的手榴弹拉环绑在和钟伟明连在一起的绳子上，王勇以右手被绳子绑着系不上手榴弹为名，和朱强拖延时间。这时，翟刚的电话再次打来，劝其放下武器。朱强不听劝阻对着电话大骂，并要求现在就要见到他说的那两个人。

此时，朱强的情绪已经无法控制，上来就用脚猛踹钟伟明和王勇，又让王勇给翟刚打最后一次电话。朱强在电话里又大骂翟刚，并称最后给一分钟时间，要是见不到人就把钟伟明和王勇及他的儿子一个个杀掉。此时，翟刚下令秘密接近现场，适时出击，击毙朱强。屋内，朱强通完电话后就把王勇的手机摔在地上，又抢过钟伟明的手机摔在了地上，并称从现在开始谁的电话也不接了，他等不及了，对两名刑警说："今天就算是你俩倒霉了，我先杀掉你们，再和我儿子一起爆炸！"

接着，朱强开始倒计时，3 秒、2 秒……

听到朱强的威胁，已经潜入窗前的县局神枪手果断开枪射击，一枪命中，将朱强击毙在屋内。并将钟伟明、王勇及那名小男孩救出。

远处的太阳就要落山了，薇拉家里院子里里外外都是忙碌的警察。薇拉瘫倒在地，搂着儿子哭泣不止，张文浩在一旁耐心地劝慰着。这是一次痛苦的新生，薇拉今后的日子不再需要提心吊胆了。

心　债

罪与罚是因果，而罪与爱则是各自独立存在的。但是违背道德情操的爱只能不断积累心债，最后只能以罪去偿还了……

寒冷寂静的夜里，总会有悄悄袭来的淡淡忧伤。酒喝得很多，艾莹独自斜倚在海蓝色的沙发上，修长的双腿软绵绵地叠在一起，沙发的颜色衬托出她美丽的头发和白皙的面庞。她的神经依然兴奋，各种美好的生日祝福和晶莹的烛光依然在她左右萦绕。此时，他们暂时分开了一会儿，他说为了蒸发掉酒精必须先去桑拿一下，然后再来和她相聚。于是，这样一个人的时候便加重了她孤单的感觉。她满怀期待地等待着，感觉微微地有些热了，便拿起茶几上的一瓶可乐一口气喝下去了一半。

也许是酒喝得太多，她突然想呕吐，五脏六腑开始撕心裂肺般地难受，她的视线开始模糊。痛苦迷离当中最无助的时刻，一个人影终于出现了，求生的本能使她伸出颤抖的手向来人求救。那人来到她的身旁，她没有得到任何帮助，反而感觉到一个冰凉的锐器在她的胸部连续进出，鲜红的颜色立即罩满她的双眼，全部的知觉很快失去了……

两年以后，同样是在寒冷的冬季。由于金街 1 号楼地下热力管网出现了渗漏现象，热力公司派两名工人在农历腊八那天前去检修。当一老一少两个工人揭开一个管道地沟盖的时候，年轻工人大声地抱怨：“这地沟里的味道太难闻了！”两人一前一后地跳了下去，提着手电筒在湿漉漉的地沟里弯腰前行，前边的老工人早已闻惯了地沟里各种难闻的味道，边走边说：“地沟里能有什么好味？”

那天，艾莹在地沟里已经静静地躺了整整两年。当手电光朝她射去的时候，艾莹看起来就是一个恐怖电影里的女鬼。平日爱喝白酒的老工人有着严重的心脏病，当场晕倒；年轻工人被吓得猛然间直起了腰，头顶重重地撞在了水泥板上，但还是强挺着钻出了地沟。

一

大队长陆海城叫陈晰出现场的时候，下班的时间马上就要到了。陈晰当时正站在办公室窗边，望着外面一棵老杨树上稀落的几片枯叶，同时想着自己的事：夏天的时候，他应该准备一下自己和昱的婚事了。

白皙的脸颊，高挑的身材，披肩的长发，一双硕大的明眸总是夹杂着几分别样深邃复杂的抑郁和忧伤。别看昱柔弱，但却十分善解人意。工作上的困难，陈晰经常向昱倾诉。

她总是鼓励他，和昱在一起，陈晰偶尔躁动的心会恢复平静。陈晰觉得昱有着一个十分幸福的家庭，虽然这个家庭像很多普通家庭那样有过艰难岁月。昱的姑姑和他们一家三口一同生活，姑姑 18 岁、父亲 13 岁的时候就一同成了孤儿。父亲是在姑姑的照顾下长大成人的，昱的姑姑为了她的父亲甚至耽误了自己的婚事，一直未成家。昱的姑姑早些年从工人做起，现在已是一家大厂的人事部主任。在姑姑的策划下，他们家还在全市最繁华的商业街金街开了一家 K 牌服装专卖店，昱现在经营管理那个店。

陆海城、陈晰同刑警队的其他同事到达现场后，在技术大队勘查现场的同时，广泛地开展了现场周围的走访工作。当时老工人已经被送到医院抢救，年轻工人一边猛吸香烟一边介绍了自己刚刚经历的一切，他是第一个调查走访的对象。尸体检验鉴定结果在第二天下午全部得出：死者为中年女性，年龄 40 岁左右，身高 1.66 米左右；内脏、骨骼检材经毒物化验呈阳性，死者体内含有有机磷成分；外衣有 5 处锐器形成的创口，主要集中在胸部；死者大衣右兜内，除了有三张 10 元面值的人民币外，还有 11 颗蜡花纸叠的幸运星。地沟无名尸案发生后，陈晰一连三天三夜没有回家，上来的很多有关无名尸的线索一一被否定，案件没什么进展。

多日不见陈晰影子的昱直接来到了刑警队，她给陈晰带去了一套新的换洗内衣。昱到刑警队的时候，正好赶上吃晚饭的时间，值班的侦查员们都去食堂了。昱伴着青苹果香水的清香，一声不响地出现在了办公室门口，昱感觉到了陈晰的喜悦，望着他甜甜地笑了："姑姑正在刑警队边的一家饭店等我们去吃晚饭，能去吧？"陈晰便给陆海城打电话请 30 分钟的假，陆队说可以多陪女朋友待一会儿，不碍事。陈晰对昱的姑姑一直很尊重，他们到饭店的时候，昱的姑姑已经点好了菜，正在一个包房里等他们。

陈晰是有一些心不在焉的，他全部的心思都在地沟无名尸案上。昱的姑姑好像看出了陈晰的心思，便主动把话题引到了他的工作上面："陈晰，咱家服装店附近发现的那具女尸，查没查出是谁？这几天商业街上的店主们都在议论这件事。"

人们对警察破案往往怀有很大的好奇心，昱和她姑姑也是这样的，以往在她们的要求下，陈晰经常给她们讲述警察怎样开展侦查破案工作，他还会经常讲一些鲜活的案例给她们听。无名尸案没有眉目，陈晰好像兴致不太高："我手头搞的就是这个案子。被害人身份还是无法确定。"他回答。"对了，查出那人是怎么死的了吗？""她体内有毒鼠强成分，胸部有3处刀伤。""尸体在地沟里什么地方？""从地沟口往西大约10米。"陈晰感觉有点像给领导汇报工作。不过这也很自然，任何一个警察适当满足一下家人的好奇心是都有可能做到的，陈晰这样想。菜基本上都让陈晰风卷残云地给席卷了，后来他发现昱和她的姑姑非常安静，光喝茶水不动筷子，陈晰很内疚地说："我真不该在天黑的时候讲这些，容易把人吓坏。"

二

对于艾莹的老母亲张老太来说，从艾莹两年前过完生日失踪后至今，已经是整整两年踪影皆无。不过，艾莹的好友辣椒两年来却接到过四五次她的电话，艾莹对辣椒说她在南方打工，挺好的。辣椒把情况都告诉了张老太。由于实在没有多余的钱交电话费，张老太家没有安装电话。艾莹有过一次失败的婚姻经历，70多岁的老母亲是她唯一的亲人，母女的感情很好。张老太没有劳保，是派出所的帮扶对象。社区民警小许按上级要求进行人口排查过程中，在张老太家和她拉起了家常。他趁老人不注意的时候，从老人木梳上取下了一些白发。根据DNA测试结果，无名尸就是老人的女儿！

陆海城和陈晰在社区民警的陪伴下，于案发后第五天上午测试结果出来后就来到了张老太家。张老太是个很慈祥的老人，家里四壁空空，但很整洁，陆海城不得不说谎："大娘，您在南方打工的女儿给派出所来电话了，让我们转告您她在外边很好，叫您别惦记。"谈起女儿，老人家面孔有了光彩："太麻烦你们了，还跑来告诉一声。我女儿命苦啊！她的前夫是个跑长途的司机，挺忠厚的一个人，可总怀疑艾莹在他出车不在家的时候给他戴了绿帽子，终日疑神疑鬼……”“您女儿什么时候去的南方啊?”陆海城接着问。“艾莹是在两年前她生日那天中午出去的，她说朋友们有个聚会，可她从那以后再没回来。一开始我没在意，后来有些着急了，便到处打听，结果谁也不知道艾莹的去向，好在后来艾莹托她的好朋友辣椒传话来，说她在南方打工，叫我放心，我悬着的心才算落了地。”“艾莹没打算再结婚吗?”“艾莹有一个认识很多年的男朋友，以前他经常到我家，艾莹去南方后，他也常来询问艾莹的消息，艾莹也够任性的，也不说给人家去个电话。我最近早晨出门的时候，门口经常会有一些米、面、油和水果，估计也是这人送来的。”“知道艾莹的这个男朋友叫什么名字吗?”“姓赵，好像是叫赵文宇。”

听到这，陈晰感觉挺有趣，因为昱的父亲就叫赵文宇。可是在张老太拿出一张写有一串电话号码的字条后，陈晰的心情突然凝重起来，心跳似乎停止了一般。——眼前的一切完全不那么有趣，那号码正是他未来岳父的电话号码！和张老太的谈话结束了，陆海城拿出了200元钱给了张老太：“大娘，这钱是你女儿寄到派出所的，委托我们送来。她说以后会定期往派出所汇钱，来的时候我们会给您送来。”

当陆海城、陈晰和社区民警一行离开的时候，张老太坚持送下楼。当他们走了很远，张老太还站在楼前向他们缓慢地挥手，寒风中白发飘飘的样子令陈晰有些难过。“陈晰，你怎么沉默了?”陆海城发现了陈晰的变化。“老太太真可怜!”陈晰这样回答。“陆队，我必须和你说一件事，我有一个相处一年的女朋友，现在已经基本上确定为未婚妻了，马上我就要领着她和大家见面了，她叫赵昱……”

在陈晰和陆海城同那位社区民警分手后，陈晰向陆海城沉闷地述说了自己和昱的事情。案件出现了些眉目，陈晰希望昱的父亲仅仅是案件当中很快就会被排除的插曲。

陆海城和陈晰马不停蹄地直奔王大令单位。他们见到王大令的时候，他刚好从外地出车回来，样子疲倦而苍老。陆海城走上前表明身份：“老王，我们是刑警队的，想找你了解一些事。”“呦！我没犯什么事吧?”王大令笑着说。“我们来有一件事，看看你能不能提供一些情况。你的前妻艾莹失踪了……”“失踪?她不是到南方打工去了吗?”“听说你们过去感情不太好。”“我以前除了揍她，也没做错什么。艾莹的虚荣心太强，和一个叫赵文宇的人胡扯了好多年，我怎么收拾她就是没把他们打散。我岳母那老太太是个好人，但她不知道自己姑娘是个什么东西。最近我听辣椒说艾莹在南方打工，根本不管她老妈，所以好几次买了东西送到老太太的家门口，但没敲门，因为她见我就生气。”“你和艾莹离婚后有没有想念她的时候，比如在她生日的时候看看她?”陆海城两眼紧盯着王大令问。“哼，生日！提起她的生日我就生气。我觉得过日子就得实实在在，所以从来不管艾莹的什么狗屁生日，我和艾莹没离的时候，那个赵文宇年年在她生日的时候用那种稀里哗啦包装纸包一包礼物送给她，开始艾莹还躲躲闪闪，后来甚至已经不背我了。我们离婚后一直没见过面，离了就离了，还有什么可想的？我每天想的就是怎么活命，怎么给孩子多挣些钱。”

陆海城和陈晰来到辣椒家的时候天色已晚，她家里烟雾缭绕，一片稀里哗啦的麻将声响。辣椒的丈夫当时正在收拾厨房，个子不高，体态有些发福，他手里拿着个抹布非常无奈地向陆海城他们摇头。陆海城向辣椒直接表明了来意，并问起了艾莹来电话的事情。辣椒长吁一口气，很老练地点燃了一支烟：“我接到了四五次艾莹的电话，不知道怎么回事，那死鬼总是在我打麻将正是兴头上的时候来电话，我星期五和星期六晚上没有特殊情况准是在家打麻将，就这点喜好。”“你知道艾莹现在的联系方式吗?”陆海城问。“我家的破电话没有来电显示，加上打麻将时心急火燎的，也没问她的电话号码。每次电话那边艾莹都对我说她在南方打工，挺好的。我告诉她给她老娘寄些钱，别只顾自己。”“你最后见到艾莹是什么时候?”话说到这里，辣椒突然一脸惊恐，好像突然发现了什么：“哎呀！你们警察这么晚了来问艾莹的事，我刚才叫她死鬼，艾莹不是……”“先不要乱想，想想你最后见到艾莹是什么时候?”陆海城仔细观察着辣椒的表情，对问题重新强调了一遍。“两年前我们一帮朋友给她过生日。艾莹那天的生日聚会是赵文宇安排的，我们几个姐妹都去了，我让我老爷们儿也去了，省得他在家做饭。那天所有人都喝了很多酒，关于艾莹和赵文宇的事情，周围人都非常清楚，赵文宇有家，同时还养着艾莹，由于很多年就这么过来的，大家已经对他们见怪不怪了。那天酒局散后，赵文宇和艾莹一同走的。从那以后，再也没有谁见过艾莹了。艾莹去了南方之后，每次遇到赵文宇谈起她，赵文宇的情绪总是很低落。赵文宇这两年头发白得特别快，从前赵文宇性格非常开朗，做什么事都是有条不紊，这两年变得似乎总是闷闷不乐。”

围绕赵文宇开展工作已是当务之急，而且是本案侦查工作的重要一环。陈晰参与这个案子显然是不合适的。在离开辣椒家之后，陆海城在办公室向陈晰坦言，他必须暂时回避与此案侦查有关的一切工作，否则没办法向领导解释，这样的事情是不能瞒着的。但陆海城表示，如果赵文宇能够被彻底排除，陈晰可以再参与进来。

三

和陆队谈话结束后，陈晰便离开了刑警队，独自一人来到了空荡荡的大街上，时间已是接近午夜。陈晰漫无目的，走走停停，不知不觉当中，一整包香烟燃成了灰烬，入冬后迟来的第一场雪在不知不觉中飘飘扬扬。

这个时候，他的手机响了起来，一看号码竟是昱：“为什么连个电话都不来?”昱的语气充满了责怪。“昱，我现在就想见到你……”陈晰一时语塞。昱从楼门洞走出来，见到了满头白雪的陈晰，一下子冲了上去，两个人紧紧地相拥在一起。

冬日料峭的寒风开始呼啸，这对恋人就像大海里一叶飘摇的小舟。脸上说不清是泪水，还是融化的雪水，整个世界在他们的眼中一片迷蒙。他们手拉着手在大街上游荡，昱显得幸福而快乐，她边走边给陈晰唱莫文蔚的那首《盛夏的果实》，昱唱了一遍又一遍。旋律有些忧伤，但昱的嗓音是那么美妙，驱散了陈晰的一切烦恼。最后，他们来到了昱的专卖店。两杯咖啡是热的，独自在桌子上冒着热气，陈晰和昱坐在窗边默默无语，两个人的手却是紧紧地握在一起。外面也许更冷了，在店里可以听见寒风呼啸。

夜深的时候，昱在沙发上依偎着陈晰睡着了……天渐渐亮了，昱仍在熟睡，俊俏的面容微微有些红润。陈晰观察了一下周围的环境，和昱认识这么久了，还真是第一次来她的办公室。这是店里一间15平方米左右的小办公室：一个摆满书的两门书柜，一张摆着一台电脑的办公桌，两盆碧绿的竹子，一张小玻璃茶几，办公桌对着的墙角有一箱七喜饮料、一箱可乐，除此之外，就是他和昱身下的这张宽大舒适的真皮海蓝色沙发了。

陈晰慢慢起身，目光最后集中在了沙发腿上。当走近仔细观察，陈晰的心脏剧烈跳动起来——上面有星星点点的“污垢”，似乎像干涸的血迹！一种恐惧涌现陈晰心头。陈晰用小刀将一些“污垢”从实木材料的沙发腿上连同一小条木屑一起片下，然后用纸包起来放在了兜里。

陈晰刚刚完成一切，昱就醒了，她朝着陈晰笑了，后又僵住了，因为陈晰望着她的时候一脸严肃，已经完全不同于昨夜。陈晰意识到了昱的表情变化，更意识到了自己表情上的疏忽，所以努力地调整自己的状态。陈晰和昱在一家快餐店吃了早餐，随后就分手了。昱在那天早晨吃饭的时候不时地盯着陈晰看，一副若有所思的样子。

对于陈晰和昱来说，这个早晨应该是很特别的。陆海城从辣椒家调查回来后的第二天早晨，他和刑警队小张来到了赵文宇的单位，找到了在某机关调研室工作的赵文宇。陆海城发现，赵文宇果然白发苍苍得像个老者，但脸上的皱纹并不多："赵科长您好，我们是刑警队的，我姓陆，这是我们队的小张。"陆海城非常客气。"请坐，请坐。"赵文宇给陆海城他们递上了香烟，自己也点燃了一支，然后非常平静地吸着，"有什么事我可以帮忙?""是这样，我们已经知道了你和艾莹的关系，有人反映她失踪了，我们经过大量调查发现，这个城市里最后和她在一起的人应该是你!""我听别人说她在南方打工，我们之间其实有矛盾，早就分开了。"烟雾缭绕，沉默。赵文宇对他和艾莹的关系没有回避，只是他拿烟的手在微微发抖。"你们最后一次见面是什么时候?""两年前，艾莹生日聚会。""那天，你们不是一同离开的吗，能说一下你们去哪里了吗?""我们虽然是一同离开的，但在路上发生了争吵，决定彻底分手，她当时说她要去南方打工，开始新的生活。""之后你和她都分别去哪里了?""她应该是回家了，我也回家睡觉了。""你的家人能为你作证吗?""哎呀！两年前的事情了，谁还能记得呢？最好不要打扰她们。""你们两年来联系过没有?""我们从未联系过，事实上我是没办法和她联系，我不知道她到底在哪里，她又不给我来电话。我有时候去看看艾莹的老母亲，一方面是照顾她，另一方面也是去看看有没有艾莹的消息。""最后能告诉我们，你和艾莹一般在哪里住吗?"赵文宇的脸一下子惨白，几秒钟的沉默后他回答："在宾馆。""最后一次是在哪个宾馆？什么时间?""龙项宾馆。两年前，艾莹生日前不久。""我们会去查宾馆两年前的住宿登记。"陆海城步步紧逼，他发现赵文宇的脸似乎更白了，白得甚至已经有些干燥。陆海城盯着赵文宇空洞的眼神，心中压抑着一种气愤，心里默想：你早晚会和我说真话!

第一次和赵文宇见面就是这样一个场景，决定性的证据还没有出现，不过陆海城心里一直没有忽略一个重要问题：发现无名尸的地沟距离赵家的 K 牌服装专卖店是那么近，而且专卖店后门距离发现艾莹尸体的地沟也就 30 多米远。这个时候，陆海城的手机响了，是陈晰打来的。

四

经过鉴定，陈晰提取的不是什么血迹，仅仅是污垢而已。但是，在陆海城的建议下，技术大队直接进驻K牌服装专卖店内开展勘查工作。陆海城觉得那里很有可能获得某些物证，他的细心使案件有了重要进展——民警在沙发底下的瓷砖缝里发现了星星点点的干涸血迹！经过化验，那些干涸的血迹属于艾莹。

K牌服装专卖店暂时被封闭，昱和两名服务员被要求暂时离开。陆海城、陈晰他们走出店门时，昱正沉默地站在门口。陈晰走过去想安慰她一下，昱呆呆的眼神捕捉到他后便立即凝固在了他的脸上，那种眼神里充满了无助。已经没有必要隐瞒什么，陆海城拿着两张艾莹的照片上前问她："赵昱，这个女人你熟悉吗？""我从未见过这个人。"昱盯着照片仔细看了半天后回答。

陈晰的内心真是别样的复杂，甚至不忍心多看一眼昱的表情。他转身上车，独自返回队部了。陆海城和其他侦查员则再次找到了赵文宇，并将他不容分说地带到了刑警队。陆海城对赵文宇单刀直入："老赵，我们在你家店里发现了艾莹的血迹，你怎么解释？"赵文宇闻听顿时双手揪住自己的头发，不断地摇头："完了，一切都完了！为什么她们两个人的矛盾这么深！""谁？哪两个人？"赵文宇泪如泉涌，他没有直接回答问题，而是开始了歇斯底里般的陈述："两年前，艾莹的生日聚会结束后，我在我家的专卖店用刀将她杀死，又在后半夜把她扔到了地沟里。我杀她，是为了彻底摆脱她。""你刚才是说哪两个人的矛盾太深？""唔，没什么。对了，我曾经雇一个卖大碴子粥的女人用神州行电话卡假扮艾莹给辣椒打过4次电话，每次都是在她打麻将的时间，我觉得那个时候她接电话一定很不耐烦，可以取得最好的混淆视听的效果。再有，我后来曾假意向艾莹母亲和朋友询问她的去向，其实都是为了伪装。"

案件取得了突破性进展，在随后的现场指认工作中，赵文宇的交代全部准确。面对赵文宇的坦白，陆海城并不满意，一直止不住地摇头，小张也对着赵文宇不断地瞪眼拍桌子。在他们看来，赵文宇的态度仍不老实，因为在他的回答里一直回避给艾莹下毒药的情节。

"赵文宇，事情已经这样了，你必须百分之百地配合工作，不能心存任何侥幸！"陆海城对赵文宇声色俱厉。"我都承认了，怎么还不配合？我是要死的人了，我求求你们不要难为我了。"赵文宇竟突然话锋一转："陆大队长，我有一件事求您，您一定要答应我。""说吧，我会尽我所能。"陆海城估计他是要谈条件了，可赵文宇的要求有些令他意外："陆大队长，陈晰是个很优秀的小伙子，我很喜欢他。虽然我是个杀人犯，但和女儿无关，和陈晰更无关，希望我的事不要影响陈晰的前途。我也请求您劝劝陈晰，如果他真的喜欢我家小昱，不要因为我的事和她分手。我求您了！”

赵文宇戴着手铐的双手合在一起，不断地给陆海城作揖，后又提出想见一下陈晰，陆海城答应了他。陈晰在见赵文宇之前，陆海城已经把审讯的情况都和他说了。陈晰怀着一种很无奈的心情来到了赵文宇面前，眼前的人是个杀人嫌犯，他是个警察，但双方的见面却是以岳父和准女婿的身份，赵文宇的脸上充满了乞求：“陈晰，照顾好小昱，我是一个自私的人，不是一个合格的父亲。我们家因为我彻底毁了！”“至于小昱，您放心，我会照顾好她的。您必须配合公安机关，不能有什么其他想法。”陈晰表明了自己的态度。“陈晰你知道吗？我姐其实就是我家的一家之长，我们姐弟二人从小相依为命，为了我和后来我的家庭她一直没有结婚。”陈晰按赵文宇的要求给他点燃了一根烟，赵文宇凝重地讲述起了他家的情况：“我 18 岁就参军到部队，小昱她妈是我姐亲自为我选的，也可以说是我姐强加给我的，我在部队提干后我们就糊里糊涂地结婚了。人在部队生活久了，对异性的判断力基本上就没有了。当时我们是两地生活，我在部队，我姐和小昱他妈一起生活。问题从我转业后开始出现，导致问题出现的主要原因是我感觉我和小昱她妈完全不适合，所以总是激烈地争吵，一吵就是 15 年，我感觉小昱的成长都受到了影响，真是对不起孩子。”说到这里，赵文宇突然开始有几分激动：“艾莹是个好女人，但家庭不和，丈夫喝完酒总是打她。我们都对家庭厌倦透顶，但我们在一起却很幸福，不然的话不可能在一起那么多年。我们两个很想组成家庭，可是有我姐在我不可能离婚，我和艾莹的事情四年前被她发现，她当然是坚决反对，多次找艾莹吵架，而我发展到后来竟然和我姐一句话都不说了！两边的人对我来说真的都很重要，我愿为她们中的任何一个献出一切！”赵文宇的样子很绝望，但陈晰听到这里却感觉很纳闷，他认为赵文宇在心理上似乎不存在杀死艾莹的可能：“那您对艾莹下手到底是为了什么？”“我和你聊的目的，只是想让你了解一下我家的情况，如果你真的喜欢小昱，你就是这个不幸家庭的希望；如果你认为小昱和你在一起有些牵强，请不要再给这个家庭制造不幸。”

赵文宇主动结束了他和陈晰的谈话。陈晰走出审讯室的时候，陆海城正站在走廊里吸烟。陈晰将赵文宇和他的谈话内容同陆海城说了，并表达了自己的困惑。陆海城望着陈晰，眉头紧锁：“赵文宇对发现尸体现场的情况交代得很准确，唯一的不足就是不交代投毒的情况，这案子还悬着呢！”“这真是一个很特殊的家庭。刚才赵文宇说他四年来和自己的姐姐一句话没有说，还说什么对不起姐姐，这说明赵文宇和姐姐之间的感情本质上没有变化。他刚才说矛盾太深的两个人看来应该是他姐和艾莹，不会是赵文宇他姐下的黑手吧？”陆海城喃喃自语。“嗯！有可能。赵文宇为保护姐姐才挺身而出，他的交代同事实有重要出入是因为案子根本不是他干的。”陈晰突然想起那天昱的姑姑请他吃晚饭时的情景。

刑警队走廊的灯光十分昏暗，两个人分析案情的时候，心情始终有种说不出的憋闷。就在这个时候，陈晰看到走廊的另一端出现了一个人影，他仔细一看，顿时惊呆了，那个人竟然是昱的姑姑赵文萍。

五

在陆海城的办公室里，陈晰给赵文萍冲了一杯茶，然后坐在了她的身旁，赵文萍的表情很僵硬：“我的弟弟出了什么问题？”陆海城大口地吸着香烟，同时凝视着赵文萍，语速缓慢地回答：“他涉嫌一起杀人案，并且已经承认了相关的犯罪事实。”

沉默，很长一段时间的沉默。

“看来，真相必须得澄清一下了。告诉你们吧！艾莹根本不是我弟弟杀的，所有的事情都是我干的！我弟弟是念及姐弟感情，想替我承担罪责，你们不要相信他的话。”“你这样身份的人，怎么会杀人呢？”陆海城开始了提问。“原因很简单，你们一定知道了艾莹和我弟弟的关系。艾莹把我们家弄得一塌糊涂。有艾莹在，我们的家已经不像家。我曾劝她和我弟弟分开，为此我甚至和她几次发生激烈的争吵，但她根本不拿我的话当回事，我所有努力于事无补。所以，除掉她成了最后一条路，这件事我蓄谋已久。”“你什么时候作的案？”“两年前的冬天，大约是快过年的时候，具体时间我记不清了。”“把你的作案经过说一下。”“那天晚上我约艾莹到专卖店做最后摊牌，让她离开我弟弟，艾莹仍固执己见。我假装妥协，冲了两杯浓茶，并偷偷往艾莹的那杯茶里放了毒鼠强，艾莹喝完茶后很快出现了中毒反应。在艾莹挣扎的时候，我担心自己放的药量少，毒不死艾莹，所以又用事先从家里带来的一把红柄水果刀朝她胸部连刺三刀，艾莹很快就不再动弹。最后，我从店的后门，把艾莹的尸体拽到了不远的地沟里。”赵文萍的交代和案件的各方面情况基本吻合，和赵文宇相比，比较重要的是赵文萍交代了投毒的情节。

刑警队里的侦查员们确定赵文萍基本上就是凶手，大家都说这是一个能出新闻的案子，很快就会传到城市的大街小巷。陆海城重新来到赵文宇面前，非常无奈地看着他："赵文宇，不要演戏了。你姐姐来了，她都承认了。"赵文宇失声痛哭："是我干的，不是她。""你把两年前艾莹生日那天晚上的情况说一下。""我什么也不说了，就是我干的！""赵文宇，你不能不说实话。""随便你们怎么办，也随便法院怎么判，我就这么招了！"赵文宇突然开始沉默，再问什么竟一言不发。

时间已是午夜，赵文萍的现场指认工作只能第二天进行，赵文萍、赵文宇暂时被押在刑警队。赵文萍提出想见一见自己心爱的侄女，陆海城答应了。昱接到刑警队的电话后很快赶到，她的表情充满了茫然，赵文萍当着陈晰的面和她说："这个家只有我是多余的，我离开了，你们三口人还是一个完整的家。昱，姑姑祝你和陈晰永远幸福，别像姑姑这样命苦！告诉你的爸爸，一定吸取教训，快 50 岁了，好好过日子，不要再有外心了。"昱哭了，陈晰不忍心看下去，他对赵文萍说："我仍然叫您姑姑，我向您发誓，我一定会照顾好昱，我会永远对她负责。"

听了陈晰的话，赵文萍欣慰地笑了。繁忙的一天暂时结束，陆海城决定在办公室睡了，对他来说打个瞌睡又是天明，这么多年他就是这么过来的。陈晰带着昱离开了刑警队，朝昱家的方向走去。路上，昱止住了抽泣后对陈晰说："不回家，我们去酒吧。"

六

办公室里，陆海城一根接一根地吸烟，没完没了地喝浓茶水。不知道为什么，他对于这个案子有一种说不出的郁闷，完全不像以往的感觉。索性不想了，陆海城出门去卫生间。可在他走到楼梯口的时候，正好碰见在二楼办公的治安大队民警押解一对卖淫嫖娼人员回队。陆海城看那个男的眼熟，很快便想起那人是辣椒的丈夫。

辣椒的丈夫一副愁眉苦脸的样子，见到陆海城仿佛见到了一线希望，冲着他说："我给你们提供个有关艾莹案件的重要情况，求你帮帮我。"陆海城把辣椒的矮胖丈夫带到了办公室，他和陆海城谈起了条件，样子有些鬼鬼祟祟："你们公安局得保证我两点，一别罚我钱，我真没钱；二千万别告诉我媳妇，告诉了她我就该倒大霉了。""只要你提供的情况有价值，我自然会帮助你。""你们不知道，艾莹是个非常俊俏的女人，那天赵文宇给她过生日，她喝了很多酒，让人感觉更有味道了。我那天也许是酒喝多了，在夜里9点多一点，赵文宇和艾莹走的时候，我也悄悄地跟上去了。走着走着，他们走到了K牌服装专卖店门前，赵文宇走了，艾莹拉开防盗门进到了店里，后又在里边将防盗门拉上了。我随后就进了专卖店对面的一家茶楼，我以为艾莹马上就会出来，可半个小时后，一个20多岁的女孩从店里出来，锁好防盗网门就离开了。又过一会儿，一个50多岁的女人来到了店门前，她也有钥匙，打开防盗门进到了店里，但她很快就出来了，样子很紧张，东张西望地又把防盗门拉上。我等了等，艾莹不出来，觉得没意思，就回家了。”“那个50多岁的女人一进一出，间隔多长时间。”“也就五六分钟，而且出来的时候东张西望。”“后来呢?”“后来我的酒彻底醒了，也到了给老婆做早饭的时间了，5点多的时候我便离开了。”“你还能认出另外两个人吗?”“如果让我见到，差不多能认出来。商业街上的灯光很亮，两个人的脸我都看得很清楚。”

陆海城的内心非常沉重，他似乎预感到一个不能回避的情节必须面对。陆海城从电脑里调出了赵文宇一家的户籍档案。辣椒的丈夫一见到昱和她的姑姑的照片便非常明确地表示，他那天晚上见到的就是这两个人。艾莹被害时间基本上应该确定在她过生日的那天晚上。陆海城意识到这个案件远远没有结束。他坐在办公室里开始更剧烈地吸烟了，注定又是一个不眠夜!

“那天一定是艾莹生命里最后的一个夜晚，而且赵昱和赵文萍在那个夜晚一定是和艾莹分别有过最后的遭遇。两个人身上明显有了各自的矛盾点：一是赵昱说她从未见过艾莹，这应该是个谎言；二是赵文萍不可能在五六分钟内独自完成杀人、移尸的过程。”陆海城的思维经过高速旋转，紧锁的眉头突然一松。他要重新提审赵文宇和赵文萍。

七

陆海城决定在破案思路上大胆冒险，他再次面对赵文萍，眼睛布满了血丝，但内心却是胸有成竹。

陆海城认为赵文萍基本上不是凶手，考虑到赵文宇和艾莹的感情，陆海城又大胆地否定了他杀死艾莹的可能，所以他果断地向赵文萍直接表态：“老大姐，你必须说实话了。我们已经查到了真凶，凶手不是你。不过你大可放心，凶手也绝对不是你弟弟。你看到血泊中的艾莹，便怀疑是你弟弟干的。念及姐弟感情，你想保护他。可是老大姐，你险些酿成大错，说出你看到的真实情况吧！”

陆海城观察着赵文萍的每一丝表情。长时间的沉默当中，赵文萍满脸惊异，但最终她还是相信了陆海城的话，深深叹了一口气，讲起了经过：“艾莹为什么这么折磨我们家？因为这个女人，我们姐弟两人已经四年没有交流了。两年前的腊八那天，我弟妹在家做好了腊八粥，可我那个不争气的弟弟很晚了还不回来，我们都知道他一定是和那个女的鬼混去了。弟妹哭了，我也掉下了泪，这哪里还像个家？我准备直接去同弟弟和那个女人摊牌，我知道他们总是在我家店里幽会，所以我就去了。结果我一进店里却意外地发现那个女人倒在了血泊之中，这可把我吓坏了。我不知所措，慌忙跑回家。我留意到了她胸前的那把红柄水果刀，那刀应该是我们家的。我第一感觉便认为是弟弟杀人了，赵文宇一定是和这个女人闹翻了。事发后的第二天早晨，我看他的样子很古怪，我问他‘都处理好了？’他表情很古怪地说‘处理好了’。随后的将近两年我们姐弟两人一句话没有，这种事在外人看来简直不可想象。两年来，我感觉到了弟弟的巨大心理压力，他头发白得特别快。艾莹的尸体被你们发现后，我便做好了替弟弟顶罪的准备。我本以为自己的出现有可能起到两个作用，一个是顶罪成功，使弟弟摆脱罪责，另一个是把水搅混，让警方无法定案。”

赵文萍困惑地问陆海城：“不是我弟弟，他起初为什么承认呢？”陆海城又找来了赵文宇，让他们姐弟直接见面，陆海城深深地感觉到眼前这个父亲的可悲：“赵文宇，你可以先沉默，我替你说。艾莹那天的生日聚会结束后，你先送她回到店里，你有事先出去一下。一个小时后你回来了，进屋后却发现艾莹已经倒在血泊之中，你留意到了艾莹胸前那把刀是你自己家里的，所以你判断杀死她的人是你家里人，而且应该是你姐姐，因为她和艾莹之间的矛盾最深。你在后半夜把艾莹的尸体从后门运了出去，并扔在了地沟里。随后你处理了现场，又脱下沾有血污的衣服装在包里，并换上店里的新衣服，于天亮前离开了专卖店。第二天你家里只有你姐姐问你‘都处理好了？’你回答她‘处理好了’。你理所当然地认为肯定是你姐姐干的。两年来，你们姐弟二人都沉浸在相互埋怨和怀疑当中，隔阂进一步加深。现在，一切东窗事发。你念及姐弟间早些年深深的情谊，为了保护你姐姐才挺身而出，承担了全部责任。虽然后来你姐姐来投案，你仍然想替她抵罪。但现在我可以告诉你一个爆炸性的事实，你姐姐并不是凶手。”“文宇，我们都误会了，陆队长说的全部属实。”赵文萍激动地说，赵文宇顿时来了精神："我当天晚上回到店里发现了艾莹的尸体，上面还插着我家的红柄水果刀，我五脏六腑都要炸了。我分析我爱人连个蚂蚁都害怕，因此可以排除，我女儿赵昱更不可能，只有我姐性格泼辣一些，而且还同艾莹发生过争吵，我当然怀疑她。我于是在后半夜走后门把艾莹的尸体扔到了地沟里，心想方便的时候再移走。我回到家，发现家里的红柄水果刀果然不见了，后来我姐又问我是否都处理完了，我马上意识到真是我姐干的。我本来就不怎么和她说话，这下我开始怨恨她了，最近两年我们互相怄气，更是一句话不说。案子终于发了，我姐姐毕竟为我付出那么多，一切又因我而起，我心想自己一咬牙随艾莹去了得了，和姐姐来世谁也不亏欠谁，所以我把案子供了。"

赵文萍、赵文宇姐弟两人一下子放松了，他们姐弟拼命感谢陆海城。陆海城沉默了半晌后表情忧郁地问："你们难道不关心一下真正的凶手？"姐弟两人面面相觑了一会儿，赵文宇突然"啊"的一声大叫："难道是……"

八

同样的那个夜晚，一切在陆海城心里水落石出的同时，昱在一个酒吧里很冷静地和陈晰谈起了自己的家庭："陈晰，也许每个人的心里都会有一些无法回避的痛苦。其实我最恨我的姑姑和爸爸，从我很小的时候开始，爸爸和妈妈就是整天地吵架，姑姑在我的印象里就是一个老刁婆，整天家里人谁都不对，就她对。父亲呢，给外面那个女人金钱、首饰，给她买漂亮衣服，可他从不管我和母亲，他简直不是人。"

那天是陈晰和昱第一次在一起喝酒，他们一杯接着一杯，其间甚至呕吐了几次，漫漫长夜很快过去了。临近天明，陈晰认真地对昱说："以后的日子就靠我们自己了。"也许是酒精的作用，昱说了一句在陈晰听来不着边际的话："有两次夜里我躲在试衣间，听到父亲和那个女人做爱的声音，我简直要崩溃了，这是谁都无法体会的一种感觉。那个女人经常羞辱我的母亲，说她人老珠黄，说她占着茅坑不拉屎……"

昱将一杯啤酒一饮而尽，但还在喃喃自语："我知道，那个女人送给我父亲的唯一礼物就是 11 颗蜡花纸叠的幸运星，假惺惺的。谁也找不到了吧！哼！我把那些鬼东西放回到了她自己的兜里。"

陈晰愕然……完全是天晕地转的感觉，突然冒出的冷汗顿时浸透衣衫。与此同时，陈晰看到昱分明是在望着他笑，那种笑容沉浸在酒吧昏暗的灯光里竟是那样的阴森。

昱这一笑，令陈晰浑身鸡皮疙瘩立即胀起。无论抓捕、审讯多么凶残的罪犯，陈晰未曾怯场，但他却从未有过今天这样彻骨的恐惧。

“服务生，白酒!”陈晰打算剧烈麻醉一下神经。两杯白酒对饮而尽。“我要让父亲无法收拾局面。毒鼠强我很早就买了，就等合适的机会下手。那天中午父亲往家打电话说他晚上不回来吃饭了。我知道，父亲一夜也不会回来，他晚上会到专卖店里和那个女的鬼混。我不能再让那个女人得逞，我要报复。我带上了毒鼠强和父亲抽屉里那个女的给他叠的幸运星，又拿了家里的一把水果刀，重新回到已经关门的专卖店。我喜欢喝汽水，所以在办公室里总备有一箱饮料。我发现店里的饮料有时会在一夜之间少两瓶。我知道头天晚上父亲和那个女人又来了，一定是他们做完那事后口渴。正因为这样，我选择了往可乐里下毒的办法，并把带有毒鼠强的可乐摆在了茶几上。我准备就赌这一次，如果他们谁也没有喝，以后我就放弃了；如果他们两个都喝了最好，就当是双双殉情了；如果一个先倒下了，那更好，我就要看另一个人的笑话了，让剩下的那个人为难。我把结果看成一种天意。一切准备就绪，我藏到了试衣间内，等着他们回来。那天，那个女的竟然先回来了，看她的样子是喝多了，她没待多久就抓起饮料大口喝，我最想见到那个女人倒霉，看到她挣扎，我是那么解恨。由于担心药量少，药不死她，在她挣扎的时候，我又用水果刀扎了她几刀。然后把幸运星放到她的外衣兜内，我想还是把幸运留给她自己吧。我临走前把那把红柄水果刀扎在了那个女人的胸前，父亲认识那把刀，他到时如果找不到家里的刀便会知道一切都是家里某个人干的，他会认为是母亲、姑姑，但不会认为是我，那样他就会遭到剧烈的折磨。就算他报案了，警察查出是我，他也是够难堪的。面临什么样的后果，我自己不会在乎。”陈晰的双眼已经噙满泪水，但仍然捧着酒杯大口地喝。他感觉周围的一切愈渐朦胧。就在往事于脑海间不断浮现的同时，陈晰开始了剧烈地呕吐，他想起身到卫生间，可怎么也站不起来。

“酒喝多了真难受啊!”陈晰一时间有些无助，于是下意识地找昱，他发现昱也在呕吐，服务生已经开始围着他们转来转去了。陈晰强挺着去推了推昱，可他却听到了一个可怕的声音，那声音就像来自地狱：“吃了毒鼠强后就是这样!”

陈晰在那天酒醉的夜里曾一度静待死亡的来临，可直到昱的身体逐渐僵硬，自己的呼吸依然急促有力，于是他很快知道发生了什么。根据法医鉴定的结果，昱死于毒鼠强中毒。当法医鉴定工作结束，陈晰独自走进法医室看望了昱。透过白色的单子，陈晰凝视着熟悉的曲线，白色单子下就是昱那已无生气的赤裸身体。陈晰撩起单子，昱的表情并不平静，就像她扭曲的心灵，还有那偿还不了的心债……

阿穆尔孤狼

她有着一双美腿和与之匹配的魔鬼身材，这些使她在喧嚣的都市永远都是一道扎眼的风景。在公司里，或者是走在大街上，她随处都能感觉到聚集在她身上的目光。追求她的人反正很多很多，可让她遗憾的是始终未曾遇见能“放电”的人，这对已三十一岁的她来讲无疑是件闹心的事情。不久前，她刚刚跟曾许诺送她一辆英菲尼迪的男友分手，这时候的心情，除了梦想着的英菲尼迪成为泡影，她朝思暮想的富妞生活也与她擦肩而过。还远不止这些，这时候她能觉察出周边人刻薄的嘲讽：你以为你真是公主了，光有漂亮的大腿和魔鬼的身材是远远不够的，尤其是脑袋，啥都没有那是更不行的……

是我心气太傲了吗？如今的女人哪有不现实的啊！黄月华的心紊乱到了极点，她索性请了年假，独自从生养她的滨城大连飞到哈尔滨，又从哈尔滨来到黑龙江畔毗邻俄罗斯边境的一个叫河口的镇子。走得远些，越远越好，黄月华希望把自己沉浸在一个偏僻而没有喧嚣的地方，她要在那里整理一下混乱的思绪。与缤纷的上海不同，黑龙江畔这个小镇宁静而凉爽，黄月华来到小镇便深深地喜欢上了这里。黄月华心想：自己没白白折腾这么远，这里果真是一个疗伤的好去处。

这是中俄边境黑龙江地区最繁华的一个镇子，对岸俄罗斯同样也有一个类似的镇子，它们透过黑龙江隔江相望，被誉为“双子镇”。近几年，南方夏天持续高温，而这里的夏天凉爽宜人，加之临近俄罗斯充满异域风情，旅游业因此逐渐兴旺，镇子上除了南来北往的商人，游客也日益增多。也许人们到这里都是来寻清净的缘故，游客的增加并没有使这里变得喧嚣，人们来到这里或是静静地在黑龙江边晒太阳，或是到大兴安岭森林深处静静地吸纳洁净的空气。总之，人们来到这里都会自动放松心情，把所有的忧伤烦恼和杂陈琐事抛在一旁，每个人都是神态悠然、轻手轻脚的样子。

一

黄月华独自来到边陲之地避暑，每天素颜粗衣。这里远离喧嚣，没有密集的车流，没有各种嘈杂，她尤其喜欢傍晚时分太阳落山前后的时间段，在黑龙江碧浪里畅游，累了便躺在江边的躺椅上闭目养神，直到星月满天，在安静惬意的环境中平静内心。这样的时候，黑暗笼罩的江边已经很少有人，那种空旷之感除了荒凉，在常人眼中更会感觉一丝恐惧。如果不是那个晚上，水里突然间冒出的那个怪物，她根本不会结束这种惬意的享受。

晚上八点的时候，对于这个经度比较接近中国东极点的地方来说，夜色已经笼罩了一切。黄月华独自躺在那里，一会儿望着夜空，一会儿望着泛着星光的江面。突然，就在她凝视江面的一刹那，宁静的江面突然有一个人破浪而出！

黄月华惊呆了，自己周围早就没有一个游泳的人。由于黑龙江边不是沙滩，都是大大小小的碎状鹅卵石，散步的人都在不远处的江堤，没有人下到江边。并且，自己视线所及的江面范围内，也不曾见到一个人影或船影，这个人就像从水底下冒出来的一样。黄月华起初认为是遇到了水怪之类的东西，但转眼间就发现那是一个人，而且这个人转眼间就来到了自己面前。吃惊不小的黄月华直挺挺地僵直在了躺椅上，而来人竟水淋淋地像熟人一样站在了自己身旁，对她从头到尾一顿打量。随后，这个人望了望不远处江堤上稀稀拉拉散步的人群，便若有所思地离开了，而且边走边回头望着黄月华。

这是黄月华有生以来遭遇的最为恐惧的一幕，她坚信那人想对自己不轨，但顾虑不远处的江堤还有散步的人，才选择离开。黄月华缓过神后疯跑着回到宾馆，抄起电话打给一个闺密，惊魂未卜地将惊险的一幕完完整整讲了一遍。从那天夜里之后，黄月华便再也没有到过黑龙江边。黄月华原本以为这是自己度假的一个插曲，但却没有想到噩梦还在后边。

接下来的几天，黄月华都是白天溜达、睡大觉，晚上吃过晚饭便到一家水疗馆消遣。虽然，黄月华素颜粗衣，但当她在这个镇子出现的时候依然是风韵倾城，人们的目光都会集中在她的身上。这天晚上，黄月华拎着一个手包朝水疗馆走去，路上虽然行人和车辆稀稀拉拉，但也并不少，这让她的心里非常踏实，谁也不会认为会在这样一种情况下发生某种伤害。

黄月华并不知道，有一个人已经尾随她多日，此时也已经跟了她很久。四下无人的时候，该人紧走几步来到黄月华近前。接下来，此人速度很快又故作轻松的样子，用一只胳膊搂住黄月华的肩膀，并低声告诉她："你别动，我只想要钱！"

黄月华表示自己身上有1000元钱，并从包里取出主动递了过去。这时有人从路边走来，该人告诉黄月华："别出声，我不想伤害你，等到了安全的地方我就放了你！"接下来，他又一手握刀，一手搂着黄月华纤细的腰肢，两人宛如情侣一样走进了一片小松树林。黄月华颤抖不停，整个人软得像根面条。

到了树林里，来人逼迫黄月华把身上值钱的东西都交出来，她把金耳环和手机都交给了他，而他却把手机关上后扔到了一旁。接下来，他要求黄月华把上衣脱掉，并准备将衣服塞到她的嘴里。挣扎间，黄月华喊了一声"有人！"男子惊慌失措地将她推倒在地，但眼见根本没人后便显得恼羞成怒了。他三下五除二将衣服塞到黄月华嘴里，随后将她强暴了。此时，黄月华已经意识到，伏在自己身上的人就是那天夜里在江边遇到的人。但一切都没有意义了，黄月华受尽凌辱后哭着争抢自己的衣服，但该男子却挥刀朝她的脖子划来，她很快倒在了血泊之中。

二

第二天恰逢周末，晨练的人比往日多出许多。突然，一声尖叫打破了小镇的宁静，人们顺着尖叫声跑过去，只见树林内赫然躺着一具赤裸的女尸！胆大的人开始打电话报警，胆小的人早已匆匆散去……

漠河县公安局指挥中心接到群众报警后，局长带队赶到现场。经现场勘查，死者全身裸露，生前曾被人强奸，颈部被人用尖刀刺伤，导致颈部血管破裂造成失血性休克，最后死亡。为了尽快消除恐慌，县局刑警队全部聚集到这个小镇开展调查。当调查得知一家宾馆的客人黄月华一夜未归的情况后，经过宾馆服务人员辨认尸体和散落的衣物，很快确定裸尸系黄月华。

通过调取附近数量有限的几个治安监控探头录像，警察发现了一个搂着黄月华行走的男子，后又发现了该人神色慌张、独自行走的录像，最后确定该人具有重大嫌疑。该男子 50 岁左右，身高在 1.75 米左右，身材较瘦。由于摄像头是已经安装多年的老旧产品，像素状况极差，面貌特征等无从掌握。

小镇上的各种调查按部就班地展开，另一路警察则直飞大连。警察并没有排除谋杀的可能，在这种判断的背景下，劫财劫色都是为了配合谋杀而制造的假象。

所有和黄月华结识过的男伴都被调查了个底朝天，他们和黄月华发生的各种纠葛涉及感情、金钱、伤害等诸多方面，的确有些已经在彼此内心产生了刻骨铭心的仇恨。可以说，这些都为一起谋杀案的发生提供了某种潜在可能。警察也找到了与黄月华经常通电话的那位闺密，她向警察讲起了黄月华在黑龙江边曾经遭遇的惊险一幕。但这所有的陈述，只是给案件侦破增添了重重迷雾，办案警察个个一头雾水，不见任何眉目。

案件侦查陷入焦灼的时刻，黑龙江省公安厅刑警总队的专家组一周后却突然驾到，领队的是省厅资深刑侦专家孟克祥。这样一起命案虽然情节恶劣，但也不至于惊动省厅并且派来这么强大的阵容啊！

当地办案人员正犹豫着，一个爆炸性消息却令所有人大吃一惊：此案系 18 年前中俄列车大劫案在逃人员刘炳建所为，而俄罗斯警方一直想方设法抓捕的“阿穆尔孤狼”很可能就是刘炳建。

三

20 世纪 90 年代初，大量中国“倒爷”乘坐北京至莫斯科的国际列车，前往俄罗斯淘金，当年让人谈之色变的国际列车大劫案就发生在这条淘金路上。如今北京开往莫斯科的国际列车上平静祥和，但这趟列车当时却弥漫着恐怖的气氛：四个犯罪团伙手持瓦斯枪等武器，频繁出没，疯狂抢劫。国际列车上执勤的中国铁路警察会按规定在中俄两国边境车站下车，而俄方一般不在列车上配置警力，劫匪们就是钻了这个空子。1993 年 5 月，在俄罗斯境内的四天行程中，多伙劫匪对一趟国际列车进行了五轮洗劫，几乎所有的中国旅客都被抢了一遍，还有三名妇女被强奸。

为彻底打击这群恶势力，保证中外旅客的安全，公安部门派出专案小组赴俄，协同俄罗斯警方侦破案件，捉拿劫匪归案，孟克祥当年就在其中。专案小组乘飞机先行到达莫斯科，孟克祥则在哈尔滨登上国际列车，以便深入了解案情。果然，在列车驶入俄罗斯境内后，犯罪分子趁着夜色动手了，旅客们有的被抢劫，有的被轮奸，孟克祥被掠劫的匪徒惊醒以后与正在行凶的劫匪展开殊死搏斗，终因寡不敌众，被匪徒们从车窗推下火车。孟克祥死里逃生，带伤赶到莫斯科。孟克祥在驻俄大使馆的协助下很快与俄警方接上了关系，俄警方派出女警官维卡与中方合作。她负责外国人犯罪事务，对中国人有些成见，起初合作不力，但孟克祥不畏艰难，忠于职守，想方设法查找犯罪分子的线索，很快获得维卡的敬重。

四大犯罪团伙成员大多以自费留学、经商或工作邀请等名义往返于北京——莫斯科。其中一些人受过公安机关打击处理。他们本想到莫斯科淘金，却迷恋上了俄罗斯卡西诺轮盘赌场和俄罗斯姑娘。吃喝嫖赌，挥霍无度，钱玩光了、输光了，他们便倚仗人多势众称王称霸，干起了敲诈、抢劫、强奸等勾当。中俄警方经过近半年的联合追剿，四个犯罪团伙全部被捣毁，抓获案犯70多名。但有数名案犯在逃，成了漏网之鱼，其中就包括首要人物之一的刘炳建。国际刑警组织专门发布了一系列红色通缉令，对这部分人予以全球通缉。近年来，其他逃犯陆续落网，唯独刘炳建不见了。

刘炳建当年游走于四个犯罪团伙之间，他在每个犯罪团伙中都算是核心人物。刘炳建曾实施了数起强奸案件，当时的各种物证依然被完好地保存着。DNA技术广泛应用后，有关情况已经被收录到中俄警方数据库永久留存。黄月华案件发生后，当送检物证的DNA鉴定结果出来后，竟发现与刘炳建同一。面对这样的局面，具有传奇经历的刑侦专家孟克祥因此再次出场。

四

黄月华遇害的第二天晚上，黑龙江对岸俄罗斯小镇沃斯别克的一栋乡间别墅内灯火通明，一双恶狼一样的眼睛在暗处死死地盯着里里外外来回走动的薇拉。类似的别墅，在小镇周边可以说星罗棋布。很多在俄罗斯大城市生活的人，在远东地区都拥有自己的别墅，这些别墅在冬天的时候就空着，主人只有在夏天度假时才来到这里。所谓的别墅并不是那种独栋奢华的现代建筑，都是些比较简陋的木克楞。

小镇隶属于俄罗斯阿穆尔州，这里的治安一向很好。许多年来，所有的别墅在冬天没人的时候就是一把锁头把门，也没有钢筋铁窗之类的防贼设施。但是，最近一段时期，小镇的治安不太乐观，尤其是有人常住的闹市区，发生了多起蒙面抢劫和入室盗窃案件，作案目标无一例外都是镇子上几个非常有名气的成功生意人，因此每次作案所得都丰厚异常。被害人都说凶手说的是俄语，明显带有远东口音，但又不像本地人。

一系列蒙面抢劫案件已经惊动了俄罗斯阿穆尔州内务局，专案警察安东已经在镇子上常住。他对所有抢劫现场资料进行了认真分析，基本确定这些案子是一个人所为。安东给这名未知的凶犯起了个绰号“阿穆尔孤狼”，已经组织当地警察进行了安全防范宣传，制定了一旦案件发生能够实现快速反应的工作措施。但安东很快发现，“阿穆尔孤狼”明显是个老手，抢劫和盗窃仍会偶有发生，甚至已经有被害人遭到重复抢劫，家庭遭到重复盗窃，可谓防不胜防，但凶手总会因为作案设计周密而不见踪影。安东开始着急了，他担心这样疯狂的歹徒说不定会在某个时候干出更加恶劣的案件，安东的不良预感很快应验了。

今年的度假，薇拉先于自己的丈夫和儿子来到阿穆尔河畔的小镇，阿穆尔河就是中俄界江——黑龙江，中国的黑龙江在俄罗斯称作阿穆尔河。薇拉决定好好打扫一下卫生，为随后到来的丈夫和儿子做好准备。

这栋别墅还是薇拉的爷爷留下来的。许多年来，薇拉每年都会和家人一起在盛夏时节到这里避暑休假。这一次到来的时候，薇拉发现别墅好像来过陌生人，明显有陌生者从窗户进来，并在这里住过。好在屋内物品简陋，本来就没有什么好破坏或值得偷窃的东西。薇拉没有多想，她觉得可能是某个流浪汉，或是醉酒的人来这里休息了一下而已，所以根本没有想到给警察打个电话，说明一下情况。随后的惨痛事实证明，薇拉的大意导致了一场无可挽回的悲剧。

整整一天，薇拉一直在认真打扫着卫生，直到很晚了才结束全部家务活。薇拉吃了个面包，喝了一大杯牛奶，最后来到浴室，准备把一天的汗水洗去后美美地睡上一觉。然而，就在她关闭了所有灯光，在浴室独自享受水雾的时候，一个黑影已经潜入了屋内，这个黑影慢慢摸索，最后停在了浴室前，嘴角泛起阵阵淫笑。

薇拉洗完澡，一丝不挂地从浴室内走出，心里根本没有任何防备，当她猛然间与黑影面对面的时候，凄厉的尖叫刚刚起声，就被来人一下子死死地捂住了嘴巴。事实上，她叫也没有用，这一带家家户户都距离很远，根本不会有人听到她的呼救……

三天后，薇拉的丈夫和儿子欢欢喜喜地赶到这里，见到的却是惨不忍睹的一幕，家里值钱的东西已经被洗劫一空，薇拉已死。安东直接参与了现场勘查和物证的提取，当最后的鉴定结果出来后，俄罗斯内务部女警官维卡直接乘坐直升机来到阿穆尔。

五

“我们又见面了，这还真要感谢刘炳建。”

为了成功抓捕刘炳建，中俄警方按照警务协作机制举行临时会面，在当年侦破中俄列车大劫案时结下深厚友谊的孟克祥与维卡再次见面。维卡警官是典型的俄罗斯性格，见面就非常爽快地和孟克祥寒暄。他们彼此都非常佩服对方的侦查技术，这也是友谊的基础。

“是啊，这次我们说什么也不要让他逃掉。”孟克祥的表情显得非常坚定，随后又笑着说，“这回抓住了刘炳建，我一定开启两瓶伏特加来庆祝。”

听了孟克祥的话，维卡笑了。伏特加是俄罗斯人的最爱，维卡的酒量也大得惊人，当年侦破中俄列车大劫案的庆功宴会上，孟克祥因为喝伏特加酒不习惯，敌不过维卡频频举杯，结果败下阵来。这一次见面，维卡得知中国警方派来的依然是老朋友孟克祥，特意带来一箱上等伏特加送给他。

玩笑归玩笑，但抓捕刘炳建绝对是一个极为艰难的挑战。事实上，中俄警方即使在侦破中俄大劫案的时候，也从来没有获得一张刘炳建的照片。刘炳建有个习惯，那就是这辈子很少照相。早些年翻阅刘炳建户籍底卡的时候，也是一无所获；由于刘炳建一向使用假护照，所以到公安出入境部门查询也没有结果。当时，俄罗斯内务部和我国公安部都派来了顶级人像复原专家，按照同伙描述绘制了刘炳建的画像。但时间过去了这么多年，这些画像基本上已经不能发生什么作用。好在当年能够反映刘炳建生物特征的物证一直完好地保留着，否则抓住他将是难上加难。

阿穆尔州内务局警察安东向维卡和孟克祥通报了近期发生的一系列与“阿穆尔孤狼”有关的案件，这使维卡和孟克祥陷入了沉思当中。假使这些案件都是刘炳建干的，他们实在不理解这个人沉寂了这么多年以后，为什么突然间如此嚣张作案？孟克祥立即派人调取了黑龙江右岸中方这边镇子上的发案情况，也发生了许多抢劫当地知名生意人的案件，作案手法与俄罗斯这边如出一辙，唯一不同的就是歹徒从来没有蒙面过。

孟克祥和维卡分别拿来了案发统计表，彼此对照后发现，由于作案时间都是岔开的，所以从理论上讲，两方面案件都是刘炳建所为完全是有可能的。但为什么在俄罗斯作案蒙面，而在中国却不这样呢？这个问题非常好回答，那就是刘炳建在异国作案，不想暴露自己的中国人身份。

孟克祥和维卡还发现，案件发生频繁，自第一次类似案件发生，平均已经达到半个月一次，而最近发生的黄月华案件和薇拉案件，距离已经更近。两人商议确定，在“双子镇”实行外松内紧策略，各个街路全部取消警灯闪烁状态，所有警察全部换成便装，俄罗斯这边的别墅区域全部派驻警察，中国这边则开展便衣警察密集巡逻。

六

孟克祥和维卡知道刘炳建嗜赌成性，而中国一边是没有赌场的，像样的赌场都在俄罗斯这边，几家赌场的巡查工作则由两个人亲自带队前往。孟克祥向维卡表示，刘炳建应该在“双子镇”潜伏了许多年，否则作案时不会这么轻而易举地进退自如，他怀疑刘炳建在俄罗斯有同伙，最起码也应该有个交往比较密切的人。

维卡、安东带着孟克祥陆续找到几家赌场老板，但起初了解情况的时候对方都不太配合，因为对赌客隐私进行保密对他们来说是个行规。维卡则对他们严厉训斥，明确告诉他们这次抓的是要犯，抢劫、杀人、强奸无恶不作，谁不认真提供情况，谁都有可能成为潜在的侵害对象，尤其是有钱人。

维卡的硬朗作风很快有了收获。几家赌场陆续提到了一个中国面孔的常客。终于有一天，该人在一家赌场开赌的时候，维卡接到了线报。

维卡、安东、孟克祥当即前往。到达后，果真发现一名年近五十的中国男子。卡西诺赌场有个规矩，就是你如果不赌只看的话，就一定不要出声，看客的声音无论对卡西诺或赌客都是最忌讳的。也不要与赌客靠得太近，若发现你身边的赌客运气好的话，你可能也会行运，因为大方的赌客，可能会塞给你一张二十镑的筹码或现金。但是，若发现你身边的赌客连连背运的话，请自觉早早离开，因为你很可能被当作扫帚星，遭人厌恶。因为知道有这样的规矩，维卡、安东、孟克祥因为害怕暴露而不敢轻易上前，只是在远处看着专心致志豪赌的目标。

此人正是刘炳建。的确像孟克祥判断的那样，刘炳建已经在“双子镇”潜伏了许多年。早些年，他身上钞票充足，赌运也相当好，生活因此惬意富足。但最近两年，赌运不济，经常出现亏空，有时吃饭都成了问题，所以才重操旧业。

维卡、安东、孟克祥盯着刘炳建的时候，发现一名俄罗斯男子走到他的近前嘀咕了一句，刘炳建点了点头便接着赌。这使维卡、安东、孟克祥又分出一部分目光给了这名俄罗斯男子，那人坐在了不远处吸烟、饮酒，目光有时也似乎往维卡、安东、孟克祥这边瞟几眼。维卡直接来到赌场老板办公室，透过窗户指着那名俄罗斯男子了解情况。老板说那人叫尤里，是个专业赌徒、酒鬼、色鬼，和那个中国人关系密切，他本身已经是个穷鬼，而那个中国人总是给他钱花。

七

维卡下楼的时候，情况出现了突变。刘炳建去了卫生间后便没再出来，安东进去查看发现那人已经跳窗逃跑。尤里被戴上手铐押到车内，安东驾车寻找的时候，维卡已经向全城警察发布围堵指令。这个时候，尤里却看着他们笑了，并说：“你们根本抓不到他，他比狐狸还狡猾！”

尤里说得没错，刘炳建就像蒸发了一样，警察找遍了全城每个角落也没发现其踪影。然而就在这个时候，边防军那边却传来消息，他们在江边抓获了一个不明身份的人，该人从城市通往江边的下水通道跑出后，直接狂奔到江中，试图游至对岸时被巡逻艇抓获。

当尤里在警局见到刘炳建的时候，脑袋便耷拉下来。安东的审讯技术相当好，尤里很快向他交代，自己与刘炳建已经认识多年，刘炳建经常资助他，给他钱财从来不吝啬。尤里表示，他只知道刘炳建是偷渡客，而且能感觉到刘炳建在中国那边一定不是什么好人，但两人也算臭味相投，属于朋友关系，目前也是合作关系。刘炳建对尤里说自己在明处作案，容易暴露，平日里让他多警惕一下周围的人，一旦有类似警察的人出现就要想办法提醒他，协助他逃跑。其实，在刘炳建心中，与尤里做朋友是假，他就是自己的利用对象，他在阿穆尔土生土长，可以在很多时候掩护自己。已经在逃十八年，尤里经常开车拉着他在土地辽阔的俄罗斯到处转悠，他们走到哪里赌到哪里，同时也吃喝玩乐到哪里，经费当然都是刘炳建提供。最近两年，刘炳建囊中羞涩，他知道自己兜里的钱少了，暴露的危险就大了。为了便于隐蔽，他于是和尤里回到更加地广人稀的远东地区。刘炳建决定重操旧业，并承诺等钱够了再和尤里四处周游，尤里便先给他摸清一些有钱人的活动规律，然后由刘炳建出手打劫。

真正重操旧业的时候，在刘炳建心中已经休眠了很久的狼性迅速回归，变态的人格令他作案时忘乎所以，黄月华和薇拉都成了牺牲品。刘炳建经常会在夜晚的时候，从黑龙江潜水回到中国这一边，他通过作案来慰藉自己的思乡之情。由于作为界河的黑龙江江面上有红外线系统，有人越界就会报警。水性极好的刘炳建总会一路潜水顺流而下，从而避开红外线监控。刘炳建与黄月华相遇那晚，就是这种情况。因为白天容易被发现，刘炳建从来不在白天潜水越境，而这次由于警察追击太紧，不得已冒险渡江。由于神经紧张，刘炳建潜水距离大为缩短，不停上浮换气，结果引起注意，并被更加彪悍的俄罗斯边防军抓获。刘炳建知道自己这一次算是走到尽头了，他向孟克祥交代了十八年前和最近两年的全部犯罪事实，又讲述了十八年来的逃亡经历，他说自己每天没什么压力，什么时候被抓就什么时候谢幕吧！

刀锋无底线

离开，离开，离得越远越好……可是为什么搬不动自己的脚呢，啊，那团黑雾又来了，又变成那一个大大的黑洞，向自己扑来了……一阵冷汗中，吕晓伟加快了步伐。那是一个梦吧，那样的逃亡情景，自从10岁的那个冬天开始，吕晓伟几乎每个晚上都被那样的一个噩梦缠绕。也是从那个冬天开始，他的脑海深处便始终翻腾着一个无法磨灭的念头：我早晚是会杀人的，我会为此凄苦地逃亡……

11年前离家出走的路，吕晓伟依然清晰地记得。那个时候，年仅10岁的他透过模糊的泪眼见到的是一片血色。如今，眼前依然一片血色的他又走在了这条路上；不同的是，他的脸上已不见泪水，取而代之的是狰狞的笑。跟了他10年的梦在这一天终于变成了现实。

吕晓伟没想到警察能反应得那么快。当他杀死自己的亲舅舅半个小时后来到火车站，却发现那里已经到处都是警灯闪烁的警车和进行盘查的警察。看来在自己作案后，舅舅家很快就回来人了。凭着对地形的熟稔，吕晓伟躲过街面上密不透风的卡点，从一条荒山小路出了县城。此时，天已经完全黑了下来。吕晓伟在冷汗嗖嗖中，定了定神，回望来路，只见一片漆黑；而前方，更不知路在何方。

妻子曾告诉吕晓伟说，为了她和孩子，永远不要碰做人的底线；而如今，吕晓伟感觉到自己即将触底。

“丹丹，不要怪我，我生来就是一把刀，刀锋是没有底线的。”吕晓伟在心里默想着，身影很快融入了夜色中。随后几年，吕晓伟在心灵上开始了漫长的逃亡，那个噩梦不论白天与黑夜，都与他如影随形……

一

从记事起，吕晓伟那颗弱小的心灵便承受着流言蜚语，各种各样的孩子对他总是追逐踢打。母亲长期与别的男人有染，而父亲每次对这个女人的责备与规劝，都会遭到其娘家人的羞辱，甚至是暴打。吕晓伟清晰地记得，他不止一次地看到父亲被舅舅们逼得下跪，也不止一次地看到父亲被舅舅们殴打至双眼肿得变成两道缝。父亲深夜里委屈的哭泣声，至今还在他的心灵深处呜咽不停。

那个大舅下手最狠，他拿着镐把砸倒自己的父亲时，吕晓伟甚至怀疑趴在地上的父亲永远不会起来，因此吓得他用小手捂住了眼睛。那个时候，一把无形的尖刀已经握在了他的小手上，并向那些伤害自己父亲的大人们刺个不停。

父亲在吕晓伟印象里是和蔼可亲的，老实本分的他有着一双温暖的手，吕晓伟到现在还能感受得到那双手的温度。吕晓伟无论如何也搞不明白自己为什么会有那么贱的母亲。在他很幼小的记忆里，就有不同的男人在母亲身上起伏。吕晓伟在痛苦与矛盾的煎熬中成长，他认为自己才是父亲未来的希望。的确，每次考试拿回两张一百分的卷子，父亲的表情里就会现出难得的欣慰与舒展。母亲的罪恶依然继续，她用肮脏的身体迎合着别人，任由别人对她的身体肆意攻击，却从不考虑眼前的一对父子的感受。也许，她以为所伤害的仅仅是自己的丈夫，但却没有注意到那个幼小孩子的心已经伤痕累累，无所归附。

三年级寒假前的一天是吕晓伟记忆里最为寒冷的冬日，那天中午他又拿着两张一百分的卷子回家时，却看到父亲吊死在了自家的房梁上。泪水瞬间将这个幼小的孩子吞没了，他已听不到自己的哭声，也感觉不到自己行走到了哪里。家中的菜刀握在手上，谁和他说话都会引发他绝望的砍杀。但他太幼小了，没有人会因为这种幼小的疯狂受伤。见到冬日寒风里泪流满面奔走的孩子，很多人都在笑。他见到了母亲，又见到了舅舅们，他听到那些人说：小崽子疯了……

那一天，吕晓伟用刀锋向整个世界宣战。他在任何场合都不会掩饰自己要杀光舅舅、杀死亲娘的决心。吕晓伟离开了让自己的心和梦都已破碎的家，再也没有回头。

吕晓伟离家出走了，最后来到哈尔滨的叔叔家。叔叔几次试着把他重新送回学校，但吕晓伟的心却再也无法回到书桌上。吸烟、喝酒、打架，吕晓伟三、四年级的时候就成了校园一霸。本来，叔叔对他倾注了父亲一样的关怀，吕晓伟如果去用心感受，他也可以重新站在阳光下健康地成长，但他拒绝这样做，他一直认为父亲忍辱含垢的尸身早已说明了一切——这是个没有希望的世界。尽早享乐和尽快复仇的念头随后便主宰了他以后的生活。不仅赌、嫖、抢、偷成了吕晓伟的家常便饭，而且杀死舅舅和母亲作为他的“夙愿”，一直在心底策划着。于是他总在心里默念“快了、快了，就要好了……”直到完美得如同梦境的庄丹丹来到身边时，第一次令他对自己的人生计划有了一丝犹豫。

二

有人说幼年得不到关爱的孩子成年后很难爱上别人，这句话完全适用于吕晓伟，但庄丹丹成了一个例外。

吕晓伟没读初中，直接到一家汽车修理厂当起了学徒工，技术很快达到一流。这期间，他与小他 1 岁的学徒工赵伟关系密切，他们互相切磋，最大的收获是掌握了高超的盗车本领。几次外出小试牛刀，厚厚的钞票便进入了他们的口袋。除了偷车，吕晓伟和赵伟还一起带着尖刀去抢劫，遭遇反抗就不客气地扎上几刀。这样的历练，让吕晓伟的心更加冷硬。有了钱的吕晓伟明白了，钱可以带给他所有想要的快乐。除了母亲，他对女人进一步的深刻认识来源于见钱眼开的妓女，而对快乐进一步的深刻认识来源于吞噬他钱财的赌场。吕晓伟后来明白自己的母亲就是那种生性水性杨花的烂女人。第一次想明白这一点时，吕晓伟心里有过扯痛。他想自己为什么生来就这么不幸？慢慢地，他认了命，他认为自己跟母亲一样，就是被上天安排活在世上受罪受罚的那类人。

是上天对我不仁在先，就别怪我对这世道不义！倔强的他开始偏执地把自己想象成了下界的混世魔王，不把这个有负他的世界搅得乱七八糟绝不罢休。正当他第一次准备返回家乡与那些仇人们放手一搏的时候，一个叫庄丹丹的女孩来到了他的面前。

当时，吕晓伟在叔叔家人眼中还看不出什么破绽。多年来，叔叔总是带着怜惜之情看待吕晓伟这个孩子，见他无心读书并没有任何责备，还在物质上总是尽自己所能地满足他。等他稍大些，为了让他有一技之长便送他去学修车，又怕别人瞧不起他，叔叔专门为他买了一辆现代伊兰特开着玩。但这辆车后来被吕晓伟输在了赌场上。见吕晓伟每天打打闹闹、吃喝玩乐，叔叔想这是年少不定性使然，随着年龄增长，成家立业，侄儿的一切终会走上正轨。于是，叔叔开始怀着焦急的心情为侄儿四处说媒。

有一天，婶母让他去看一个姑娘。吕晓伟在心里知道叔叔婶母对他好，平时当着他们的面他也总是一副听话的孝顺样子，这次他也一样不愿意当面违了他们的心意，便抱着可有可无的心态去了。可是，当他一见到面前这个叫庄丹丹的女子，吕晓伟便感到如同被施以魔咒般，一下不能自拔。如果说开始仅仅是她颤若荔枝肉的面容令他的心怦怦乱跳，那么随后的交往中，庄丹丹的表现更让他感觉到了自己对女人的定义完全不同的另一面，贪钱、势力、小气、背叛统统与她无关，虽然庄丹丹仅仅是个街头卖水果的姑娘。从相识到结婚，吕晓伟始终保持着对她的尊敬。认识了庄丹丹，吕晓伟曾信誓旦旦地发誓要为她重新活一遍，并活出个样子来，但积重难返下的恶习和从童年起就伴随着的那个噩梦让他的诺言轻如薄纸。

从与庄丹丹相识、恋爱到结婚的日子，吕晓伟依然和同伙们不断作案，夜夜笙箫，遍尝活色生香。因为觉得眼前这些和母亲一样的女人不值得任何同情，吕晓伟每次与各色女子厮混的时候，总是恶狼般疯狂撕咬，肆由欲望沸腾咆哮至顶点。钞票加厚一些，那些肮脏的女人更是极尽能事。吕晓伟把男女之事看作一种伤害，他不断这样做不是为了消遣，而是为了满足自己所谓的报复欲。正是因为这样，每当与庄丹丹在一起的时候，他的心上总有压力，因此每次都是小心翼翼，轻柔无比，生怕自己的举动伤害了她。有时候，吕晓伟在潜意识中甚至会想，他这种疯狂而强烈的性爱观是不是跟他那痛恨的娘一模一样？如果人生真有什么宿命，那么此时的他无力也不想去挣脱。

三

结婚后，吕晓伟用盗车的钱开了汽车修配厂，并把自己的身份定格为二手车经销商。庄丹丹喜欢吕晓伟的理由很简单，帅气、大方、直截了当、不工于心计，但对最后一点，她的评价其实是个绝对的错误。况且，暗藏杀机多年的吕晓伟，又怎能用“工于心计”四个字去概括呢？

在吕晓伟的眼中，庄丹丹近乎完美。她淳朴、善良，平日吃穿从不向自己索要一分钱，给自己洗衣、做饭从未有怨言；自己每次给庄丹丹厚厚一叠钞票时，她总是让他自己先存好，如果家里用的时候再拿出来。重要的是，见到除自己以外的任何男人，庄丹丹一丝多余的神态都没有，她对两人的感情显得异常忠诚。这些平平常常的理由，让见多了下贱女人的吕晓伟对庄丹丹痴迷不已。庄丹丹对他来说，就是一个港湾，每次当他回到妻子身边，他就感到从未有过的宁静。

可是，每次当他在对性的饥渴中寻向街头娼妓时，吕晓伟便回到了把那些女子幻化作自己母亲的变态心理中，每一次高潮便是对母亲仇恨的又一次冲顶。这种矛盾生活的交替让他的心灵越来越走向畸形疯狂。那一天，当他再次在庄丹丹怀中获得平静后，他终于下定决心，要回家乡一趟，作个了结。他认为只有再回那个家一趟，才能决定他今后或者成佛，或者成魔。

回家那天正是冬至前两天。吕晓伟独自返回浸满童年辛酸的那个县城。他先来到父亲的荒冢前，坟头破败、一片凄凉。他茫茫然地烧着纸，泪止不住地流。烟火袅袅中，他心中的旧痛与仇恨再次发作了，眼前不断闪过的都是大舅雨点一样打在父亲头上的如熊掌般的拳头和他狠狠砸向父亲的那个镐把。他郑重地在父亲坟头拜了三拜后，心中发着狠，凭着童年的记忆，找到了大舅家的院子。

进屋后，吕晓伟和独自在家的舅舅假惺惺地亲近，不断说着“娘亲舅大”之类的热络话。生活窘迫的舅舅家到处都是酒瓶子，见到多年未见的外甥一副腰缠万贯的样子，大舅这个男人非但没有起疑，竟还现出几分谄媚之情，尤其是在吕晓伟扔给他一沓钞票的时候。

“猪狗不如的东西!”吕晓伟心生蔑视，怒不可遏。当他最后激动地颤抖着声音问“当年，你们为什么那样对待我爸？他怎么着你们了”时，大舅显得很不好意思的样子，并说当年的事情都不记得了……当看着大舅涎着笑脸说“都过去了不是”时，吕晓伟再也忍不住了，他拔出早已准备好的刀，猛然刺向舅舅的前胸，又抄起身边的酒瓶子不断地猛砸他的脑袋。

“小崽子，你干什么……”疯狂中，吕晓伟隐约听到了当年的字眼，他再次坚信眼前这个人秉性并未改变，他所做的这一切并没有错。血红着眼的吕晓伟抄起一个又一个酒瓶子，不断砸向心中的仇人。舅舅很快就没了气，但他还是疯狂地砸着，直到砸碎全部酒瓶。

仇人命丧黄泉后，吕晓伟在他家四处翻弄，他没指望翻出钱物，而是为了将本次谋杀伪装成抢劫。那天，吕晓伟原打算继续找剩下的两个舅舅和那个不争气的娘，但血腥的场面最后还是令他有种意料之外的难受，于是侥幸逃出警察的封锁后，在夜色中他直接返回了哈尔滨。

四

庄丹丹不是一个木讷女子，她与吕晓伟结合只想安静地过日子，但看着丈夫过度忙碌的身影，一种不安与不祥的感觉还是在她心里产生了。她在修配厂经常看到丈夫和一帮人对一些好端端的轿车进行改色，她因此感觉到丈夫很可能有不良行为。庄丹丹经常流着泪苦劝吕晓伟，做人做事永远不要破了底线，她和孩子离不开他。每到这样的时候，吕晓伟就像从前对着叔叔一样，总是信誓旦旦地说自己一定会好好做人，没有任何问题。后来，见自己的话不起作用，庄丹丹更是直截了当地对丈夫说，小偷小摸不算大罪，但要了命的事情可绝不能做。庄丹丹这话原本是为了警示丈夫，可没想到有一次她说出这话的时候，丈夫竟然明显地愣了一下。这样的状况令庄丹丹寝食难安。

经庄丹丹一再请求吕晓伟同意带她和刚刚出生不久的儿子来到上海。身在异乡，并无多少技能的他们决定还是做自己熟悉的买卖——卖水果。庄丹丹这样做的目的就是让丈夫远离赵伟那帮人，防止出现更严重的状况。吕晓伟用积蓄买了一辆二手车，每天早晨3点多就起床上水果，晚上又会卖到深夜。夫妻二人日子过得很辛苦，但也其乐融融。吕晓伟始终感觉到那是自己人生中最为快乐的一段时光，甚至一度在忙碌中忘记了自己刀杀舅舅的负罪感，忘记了所有仇恨，看着妻子和儿子的笑脸心里有生以来第一次感到踏实无比。但过了不到一年光景，一切还是让那个赵伟打破了。

一年后的又是一个冬天，赵伟来到上海看望吕晓伟，见他日子过得十分辛苦，便提出一起回黑龙江重操旧业。

“你有手艺，还用过这样的苦日子吗？你苦，也让老婆孩子和你一起苦吗？”赵伟用手指了指在屋角蹒跚学步，脸冻得一块块红、流着清水鼻涕的儿子问他。

吕晓伟沉默了。他在上海的日子的确很苦，人生地不熟，各方面都不适应，特别是这种湿冷的冬天，太难受了，而每天的起早摸黑也就是对付活命。可是，如果真的回去……吕晓伟知道这对于他、对于这个家来说，意味着什么。他说让他想想，当他独自一个人蒙头烧掉了一包烟后，便再也不顾庄丹丹的阻拦，头也不回地离开了。挣脱妻子手臂的那一刻，他想，他会加倍努力，给她弄来多多的钱，让她和孩子过上富太太、富少爷的生活。他返回黑龙江后，庄丹丹便带着孩子离开上海去了北京，同样是靠卖水果为生，二人每次通话或见面，妻子总会对吕晓伟反复强调：她不要他不明不白的钱，做人做事永远不要破了底线，她和孩子离不开他。

与赵伟合作又不到一年，吕晓伟便发现自己很难忍受他。赵伟吃喝嫖赌是小事，但由于他是个瘾君子，经常把他们作案所得赃款转眼间挥霍殆尽，这令吕晓伟看不到任何希望，却又无法摆脱赵伟。一气之下，在赵伟一次吸毒过后，已经杀过一次人的吕晓伟没有抵挡住自己杀人的欲望，最终再次操刀把眼中的废物结果了，并直接埋到了野外。吕晓伟开始招兵买马，按照自己的思路组建了一个盗车集团。由于出手阔绰，他在手下心中威信很高。吕晓伟与手下大肆作案，并因此积累了可观的财富。

五

吕晓伟生于1981年，他是一个“80后”歹徒。对吕晓伟来说，活着的每分每秒都充满着痛苦与哀愁，偷车、抢劫、嫖妓则总会给他带来些许快感，三件事因此成了他解闷与发泄的方式。

2008年初春的一个深夜，6辆捷达轿车在长春通往哈尔滨的公路上极速飞驰、相互追逐，车里全部音乐震天，脉速表指针更是如出一辙地逼近200公里。在这个车队的最后，吕晓伟开着他的宝马压阵，手下6人分别驾驶着前面6辆捷达。这条路的终点，专门负责销赃的手下已经联系好买主等着他们，6辆车转眼之间就会变成7万多元现金进入吕晓伟囊中。这7万多元现金从无到有，总共也就3个多小时的时间。作为计件工资，吕晓伟会给6人每人2000元，如果偷的是更好一些的本田、丰田之类的车，额度会更高。因为金钱的刺激，手下们总会争着和吕晓伟一同外出“干活”。

除了自己的妻儿，他所拥有的一切都来源于盗车，他人生的自信更来源于自己可以在两三分钟内将别人的“坐骑”据为己有。身为地道的盗车贼，他的盗车手法眼下已经相当厉害。一般情况下，一台轿车在三五分钟的时间里就会被“驯服”，成为他的“胯下坐骑”。吉林省长春市历来是他带领手下集体出动作案的首选地，他带领手下作案过程中不弄个人手一台绝不罢休，一旦盗窃得手便迅速返回黑龙江，将赃车以诱人的低价迅速“批发”给长期为他们销赃的“生意伙伴”，而买赃者又会在第二天上午用尽可能短的时间将车继续出卖，并从中赚取差价。近200公里的逃跑时速跨过长春到哈尔滨300多公里的城市距离，使这些盗车贼和销赃者完全可以在长春警方来不及将被盗车辆信息上网通报的情况下，完成盗窃、销赃全过程。

妻子告诉他做人不要破了底线，这句话吕晓伟始终铭记在心，但他的理解却是这样：我绝对不能被警察抓到，被抓到了就是破了我的底线。所以，吕晓伟在对抗警察上始终自有一套打法。

整个团伙，吕晓伟从不把盗车手艺传授给任何人。每次盗车，他都是亲自上阵，让同伙在远处策应。吕晓伟曾对手下说，如果哪次他干活的时候被警察抓个正着，所有人要立刻走人，扔掉手机，谁也不要救他，他自有办法。吕晓伟核心手下有 6 人，是他外出偷车必带的。他给这 6 个手下一人单独买了一部手机，用以单线联系，这个手机不许给他们以外的其他人打电话，买车的生意伙伴除外。吕晓伟的日子非常潇洒，他有时也带着手下到更远的省份偷高档名车。那样的时候，他会让手下先到达指定城市，然后自己乘飞机赶过去。把车偷到手交给手下驾车返回后，自己又乘飞机返回。吕晓伟明确告诉手下，一旦他们中有一个人被抓，所有人都要把手机立即扔掉。到了警察那里，永远都要说自己的车是低价买的，卖主不知去向。

吕晓伟作案狡猾异常。从偷第一辆车开始，他累计盗窃丰田、本田、奥迪、红旗、捷达等轿车 500 余辆，很多车辆最后在销赃的下线被警察扣了，但他却始终没有暴露任何破绽。吕晓伟一直认为自己无比高明，他相信凭借自己的智商，底线对于他来说永远不存在。偷了怎样？抢了怎样？杀了人又怎样？吕晓伟的内心一度嚣张无比。

为吕晓伟一伙销赃赚差价的销赃者，将这些盗来的车辆以低于二手车市场同类车的价格，卖给那些贪图便宜的终端买赃人。除了 6 名核心手下，另外 10 名马仔级的或在修配厂干活，或在二手车市场转悠，遇到赚头较大的机会，吕晓伟也出钱做几笔二手车买卖，这主要是为了掩人耳目，更主要的是骗妻子庄丹丹。他对妻子说自己是在做二手车生意，已经不和赵伟接触，并因此得到了信任。庄丹丹信了自己的话，令吕晓伟非常欣慰，他觉得妻子这样就不会担心自己了。

吕晓伟不知道的是，他的劫数，不知不觉已悄然而至。

六

2008 年 11 月 4 日，吕晓伟心中常常念叨着的“快了，快了，就要好了……”的日子终于来到了。一向谨慎的吕晓伟在一次交易中终于吞下了警察放的饵！在一阵疯狂拒捕后，吕晓伟最后束手就擒。

吕晓伟在红旗分局落网后，抓捕他的刑警张庆和张勇凭其疯狂拒捕的举动判断：这个人身上定有抢劫和命案！但是，除吕晓伟所做的盗车案件一起起浮出水面外，关于命案和抢劫始终没有任何踪迹。为寻找到案件突破点，张庆和张勇到庄丹丹那里了解情况，这个可怜的女人在警察面前哭泣不止。她说自己从一开始就怀疑吕晓伟干违法的事情，但他后来的表现把她欺骗了，她还一度认为丈夫靠着二手车生意走上了正路。张庆和张勇没有从庄丹丹那里得到任何关于吕晓伟犯罪的证据，却从她那里了解到了他的凄惨身世。

去吕晓伟出生地呼伦县调查之前，张庆和张勇并没有指望查出什么。见到吕晓伟的生母，张庆和张勇发现这女人和他们平日曾处理过的同年龄段暗娼毫无二致，整个人毫无生气可言。得知来人是警察，她竟以为是哪个嫖客犯事牵出了自己，摆出一副死猪不怕开水烫的样子，傲慢得毫无道理。还好，张庆和张勇说起吕晓伟的时候，女人还能苦笑一下，这让人感觉她还有些许的人味。"这孩子恨我，见我不给我一刀就不错了。他那死爹吊死后，他见到我就要拿菜刀砍我，那时他刚多大个人儿，现在还好得了？"

2004 年，公安部提出"命案必破"的口号后，呼伦县这个入室抢劫杀人案作为重点攻坚的积案被列了出来，并被省厅挂牌。这起案件已经被排除了报复杀人的可能，单纯地被认定为谋财害命，但却始终没有任何进展。当张庆得知发生在吕晓伟舅舅家的这起命案时，立刻联想起庄丹丹曾对他介绍说，吕晓伟的舅舅们曾非常恶劣地欺负他的父亲。

不会这样蹊跷吧？张庆带着疑问，与负责此案的专案侦查员取得了联系。通过对现场足迹和酒瓶子把上遗留的指纹进行同一认定发现，现场遗留的足迹特征与吕晓伟本人足迹特征不相符，而指纹却无可争辩地证明：吕晓伟的确在此案件现场出现过。

"结束了，一切终于结束了。说真的，我也活腻了。"

面对张庆出示的证据，吕晓伟面无表情地说。随后便竹筒倒豆子，把自己身负的三起命案和八起抢劫案通通交代个干干净净。同时，张庆也找到了此案件现场遗留足迹特征与吕晓伟本人足迹特征不相符的原因——那天他的脚正好扭伤了，导致步态发生变化。

七

吕晓伟的记忆力惊人地准确，对他所参与的大部分案子，至今都能记得其中的细节。他的这种记忆力，当然也使得他记住了童年所有的惨痛细节而一生无法忘记，使吕晓伟的心理极度扭曲、变态，形成了刻骨铭心的“恨母情结”，并成了他甩不掉的包袱，人性最终因此而决堤。这是所有关心他的人没有发现却一直客观存在着的。“晓伟从小就是个好孩子呀，是我没把他带好关心好！”吕晓伟案发后，他叔叔曾痛哭流涕地对民警说，让民警一阵默然。或者，如果吕晓伟叔叔早年时对他不单单是由怜惜而成溺爱，而是多与侄儿进行心灵上的沟通，或是请心理医生对其进行细致的疏导。如果吕晓伟的妻子在发现他的可疑行为与心理波动时，不只是给他设置底线，而是跟他有更多层面的交流，吕晓伟人生的种种悲剧或可避免，也或可峰回路转。

一切水落石出后，吕晓伟对办案刑警非常配合，他委托刑警传话给他的妻子说：孩子长大后告诉他，就说他爸开车被撞死了。我死后，让叔叔把我的骨灰埋在我爸爸的坟边……

第二次约会

绑架、杀人、肢解、弃尸……她们与他第二次约会后，均被残杀并遭碎尸；许多年来，疑犯“漂白”身份后长期潜逃，去向成谜……

啤酒，一杯接着一杯干掉；香烟，一支接着一支燃尽；歌曲，一首接着一首号叫……

这一幕幕，夜神歌厅的每一间包房都在循环上演。和所有陪酒女孩一样，小爽不在意自己是否疲劳，她只在意一个疯狂的夜晚过后，自己兜内的钞票是否增厚了。

刚刚坐到这几位客人身边的时候，和小爽同来的那几个女孩便开始动手动脚地挑逗客人。小爽和她们不一样，她显得很矜持，只是坐在那位主客旁边静静地吸烟，吸烟的姿势始终保持着某种优雅。

小爽算是这家歌厅的头牌，回头客最多，生意最好，歌厅里的每个女孩都羡慕她那超强的诱惑指数和赚钱效率。但是，小爽漂亮的脸蛋别人没有，小爽完美的身材别人没有，小爽身上的很多内在的东西别人也是学不到的。在小爽看来，对男客有时不一定非得那么主动，若即若离一些反而会激发对方的兴趣。

今夜，小爽依然故伎重演，她的淡漠和优雅都是一种伪装，为的是对眼前这位男客更深度的勾引。此男客一身名牌，长得肥头大耳很有派，一看就是大款。与他同来的两位男客都对他恭敬有加，点烟倒酒递水果，应该是他的下属。这一切，小爽都看在眼中。

“小姑娘，把我们老大陪高兴了，亏不了你。我们老大经营发电厂，钱多得花不完，他能在你这里花多少，就看你的本事了。”那位客人的一个下属对小爽说。

听了下属的恭维话，客人笑了笑，没说什么，举起酒杯与小爽碰杯，二人均一饮而尽。

接下来，客人的情绪持续高涨，空啤酒瓶子很快堆积如山。这个时候，客人对另外两个女孩发话：除了小爽，你们都撤下！

客人从包里取出厚厚一沓钱，给了另外两个陪酒女孩一人五百元。这家歌厅的陪酒小费正常情况下是二百元，五百元的数字印证了客人的阔绰。另外两个女孩离开了，小爽又独自陪着三位客人唱了几首歌。临别时，客人给她留下了一千元小费，而且还送给了她一枚白金钻戒。

"今天他累了，哪天他不累，你陪他睡觉，给你的钱更多！"客人的一个下属留给小爽一张名片，并半开玩笑似的对她说。小爽会心地笑了一下，主动提供了自己的电话号码。

第二天，小爽拿着钻戒去鉴定，确定那钻戒是真的。随后，她心里就是没完没了地乐。当晚，小爽接到了那位客人的约会电话，她欣然赴约。

一、死亡约会

小爽并不知道，她遇见的客人并不是什么大款，而是一个杀人抢劫集团，给她的所有好处只不过是"鱼饵"，都是专门用于引诱她上钩的。

那位客人的名字叫杨树彬，他觉得异性陪侍人员有钱，又容易上钩，于是将从事这个行业的人员作为抢劫目标。杨树彬本人装成大款，到夜总会等娱乐场所去"钓鱼"。为了引鱼上钩，杨树彬往往假称自己是做大买卖的，手下张玉良、吴宏业则在旁卖力吹捧。杨树彬出手很是阔绰，平时该给陪侍人员二百元的，他给五百元，该给五百元的，他就给一千元，此外，还送礼物。往往不出第二天，陪侍人员就主动打电话，要求见面约会。而她们都不知道，这样一次约会是不折不扣的"死亡约会"。

穿过大街小巷，小爽终于找到了那位客人提供的住址，她按了门铃过后便听到了热情的招呼声。小爽兴致勃勃地步入房间，身后的防盗门被重重关死了。这个时候，她突然感觉不对劲儿，屋内包括昨晚那三位男客人在内，还有一个女的，四个人都凶神恶煞地看着她。她想退，却已经来不及了。小爽的嘴转眼间便被堵得死死的，整个人也迅速被胶带捆绑得结结实实。他们从她的包里翻出了银行卡，一个人对她恶狠狠地说："说出密码，不让你遭罪！"

小爽所有的卖命钱都在那张卡里，她绝望地哭了，但泪水没有博得同情，换来的是木棍和铁棍的轮番殴打。小爽坚持不住了，最终被逼说出了银行卡密码。接下来，对方又让她给女伴打电话，谎称有非常有钱的客人要找女人。小爽不得不照办。随后，小爽要好的女伴琳琳按响了门铃，遭到了和小爽一样的待遇，银行卡和密码都主动提供给了对方。

十六万元转眼到手，小爽和琳琳则被杀害肢解……

2002 年 9 月的一天，吉林省吉林市城郊某居民楼 3 楼的居民下水道不通畅，并发现堵住下水道的竟然是油腻腻的肉馅，觉得异常的居民连忙报警。接到报警后，吉林警方赶赴现场勘查，大量民警和议论纷纷的居民使得这个偏僻的小区变得热闹起来。

看热闹的人群中有三男一女四个人，他们是杨树彬、张玉良、吴宏业、戢红杰，四人租住在事发居民楼顶层。此时，他们心里最明白，那肉馅正是他们倒进下水道的人肉，于是迅速逃跑。

待到警方查出了肉馅是遭到绑架、分尸的两名异性陪侍人员小爽和琳琳时，吉林警方随即立案侦查。当居住在顶层的杨树彬、张玉良、吴宏业戢红杰等人被列入排查范围后，警方拿着照片到小爽工作的夜神歌厅开展辨认，很快确定杨树彬、张玉良、吴宏业、戢红杰具有重大嫌疑，并被列为网上逃犯予以通缉。

在杨树彬、张玉良、吴宏业、戢红杰四个人心中，他们从来不认为自己是人，他们一向把自己看作鬼，他们四处游荡找寻目标女孩，每一个到手的女孩都是任他们宰割的羔羊。

二、戳穿“漂白”面纱

转眼九年过去，吉林警方始终没能发现四名逃犯踪迹。

2011 年 8 月，哈尔滨市公安局巡警支队七大队大队长许建国值夜班，他吃过晚饭便按照以往的习惯浏览网上在逃嫌疑人，当查询到这起案件时，深深被犯罪分子恶劣的作案手段震惊了，他调阅涉案逃犯照片时，竟然发现其中有两个人非常眼熟，但无论怎么想都想不起来在哪里见过。许建国就那样直盯盯地看着，看了足足两个小时还是没想起来他们是谁。

夜晚巡逻的时间到了，许建国和几名特警上了巡逻车，开始在哈尔滨的大街小巷转悠。那一天，民警们都发现许大队非常沉默，好像有什么不高兴的事情，大家正疑惑的时候，许建国像是自言自语，又像是在和民警说话："有时啊，你看见一个人，觉得在哪里见过，但就是想不起来在哪里见过，真是折磨人啊！"

一位民警接话："那你就想想，首先做个界定，是在哪个酒局见到的？还是工作关系接触的？或是同学？或是旧友？"

"返回队里，想起来了！"这位民警的引导，突然间令许建国茅塞顿开。他突然想起来，那两个人不是别人，而是小时候他们家在平房区居住时的邻居。由于他们家当年和那个人的家没有任何来往，见面也不说话，只是偶尔在胡同口打个照面而已，许建国记得他们两个是邻居，而他们两个却不一定记得他是邻居。

许建国返回单位，重新调出了两个人的照片，仔细查看了他们面相的每一个细节，两个人分别叫杨树彬和张玉良。早年的时候，许建国只知道杨树彬和张玉良总是在一起玩耍，一起外出打架，两个人的关系好着呢。他们怎么会成为作案手段极其残忍的杀人狂魔呢？

第二天一大早，许建国就带领带领民警来到自己小时候住的地方，与辖区民警一起深入走访，当年的老邻居大多已经搬走，许建国通过对二人的社会关系进行调查得知：杨树彬、张玉良自2002年起即销声匿迹。但最可疑的是，杨树彬的家人于2007年突然举家搬迁，去向不明。

往事逐渐浮现在许建国心头，他逐渐想起来，杨树彬家生活非常困难，但给他印象最深的就是他和他弟弟的感情特别好，弟弟受点欺负，他就会去找人家算账。杨树彬当年在外边打打闹闹，但对父母非常孝顺，对家里的弟弟妹妹们也都疼爱有加。对于这样一个人，许建国觉得他一定不会断了和家人的联系。

许建国立即加强对杨树彬各种社会关系的深入摸排。经过十多天昼夜不停的查找，在分析了万余条信息后，许建国终于确定：杨树彬的弟弟杨树凯已改名为"王学凯"，现户籍地为内蒙古包头市。经深入分析比对，民警发现与"王学凯"户籍相关联的"王学礼、王学国、马海燕"等人很可能就是网上的逃犯杨树彬、张玉良、戢红杰。

三、致命诱饵

在自己的生命里，戢红杰印象最深刻的情节全部来自与杨树彬相处的每分每秒。她曾经很爱他，爱他爱得死去活来。杨树彬有时也很奇怪，对于和自己接触深入一些的女人，他总会有杀掉对方的想法。在所有女人中，有两个人是例外，一个是自己的亲妈，另一个就是戢红杰。

戢红杰从小在吉林农村长大，家中除了父母双亲，还有一个弟弟。很小的时候，家里是那样困难。在戢红杰的印象里，她家里从未吃过白米饭，永远都是玉米面、玉米粥。虽然家庭生活困难，但父母一直想尽办法让自己和弟弟读书。戢红杰的学习成绩很好，总是在学校里名列前茅。每当她把成绩单拿给母亲的时候，身上打满补丁的母亲总会露出难得的微笑。

"妈妈，您多吃一点吧！"

每到过年的时候，家里的桌子上才会有点油水。那样的时候，戢红杰总会想办法让母亲多吃一点。但在好的吃食面前，母亲永远不会多吃一口，她总会给自己和弟弟留着。这辈子，戢红杰想起母亲总会泪流满面。

那年中考的夏天，母亲患了重病。医生说是癌症，戢红杰当时也不知道癌症是个什么东西，但当医生说母亲很难活过那一年年底的时候，她撕心裂肺地大哭起来，那哭声至今存留在心底。

家里为了给母亲治病，花光了所有积蓄，而且欠下大量外债。母亲最后对父亲说：别给我治病了，小杰将来上学还要花钱呢！

戢红杰让母亲安心养病，自己不上学也要治好她的病。戢红杰没有想到的是，她对母亲许诺的第二天早晨，就看到母亲吊在了自己家房梁上。

眼看自己的病情一天比一天重，母亲结束了自己的生命，她不想给儿女增加负担。然而，这位好心的母亲没有想到的是，自己的死并没有换来儿女的解脱。尤其是女儿戢红杰，她开始异常仇视社会，她觉得自己家穷困不堪，母亲连活的权利都没有了。从那一刻起，除了父亲和弟弟，她开始仇恨所有的人。债主开始催债，戢红杰对他们说：我们家不会欠钱不还！

戢红杰开始出卖自己的身体，家里很快还清了所有外债，弟弟也没有像自己当年那样辍学。生活比较稳定的时候，杨树彬进入了她的生活。

"你爱钻石吗？"如果这样问女人，十个人会回答十二个"嗯"，因为其中有两个人回答的是"嗯嗯！"女人爱钻石，本无可厚非，就像男人爱美女一样，据说这是本能。钻石，珠宝王国无可争议的王者，岁月锻造出它坚硬的品质与恒久的魅力。没有人可以抗拒时光凝注的璀璨，它亘古不变坚守着爱的承诺、美的真谛。但在杨树彬眼中，他手中那颗镶嵌着硕大钻石的钻戒却有着另外一番意义——它是自己的鱼饵，专钓女孩的鱼饵；他每一次把鱼饵扔出去，鱼饵不仅会自动回来，还会给他带回来一个"财神"。

杨树彬抓住了女人的致命弱点，使那颗钻戒充满血色。杨树彬他们几度把这个钻戒送给一个个贪婪的女人，随后便榨干她们的所有，包括生命。许多年来，杨树彬总会看着眼前的那颗钻戒目不转睛，心中不时涌动着快感。

“这颗钻戒，送给你！”

这颗钻戒，对任何一个女人来说都是极具杀伤力的，杨树彬拿着这个武器一向攻无不克。但是在戢红杰面前，他失败了。他没想到风月场里，还会有这样一个有骨气的女人。戢红杰陪酒，明码标价五百元，杨树彬给她多一分都不要。

这样的女人，在杨树彬看起来非常奇怪，心里也不由得产生了敬意。戢红杰认识杨树彬的时候，她刚20岁出头。这样一个年龄段的女孩，竟然有这么高的心气儿，杨树彬大为意外。“你给我当老婆！”杨树彬心意已决，直接提出了自己的真实想法，他发自内心佩服戢红杰。戢红杰则说：“你敢娶，我就敢嫁！”

戢红杰成了杨树彬的老婆，也成了他的帮凶，成为他寻找猎物的致命诱饵。当杨树彬向戢红杰提出自己的想法时，戢红杰几乎高兴得手舞足蹈。这个世界，她痛恨所有的人，尤其是比自己有钱的人。她很快参与到了杨树彬的杀戮之中。

戢红杰作为陪酒女孩的“内部人”，开始不断为杨树彬等人精准锁定目标，提供了大量一手“情报”。由于自己曾在这个圈子里混，她一搭眼就能看出哪个女孩“生意”好，哪个女孩“生意”坏。

第一次合作，戢红杰便亲眼看见了杨树彬的残忍。

第一次“钓鱼”的夜晚，戢红杰先到浙江台州某夜总会踩点物色对象，她首先确定了一个名字叫肖童的女孩，可以看出这个女孩是这家夜总会的头牌。对于这样的女孩，戢红杰自有一套快速贴近的办法。她知道，她们都是非常“爱财”的，钱对于她们来说永远都是比命还重要的。

确定好目标后，戢红杰直接告诉了杨树彬。杨树彬到夜总会很快用自己老到的手法将她诱惑得结结实实。随后，他将肖童约到其租住屋内。这一次，戢红杰第一次目睹了杨树彬作案的全部过程，她一直在旁边默默注视着事态的发展。

按照作案流程，张玉良突然出现，然后和杨树彬采用一贯的作案方式，威逼肖童向家人要了十多万元，并约过来另一名异性陪侍人员。由于第二名女子始终不肯拿钱，被杨树彬、张玉良杀死碎尸后丢弃在垃圾站。面对凶残的一幕，戢红杰没有任何害怕，只是觉得很过瘾。当那名女孩被杀死的时候，心里竟然有种莫名的快感。这个时候，戢红杰并不知道，自己已经变态得多么严重。

戢红杰和张玉良在出租屋内看着第一名女子，等待其家人的汇款。杨树彬则拿着她的银行卡和存折，在一家银行里等待。不久后，杨树彬从外边回来，他伙同吴宏业在银行分两次取出三万一千元和两万九千元。接下来，杨树彬、张玉良将第一名女子杀死，并按照老规矩碎尸后丢弃。一切结束的时候，杨树彬直接给戢红杰扔过来两万元钱：你拿去，随便花……

戢红杰眼看着杨树彬为了处理好"后事"，专门买来了绞肉机。他在分尸方面显得非常有经验，他告诉戢红杰：人体大部分都是水分，棒子打、刀刺、绳子勒脖杀死她们后，得先给她们放血，然后将尸体肢解成大块，再剁成小块，放锅里煮，之后绞成肉馅。骨骼则用钳子夹碎，扔到饭店附近的垃圾堆、垃圾车里。这样，永远不会被人发现。

用如此残忍的手段杀害这么多人，戢红杰见得多了，也曾害怕过，睡觉的时候也做过噩梦，那些死去女子的脸，曾经是她亲自选定的，她成了那些女子的勾魂鬼。暗夜里，那些面孔常不期然地浮现，在空中飘浮着，她们没有身体，所以灵魂无所归依……

但是，戢红杰从来没有拒绝过暴行。接下来的日子，她有时比杨树彬还要残酷。

四、女邻居的"鸿门宴"

刘欣是四川成都人。2001 年她 28 岁，她的妹妹刘蕊 24 岁，姐妹俩在广州租了两室一厅。刘欣打工当财会人员，她妹妹被一位出手阔绰的大款养着，穿戴高档、衣食无忧。姐妹俩住在三楼，整日无所事事的刘蕊常打麻将，结识了租住在二楼的一个自称叫汪朔朔的年轻女子，这个女人其实就是戢红杰。

戢红杰自称她被大款包养，每个月给她一万元钱，那位大款在北京做生意，大款不在的时候，她也去夜总会"出台"。打麻将时，戢红杰对刘蕊硕大的钻戒赞美不已，听说刘蕊的男友是有钱人，便更加向刘蕊示好，有意无意地询问男朋友是哪里人，每个月给多少钱，刘欣、刘蕊是不是自己住。刘蕊毫无防备，有问必答。

对戢红杰，刘欣一直很厌恶，觉得她看起来很阴险，因此一直都不给戢红杰好脸。2001 年 12 月 26 日，戢红杰看准机会热邀二人共进晚餐，刘欣虽然不情愿，但还是陪同妹妹去了。一同吃饭的还有包养戢红杰的“大款”杨树彬，饭后，戢红杰又提出去杨树彬家喝点茶，于是姐妹俩被带到了位于天河区一处三楼的租房。“咣当”一声关上房门，“咔嚓”又给门上了锁。

“你们欠我的50万什么时候还?”一进屋，杨树彬劈头就问。

姐妹俩愣住了：“什么时候管你借过钱啊?”这时，姐妹俩才看到，屋里还有两个男人，一高一矮，四人扑上来就将姐妹俩牢牢抓住，之后双手双脚都紧紧地缠上了胶带，嘴也塞上了东西，又把她们扔到床上。

戢红杰和杨树彬翻找着姐妹俩的包，没找到银行卡，就拿走了包中少量现金，又翻出了二人的身份证，这时戢红杰才知道两人竟然是亲姐俩，之前她还以为二人就是同租一处房子。戢红杰觉得被愚弄了，她明白了和她们姐妹打麻将为什么总是输钱，加上怨恨刘欣此前对自己态度不好，戢红杰抄起做饭用的锅铲，猛扇刘欣耳光。

接下来，杨树彬和戢红杰轮番上阵，逼问姐妹俩有没有银行卡。姐妹俩没有办卡的习惯，平时都用存折，但杨、戢二人并不相信，他们用针扎姐妹俩的乳头，用钳子夹她们的下身，用锅铲和斧子扇耳光，打脑袋和腿，都没有逼问出来，这时他们才确定确实没有银行卡，转而逼问存折。

姐妹俩说出了存折放在出租房里并提供了密码，于是戢红杰和瘦男人去租房取了存折，之后用身份证到银行取出了几万块钱。绑了两个人，才弄到几万块钱，四人觉得钱少不够分，于是轮番动手，但主攻的还是戢红杰、杨树彬。

每当回想起这段遭遇，刘欣便会哽咽。此时，戢红杰动起手来比杨树彬还要狠毒，专门打姐妹二人的私密处，边打边骂，像疯子一样。其中的几天，戢红杰正好来例假，她甚至将沾血的卫生巾塞进了刘欣的嘴里。她打累了，杨树彬就上场。杨树彬想要摘下刘欣的耳环，但他不用手，而是用脚踩着刘欣的脑袋，一米八十多的个头，二百多斤的体重，刘欣被踩得喘不过气来，最后硬是将耳环踩掉了。暴打完，杨、戢两人还交流经验，哪里没有打到，哪里打得不够狠，之后像竞赛一般，再一次地殴打。在接下来的十三天里，这种殴打持续地进行着。

取走了存款，又搜刮了出租房里的首饰、贵重物品，四人还不满足，在杨树彬的逼迫下，刘欣开始给家人、前夫、同事打电话借钱。杨树彬不准姐妹俩打电话时说他们听不懂的四川方言，通话时杨的耳朵就紧紧地贴在电话旁边，监听每一个字。其间，刘欣的同事打电话来问她为什么不上班，刘欣按照杨树彬要求的回答："我在桂林玩，桂林山水甲天下。"

按照杨树彬要求的，刘欣给家乡的父母打电话，让家人赶紧汇钱说有急用，父母东挪西借汇来了几万元钱，戢红杰又和他们去取钱。就这样，四名劫匪前前后后共提取了十多万元钱，又拿走了数万元的首饰。

打累了，姐妹俩就被扔到床上，二十多摄氏度的室温下，四人又给姐妹俩蒙上了三层厚被，二人又热又渴。看着妹妹吓得面色惨白，刘欣嘱咐妹妹，不要说话，保存体力，一切都由她来应付。

每天姐妹俩只能喝半碗粥，两人渴得嘴上掉皮，痛苦难耐。一次胶带被撕开后，刘欣看到旁边一个烟灰缸里倒了点水，里面泡着几个烟头，她抓起烟灰缸就把水喝了解渴，这一举动又招来一顿暴打。

没完没了的暴打，姐妹二人眼睛肿成了一条缝，乳房以及腿上的皮肤都变成了黑色，头上被铲子打出了坑，腿部浮肿，后来被针扎也感觉不到疼痛了。刘欣想到死，但死不成，她想趁去厕所大小便的机会跳楼，她知道三楼跳下去死不了，只要她跳楼就会有人发现，就会有人报警，就会有人送她去抢救，这样还有一线活下去的希望，因为她已经看到了四人准备好的绳子、斧子、锯子和能装得下两个人的编织袋，知道再这样下去就是死路一条了。但她没有机会跳楼，因为连二人大小便的时候，杨树彬也要用手拽着她们。

奄奄一息的刘欣还在寻找着生的机会。刘欣的耳朵特别灵，嘴被封上，眼睛被粘上，蒙着三层大被时，她竖着耳朵努力去分辨周围的声响，她听到四人好像在吵架，似乎是因为分钱不均，租的房子马上就要到期，房主多次打电话催，好像也对究竟杀不杀她们姐妹俩有了分歧，于是她心里有了主意。她发现，张玉良似乎分得的钱不多，等戢红杰、杨树彬二人不在的时候就向他假意示好，说家里重男轻女，因为她生了女儿，家里都对她不好，希望以后和他一起过日子。她用这样的甜言蜜语换来几口水喝。

要想活命，就得说自己有钱，但又不能交出来太多，否则他们就会杀了自己。于是，刘欣将富裕的男友说成了商场的搬运工，说自己的钱都买保险了。杨树彬追问买了什么保险，刘欣撒谎说买了意外保险，如果自己死了就会获赔几十万元，但保险公司肯定怕诈保，一定会追查清楚死因的。说这话的时候，杨树彬听得若有所思，刘欣觉得，自己最后没有被灭口，很可能是杨树彬听了她的话，觉得保险公司的追查很可能会暴露自己，而且房租要到期，可能来不及处理尸体。

一次，杨树彬逼她给前夫打电话，刘欣已经多年没跟前夫联系过了，但这次却故意温柔地称呼“老公”，前夫听了一愣，随即又听说要钱，便疑惑地问：“你是不是被绑架了？”但因杨树彬在附耳听着，刘欣没敢说什么。前夫最后汇来一千七百元钱，因为汇来的钱少，姐妹俩又被一顿暴打。

2002 年 1 月 7 日，已经被绑架十三天的刘欣觉得有些异样。她听到四人又吵了起来，之后听到戢红杰在擦地，屋里又喷了空气清新剂。紧接着，电视被调到非常大的声音，广告持续了差不多一个小时都没有换台。刘欣觉得很奇怪，这么久没换台，难道屋里没人？

刘欣和妹妹背靠背贴在一起，用手指抠开了对方手腕上缠绕的胶带，之后摘下了眼睛上和脚上的胶带。她们迅速跑遍屋子，真的没人！姐妹俩赶紧开门跑了出去。她们用兜里仅剩的七元钱打车回到出租房，二人上楼向邻居求救，并到公安机关报了案。

由于刘欣姐妹不知道劫匪的真名。案发后的很多年里，案件迟迟没有进展。

被绑架前，刘欣 106 斤，逃出来后只有 86 斤了。姐妹俩很快离开广州各奔东西。刘欣头上有一道疤，腿上肌肉坏死、腿骨变形，乳房做了整形手术但不成功，每天都疼，下体被钳子夹过无法正常过夫妻生活，下颌骨被打坏，很长时间只能吃流食。妹妹受惊吓过度，至今不能怀孕生育。接下来的十年里，刘欣每天都做噩梦，梦中被人追杀。她不能让自己闲下来，哪怕是五分钟也会想起十年前那十三天。

五、团伙里人人自危

在包头过久了安静日子，戢红杰开始红杏出墙了。她总是用这样的话问巴图。长久以来，她心里非常清楚，丈夫杨树彬与她从根本上讲就是互相利用的关系。杨树彬一伙自 2004 年开始，便不再作案了。2006 年的时候，杨树彬觉得自己的生活已经安定下来。自己和手下利用犯罪所得，已经做了很多成功的生意，身份也“漂白”了。于是，他和戢红杰生了一个孩子，想要尽情享受天伦之乐。为了表达对戢红杰的爱意，他甚至还把她的父亲和弟弟接到了包头，而且同样“漂白”了身份。

生活在外表看来已经很安静了，父亲和弟弟也来到了自己身边，但在内心深处，戢红杰依然对杨树彬敬而远之。她始终同蒙古族男子巴图保持着情人关系。也许，杨树彬那双手上鲜血太多，他的抚摸会让她感到恐惧，戢红杰只有在巴图的怀抱中，才能得到片刻的欢愉与宁静。

“我老公，你怕不怕？假如，咱俩的关系被他发现了，你怕不怕他打你？”

戢红杰总是这样问巴图。巴图不耐烦了，就会回答她说：“动起手来，还不知道谁能打过谁呢！”

巴图的这句话令戢红杰特别有安全感。只有在巴图宽阔的臂膀里，戢红杰才会感到无比安全。此时，她已经渐渐知道杨树彬给她展现的都是假象。戢红杰清楚地记得杨树彬曾经对自己发出的威胁。

2002 年春节后，在戢红杰的“推荐”下，杨树彬、张玉良将一名“有家底”的异性陪侍人员骗到了深圳市罗湖区熙龙大厦五楼的一个出租屋内，用刀逼住被害人并将其捆绑，逼其拿出五十万元。女子又打电话约来另一名异性陪侍人员，进屋后被捆绑索要存折。杨树彬命令戢红杰去取存折，戢红杰不想去，杨树彬轻描淡写地说：“你爸、你弟弟住哪我可都知道。”

戢红杰听得寒毛倒竖，立刻出门去取了存折，之后到银行共取出五十多万元。钱到手后，杨树彬、张玉良照例又将两名女子杀死、分尸。事后杨树彬、张玉良各分得二十万元，戢红杰分得十万元。

“这样的日子，真不是人过的。”戢红杰总是这样想，但回头细想，自己已经不再清白，这样想是没有任何意义的，随后就会叹气、无奈。戢红杰清楚地记得，2002 年 4 月的一次抢劫作案中，杨树彬、张玉良和吴宏业把一个女孩骗到出租屋后，因为那个女孩拼命反抗，竟然被杨树彬、张玉良活活打死。想起这一幕，她的心里总会陷入巨大的不安之中。她害怕自己某次得罪了杨树彬，然后也被他和他的手下活活打死。当张玉良等人叫她嫂子的时候，她心里非常清楚，只要杨树彬一个眼色，张玉良等人转眼间就会像恶狼一样把她整个人撕碎。

其实，这个杀人集团的成员们，每个人都是惶恐不安的。定居包头，漂白了身份，张玉良希望曾经的一切都没有发生，但是噩梦如影随形。他也逐渐开始惧怕杨树彬。这个把自己领上绝路的男人，不是一般的心狠手辣。

“来，干杯，干一杯！”

这样的饭局平平常常，但只要杨树彬在场，张玉良拿起酒杯就会心惊肉跳。每次杨树彬召集大家吃饭，看着热热闹闹的场景，张玉良便禁不住在心里打哆嗦。他不敢喝杨树彬给他倒的酒，害怕酒中有毒。

“大哥，这个女孩你看行吗？”

吴宏业处了一个女友，心里非常满意，于是带着她到杨树彬那里报到，杨树彬像一家之主一样上下打量一番。随后下了结论：这个女人性格暴躁难以控制，一旦产生矛盾就可能坏了大事。

虽然吴宏业很喜欢那个女孩，但杨树彬责令他必须甩掉这个女人。他不敢不从，硬是跟女友分了手。杨树彬控制的这个王朝阴森恐怖，每个成员都时时刻刻高度警觉，一切活动都在杨树彬的掌控之下。杨树彬一向很少失误，所以警察就很少有机会摸到这个地下王朝的影子。

杨树彬是这个王朝的主宰，他的地位谁也不能动摇，谁若与他唱反调，小命就会立即报销，这是每个人心里都清楚的事情。每个人心中的那份危机感，从根本上维护着这个王朝的秩序。但是，自己亲生弟弟犯规的时候，杨树彬却显得有些无可奈何。弟弟杨树凯曾经回哈尔滨看过一次病，这成了杨树彬的心病。

“全中国那么多家医院，到哪里看病不行？为什么非得回哈尔滨？”

有生以来，杨树彬第一次和弟弟发这么大的火，在这个犯罪集团中，没人敢违背他的命令，在隐姓埋名逃到内蒙古深藏起来以后，他定了一条规矩，就是任何人在任何时候、任何情况下都不能再回哈尔滨，更不能跟哈尔滨的任何人有任何联系。

“哥，我错了，我没想那么多，我觉得没有事，不要紧！”杨树凯吓得浑身颤抖，有点语无伦次。为了让弟兄们尽量摆脱背井离乡的孤独和失落，杨树彬每年春节都要把所有人聚到家里吃一顿饭，他们以叔伯兄弟相称，在掩人耳目的同时，也营造出一团亲情和其乐融融的气氛。可是自己的弟弟却违背了这条规矩，竟然溜回老家去看病。他清楚，这个失误已经没法弥补，只能听天由命了。看到弟弟被自己吓成那样，杨树彬的心软了下来。

“你为什么非要回去？我告诉你，就是死在外边也不能回老家你知道吗？你不要忘了，只要有一个警察盯上你，我们就全完了。”杨树彬态度温和地给弟弟讲道理，弟弟在一旁不住地点头：“以后，再也不会了。”

六、还有哪里，会成为警察的线索呢？

还有哪里，会成为警察的线索呢？

平日里，杨树彬考虑最多的就是这个问题。他会把过去所有的一切全部回放，认真“翻阅”记忆里的每一个细节，虽然他已经不止一次成功地钻出警察的法网了，但他总是觉得哪个地方还有些不妥，但又想不起来具体的环节。

1998 年 11 月，杨树彬和哈尔滨老乡王世波来到广东省佛山市劫持一名女子，从她身上抢得十万元后将其放掉。后来，被害人报警，警方很快锁定杨树彬和王世波。逃亡中，杨树彬逃过了警方的追捕，王世波回到哈尔滨后则被平房公安分局刑侦大队抓获。2001 年 6 月，杨树彬和张玉良、刘爱彬在山东文登市故伎重演，又在抢了二十万元现金后将被害人放掉，没想到当地警方十天后就破获了案件。杨树彬和张玉良再次逃脱，而刘爱彬被警察抓获。由于刘爱彬在狱中十年没有供出他和张玉良，所以他们没有被警方纳入视线。

同伙一个接一个落网，杨树彬始终安然无恙。但在那个时候，他开始对自己的犯罪手法进行反思，他觉得自己的同伙应该尽可能的固定，不能总是换人，否则那些不够机灵的同伙会连累自己。同时，杨树彬坚定一个想法，那就是抢劫后必须杀人灭口，否则容易暴露，危险更大。杀人灭口——这是杨树彬给同伙定下的规矩。杨树彬以为这样就可以天衣无缝了，但吉林船营区那起案件，警方依然发现了他们。那一次，吉林警方全城大搜捕，大街小巷全是警察，但杨树彬依然成功地把张玉良、吴宏业、战红杰全部带出吉林城区。

每想到这儿，杨树彬都感到庆幸，有一种成就感。可这次全国性的“清网行动”来头很大、气势很猛，他每天都看报纸，上网搜索相关信息，越看心越凉，越看心越颤。更为要命的是，虽然手下一帮人都不言语，但杨树彬这段时间发现他们的情绪也都很低落，广播、电视、报纸铺天盖地，全部是与“清网行动”有关的新闻，每天都有逃亡经历千奇百怪的逃犯落网。杨树并明显感到，手下们有些慌乱，他的王朝已经出现了不安的迹象。

“不行，我不能让警察把我眼前的好生活给毁掉，我一定要战胜警察！”

杨树彬下定决心，并开始考虑计策。杨树彬觉得，当前最重要的还是要笼络人心，而笼络人心最好的方法，在杨树彬心中就是借助宗教的力量。

五台山云雾缭绕，杨树彬几个人在文殊菩萨面前双手合十，他们在默默祈祷。他们的心事有很多相同的地方，他们都极力想让自己永远平安。

杨树彬带着一伙人从内蒙古一路走来，无论是坐火车，还是住宾馆，一切平安无事。他们曾遇到了警察，遇到了多次检查身份证的情况。每一个环节，都顺利过关。

“怎么样？大家放心，警察永远不会发现我们。”

杨树彬信心满满，他的这句话也刻在了每个人心中。这一趟行程，大家都很开心，在菩萨面前双手合十的时候便多了几分信心。他们在文殊院聆听导游讲解的时候得知，文殊菩萨是佛教四大菩萨之一，代表聪明智慧。这个时候，杨树彬有些害怕了，文殊菩萨既然代表着聪明智慧，必然是明辨是非的。他们这样一伙手上沾满鲜血的人，菩萨怎么会看不出来呢？

杨树彬心里清楚，烧香拜佛是没啥大用的，最重要的还是自己注意保护自己。他最需要的就是永远保持头脑冷静，别让自己露出任何破绽。天长日久的逃亡生涯，并没有让杨树彬精神崩溃，但手下们却没有他那么好的心理素质。吴宏业长期忧郁，身体每况愈下，虽然他在杨树彬面前什么也不敢说，但却无数次对张玉良说：要死，也要回家死！我要死在哈尔滨，不想死在这里！

在五台山的时候。杨树彬找到张玉良和吴宏业，向他们讲了“清网行动”的厉害和最近要十分注意的两件事。一是必须保存好已经“漂白”的居民身份证，就是丢失了也不能到派出所去补办，因为公安部已经宣布从现在起，办理二代身份证要求按指纹，如果留下了指纹，也就等于留下了脑袋。二是从现在起，每个人都必须老老实实，夹起尾巴，忍气吞声，不许跟任何人争斗，不给警察一点机会，只有这样才有可能躲过这次“清网行动”。

平日里，杨树彬最喜欢的事情就是骑着一辆外型彪悍的摩托车兜风。一天晚饭过后，他突然想起来自己已经很长时间没碰摩托车了。于是，他来到自己的摩托车前，摩托车上已经有一层浮灰了，杨树彬拿着抹布仔细擦了一遍，直到整个摩托车非常光亮。

所有的景物都慢慢后退，杨树彬悠闲地驾驶着自己心爱的摩托车。他甚至还点燃了一支烟，单手扶着车把，另一只手尖雾气缭绕。傍晚的时候，路上的车辆很少，杨树彬这样的驾驶方式不会有什么危险。但是，杨树彬突然间把香烟扔掉了，然后刹车停止前行，额头上的汗珠不由自主地往下滚落。杨树彬想起了一件非常可怕的事情：2002 年 7 月 26 日，他曾为自己的一辆豪爵牌摩托车办理牌照，在车管所留下了手机号码!

这可是一个天大的漏洞啊，这个漏洞对于他精心构筑的神秘王朝来说无疑是致命的。想到这里，他惊恐万状，心里也非常清楚，这个漏洞将会使这个无形的地下王朝瞬间坍塌，里面的人无一会幸免。杨树彬的恐惧非常准确，他的手机号码的确已经握在许建国手中。

七、哈尔滨特警异地擒凶

更多的哈尔滨特警赶赴包头。那段时间，哈尔滨的警察们无法入睡，他们一想起即将到手的猎物就会兴奋异常。兴奋归兴奋，他们中的每一个人都在认真思考预测未来几天有可能发生的每一个细节，其中包括各种各样的顺利，也包括各种各样的困难、各种各样的叵测与危险。

哈尔滨警察按图索骥，通过户籍部门提供的地址很快找到了杨树彬和同伙的居住地。这个时候，他们没有盲动，而是正式制定了接下来几天的工作方案，每个人都把一路上想到的东西提供出来。大家全面分析了每名逃犯的情况、活动规律、居住地和周边环境，然后决定首先利用两天时间进行蹲守，确保与每一名嫌疑人相关的居住地绝对准确。在这样的基础上，采用各种方式近距离观察每一名嫌疑人，等待一切稳妥的时候，在统一的时间多个地点同时动手，实现一网打尽。

围绕杨树彬一伙的包围圈已经越来越小，杨树彬一伙还蒙在鼓里，他潜意识中的危机已经到来。

“干杯、干杯……”

“这里的菜，味道不错。”

“兄弟，我们是哥们儿，无论什么事情，你都尽管说。”

在包头一家生意火爆的饭店里，杨树彬正在和几个朋友聚会饮酒。大家推杯换盏，你来我往，杨树彬的这几个朋友都是包头当地的。杨树彬一向喜欢交际，他在包头结识了很多好朋友，已经建立起了一个很好的人脉圈子。

几个朋友全部酩酊大醉，杨树彬的酒量很好，虽然喝了很多，依然保持着足够的清醒。无论走到哪里，无论身处何地，杨树彬都会认真观察周围的一切，包括每一个人、每一辆车。这，已经是他的习惯。

在饭店吃饭的时候，杨树彬已经注意到三个人，他们距离自己很近。那三个人虽然不看他，但他却一直在观察他们。那三个人也在推杯换盏，桌子上摆了几个空啤酒瓶子。

“货一到手就可以回去向任老板交账了。”

杨树彬听到了这句话，就判断他们是外地来包头做生意的。包头有很多外地客商，他们来这里都是做着与钢材、煤炭有关的生意。杨树彬的心里比较踏实，他看不出任何可疑的地方。

其实，紧挨着杨树彬喝酒的三个人就是哈尔滨巡特警支队刑侦七大队副大队长杨为国和两名特警。杨为国喝着酒还不忘调侃，两名特警笑了，他们当然知道，任老板就是市公安局局长任锐忱。但杨树彬不知道，他就是杨为国口中的“货”。

第二天，杨为国和特警周嘉琳又拎着一塑料袋蔬菜，溜溜达达地走进了张玉良的小商店，只有一个女人在看店，他们在小店里转悠了一圈，看见柜台上写着代办手机交费的字样。便上前说：“交一百元手机费！”那个女人回答：“机器坏了交不了。”

“我以前来交过两次，凭啥今天就交不了，这不是耽误事吗？”

杨为国显得很不讲理，态度也非常蛮横。那个女人依然耐心地向他反复解释，杨为国根本不听她的解释，依然怒气冲冲，弄得脸红脖子粗的样子。

“至于吗？你为了这点小事就这样？”

女人的这句话，再次使争端升级，杨为国拍桌子又瞪眼，像一个小市民那样没完没了。一旁的特警周嘉琳看到大队长这个样子，差一点没笑出来，但还是克制住了。周嘉琳明白，大队长一定是因为没有看见张玉良，才在这里“蛮不讲理”，他的目的很明确：把张玉良给勾出来。

果然不出所料，杨为国没有白折腾。张玉良听着外边那个人没完没了地发脾气，便从里屋走了出来。张玉良心里其实非常生气，心里想，这若是在前几年，我早把这个家伙收拾了，但现在，忍吧！

张玉良出来的时候，微曲着腰，一副老实巴交的样子：“兄弟，有话好好说，吵吵啥？在这出去一拐弯有一家商店也能交费。”见到杨为国依然嘟嘟囔囔，张玉良便接着说：“别生气了兄弟，要不一百元我给你拿，行不？咱们不能伤了和气！”

杨为国心想，这个曾经的杀人魔王，现在咋这么有耐心了呢？杨为国走出小店，乐乐呵呵地向张航报告，张玉良也准了。

戢红杰每天都要送孩子上学，她对自己和杨树彬的孩子非常仔细，她知道她和杨树彬没少作孽，生怕有什么事情报应到孩子身上，所以每天上学、放学都会认真接送。

早晨，戢红杰带着孩子走出家门。学校离家并不远，她领着儿子慢悠悠地走着。路上，一个看上去文静潇洒的小伙子和她擦肩而过，戢红杰不经意地看了看他。那个小伙子也看了看她。表面上看来，这是马路上每天都会上演的擦肩而过，其实是哈尔滨警察精心设计的。那个小伙子其实是七大队副大队长张兴旺。

戢红杰从家里出来的时候，她家小区里有很多锻炼的老人，这也是她一年四季都会见到的场景，从来没有觉得任何不对劲儿的地方。但她不知道，其中有一个老头是哈尔滨巡特警支队副支队长张晓波。张晓波耐心地等着戢红杰回来，却没想到这个女人却违背了几天来的规律。她送完孩子没有回家，而是在学校门口站了一会儿。没过多久，巴图开车来到她身边，戢红杰满面笑容地上车了。

戢红杰无论如何也想不到，她跟情人偷偷摸摸地约会，竟是在警察的眼皮子底下进行的。

搜寻吴宏业的那组警察遇到了麻烦，他们在煤场转了两天，浑身上下被煤灰覆盖了，竟没有找到吴宏业。抓捕行动因此被迫停了下来。孙君亭要求：一定要等这个吴宏业露头，到时候“一网捞干”！

耐心细致的侦查工作仍在进行。孙君亭和张晓波找到了一个和吴宏业有联系的煤老板，经过一番交谈，终于说服煤老板做向导去找吴宏业，也就是这位老板称呼其为二哥的王华炎。孙君亭作出部署：其他三个组盯住目标，这边发现吴宏业，大家就同时动手。

这个煤炭市场距离包头市区有一百多公里，在市场里还有三百多家小煤场，地域大、人员多、道路复杂，一进去就像进了迷宫转不出来。在向导的指引下，几个人来到了吴宏业打工的小煤场，他镇静地走进一间昏暗的小房，屋子里有五六个人在闲聊，特警郑金玉用安徽口音问：“谁是二哥？”

“你是谁？”

“我是朋友介绍来买煤的。”

“你找的二哥叫什么？”

“王华炎。”

“我就是。”

“是”字一出口，他的胳膊就被郑金玉一下子扭到背后，随后冲进来的特警把他铐住。解决了吴宏业，其他三个小组同时行动，大范围的抓捕全面展开。

下午的时候，副大队长张兴旺已经跟着戢红杰逛了一天街。接到行动命令时，他正在地下商业街，紧紧盯着不远处穿着白色短大衣的戢红杰，可等他拦住这个女青年时却愣住了——不是。他一边用对讲机把意外情况通知在两个出口守候的民警，一边向另外一个穿白色短大衣的女人追去。

张兴旺与戢红杰四目相对的时刻，戢红杰表现得异常冷静，她意识到大事不妙，接下来便没再做任何无谓的抵抗。

“我是警察，你叫什么名字？”

“马海燕。”

“这上面是你吗？”

张兴旺拿出一张通缉令，上边清楚地印着戢红杰的照片。戢红杰看到通缉令后，非常冷静地点点头：“我是戢红杰。”

张兴旺长长地出了一口气，立即把戢红杰落网情况向领导作了汇报。

杨为国带队抓捕张玉良，本来应该是手到擒来，没想到却横生枝节。就在张玉良已被扣得结结实实的时候，张玉良的老婆转身窜进隔壁的包子铺，抡起一把明晃晃的菜刀，胡劈乱砍地疯扑了过来：“你们放开他，你们凭什么抓人？他是好人，他不是坏人……”

她怎么会是特警的对手呢？特警周嘉琳上前拦截，她连贯的几个擒拿动作，干净利落地将女人手中的菜刀夺下。手中的刀没了，这个女人一下子蔫了，再也疯不起来了。

抓杨树彬是一场硬仗。他人高马大，体重二百斤，曾经习武练功，又杀人不眨眼，抓捕一旦失手，警察这边就可能会有伤亡。许建国一马当先，承担起抓捕杨树彬的任务。张晓波虽然已经五十五岁，也毅然披挂上阵。行动前验枪时，张晓波玩笑般地说，就是搭上我这把老骨头，也不能让这条大鱼再漏网。他的这句玩笑话，说得大家心里一热，让气氛多了几分悲壮。

杨树彬进了一家足道馆。十分钟后，许建国和张晓波也一前一后进了足道馆，他们以顾客看包房的名义作掩护，上楼查看了一圈。他看到哪个房间亮着灯，或是有声音就会进去，眼见躺着的人不是杨树彬就会说：哟！对不起，走错了！

许建国几乎看遍了所有包房，但就是没发现杨树彬，他有点紧张了，明明看见杨树彬进来了，怎么没人呢？这个时候，许建国急中生智，他拨通了杨树彬的手机，他想随着响铃循声找人。手机拨通了，可对方不接，等着等着，他的脑海中一道闪电划过，要是杨树彬把手机调到了震动挡怎么办？他的脑袋嗡的一声，头发都竖了起来，天哪，百密一疏，难道又让他撕破法网钻出去了？他的目光最后集中在了最里边没亮灯的那个房间——许建国拔出手枪，向那唯一没有查看过的房间悄悄走去！

杨树彬真的把手机调到了震动，此时正在疑神疑鬼地琢磨来电显示的号码。多年的逃亡生涯，使他养成了一个习惯，只要不能确定对方的身份，轻易不接听陌生的电话。就在这时，哐的一声，有人破门而入！转眼间，一个冰冷的枪口顶在了自己脑袋上！

杨树彬惊呆了，他没有想到这个在梦中经历了无数次的场景会如此突然地成为现实。垂死间，他想拼命，但已经来不及了，房间里响彻着许建国瓮声瓮气的吼声："警察，别动，我这顶着火呢！"

破案的信息在网上铺天盖地，许建国也不断接到来自全国各地的电话，有的是反映当地相同手段的案件，希望他能帮助破案；有的是被害人，直接向他报案。12 月 13 日是刘欣 38 岁的生日，她上网浏览新闻时，一则"哈尔滨警方抓获分尸杀人团伙"的新闻吸引了她的目光，新闻照片中的人让她惊呼一声跳了起来大喊着："就是他！就是他！化成灰我也认得他们。"

此前一天，哈尔滨市公安局召开新闻发布会，公布了杨树彬一伙人 1998 年至 2004 年期间的恶行，他们在广东省深圳市、浙江省台州市和嘉兴市、吉林省吉林市等地，有分有合共六次杀害并肢解异性陪侍人员十人，还伙同他人实施绑架抢劫作案三起，共获得赃款两百多万元。

稿件次日见报，在网络上被大量转载，而刘欣作为此案幸存的被害人，已经苦等了十年。十年来，她每天都看法制新闻，花在报纸上的钱不少于三千元，为的就是在各类法制新闻中搜寻杨树彬和戢红杰的面孔。激动不已的刘欣开始四处打电话，最后终于查询到许建国的电话，电话接通时，刘欣已经语无伦次了，她想先把事情说明白，又想先给许建国磕个头。她最后挂掉了电话，飞奔出去订机票，她要到哈尔滨，要找到许建国，要感谢公安机关破案，要讲述她那死里逃生的十三天。

当晚，刘欣没有吃生日蛋糕，而是煮了一碗方便面，边吃边流泪，觉得这面比什么都香。

四个恶魔终于被抓住了，刘欣现在还没有联络到妹妹，把这个消息告诉她。她盼望着，姐妹二人能有全新的开始。

后记：长期潜逃的逃犯中有不少人“漂白”了身份。逃犯“漂白”身份，是其长期逍遥法外的一个重要原因。逃犯“漂白”身份，给抓捕工作带来极大困难。该案中，吉林市警方做了大量的工作，专案组多次到哈尔滨，甚至一住就是几个月，但案件一直没有大的进展。

据有关人士介绍，杀人逃犯“漂白”身份事件反映出，一些地区户口管理存在漏洞，有的地区只要三五千元就能买个户口。通过关系，由农村地区出一个手续，就可以在外地买房，继而落户。专家认为，杀人逃犯“漂白”身份反映出法律执行环节漏洞大，在有些人的关系网中，法律和法规成为一纸空文。哈尔滨商业大学法学院教师、法学博士李勇说：“在‘漂白’身份的过程中，有不少法律程序，其中一个环节认真负责，逃犯身份就无法变换。但遗憾的是，这么多人一路绿灯被‘漂白’了身份。”

有关人士认为，为减少这类案件发生，需要公安、劳动等部门共同努力，从加强户籍管理、出租房屋和流动人口管理等方面入手，减少逃犯“漂白”身份事件，挤压逃犯生存空间。对于“漂白”身份事件进行倒查，追究有关人员责任。

断　刀

《江城时报》门前停满了警车，报社走廊内到处都是忙碌的警察。这是一个闷热的早晨，报社女记者欧菲横尸于自己的办公室内……

“我弄不明白，为什么形形色色的离婚女人突然间向我频频示好；但是，当得知有关于我离婚的传言存在后，我知道了其中的原因。”文新说。

“这与你今天早晨同欧菲约会有什么关系呢？”韩瑜问。

“不是‘约会’，就是在一起聊聊。”

“聊聊？仅仅是聊聊？孤男寡女，早晨 4 点多？而且是在欧菲的办公室，你们的单位？”

“你不要多想，我和欧菲是‘纯粹的朋友关系’！你是警察，但我想你也会有朋友，你对此应该理解。”

“这么说，她是你的红颜知己了？”

“算是吧！大学的时候是她主动追求的我，但最后，命运安排我们成了朋友，安排我和我的妻子走到了一起。”文新说。

“说实话，这么多年你们有没有什么……特殊的关系？”韩瑜问。

“没有，绝对没有！当年欧菲追求我的时候，我是很感动的，那种感动直到今天依然存在。那时，她总是同我讲她的童年往事，比如说家庭生活怎么困难却有情趣，比如她上晚自习无论多晚，父亲都会接她。一个女孩子，能絮叨着向你诉说童年往事，我觉得这比较感人。虽然最后没有走到一起，但多年来我们只要有机会就会彼此袒露心扉。离开校园后，我们在同一个报社、同一个部门工作，这也为我们提供了方便。”

“欧菲手机上最后一个未接来电是你的，今天早晨 4 点，你是这个世界上最后一个给她打电话的人；而且，欧菲办公室门口和办公室内都有你的脚印！你怎么解释？”

“……那把菜刀上一定不会有我的指纹！”文新自信地说。

与文新谈话之前，韩瑜曾拿着那个被塑料袋包裹的凶器端详了许久。在刑事技术人员初步鉴定刀柄没有任何指纹后，便将其用塑料袋包好，准备带回去做进一步鉴定。作为刑警队重案组主办侦查员，韩瑜对那个凶器仔细端详过一番。凶手用力过猛，致使菜刀刀柄断裂了。韩瑜盯着断刀就在想，到底是谁与欧菲能有那么深的仇恨，杀人的时候竟然把刀柄都砍断了？

“那把断刀上根本没有任何指纹，凶手做了手脚。这一点，我们已经有了结论！”韩瑜说。

谈话在记者文新办公室进行到这里的时候，韩瑜发现这位市里非常知名的记者呈现出了绝望的神情。韩瑜正想离开“焖”他一段时间的时候，韩瑜刑警队的搭档魏言在门口向她示意过去一下，她就跟着出去了。魏言说报社领导及与欧菲关系密切的同事基本上找齐了，刑警队要和报社开个碰头会，了解一下欧菲方方面面的情况。其中当然少不了探讨一下欧菲和文新的关系。

韩瑜让周媛在文新办公室门口盯着文新，说她开完会就回来。

“欧菲是个相当不错的年轻人，是我们报社的才女。谁能下这么狠的手？我听说连刀柄都砍断了！”社长汪洋的言语里充满着惋惜之情。也许是由于事发过于突然、过于血腥的缘故，汪洋显得非常紧张，他的额头不断有汗珠渗出。新闻部主任于衡向几位女同事要了些面巾纸递给了汪洋，递面巾纸的时候，同样是由于紧张的缘故，于衡的手也在颤抖。

一群终日与笔墨打交道的文人，遇到这样的事情当然是难以接受和面对的。韩瑜正在内心深处这样想的时候，所有人听到了周媛的尖叫。

——文新从报社二楼跳下逃跑了！

欧菲被杀，使整个报社如同死亡一样沉寂；文新跳楼，使整个报社沸腾起来。对欧菲死亡的恐惧、对文新跳楼的蹊跷，搅动着报社所有人的心。这些善于发掘新闻的人隐约感觉到，一则爆炸性极强的新闻就出现在与他们极短的距离之内。

文新低估了二楼的高度，使他没有逃成。190 多斤的文新从楼上跳下来后，双脚脚踝便脱臼了。文新绝望地倒在了地上，报社里几乎所有人都来到了文新身边。报社体育部的年轻同事刘卓将他抱起，径直送到值班室的床上。抱起沉重的文新，刘卓似乎不费什么力气，但胡子拉碴的他，表情却很沉重。韩瑜觉得报社里的人在知道欧菲的事情后，已经彻底被一种压抑的气氛所笼罩。

“你跑什么?”韩瑜气恼地问了句。

“我是想等案子破了再回来，我不想让别人对我疑神疑鬼!”文新的脸红了红，回道。

韩瑜对文新怒目而视。文新接下来的话就变成哭诉了。

“我说的都是真的，我昨天晚上 7 点多给欧菲打的电话，约她今天早晨到单位聊聊，我们经常背着别人这样。报社晚上加班的人很多，所以我们若想谈心只能在早晨。今天早晨 4 点多，我给欧菲打电话，她没接。我便去了她的办公室，她办公室的门没有锁，随后我就发现出事了。我之所以没报警，是因为我觉得人们对我那么早出现在欧菲办公室会有所疑惑，因此我不想找麻烦。直到你们找到我，这麻烦还是来了!”文新一脸的无奈。

“有什么麻烦的?你跳什么楼?你以为你跑到天边，我们就奈何不了你了?”韩瑜气咻咻地说道。

“最近，我真是倒霉透了。流言蜚语一大堆，再加上这事，我没摔死也得淹死在别人的吐沫里！没有人会理解我的!”文新有些绝望了。

救护车来了，文新随后被接走了。

……

最后的浓妆香脂混乱地凝固在了欧菲的面容上，她悲惨地死在自己的办公室里，凶手除了用菜刀割断了她的颈动脉，还将她像剁菜一样砍得体无完肤，似乎是在刀柄断裂后才收手。那天早晨的上班时间，欧菲办公室里同事李佩佩在发现案情后拨打的报警电话。

太惨了！所有出现场的人都这样感叹。负责侦办此案的魏言、韩瑜没有时间去感叹什么，通过查电话记录，他们在很短的时间内查出了文新是最后一个与欧菲联系的人。所以就让报社的人把在三楼办公的文新叫到二楼来。案发现场在 204 室，有勘查人员在那里工作，204 室旁边的几个房间同时也被刑警队临时征用了。

文新的一幕暂时翻了过去，魏言、韩瑜接着仔细聆听人们对欧菲的各种评价。最后他们对欧菲这样汇总：人缘不错，文静贤淑，品质极佳，很多人确实喜欢同她聊天。善解人意的欧菲具有透人内心的力量，而且对一切人情世故几乎都有很深的理解，因此她成了很多人的倾诉对象。魏言、韩瑜还从报社领导和同事们那里了解到，由于报社最近面临人事变动，欧非很有可能出任新闻部主任，她与文新是两个并驾齐驱，最有竞争实力的人选！人们还说，欧菲和周围同事相处得非常和谐，非常有人情味，每当有领导或同事调离她身边，她总会落泪；相比较而言，文新就差了许多，除了写稿子，很少言语，也很少与人交际。但是，人们对文新踏实肯干的工作风格和稿件质量还是评价很高的。

现场勘查工作结束后，欧菲的丈夫李沃终于来到了她的身边。他不顾一切地将妻子紧紧抱起，他送给她的宝石项链依然在她的脖子上放出夺目的光彩，她的身体已经毫无声息了。李沃滴滴眼泪落在了欧菲的面颊上……

欧菲身上的钱财一样未少，案件性质不是情杀就是仇杀，这在魏言和韩瑜眼中是无可争议的事实。但是，欧菲在人们眼中却像个完人一样，她能与什么人有情仇之扰呢？

“文新的疑点的确很大，还是得好好审审。他和欧菲私下里的特殊关系，加上他与欧菲之间工作上的竞争因素，是可以在特殊情况下酝酿出作案动机的。那么早到单位和一个女同事谈心？不可思议！比如，我们要谈心，随时随地都可以，用不着那么神秘，对不对？”魏言说。

听了魏言的话，沉思中的韩瑜似笑非笑，她觉得魏言的观点合情合理，她对此当然也有所思考。但是，韩瑜是警察，同时她也是一个女人，她对这个案子有着更深的关注：

“你说得对，文新当然是需要深挖一下的，可我总感觉他不像在说谎。”

“带他测谎，这样省事些。如果他在说谎，问题就简单了！”魏言说。

“除了测谎，我觉得有必要仔细研究一下欧菲这个人。她的死，一定与某种纠葛有关。除了文新，我们再看看是否有其他问题。哼，女人的心思，很难猜测的！我看，欧菲有些完美过头了。”韩瑜说。

为了印证自己的想法，韩瑜单独找到了欧菲办公室同事李佩佩，她觉得与欧菲近距离接触的人也许会提供些有价值的信息。

“人都死了，还能说些什么呢？只能是记着她的好了！”李佩佩说。

李佩佩的话符合情理，但不是韩瑜所需要的。

“你不要有顾虑，我们应该有一个共同的目标——破案。我们需要你的帮助，你对欧菲，怎么想就怎么说吧！”韩瑜说。

“欧菲，我觉得她是一个表里不一的人，这只是我的一种感觉。”李佩佩突然间冒出了这么一句。

“有没有什么实际的事情？”韩瑜紧着追问。

“比如，通过她的死，暴露出了她与文新的特殊关系，我对此一点不意外。她外表诚实可靠，可我总觉得她鬼鬼祟祟。”李佩佩说。

“鬼鬼祟祟？不是很多人都愿意与她谈心吗？”韩瑜又问道。

“我一开始接触她时，也非常愿意和她聊天，欧菲很会宽慰人，她似乎总是能看穿别人的内心。但时间久了，我发现她可不是一个很单纯的热心人。”

韩瑜仔细观察了李佩佩，她觉得李佩佩属于那种心直口快的女孩子。由于从事记者职业的缘故，她的眼神理性又直白，从中可以感受到一种快捷而无所掩饰的性格特征。

“你和她有没有过什么不愉快？”韩瑜问道。

“我来报社工作比欧菲晚一些，我原本很尊重她。但我发现自己一旦写了好稿子，她便会嫉妒得要命。其实我这个人，一辈子也不想当什么官，只是想把稿子写好而已，她太工于心计了。再有，报社里的人都说文新家庭不和，离婚了。其实这谣言就是欧菲放出去的。她和文新表面是老同学，关系好着呢！她假惺惺地带着关心的口吻说文新怎样怎样，谁不信呢？欧菲是想通过这种办法乱了文新的阵脚，从而使自己在与文新的竞争中胜出。”李佩佩说道。

“她不怕文新知道吗？”韩瑜问。

“你太小看欧菲了，她已经非常善于把虚伪演绎成真实了，她能造谣生事而不留任何痕迹！说真的，我觉得谁和欧菲做朋友谁就倒霉了，每一个与她谈心的人，都是她的猎物。欧菲总是认为她是最聪明的，而别人都是傻子！”李佩佩道。

“能不能有什么人，会与她有刻骨铭心的仇恨呢？”

“有，苏备！他曾经是我们报社最年轻的部主任、副总编的热门人选，现在已经到省报工作了。他在我们这里工作的时候，自己带着5岁的儿子生活。欧菲看中了他的前途，便不顾家人朋友的反对，同苏备走到了一起。他们两人虽然没有办理结婚手续，但苏备的儿子已经叫欧菲妈了。欧菲曾向很多人说，当那个5岁的孩子叫她妈妈的时候，除了幸福她还感觉到了责任，这话让所有人动容。但其实她又是在演戏，当苏备竞聘副总编没有成功后，欧菲便与他永远地再见了。也许是她觉得自己与苏备在一起太亏了，欧菲随后以她特有的方式展开了对苏备的折磨。欧菲到处说苏备的坏话，谁能不相信她的话呢？最终，苏备在很多人心目中演变成了一个欺骗她青春的浑蛋。”

“她说了些什么样的坏话呢？”

“比如苏备背着她在外边鬼混啦，比如苏备花光她所有钱啦……”

“苏备是那样的人吗？”

“苏备根本不是那样的人。苏备在我们报社的事业让欧菲给毁了，最后无奈到省报发展去了。我觉得苏备不会做出这样的事情。欧菲肯定还有某方面的隐私重伤了某些人，最后才发生了惨剧。”

“就你所知，还有什么人同欧菲有过节吗？”韩瑜问。

“据我观察看，欧菲和现在丈夫李沃的介绍人珊怡肯定有矛盾，珊怡是我们文艺部的记者。过去珊怡总是来找欧菲畅谈，现在见到她都不说话。两个人一定是发生了什么问题。”李佩佩道。

“欧菲现在还与谁的关系不错呢？尤其是让你感觉不太对劲的？”

“这里是有件有意思的事情，我们报社体育部的刘卓和欧菲一直关系密切。在欧菲与苏备分手后，她与刘卓有一阵子如胶似漆，后来又哭哭啼啼，最后欧菲与李沃结婚了。现在，刘卓有事没事依然常来欧菲这里谈心。我知道欧菲是个什么样的人，同时我觉得刘卓还是一个很单纯的人，所以我一见他们在一起，心里就特腻歪，总是觉得欧菲又在卖弄风情骗人了。”

“对于欧菲的死，按你的分析，能不能给我提供几个嫌疑人？”

“我知道的也仅仅是这些了，再提供不了别的什么，但是我觉得你可以找欧菲的日记，通过日记发现些问题……”李佩佩回道。

欧菲的死亡时间被确定在昨天夜里22时左右。文新妻子和孩子向魏言提供的情况表明，他那天下班后一直没出门，只是在早晨才出去散步了。魏言又组织了对文新的测谎，结果证实文新没有说谎。文新的疑点大大降低了，但是，当文新清早与欧菲见面、后又跳楼躲避警方调查的一系列坏消息传到他妻子耳中时，那个女人泪流不止，她由此联想到有晨练习惯的丈夫是经常在早晨外出的，她理所当然地把他每一次外出定格为他与那个欧菲的见面。文新的妻子觉得丈夫已经有太多的流言，现在又有无可争议的事实了，所以她决定同丈夫分道扬镳！

文新一家出现混乱的时候，韩瑜在安心研读欧菲办公桌里那本厚厚的日记。欧菲的日记里不断有令她惊讶的事情浮现，那些事情印证了李佩佩对欧菲的判断，除了欺骗、伪装、利用，其中不乏一些淫乱场面。面对一个死者的隐私，韩瑜真的不忍心去翻看她的日记，但为了寻找那个致命答案，她还是不得不深入其中。每当在幽深的夜里合上那本日记，她都要向另一个世界的欧菲忏悔：对不起，实在没有办法！

不经意间，韩瑜的丈夫翻看了欧菲的日记，他对韩瑜说：如果我是她的丈夫，一定会亲自动手掐死她三个来回！

……

知道了文新家的混乱后，韩瑜和周媛带着欧菲的日记找到了文新和他的妻子，尤其把欧菲造谣的过程、目的，以及文新对欧菲的真情实感向文新妻子如实相告，并以日记做辅证，随着那个女人一句“我老公是交错了朋友、看错了人”的评价，她也原谅了自己的丈夫。至于文新，他还真就很难接受欧菲的阴暗一面。文新反复诉说：我们是15年的朋友了……

“当年不接纳我，我恨他！冤家路窄，现在他又成了我进步的绊脚石，我要想办法让他没有资格和我竞争……”面对欧菲那清新俊秀的字体，文新只能是痛苦地摇头叹息。

“感谢你，让我的家庭破镜重圆。”文新对韩瑜充满感激，随后又非常坚定地对韩瑜说：“如果给我一把菜刀，如果我有勇气，我也会将欧菲砍死，直到把刀砍断！”

欧菲经过多年的暗秽，最终显影在人们的眼前。欧菲的复杂令韩瑜内心充满了厌恶感，但她还是要努力破案。韩瑜通过欧菲的日记发现，体育部刘卓，直至新闻部主任于衡、社长汪洋，他们都与欧菲在背地里存在着特殊关系。这使韩瑜想起了在报社开碰头会时汪洋的紧张和于衡的颤抖，对他们的怀疑因此也产生了。

欧菲同他的丈夫李沃之间的关系也很特别，他们的夫妻关系并不怎么样，他们的婚姻可以用激情过后的死寂来形容，她把和他在一起的日子往往形容为煎熬。至于珊怡，这里还存在着一个有意思的问题。珊怡原来的男朋友与李沃是铁哥们儿，欧菲与李沃的相识完全是珊怡与她前男友穿针引线和有意设计。珊怡原本同欧菲关系要好，所以在李沃面前对欧菲尽是溢美之词。李沃家资雄厚，欧菲与他的结合满足了她所有的虚荣。但是，她在日记中却是这样写的：

“由于同苏备的事情，我没有办法，没有退路了。虽然人们把责任都倾泻到苏备那里，但我怕这种局面维持不了多久。趁着像珊怡那样的人还相信我，我只能选择李沃将就了。否则再过一段时间，说不好就没有人要我了！至于珊怡，我不能容忍一个知道我底细的人存在于李沃比较近的视线内，我要把她和她的男友拆散……我又一次成功了，但珊怡似乎意识到了一些问题，她现在不理我了，这不要紧……”

对于刘卓、汪洋、于衡，欧菲明显表现出对刘卓的满意和着迷，如果说她还有点真实情感的话，刘卓似乎是个精神归宿。她在日记里对刘卓最大的不满无外乎是这样的文字：“刘卓这小子早晚是别人的，太遗憾了，我需要他，但我知道自己早晚无法挽留他……我需要像刘卓这样的傻小子，我说什么，他都相信，和他在一起，我可以毫无顾忌地用谎言缓解压力，无论什么时候，他都会用虔诚如火的眼神，像只乖乖的小狗一样拜倒在我的脚下……”

在日记的最后部分，欧菲这样评价汪洋、于衡：“时间不多了，要让汪洋、于衡他们把从我这里得到的，加倍偿还回来！”

对于这句话，韩瑜觉得报社竞聘在即，欧菲一定是要威胁那两位领导给她提供重要帮助。

对于省报苏备那边，魏言和一名刑警找到了他。此前，苏备已经听说了欧菲的事情，所以他见到警察时的第一句话就是：“活该，报应！”

非常巧，欧菲遇害那天晚上，苏备儿子突发阑尾炎，他和妻子在医院忙碌了一夜，很多医生都可以证明。苏备就这样简单地被排除在了嫌疑人之外。

魏言到省城见苏备的同时，韩瑜和周媛找到了珊怡。珊怡对欧菲的评价同李佩佩差不多，她提出正是欧菲编瞎话挑拨她与前男友的关系，才使她失去了心爱的人。珊怡说她无论如何也弄不明白，欧菲为什么那样忘恩负义。当问及欧菲同李沃的关系时，珊怡说他们两口子都是鬼鬼祟祟的，弄不明白是怎么回事。珊怡还说李沃以前比较开朗，但最近一段时间情绪比较反常。珊怡感觉李沃是被欧菲同化了，他最终变得同她一样神秘兮兮了。

魏言从省城回来后，与韩瑜交换了情况。他们觉得从逻辑上推断，可以同欧菲之死相连的问题点还是很充足的，关键就是看具体哪一个问题点发生了更为猛烈的爆发。

“对欧菲下手的人，首先是已经识破她的人，这一点很重要。下面我们需要直接接触李沃、汪洋、于衡和刘卓，看看他们的反应。再有，我觉得凶手应该对报社的一切都非常熟悉。报社值班的、加班的，包括门卫更夫都没有看到、听到任何东西。”

韩瑜的意见，魏言完全同意，同时补充说：“凶手把自己掩饰得这样好，确实从另一个角度说明了这个人对报社作息和地理状况非常了解，还是报社内部人作案可能性大！”

魏言约报社汪洋、于衡来公安机关了解情况的时候遭到了拒绝。这两位领导的表现令韩瑜气愤，她带着周媛直接来到汪洋办公室。汪洋一见到她们脸就红了，但还是摆出了一副领导架子：

“你们公安机关可不要那么轻率地说话，你说欧菲与我怎样怎样，她的日记怎样怎样，有什么用呢？这算什么有法律效力的东西吗？我不认可你说的一切，对所谓的事实更不认可！”

“我理解你的感受，但你还是要说实话，必须配合我们！否则，我们完全有理由将你‘请’到公安机关。”

周媛可以感觉到汪洋的眼中有一种针对韩瑜的、仇恨的火光，但那种火光最后还是被韩瑜的强硬湮灭了。

汪洋熄灭了香烟，最终还是完全接受了眼前的一切。

“我们直截了当吧！我知道欧菲最近对你有种要挟，她遇害那天晚上，你在哪里？”

“在哪里，真的不好对你讲，反正不在杀人现场就是了。”汪洋在这里笑了笑后接着说，“说实话，欧菲当年向我投怀送抱，第一是为了整那个苏备，第二是为了她自己的前途。她和苏备分手后，爱情变仇恨啦，所以不择手段。这不，最近她和文新又有了竞争。欧菲向我提出支持她，既然我有把柄在她手里，我就得帮她，况且这事儿在我这儿是很简单的。我告诉她，只要群众划票入围，新闻部主任就是她的了。我们现在的新闻部主任于衡下一步就是副总编，他现在的位置是要空出来的。我没有理由害她，我的工作与生活状态良好，是绝对不会为了欧菲那样的女人做傻事的！”

“你觉得欧菲怎么样呢？”

“欧菲外表娇滴滴的，像个好女人似的，但她其实是一个不择手段的女人，而且有着蛇蝎心肠。我现在对她是敬而远之的，也非常后悔曾经和她有过那么一段。”

……

韩瑜、周媛找到于衡的时候，他的表现就紧张得多了。在韩瑜、周媛以同样的方式向他说明来意后，于衡近乎哀求地说：

“一定替我保密，我一定配合你们。否则，我的家庭就毁了，我的提拔也就泡汤了！我和欧菲的事情就是一时糊涂，像她那样的女人若勾引一个男人，真的是无法拒绝，但我后来就强迫自己躲着她了，我也做到了。她最近提出让我在离开主任位置后推荐她接替我，并要我在升任副总编后支持她。这是没问题的，我连杀个鸡都不敢，更别说谋害欧菲了。再说，我对她没有什么不好的印象。”

面对报社里这两位手无缚鸡之力的领导，的确很难想象他们会以前途和平静的生活为代价，用一把菜刀把自己的属下活活砍死，直到把菜刀砍断。韩瑜意识到汪洋和于衡的确不像凶手，她的情绪突然有些低落。

“你能告诉我们谁是刘卓吗？”

这个时候，韩瑜心目中的嫌疑人仅仅剩下刘卓和李沃了。既然在报社，韩瑜决定先见见刘卓。

刘卓是一个高大英俊、衣着整洁的小伙子，他的头发浓密乌黑并带有自然波浪，面部皮肤黝黑而光洁，身上的肌肉健硕匀称。

真是很帅气！欧菲的眼光不错！

韩瑜心里这样想着的时候突然意识到了一个问题，眼前的刘卓就是那天抱起文新的人。

“欧菲遇害的那天晚上，你在哪里？”

“在家上网。”

“有人证明吗？”

“我晚上哪儿也不去，天天在家上网，还需要证明吗？”

“你和欧菲……”

“我们之间，只是要好的朋友，她的死，令我很难过。”

“你们仅仅是朋友关系吗？她在日记里可没少描写你的可爱！”

“当然，我们也有些更亲密的关系，这也是正常的，对吧？她喜欢，我愿意！”

刘卓的回答很快捷、随意，没有任何紧张或其他破绽。这个时候，韩瑜的内心是很着急的。杀人现场没有任何有价值的痕迹物证，她和刘卓这样聊下去也没有意义。在谈话临近结束的时候，刘卓打开他办公室的衣柜，取出了一个旅行包。

“你这是要干什么去呢？是不是要逃跑？”

平平静静当中，韩瑜的问话就像临门一脚，她希望通过刺激性的语言使刘卓那完美的情绪出现变化。可韩瑜的话却使刘卓笑了。

“是的，我要飞着逃跑。我是滑翔伞俱乐部成员，我去飞翔……”

周末了，但李沃却没有任何假日来临的轻松。魏言、韩瑜、周媛来到李沃家的时候，他已是躺在床上一整天水米未进了。离开报社，韩瑜、周媛便约魏言直奔李沃家，三个人把周末连同晚饭一同忘掉了。此前，魏言三次与李沃长谈，但始终没有从他那里获得有价值的东西。李沃坚持说欧菲遇害那天晚上，他始终在家睡觉。

“你们怎么又来了？我是不会杀死欧菲的，如果我想弄死她，也不至于大半夜地跑到报社去。我可以和她一同游黄山，然后在危险的悬崖边把她推下去；我也可以在过马路的时候，把她推到车轮下。总之，我可以有很多办法不让自己受牵连……”

“这些场景，你都想象过，对吧？你痛恨欧菲，对不对？”

韩瑜听了李沃用尽浑身气力的一番告白后，顺势而为地反问道。接着把欧菲日记摆在了他的面前：

“欧菲这个人到底怎样，她的日记可以说明一切。我们觉得，你对你妻子的印象一定不太好！”

李沃翻开欧菲日记，简单快速地浏览了几页，从表情上看没有任何吃惊的意思。

“不错，欧菲就是这种货色！与欧菲的相识，是我一生的噩梦。她的事情，我不看这鬼日记也知道！我知道她和一个离异的男人相处过，也知道她和很多人有过风流韵事，我可以原谅她。我希望婚姻能成为她改变的分水岭，可她竟然在有了我以后，还和报社那个叫刘卓的小白脸鬼混。我跟踪过他们，我知道他们两个在单位同事面前掩饰得很好，但背地里却什么鬼事都做！”

“所以，你半夜潜入报社，杀死了欧菲，想嫁祸给刘卓！”

谈话进行到这里，魏言插了一句。面对魏言的推断，李沃似乎不屑一顾：

“刘卓是一个很可怜的人，他这辈子都栽在欧菲手里了！不用我嫁祸，刘卓完全可能自己采取行动。他比我更痛恨欧菲，说起来怕你们不信，我和刘卓曾开诚布公地聊过。欧菲把所有人都当成傻子，可这个世界其实谁也不傻。如果做情人，那就好好做吧，可欧菲偏偏总是满嘴谎言。”

韩瑜觉得李沃的话有些上路，于是问：“刘卓和欧菲，他们互相不是很信任吗？”

“刘卓一开始是很信任欧菲的，欧菲一开始对刘卓说她认识的所有男人都对不起她，怎样用卑劣的手段消耗她的青春。比如苏备，刘卓原本和他的关系像亲兄弟一样，但因为受了欧菲的挑拨，刘卓在很长一段时间里见到苏备就像见到仇人一样。但后来刘卓在省城碰到了苏备，苏备和他的妻子把欧菲写给他的信件、发的短信都给刘卓看了。苏备觉得自己毕竟同刘卓相处一场，有必要在朋友面前澄清自己。刘卓一看欧菲写给苏备的信件，突然发现她在很长一段时间里，一边同苏备海誓山盟，一边同自己勾搭。再有，欧菲见我财大气粗，毫不犹豫地嫁给了我，连个招呼都没有同刘卓打，刘卓感觉自尊心受到了伤害。和我结婚后，欧菲依然要刘卓陪她。刘卓说他知道欧菲是怎样的一个女人，但就是无法拒绝她对他像毒品一样的诱惑，这一点我能想象。”

“看来，欧菲是错了，她还认为刘卓对她的一切都是无知的。她与刘卓之间仅仅是单纯的欲望驱动。那么，你为什么不同欧菲离婚呢？事情已经这样，没有必要在一起了，对不对？”

面对韩瑜的话，李沃流泪了。这使韩瑜想起了那天早晨李沃抱着妻子时的表现。她觉得李沃是一个很矛盾的男人，李沃接下来的解释，最终使韩瑜理解了那种矛盾。

“我的眼泪是流给我自己的，我是在为欧菲惋惜。生活本来可以更好，她偏偏选择了一条污秽的路。是的，我是想和她离婚的，但一切都太迟了。我了解了欧菲的真实面目后，我的自信心受到了打击，我开始终日沉浸在酒吧、歌厅里，在那些妖娆的女人怀中快活凶猛找到安慰的同时，一张感染 HIV 的化验单也出现在了我的眼前，我怎么能相信呢？但一切都是事实，我验了 10 遍，但结果依然是 HIV！我的 HIV 转移到了欧菲身体里，最后又传到了刘卓那里！一切就是这么简单，如果不是欧菲，我们怎么会这样呢？所以，我已经没有必要同欧菲离婚，也没有必要谴责刘卓，我们都是等死的人，活一天是一天吧！”

这个时候，韩瑜突然想起了欧菲日记里“时间不多了”那句话，看来她是知道自己的病情的。

“我觉得一切从根本上讲还得怨欧菲，如果给我一把菜刀，告诉我杀人不偿命，我会砍死她，直到把刀刃砍卷，把刀柄砍断！这是没有问题的！我和刘卓是经常见面的。欧菲死后，我问刘卓是不是他干的，他没有回答我，只是说要我好好享受余下的人生时光，还给我送来了很多抗艾滋的中药。他说我们应该患难与共，我们只要比欧菲多活一天，就是命运的恩赐了，所以我们已经赢了！”

和李沃谈话结束的时候已是子夜，李沃说他对于是不是刘卓杀死了欧菲并不关心。但是，魏言、韩瑜、周媛还是对具体的答案有着非常迫切的关注。在查到刘卓的家庭住址后，他们立即带了几名年轻力壮的刑警驱车前往。

“根据显露出来的情况看，与欧菲关系暧昧的共有五个男人，如果给他们每个人一把刀，并告诉他们杀人不偿命的话，你将会看到三把断刀，可怕！”

魏言一边开车一边说。夜里下起了细雨，韩瑜透过雨刷凝望着被水汽笼罩的暗淡世界，这个案子的侦破过程已经使她精疲力竭了，她说出了暗含在她与魏言、周媛心中共同的想法：

“现在很有可能的情况是，刘卓已经采取了具体的行动！”

到了刘卓家门口，魏言和一名刑警分别取出手枪，把子弹上膛，韩瑜随后扣响了房门。这个时候，韩瑜的手机响了，竟然是刘卓打来的：

“我的母亲身体不好，她现在睡得很香，你们轻一点，行不行？最好，你和魏言进来，有什么事情，我们可以在我房间谈。但不要惊动我的母亲。”

从刘卓的语气上看，他没有任何惊慌。同时，韩瑜也能感觉到刘卓的态度是非常诚恳的。于是，韩瑜答应了他的要求，和魏言进了刘卓家。在此过程中，魏言始终保持着应有的警惕。

在刘卓的书房里，韩瑜打开了他的电脑，查了一下他的上网记录。结果发现欧菲遇害那天，根本没有上网记录。这个时候，刘卓开口了：

“我一直想主动同你们两位联系，所以早就查到了你们的手机号。我有一个请求，让我在家里过完这一夜。明天早晨母亲起床的时候，她应该看到我。我要给我的母亲做最后一顿早餐，行吗？”

“不行！”

魏言的语气非常生硬，刘卓突然激灵了一下。魏言的话似乎有种击打他心脏的力量。韩瑜非常不高兴地看了看魏言，随后补充说：

“我们可以考虑一下，但这是不符合惯例的。”

“我知道，我的母亲刚刚中风痊愈，她是我这个世界上唯一的亲人。我不想让她受到什么刺激。”

雨越下越大，窗外的夜色雾气沼沼，刘卓的目光亦是烟波浩渺。应该相信他吗？韩瑜正犹豫的时候，刘卓又开口了：

“一会儿，也许雷声会把我的母亲弄醒，她为我操劳一生，能帮助我让她睡个好觉吗？”

第二天早晨是个蔚蓝的晴天，韩瑜在焦急中接到了刘卓的电话。刘卓在电话里对她表示了感谢，同时告诉她到滑翔伞俱乐部找他。

“说话不算数！”

魏言一边开车一边气哼哼地说。韩瑜觉得事情已经这样了，出了什么事情她都会勇于承担责任，她在内心做好了这样的准备。

滑翔伞俱乐部在北山一带。魏言、韩瑜到达那里的时候，他们起先并没有见到刘卓。向俱乐部服务员询问刘卓的去向时，服务员交给了他们一封信。服务员说那信是刘卓让他转给他们的。韩瑜打开那封信，信上写着：

“一把锋利的刀，了却了我和欧菲的恩怨。这种结局，是命运的安排。

“我的一生只经历了欧菲这一个女人，我为她付出了一切，而她给予我的只有谎言和HIV。如果，她继续活在这个世界上，她会不负责任地把HIV不断转移到更多的人身上，我太了解她的秉性。那天夜里，是我杀死了欧菲。随后，我就一直待在自己办公室里吸烟，直到第二天早晨你们到来。

“今天早晨，我已经告诉母亲说要出远门。我给亲属送去了写有母亲名字的存折，委托他们照顾她。请帮我个忙，一定不要把我的事情告诉她老人家，她的身体承受不了这一切。”

看完了信，魏言、韩瑜飞奔着跑到室外。“完了！这家伙利用滑翔伞逃跑了！”魏言的语气非常绝望，同时和韩瑜一同仰望天空寻找刘卓的影踪。

天空中有几个滑翔伞飞来飞去，魏言、韩瑜就瞪大眼睛在其中搜寻。如果不是刘卓在天空中向他们摆手，他们真的很难分辨出哪一个伞下是刘卓。当刘卓意识到魏言、韩瑜已经看到他的时候，他解开了起保护作用的绳索……

天，蔚蓝蔚蓝的，那是夜雨洗礼的结果。

对峙青纱帐

2009年5月5日，哈尔滨铁路公安局一名民警执勤时遇袭致重伤，七七式手枪被抢走，公安部要求此案必破。当地警方于4个月后锁定元凶王厚军，公安部遂将其列为A级逃犯予以全国通缉。王厚军具有很强的野外生存技能，并据此与警方展开亡命周旋……

“即使你打死我，我也不想干了！”

陈小这句话可闯了大祸，他话音刚落便听到一声枪响，他的左胸当即被打穿。不远处的江边有很多人在那里烧烤露营，开枪后的王厚军忽然有些慌神，他担心有人听到枪声会闻声而来，于是立即扭头跑到附近一个高地，观察是否有人听见这边枪响。当他再回过头来看陈小时，胸部中枪的他竟然飞似的跑出草丛。王厚军认为自己应该是打中了陈小的心脏，他判断陈小根本活不了了，于是驾车离开了。

这一幕发生在2009年8月29日19时。最近5天里，陈小始终浑身瘫软，他担心这样和王厚军混下去说不定会惹出什么样的大事。除了从警察那里抢来的手枪，王厚军的手里还有30发冲锋枪子弹，他总是念叨着要抢一个哨兵，然后弄来一把冲锋枪，陈小每当想起这些便会浑身冒冷汗。这天晚上，王厚军又骑着摩托驮着陈小去市里抢劫，当行至哈尔滨市松花江公路桥头东侧野地时，陈小突然提出不想干了，并且如实说出了自己的想法，但他万万没想到王厚军竟果真这样手黑。陈小最初也认为这枪打中了心脏，但直至他跑到松花江边一个烧烤摊，自己的心脏依然跳动有力，他见人就喊：救救我……

一

5月5日19时30分，哈尔滨铁路公安局滨江车站派出所民警张辉身着制式警服，正在道外区公益街第一胡同与铁路线交叉口位置执勤，当一列火车轰鸣着驶过的时候，他面对着火车耐心等待其经过。突然，一人从背后用斧子猛击其头部，张辉瞬间倒在血泊中，而来人将他腰间枪纲拽断，七七式手枪及子弹5发被抢走。作案歹徒在火车轰鸣着渐行渐远的时候逃之夭夭。张辉脑部严重受损，左眼眶骨折，左眼球已经被打爆，后枕部及额部有8处钝器创，右手无名指骨折，经医生全力抢救才保住性命。现场光线不足，几位身处较远位置的目击者都没有看清凶手准确的体貌特征。由于案发后现场周围聚集群众过多，现场勘查民警没有获得凶手的足迹特征。

案发当晚，省公安厅专门调来功勋警犬，警犬在现场周围细细嗅了一番后开始追踪，但追出了仅仅不到1公里便失去了方向。为寻找可能被犯罪嫌疑人抛弃的被抢枪支和凶器，警方还利用案发次日凌晨行人稀少的时机，组织地方和铁路300余名警力在现场附近搜索，结果一无所获。次日上午，黑龙江省厅向东北四省区发布了紧急协查通报，并上请公安部向全国发布。这是一起惊天要案，时任国务委员、公安部部长孟建柱，黑龙江省委书记吉炳轩等领导先后作出重要批示、指示，要求尽快破案。在铁道部公安局和黑龙江省公安厅的直接指挥下，铁路与地方公安机关通力合作，但由于与案件有关的线索很少，历时近四个月的侦查过后，侦破工作依旧未能取得突破性进展。四个月的时间里，黑龙江省各市的大街小巷警车密布，清查过往车辆的堵截卡点林立。

道外区公益街第一胡同与铁路线交叉口位置是哈尔滨城区最为落后的地区之一，到处都是低矮破旧的平房，并且布局凌乱，大大小小的胡同蜿蜒曲折，这里对于整个城市来说是一个微不足道的角落，“5·5”案件的发生却使这片棚户区成了全哈尔滨市，乃至全省关注的焦点。自5月5日开始，存在于其间的巨大恐惧也从那里慢慢扩散，随着公安机关破案难度加大，那种恐惧逐渐演变为一种慌乱，很快将整个哈尔滨市笼罩。所有办案警察都在忧虑，他们担心被抢枪支在某一天会以某种方式突然打响，进一步形成更加恶劣的影响。走夜路因此成了哈尔滨市民心中的一个挑战，人们都在忧虑那个抢警察枪的人会在某个角落突然出现。

省、市、区和铁路公安机关刑事技术部门反复检验了张辉的伤情，认真研究其成伤机理，并报公安部特邀刑侦专家、刑事犯罪物证鉴定中心法医室主任闵建雄复核，一致认为成伤工具为一种锤斧类钝器，断面为长方形，长为2.8～3厘米，宽为2.3～2.5厘米。凶器应是犯罪嫌疑人自带，作案后带离现场。这是案件现场留下的唯一确凿信息，但此前曾有目击者说，歹徒是手持木棒袭击的张辉，甚至连张辉本人也这样说，几方面的说法都与公安部鉴定结果存在着矛盾。

执勤民警配枪被抢后，黑龙江省、哈尔滨市、道外区三级刑侦、刑事技术、行动技术部门始终保持着高速运转，地方与铁路公安机关在此期间保持着密切协作。为确保指挥联络顺畅，增强快速反应能力，省公安厅在第一时间成立了案件侦破指挥机构，并由黑龙江省公安厅副厅长孙邦男、黑龙江省公安厅刑侦总队总队长阎子忠坐镇指挥。案件一天不破，哈尔滨城区“四门落锁”的状态便一直延续着，公路上盘查卡点密布，城区大街小巷到处都是巡逻警力。哈尔滨市公安局专门部署全市各级经济保卫部门以及其他相关部门采取措施，切实加强金融、党政机关驻地等要害部位、重点目标的安全保卫工作，严防嫌疑人抢枪得手后，实施其他恶性犯罪。

办案人员首先设想了一种可能，即张辉与他人由于某种原因结下恩怨，嫌疑人对他的袭击是一种蓄意报复行为，但在调查中发现，张辉自参加公安工作以来积极努力，经常受到旅客和领导的好评，而且平日行事低调，为人一向不温不火，多次被评为所在单位先进个人。从家庭角度来说，平时夫妻感情良好，家庭和睦，无不良嗜好；从亲朋角度来说，亲朋间无债务关系，未发现与复杂人员接触，与邻里相处和谐；从工作角度来说，张辉平日很注重工作方法，分管工作属于服务性质，不涉及强制管理和行政处罚，难以与行人造成足以引发案件的尖锐矛盾，不存在与执法对象结下严重恩怨的可能。鉴于这些情况，第一种假设被排除。

三条铿亮的铁路线、低矮破旧的平房、几条宽窄不一的碎石路、一排水泥电线杆，夜色里注视着这些景物给人一种破败、苍凉之感。黑龙江省刑侦总队总队长阎子忠已经记不清自己多少次重新回到案发现场，因为深入破案最前线是他自当刑警那天起便一直保持着的习惯。每一次，阎子忠都细心体会着那里的每一个环节，他的视角不断变化，有时候他把自己看作那个被袭警察，有时他把自己看作目击群众，当然更多的时候他还是把自己看作那个作案凶手，他反复揣测“自己”是怎样来的，当时心情是怎样的，作案时应该怎样才会最顺利地实现心中的目标，而逃跑时又最应该选择哪条胡同……每一次来到现场，他总会带着许多启发回去，在与指挥部成员认真研究后，不断调整制定工作措施。他和所有参与案件侦破工作的广大刑警一样：尽可能快速破案，让恐慌远离这座城市。

就在警方紧锣密鼓开展调查期间，嫌疑人竟然在警察频繁开展工作的时间段顶风作案，而且作案地点依然选在了道外区，这其中是否暗含着“5·5”案件的侦破玄机呢？

二

从事设计工作的刘杨经常会在单位加班至深夜，因此晚归对他来说是家常便饭，每当在那样的时候开车回家，他总会把车速放慢，来一段节奏舒缓的CD，这是对紧张的脑神经最好的放松。他从报纸上得知，5月5日晚上道外区发生了袭警抢枪案件，当时看了这条新闻后心里也曾涌上一丝紧张，所以每当深夜回家都多了几分警惕，尤其是在5月5日过后不久的日子里，他深夜开车的时候总会左顾右盼，生怕有坏人跟踪。而一旦开车进入自家小区，更会倍加小心地仔细观望，车大灯的远光和近光一顿变化，努力把视线以内的一草一木看清楚，防止有坏人藏迹于其间。但随着时间的推移，他的这种警惕性逐渐淡化了。他逐渐开始这样想：道外区那么大，我不会那么倒霉地被盯上。

随后发生的事情证明，刘杨警惕性的松懈，对他来说是一场灾难。

8月24日深夜，刘杨放松地驾车进了位于道外区的自家居民小区，又来到了车库门前。遥控按钮一按，车库门缓慢抬升，刘杨小心翼翼打舵进入了车库。然而，就在他走下车，刚刚要步出车库大门的时候，两个人突然冲进车库，其中一人手中还握着一把手枪，乌黑的枪口对准了他的胸口。刘杨原本放松无比的心情骤然紧张，他浑身颤抖着一句话也说不出来。

“要什么都给你们，别伤害我！”

刘杨浑身冷汗淋漓，已经是带着哭腔，来人将其五花大绑，又从他身上搜走了手机和1000余元现金。刘杨以为一切到此为止了，但曾拿枪瞄着自己的那个人收起了手枪，却举起斧子向他砍来。刘杨顿时感觉头皮发凉，血水很快蒙住眼睛，利斧依然在不断击打着头部，最终使他昏死过去。

“成伤工具为一种锤斧类钝器，断面为长方形……”这与“5·5”案件大致同一，虽然仅凭这个特征还不能把两起案件串并在一起，但道外分局民警还是隐约感觉两起案件有着某种联系。经过一番抢救，刘杨保住了性命，但语言等表达功能出现了障碍，因此没能提供过多有价值的信息，警方只是在他家车库内提取了两种可疑的脚印，但这两种脚印痕迹除了大致花纹轮廓，细节并不是很清楚，令民警无法据此判断嫌疑人更多特征。这两种脚印分别来自两双旅游鞋，民警带着两种旅游鞋鞋底图案走遍了哈尔滨大街小巷的体育用品商店，但却没有一种品牌的旅游鞋鞋底特征与其相符。售货员说那鞋一定不是今年的新品，而且应该是某个杂牌。抢劫案的侦破就此没了线索，但参与案件的民警相信，此案一定与“5·5”案件的嫌疑人有某种联系。从这一起案件开始，道外分局辖区在那段时期每发生一起案件，民警都会多个心眼，尽可能去寻找与“5·5”案件潜在的衔接之处，希望从中获取重要线索。

公安机关连续工作了近4个月，最终还是一无所获，所有办案警察都在忧虑，大家担心被抢枪支在某一天会以某种方式突然打响，进一步形成更加恶劣的影响。“嫌疑人作案后不是跑着逃掉的，而仅仅是快步走，似乎很是从容镇静……”嫌疑人不见任何踪迹的时候，办案民警又想起了某位目击者的话，这令人对此案越发有种神秘与叵测的感觉。临近8月末的时候，参与“5·5”案件侦破的民警都陷入了一种沮丧的情绪中，公安部依然保持着对于此案必破的压力，而在参与案件侦破的民警心中，他们在沮丧的背后同样始终保持着一种自我加压状态。所有人都没有被这种压力压垮，这种压力也很快成为他们工作取得新突破的动力。这个时候令人意想不到的是，哈尔滨江北一起蹊跷的枪杀案竟给此案带来了转机。先前的神秘与叵测在陈小进入人们的视线后得以化解。

医生对名字叫陈小的受伤民工进行检查后发现，该人胸部是枪伤，但仅仅伤到了左肺叶，没有任何生命危险。陈小交代自己是被一个叫王厚军的狱友打的，并指出王厚军就是在火车道口抢警察手枪的那个人，王厚军开枪打他是因为他不同意和他一起去抢劫，而他不愿意与王厚军一起作案的原因是他觉得王厚军脾气秉性残暴，作案手法过于疯狂，他担心自己与其这样混下去必是死路一条。

陈小还交代道外车库抢劫案就是他和王厚军干的，民警对其脚上的旅游鞋进行查看时发现，鞋底花纹与现场所留的一个足迹的确一致。陈小指出，王厚军左脚早年曾受伤，没有奔跑能力，只能快速走，所以他无论到哪里必须得有摩托车，摩托车就是他的腿。这一点有效解释了一个疑点，即“嫌疑人作案后不是跑着逃掉的，而仅仅是快步走，似乎很是从容镇静……”同时，陈小还指出，王厚军作案时总会把斧子用绳子紧紧捆绑在右胳膊上，目的是怕防止斧子脱手，使得起斧时斧头总会与胳膊处于一条直线上，在远处看起来就像一根僵直的木棒来回挥舞，这也合理地解释了为什么目击者提出嫌疑人所持凶器是木棒。

嫌疑人虽然确定是王厚军，但陈福德陈小却向警察指出：你们很难抓到他，因为他野外生存能力太强了，王厚军独自一人完全可以在野外想生存多久就生存多久……

枪杀同伙的这一枪，使警方确定了5月5日袭警抢枪案的嫌疑人，于是王厚军迅速成了追捕对象。从陈小那里，警方得知了王厚军的性格特征，以及野外生存技能超强的特点。针对王厚军的个性特点，如果不能尽早将其缉捕归案，让这样的亡命之徒流窜到社会上，无疑会给全省社会治安稳定带来严重威胁，特别是严重威胁国庆60周年庆祝活动的安全，直接威胁广大人民群众的生命财产安全。为了实现短期内抓获王厚军的目标，时任黑龙江省副省长、公安厅厅长孙永波要求“要将缉捕行动作为全省公安机关维护社会治安稳定的头等大事，作为国庆安保工作的首要任务，务必在国庆节前将王厚军缉捕归案”。为尽快缉捕王厚军，黑龙江省公安厅把缉捕工作上升为全省“09一号缉捕行动”，发布了《通缉令》和《悬赏通告》，公安部发布了A级《通缉令》，在全国范围内公开缉捕犯罪嫌疑人王厚军。随着抓捕行动轰轰烈烈地展开，黑龙江省各市的大街小巷转眼之间贴满了《悬赏通告》，电视、广播也纷纷发布有关消息。

三

夜，一个人的夜。旷野独守，寒风阵阵，一瓶烧酒醉至天明。这是王厚军所认为的极品景致。沉浸于其中的时候，他的双眼总会熠熠发光，俨然荒野中的一匹孤狼。

不远处的松花江刚刚解开冰封，压抑了一个冬季的江水不时发出阵阵吼声。抢劫怎么了？杀人怎么了？抢了警察的枪又怎么了？现今谁能逮着我呢？王厚军想着想着，轻轻抿了一口烧酒，嘴角不时掠过阵阵冷笑。他手里把玩着那把刚刚抢来的七七式警用手枪，将弹夹退出后又把子弹一颗一颗地取出，在手心里摆成一排。王厚军仔细端详着并深吸一口香烟，一股浓烟伴随着呼气在那排子弹周围徘徊。他坚信，自己的命运会因为眼前这5发子弹改变，一笔金矿般的巨大财富便蕴藏在它们的后面。

活了38年，其中有17年待在监狱，他觉得自己亏透了；但自从2007年5月6日最后一次走出监狱大门的那天起，他便在心里默默发誓：我永远不会再回来！两年后的5月5日，王厚军为了纪念那一天决定实施一个蓄谋已久的阴谋。

由于自幼生活在被誉为世界地质公园的五大连池市，王厚军这辈子似乎永远也离不开山林旷野和江河湖泊，打猎、摸鱼是他的拿手好戏，他可以骑着摩托，带着简单的生活用品在野外想活多久就活多久，因为王厚军觉得茫茫青纱帐才是他真正的家。刚刚抢了警察手枪的那段日子，王厚军没有急于作案，他觉得自己需要躲躲风头。王厚军的摩托车上永远会有一个渔具包，里边装着鱼竿、大塑料布、锅碗油盐及捕猎野鸡、野兔的套子。警察忙得不可开交的那段日子，王厚军却悠闲无比，独自身处野外终日渔猎饮酒，困了便用那个大塑料布将身体裹严呼呼大睡。有时，王厚军骑着摩托在某条公路上也会与警车或警察遭遇，但没有人会对他产生任何怀疑，因为从外表看来，王厚军只是一个典型的痴迷钓鱼爱好者。天罗地网就在身边，他却曾开着摩托超越巡逻的警车，也曾大摇大摆地徒步走过警方设置的卡点，甚至曾在警察清查车辆的时候混杂在围观人群当中看热闹。这样的时候，王厚军总会感觉很刺激，轻狂的心也在暗暗发笑。

王厚军不会让自己永远这样轻松下去，他的心里每分每秒都暗藏杀机与阴谋。为自己过完“生日”，王厚军便开始掰着手指一天一天地算计，他在等待一个狱友刑满释放的日子。为了实施一系列阴谋，他特别需要一个得力的帮手。

自从出狱那天起，王厚军花的每一分钱都暗含血色，他把荒野当作自己的家，却把城市当成了“狩猎场”“提款机”：囊中有钱沽酒、买肉、买春色的时候，他会带着酒肉和女人回到荒野，囊中羞涩的时候则会带着斧头来到城市里的某个街巷。无论在荒野还是城市，王厚军走到哪里，哪里的空气就会战栗。王厚军喜欢烈酒、浓烟、厚厚的钞票，更喜欢用钞票换取各色女人对他牛马般地伺候，当她们走马灯似的在他身体上极尽缠绵，他觉得那便是自己生命的全部意义。

王厚军家中排行最小，有四个姐姐、三个哥哥，全家人都曾对他寄予很高的期望，也都很宠着他。很小的时候，大仙给王厚军看过生辰八字，说他将来必将干大事，而且和“肩牌”“枪炮”有关，他的名字里因此有了一个“军”字。但是，王厚军还未成人便接连惹祸，偷鱼、抢劫渔网、偷甜菜，他因为这些小勾当屡遭公安机关打击处理。发展到后来，王厚军又从原来的小偷小摸转向盗窃价值较高的摩托车、吉普车，最终获重刑入狱10年。这样看来，那位大仙说得不错，带着“肩牌”的警察始终在打击和管束着王厚军，而他抢枪袭警无不与宿命有关。

王厚军自幼喜好荒野渔猎，但家人没有想到这样一个简单的爱好竟会引他走上一条不归路，谁也不会想到打鱼摸虾、套野鸡打山兔之类的事情暗含着一个人的死亡密码。十几岁的时候，王厚军就可以时常往家里带回各种野物和鱼虾，那原本是王厚军和家人都很愉悦的一件事情，但后来的一切变了，王厚军因为偷别人的鱼、抢别人的渔网被警察抓了，而且因此被判了刑。王厚军心里别提多窝囊了，他觉得警察因为打鱼摸虾的事情大动干戈是对他的羞辱和伤害，对告发他的人更是有着刻骨铭心的仇恨。虽然后来他又因为偷盗其他物品被判刑，但王厚军始终认为是警察和那个告发他的人害了他一生。想起那一幕，他的脸总会被怒气涨得通红。2007年出狱后，王厚军返回五大连池，一心想实施一起报复行动，结果却酿成了另外一起要案。

2007年5月6日出狱后，回到五大连池后的王厚军开始寻找当年的“仇人”，并计划对警察下黑手，那时他就准备抢支手枪做更大的案子，但回家后终日疯狂豪饮令他每天都醉得一塌糊涂，他的全部计划因此改变。

当年6月20日是一个很闷热的天气，夜里大醉的王厚军在这天上午独自来到五大连池水边，想散散酒气，他在这个时候发现了一名独自散步的外国女游客。王厚军尾随这名没有任何防范的女游客来到一个僻静处，趁其不备用随身携带的斧子猛击她的头部，接下来抢走了她包内的10000元人民币和400美元。王厚军担心被警察发现，当晚便离开了五大连池市。巨额赃款给了王厚军启发，他把报仇的念头抛在一边，因为抢劫的诱惑已经令他忘乎所以。王厚军决定抢支枪，并找个帮手与自己一起干，他开始一步步地实施计划。

王厚军与陈小同龄，二人系凤凰山监狱共同服刑的狱友，他们都是因盗窃犯罪被判处有期徒刑10年。2009年8月3日是陈小刑满释放的日子，当他顶着刺眼的阳光走出监狱大门时，王厚军正满脸带笑地等着他。出狱时不见家人令陈小非常伤感，而王厚军的到来却令他感激涕零。接下来的10天里，王厚军和陈小每天都是烂醉如泥。

“50岁之前得干点大事，要不就白活一回。咱俩以后就是亲兄弟，有福同享，有难同当!”“先干几票，然后金盆洗手做正规生意……”王厚军开始给陈小洗脑。

王厚军平时脾气暴躁，言谈较冲，但又性格内向、倔强，报复心理强，为达目的不惜采取各种卑劣手段。陈小对于这一点心知肚明，但王厚军给他制造的这些诱惑还是令他难以抵挡，最终决定按王厚军说的去做。

王厚军最初的想法是持枪抢劫金店，他带着陈小先后来到吉林省松原市、绥化市青冈县，但由于金店防范严密未能得手。最后，王厚军和陈小返回哈尔滨市，在江北船厂一个偏僻处租下房子。自从租下这个房子开始，大部分时间都是陈小独自一人在那里，而王厚军则像幽灵一样飘忽不定，因为他这个人就是喜欢待在野外，有时宁可裹着塑料布睡在外边，也不愿意回到自己的住处，这令陈小感觉怪怪的，甚至有些恐惧，他感觉王厚军就像狼托生的一样。但是，真正让陈小感觉恐惧的还在后边，王厚军的疯狂举动很快超过了他所能忍受的极限。

干完 8 月 24 日的抢劫案后，陈小突然感觉王厚军下手过于狠毒，人都被绑了，钱也抢了，为什么还要置人于死地呢？陈小对王厚军的举动大为不满，当他把这种意思直接表达给王厚军，并提出想散伙时，王厚军却凶狠地吼道：把我惹急了，连你也杀！陈小顿时吓得走不动路了。但是，当王厚军几天后再次带着他外出抢劫时，他还是冒死提出散伙的想法，结果王厚军果真用一颗子弹回答了他。

为了谨慎起见，民警最初对陈小提供的每一个细节都进行了认真分析，以鉴定其真伪。人们当时也在怀疑是否陈小抢了枪，而嫁祸于这个叫王厚军的人，他中枪了会不会是一种苦肉计，而后为了给自己金蝉脱壳？毕竟他身上的枪伤没有打到致命处。理论上还有一种可能，那就是陈小抢了枪，而这枪又被叫王厚军的人，或是其他的某个人抢走了。当时，在参与案件侦破的民警当中有很多类似的分析和判断，但这些分析和判断很快被指挥部否定了。指挥部对围绕王厚军的亲属关系、朋友关系进行了认真调查，并重点分析了他的性格特征。很多人都指出，王厚军出狱后一直就有抢枪的想法，而且他身上有 30 多发冲锋枪子弹，王厚军一直预谋着要抢一支军用冲锋枪。他存在着抢枪的强烈动机。陈小进入警方视线后，办案人员重新调阅了“8·24”案件的案卷，又同恢复一些意识的被害人进行了沟通，并带着陈小与王厚军的照片进行了辨认。被害人刘杨指出，他的车库是自动门，自动门开启后里边的灯光自然就亮了，所以他对两个嫌疑人的面相记得很清晰。刘杨指着王厚军的照片说，枪一直在他手上，这个人一直在整个作案过程中起主导作用，那个陈小则完全服从他的命令。更为重要的是，民警围绕陈小调查过程中发现，陈小 7 月刚刚出狱，而

"5·5"案件早已经发生。由此推断，王厚军即"5·5"案件唯一嫌疑人。

四

"5·5"案件发生后，指挥部立即派人来到王厚军曾经服刑的凤凰山监狱及其生活过的五大连池农场和晨清分场进行调查，这样做的目的一方面是在那里寻找王厚军近期是否出现的线索，另一方面是进一步掌握王厚军的接触关系，用以推测其可能的藏身之所。民警先后走访了王厚军的家属及其在凤凰山监狱服刑期间的管教干部，得知王厚军和部分狱友关系火热，但和家人却关系疏远。王厚军在五大连池农场共有亲属23人，只有其四姐王厚凤承认在2007年7、8月见过王厚军，之前王厚凤、王厚银去凤凰山监狱中探视过王厚军一次，其他亲属在2000年以后均没有见过王厚军。当人们得知王厚军干了惊天大案后，所有人都如出一辙地表示：这小子早早晚晚就得有这么一天!

王厚军自小生活在五大连池原种场十队，小学毕业后因为家庭生活困难便没再上初中。其他辍学的同学都开始安心务农，而王厚军却不是，他开始四处惹事，很快成了派出所里的"常客"。

五大连池农场十队南侧就是五大连池的"三池子"，20世纪90年代之前池子都归农场管理，王厚军就经常到那里捕鱼，那种捕鱼说白了就是偷鱼，因为那池子里的鱼都属于农场。王厚军一直不服这个，水里的东西怎么能说是谁的就是谁的？你越是不让我打鱼，我越打，他有时甚至打来鱼后将其扔掉。不仅如此，他还时常到农场仓库偷渔网，有时还仗着自己的拳头抢别人的渔网。对于因为偷鱼和抢劫渔网被当地公安机关抓了，后又被判刑的经历，王厚军逢人就说，哪里是我犯罪，分明是别人和警察一起欺负我，欺负我们家没能耐。他仇视社会的心态从那时开始生发，并在日后不断膨胀，不良的心态逐步转变为一种变态的性格。

王厚军身体素质一直很好，从小不喜欢学习，专喜好和别人打架斗狠，并且脾气暴躁，生性讨厌被别人约束。小学同班级中，有个比较霸道的同学叫"三德子"，此人个子高、身体棒，在同学中没人敢惹，但王厚军明知打架打不过他但是也不服气，敢和"三德子"叫板，几次被人家打得鼻青脸肿也不服软。王厚军从儿时起就这样折腾，在明明做不到的事情面前逞能，对于不属于自己的东西充满贪婪之念。

王厚军原本对家人还有一定感情，但很快因为一些琐事，亲情在其心中逐步转化为了一种仇恨的印记。1995 年 10 月第一次刑满释放后，王厚军回到五大连池农场十队，这时他的父亲已去世，母亲尚在，王厚军听说父母给其留了娶媳妇的两万元钱，就找哥哥姐姐闹着要。大家不把钱给他，是担心他拿着这点钱胡作非为，都打算在他娶媳妇的时候一并给他。但王厚军索要这部分钱，当着其二哥王厚禄的面，气愤地在兜里拿出四五百元钱撕掉，并嚷嚷着“我就祸祸钱，怎么的?”后来，王厚军又到五大连池农场晨清分场找到其大哥王厚财要钱，王厚财不同意给，王厚军就将从小待他极好的大哥王厚财打了。家人禁不住王厚军的纠缠，陆续地把两万元都给他了。果然不出家人所料，接下来的时间里，王厚军花了四五千元买了一辆三轮车，该车因后来盗窃甜菜被没收，余下的钱都用来吃喝嫖赌了。在此期间，王厚军曾相中十队的一个女孩，这下可把女孩的老父亲吓坏了，王厚军当时已经是远近闻名的无赖，谁和他沾上亲戚就意味着倒霉。老人直接把女儿送到北京亲属家中，让她永远别再回来。

这些都在王厚军心中记下了一笔充满仇恨的“账”，他每天都在寻思着怎样害人，怎样让自己获利。自从第一次出狱开始，王厚军屡屡犯罪，盗窃、抢劫、寻衅滋事，连续蹲监狱。每次都是刚刚放出来没几天，就又因为新的犯罪被抓了回去。在监狱服刑期间，王厚军非常善于伪装。为了达到加分减刑的目的，在加分期间，劳动积极，肯于吃苦，待分加完了，立即耍赖，找理由不干活，甚至不惜把大便拉到裤子里。他的这些无赖举动往往会令人哭笑不得。

王厚军心中永远充满仇恨，他仇视社会，从无感恩之心。服刑期间，他有几次病得很重，中队领导自己掏腰包给他买药、买营养品，但他一句感谢话没有，仍然目光敌视，骂骂咧咧。很多老管教都说，像王厚军这样的人从来没见过。与王厚军同处一个房间睡觉的狱友都知道，王厚军特别爱说梦话，而且经常在梦里和别人打架，往往睡睡觉就会突然蹦起，口中破口大骂，又挥拳又踢腿，一顿乱折腾后，在明确得知自己是在做梦过后才会重新躺下。因此，所有犯人都不愿意和他在一个号里服刑。从处理过王厚军的警察到王厚军的亲朋及狱友，人们都用虎狼之心来形容他。

王厚军心中永远充满仇恨，他永远痛恨着几乎每一个自己认识的人；但反过来，所有认识他的人也对其充满厌恶之情，因为在人们心中，王厚军这个名字就意味着灾难，对于这一点，王厚军家左邻右舍的体会最为深刻。

在五大连池期间，民警了解到这样一个情况，五大连池风景区曾发生一起抢劫案件，有人曾怀疑是那年刚刚出狱的王厚军所为。2007 年 11 月 10 日中午 13 时许，五大连池农场十队职工马某夫妇，骑摩托车到场部来存卖大豆款 2.5 万元，走到五大连池农场北侧 2 公里处北大桥时，被三名蒙面歹徒用刀砍伤，抢走装有现金 2.5 万元、户口本等物品的女士挎包一个。案发后，被害人认为两人到场部存款一事，应是本连队人把这一情况提供给犯罪分子，因被害人家与邻居王厚军的一个亲属家有矛盾，因此二人怀疑是王厚军的这位亲属找已经出狱的王厚军实施该犯罪，但由于线索不明显，导致案件一直未破。从那起案件以后，王厚军就从五大连池消失了，但他家乡的邻居们都害怕他会在某一天回来，因为他一旦回来，说不定谁家就会倒霉。王厚军不在的日子，他们家周围一年里很难发生一起治安案件，但王厚军一回来，盗窃的、抢劫的，什么案子都来了。

五

对警方来说，王厚军的行踪飘忽不定，他的藏身之地在短时间内成了一个谜，但王厚军本人却依然继续做着自己的白日梦。结果了陈小，王厚军觉得一切还得靠自己。王厚军先是来到荒野里躲藏了两天，并在第三天夜里骑着摩托车，带着斧子向市区进发，他想继续作案；但他却发现无论走到哪里都会看到自己的通缉令，甚至连路边的电线杆子上都是。通缉令上还写着，此人经常骑着摩托车……

王厚军明白了，陈小一定没有被自己打死，否则怎么能这么快就暴露了行踪呢？大事不好，得逃跑！王厚军在地上捡了一小块砖头，在一个贴有自己通缉令的墙上歪歪曲曲地写下：谁也别想抓到我！

王厚军决定沿着荒野“北上”，他认为躲到大兴安岭或小兴安岭深山老林里一切就安全了。王厚军曾听很多人讲过，大兴安岭和小兴安岭上有很多伐木工地，那里夏天不容易进入，冬天大雪一封山，更是与外界彻底隔绝，很多人犯了命案时，都会藏迹于其中，一辈子都不会被发觉，而且那里有酒有肉，还能赚到大钱。那里对于他来说是相当完美的栖身场所，毕竟山林就像自己的家一样，他适合在那样的环境里生存，而且自己可以在风头过后重新下山，到时候还是想干什么就干什么。王厚军打定主意就向北进发了。

一切不像王厚军想的那么简单，他骑着摩托一上路就傻眼了，公路上到处是警察和警灯闪烁的警车，显然一切都是针对自己而来。黑龙江的各种恶性逃犯作案后大多有王厚军这样的想法，进深山老林或是越境，所以警方设卡堵截时尤其会在通往林区和边界的各条公路上增设警力。于是王厚军继续走荒野，虽然慢些但安全。王厚军骑着摩托艰难前行，摩托车没油了、颠坏了，他就将其扔掉，然后到路过的某个村子里偷一台新的。王厚军偷摩托车手段非常厉害，不出 5 分钟就会把一台摩托车据为己有。当今农村的摩托车到处都是，王厚军决定一路偷下去，怎么也能对付到目的地。

王厚军过于轻视警方的力量，虽然他极力隐蔽，但还是暴露了行踪。9 月 5 日下午，王厚军行至大庆市肇源县境内时路过一家偏僻的小饭馆，他发现这里没有张贴自己的通缉令，店里也没有电视，于是坐下来点了几个菜，又狠喝了几杯。临走时，王厚军已经有了几分醉意，他在向老板娘付钱时由衷地说了一句话：消消停停地喝几杯，比什么都强啊！

他不说这句话，这位老板娘倒想不起什么，眼见其风尘仆仆的狼狈样子，她忽然想起现在到处都是抓逃犯的警察和警车，而眼前的这个人能不能是逃犯呢？她的目光有所犹豫时，王厚军似乎也感觉到了某种不妙便不再搭话，并转身走出饭馆驾车而去。这位老板娘随后试着将情况反映到了派出所。

据此，黑龙江省公安厅追捕组立即围绕肇源县组建了一个密不透风的包围圈，总共设立了 5 个层次警力，并将王厚军活动范围锁定在肇源县周边区域内 400 平方公里的青纱帐内。同时调集 250 名武警和 280 名哈尔滨、大庆公安民警进入这 400 平方公里的区域，进行拉网式搜查，黑龙江省公安厅甚至还动用了滑翔机进行空中侦察，那阵势就像一部电影大片。

但是，由于这 400 平方公里内几乎都是庄稼地，而且河流湖泊密布，警方连续工作两天后也仅仅搜捕了其中的十分之一。9 月 8 日早 6 时许，正当缉捕前线指挥部民警为此一筹莫展时，大庆市公安局指挥中心接到了 73 岁老人唐景芳打来的报警电话：你们要抓的人，就在我的鱼窝棚里，位置是“头道汀”江湾……

接警民警对于“头道汀”的“汀”字有些听不准，因此反复问了 5 遍，老人也重复了 5 遍。老人最后焦急地对电话这边的民警说：“我现在是在苞米地里打电话，我不能再和你说了，否则出去晚了，那个人该怀疑我了。”电话随后掉线了。

接到唐景芳老人打来的电话后，缉捕指挥部立即调集警力赶赴“头道汀”江湾，民警以最快的速度找到了那个捕鱼窝棚，唐景芳老人当时满头是血，昏倒在地。由于不清楚王厚军是否还在窝棚里，民警小心翼翼地靠近窝棚，经过仔细搜索发现王厚军已经没了踪影。但所有民警都断定，王厚军不可能逃得太远。

在民警的声声呼唤下，老人很快苏醒过来，他见到民警后脸上立即露出了愉悦的神色，并焦急地对民警说：快追，别管我，那个坏蛋一定不会跑远，千万别让他跑了，要不他又该去祸害别人了！

六

9 月 8 日一大早，天刚蒙蒙亮的时候，唐景芳老人便早早地走出窝棚，来到水面上开始打鱼。许多年来，老人的日子一直这样惬意地过着：夏天来到这个窝棚里居住，捕鱼又种地；冬天回到不远处的家中，在热炕头上猫冬。他同样钟情那茫茫的青纱帐，由于常年与其相伴，老人知道这青纱帐里是暗藏着危险的，因为那里时常会有狼出没。但是，老人无论如何也没有想到，这青纱帐里竟会出现远比饿狼更加危险的角色：公安部通缉的带枪逃犯！

老人这辈子从来没有遇到过任何惊天动地的事儿，数十年来过的就是平凡老百姓的家常日子，他更是从来没有想到自己能在某一天和“英雄”两个字贴上边，但这样的事在 9 月 8 日那天悄悄地到来了。老人打鱼归来后，回到窝棚里做了早饭，炖了一铁锅杂鱼，又闷了一锅豆角，整个窝棚里热气腾腾。此时，老人没有意识到不远处有一双危险的眼睛正死死盯着他的窝棚，这人正是公安部 A 级逃犯王厚军。地上警察密布，天上还有飞机盯着，王厚军野外生存能力再强也经不住这样的招式。王厚军当时已经多日没有进食，精神也近乎崩溃。不难想象，这个窝棚对于他来说极尽诱惑。

“有手机吗？”老人端起饭碗正要吃饭时，王厚军突然闯进窝棚问道。王厚军在饥饿到如此程度的情况下，首先想到的还是安全问题。

仅仅是打个照面，老人便认出了王厚军。几天来，老人通过广播和电视已经看过通缉令多次了，而且他家村子里的民警也多次当面向他讲起过王厚军的事情。别看老人已经 73 岁，脑子反应却极快：“没有手机，这里有手机也没有用，没网没信号啊！”

“这里距离县城多远？”王厚军接着问。

“大约 70 公里，但这里通县城的路很难走啊，我们这儿常年没人来，我们也常年不出去。”老人说这番话的时候，表现出了一种很无奈的神色，这令王厚军紧绷的神经立即放松下来，他瞬间觉得自己安全了。“我是对面风华村的，给人家放牛放羊，但东家不给我工钱，我不干了。你能给我点吃的吗？”

“这里的饭有一大锅，你尽管吃吧！”

王厚军一边吃着，一边开始和老人聊天。老人是打鱼高手，过去也曾是个好猎手，这些都是王厚军非常感兴趣的，两个人竟开始交流起各自的渔猎经验来。老人点燃了一支烟，悠闲地吸了起来，吸着吸着，眼见王厚军一个劲儿地盯着自己的烟，便从烟盒里抽出了一支递给了王厚军，并告诉王厚军说：“吃饱后，来一根……”

逃亡的这几天，王厚军早就没烟了，他本人也是个烟枪，烟瘾大得很。见老人递过一支香烟顿时来了精神，一边吃着饭，一边点着香烟吸了起来。接下来，他是几口饭下去，又会加上一口烟，他那狼狈相使老人不由自主地笑了起来。于是叮嘱王厚军说：“饭有的是，烟也有的是，你吃完饭再吸呗？”

听了老人的话，王厚军笑着说：“我吃饭吸，吃完饭更吸。瘾头大，没办法。”王厚军对老人彻底放弃了警惕，两个人聊着聊着，老人像是想起了什么，表情突然僵了一下。这一下不要紧，被王厚军观察到的王厚军突然一惊，不由分说地刚要准备对老人下黑手，却发现老人起身到床铺下摸了摸，摸出了两个咸鸭蛋递给了王厚军。这一下可了不得，王厚军一下子被彻底打动了，激动地对老人说：“爷们儿，我一辈子也忘不了你，以后我若是发达了，一定会来给你修个金窝棚。”

“嗨！金窝棚、银窝棚，不如我的草窝棚！”老人也打趣似的对他说。老人这时心想，等你发达了，说不定得有多少人遭殃啊！“你要没什么事，就跟我一起打鱼吧，这里下套子，还可以套到野鸡。窝棚小点，但咱们两人一起住，还能住开。”老人心里虽然那样想，嘴里却依然在尽量和王厚军热络。

王厚军对老人的这个邀请非常感兴趣，他觉得这里简直是最佳的藏身之地，于是欣然表态：“行啊，有什么重体力活尽管对我说，我也不要工钱。”

王厚军的神经彻底放松了，依然继续狼吞虎咽地吃着，他的肚子像是个无底洞。

“我出去看看鸭子……”老人很自然地起身，王厚军没有任何怀疑。

王厚军依然吃得很入神，老人独自走出窝棚，来到苞米地中间躲了起来，然后掏出腰间手机拨打了报警电话。

但是，当老人挂断电话，走出苞米地时，令老人绝望的一幕还是出现了——他走出玉米地的一刹那，恰好与那名通缉犯撞了个正着！该人嘴里一边嚼着食物，一边恶狠狠地问：老不死的，是不是去报警了？随后对其拳打脚踢……

七

民警到达现场后，一面派专人将老人送往医院，一面顺着罪犯遗留的踪迹沿江搜索、访问。在肇源镇双胜村松花江江边，民警在一片玉米地外发现了被王厚军抛弃的羽绒服，那种情景给人的感觉是王厚军已经逃进苞米地，但民警进一步仔细查看，玉米地内部没有一点有人进去的痕迹，这说明王厚军在此放了一个“烟幕弹”，目的是让追捕他的警察认为他已经逃进一望无际的苞米地，然后开展集中搜捕，分散警方的精力，但这种声东击西的伎俩很快被经验丰富的追捕民警识破了。随后，有松花江边渔民指出他家的两只船丢了一只，四只船桨没了三只，这使民警意识到王厚军已经走了水路，他留下一只船桨就是防止有人驾船追他。缉捕指挥部立即启动围捕预案，派出冲锋舟在水路上搜索，同时通告对岸吉林省松原警方沿江堤围堵。10 时许，缉捕组在肇源镇松花江的一处江心岛附近发现犯罪嫌疑人王厚军。此时，吉林省松原警方也已在江对岸部署了大量警力，王厚军已是插翅难逃。

经多次喊话、鸣枪警告无效，王厚军逃入江中，大庆市公安局的刑警、特警随即跳入水中，展开涉水追捕，当时水已经齐胸深，王厚军根本无处可逃，但他仍然拒捕，并举枪向缉捕民警打了一枪，并有继续射击的意思。大庆市公安局特警果断开枪，当场将其击毙。随后，民警在江中找到了哈尔滨铁路公安局民警被抢的七七式手枪。

王厚军被击毙后，缉捕组民警不约而同地想到了唐景芳老人，纷纷赶赴医院看望。医生为老人受伤严重的左耳郭缝了 21 针，麻药劲儿过后疼痛感便上来了，老人疼得一身冷汗。但当老人得知王厚军被击毙的消息后，似乎忘记了疼痛，连声称赞民警勇敢，并由衷地说：“我一个老人，现在是过了今天没有明天，10 万元奖金对我不重要，我就是铁定了一个想法，宁可不要老命，也不能让这小子再祸害人了……”老人随后向人们讲述了自己绞尽脑汁与王厚军斗智的全过程。

没有手机是假的，没网没信号也是假的，距离县城70公里、路难走也是假的，老人用一系列沉着的谎言稳住了王厚军。此时，老人的沉着镇静的好戏依然没有表演完毕。更精彩的一幕在他走出苞米地后发生了。

老人走出苞米地与王厚军碰了个正脸，王厚军凶神恶煞地露出了本来面目：

“你一定是报警去了，跪下！”

“我没有，不信你搜身。”

王厚军开始搜老人的身，他如果发现老人身上有手机，并发现刚刚拨过的110号码，老人必死无疑。这时如果110回拨电话过来，出现那种核实报警地点的事情，后果也是同样的。但是，王厚军翻来翻去也没有找到手机。虽然没有发现破绽，王厚军还是感觉不对劲儿，他歇斯底里地对老人一阵拳打脚踢，直到他满脸是血地昏倒在地，王厚军随后离开窝棚继续逃窜。

王厚军为什么没能发现老人的手机呢？原来，老人把前文所讲该意识到的问题都考虑到了。报过警后，老人不仅关闭了手机，以防止有人打来电话，同时还将手机包裹在了肥大的裤腰里，外人根本看不出来。老人凭借自己的机智躲过了一场生死劫。

对于在这次缉捕行动中积极提供重要线索、英勇负伤的唐景芳老人，公安机关除了立即兑现10万元奖金外，还将提请当地省委政法委、省综治办为老人家授予见义勇为荣誉称号，号召全省人民学习他英勇无畏的可贵精神和见义勇为的模范行为。

恶意的盛开

“总有一天，你会灿烂盛开……”夏雪的生活向来一塌糊涂，但海柱却始终对她保持着那样一个文绉绉的评价，直到海柱离开这美丽的世界。往昔的日子里，海柱的这个评价会令夏雪嫣然一笑，然而现在每每想起这句话的时候，夏雪都会泪流满面。

海柱见到夏雪总会灿烂地笑，笑时有酒窝深陷，“只要你能在我眼前，死亡来了我都不会怕。”夏雪知道海柱说的是真心话，但她又觉得这话对于整天刀枪如梦的海柱来说不吉利，丧气。她，一记嫩拳击在海柱前胸。

一

一帮怀揣短猎的手下整天不离左右，虽然没有人称呼海柱为老大，但他和国外电影里的那种黑帮老大真的没有区别。很多事情总会超乎夏雪的想象，她似乎已经习惯生活如此无常。

一个多雪的冬天结束了，那时候夏雪不知道接下来的会是怎样一个夏天。海柱，长久以来始终令她忧心忡忡。

想起海柱，万千思绪便涌上心头。然而，正是在夏雪的思绪辗转反侧之时，三把猎枪正明晃晃地对着海柱准备开火……

“打我可以，但得告诉我是为什么？”

直接面对三个来者不善的枪手，海柱没有丝毫紧张，这是常年在刀光剑影之中磨炼的结果。由于是周末，海柱在他宽敞的办公室里一身休闲装束。那一天，海柱在危险到来之前真的是没有任何警惕，当时只有保镖祥子一个人在他身边，祥子那天恰巧也没携带枪支。

“吪、吪！”随着两声震耳欲聋的枪响，海柱的一双小腿从他的身体分离了出去。

“有种，——就打死我！”

面对血腥的场面，海柱没有任何惧色，他怒视着三个戴着头套的枪手，一派刚硬的江湖作风。

“咣、咣、咣！”又是一阵乱枪，海柱转眼间便血肉模糊。随后，三名枪手把手中的猎枪重重地砸在海柱身上便离开了。——由于担心手中的枪支会成为日后东窗事发的引子，他们把作案枪支丢弃在了现场。

自从三个枪手进入海柱的办公室，保镖祥子始终没有一点点想履行职责的意思，他那筛糠一样的颤抖似乎使三个枪手忽视了他的存在。祥子在混乱中逃离了房间。

夏雪到医院看海柱的时候，他尚有一丝呼吸。除了左脸酒窝周围的一小块皮肤，海柱的脸已经被枪砂打烂了，眼睛和嘴都没了轮廓。夏雪趴在海柱身上号啕大哭，她透过泪水看到海柱左脸的酒窝深陷了一下，随后他的身体便僵直了……

二

那是1997年的春天。公安机关当时还没有开展治爆缉枪行动，国家相关的枪支管理规定还不够健全。海柱的手下也好，打他的枪手也好，他们当时都是枪不离身的人，靠拳脚和枪吃饭，同时他们之中的某些人也常常命丧于拳脚和枪口之下。

在夏雪的忧虑当中，她最为害怕的事情终于发生了，接下来的那个夏天成了她一生当中最为难挨的一段日子。

海柱不是夏雪的情人，而是她最好的朋友，两个人的友情自少年时代就开始了。海柱俊俏的面容毁在了不知名杀手的枪口下，连同他那双明亮而热情的眼睛一同毁掉了。那曾经令很多人不寒而颤的面容总会向夏雪露出最纯真、最灿烂的笑容，那双曾经洞穿很多阴谋诡计的眼睛总会向夏雪展现最清澈的目光，如今一切都在残忍与血腥当中消失殆尽，夏雪怎么能不心痛呢？当一个亲人一样的朋友在阳光最为明媚的季节里永远地离开时，阳光便也会跟着失去温度，它散发的光芒会像针刺一样伤人。从那个夏天开始，阳光对于夏雪来说总像某种提示，使她难以快乐。

细细说来，海柱当年在城市里的刀枪炮中脱颖而出，是和夏雪有着连带关系的。

三

海柱的父母都是市里的干部，他的家庭背景与暴力二字没有一丝联系。

上中学的时候，夏雪的同桌海柱是一个脚穿军用大头鞋、一身蓝的卡衣裤的书呆子。他学习成绩很好，他的性格温顺得有些逆来顺受，当时他从不和同学们说话，当然也从不和夏雪说话，海柱总是背着个大书包独来独往。那时的海柱，课间的时候总是捧着一本武侠，周末总是钻到录像厅里沉醉到港台枪战片当中。夏雪与海柱的交往首先起源于她对他的保护，海柱经常在上课的时候看武侠，当老师的目光即将移至他身上时，夏雪总会提前提醒他。那曾是夏雪与同桌海柱之间唯一的一种定式，但这种平静的定式很快被一种外力打破，夏雪那漂亮的脸蛋儿是一切的起因。

那时，爸爸靠卖体力、妈妈靠卖冰棒供养着夏雪，他们总是用最辛苦的血汗钱为自己美丽的小女儿买来最漂亮的衣衫，那也是父母对她优秀学习成绩的奖励。但是，夏雪的问题也随之而来，她成为众多男孩子的追逐目标，其中包含了很多像韩子荣那样不三不四、满身恶习的坏家伙。那阵子，夏雪经常趴在书桌上哭泣，因为韩子荣和一帮人经常在上学和放学的路上拦住她，他们肆无忌惮地掐她的漂亮脸蛋儿，有时还把手搭在她的肩上。那时的夏雪束手无策，她哭泣的时候，海柱开始总是直盯盯地望着她。在她不知不觉中，海柱的书包里多了一把菜刀，肥大的的卡上衣袖子里多了一根棒子。

直到有一天中午在教室吃盒饭的时候，韩子荣和几个外表看起来流气得十分可笑并叼着烟的孩子再次来到夏雪身旁，他们身子坐到夏雪和海柱的课桌上，嘴里的烟雾喷在夏雪的脸上。青春的萌动已经在夏雪内心体现，对于这些人的纠缠，她起初很讨厌、很痛恨，但后来的感觉竟渐渐变得复杂，她渴望与某个男孩子在一起，但绝对不是眼前这些坏家伙，心乱如麻的夏雪学习成绩早已一落千丈，她为此迷茫、困惑。当一切混乱到极点的时候，那一天，夏雪无论如何也没能想到海柱会站出来，没有想到他会取出菜刀和棒子……

教室里满是喷溅的血迹，那种血腥的气息在那间宽敞破旧的教室里存留了很长一段时间，最后深深地印在了夏雪的记忆里。

“以后有我不要怕!”

从那件事情开始，海柱和韩子荣一帮人都被开除了。离开学校前，海柱向夏雪说了学生时代他向她说的唯一一句话。这句话成了镌刻在夏雪生命当中最最温暖的一句话。

离开学校后，海柱同韩子荣一伙开始了恶战。韩子荣的哥哥韩子光是垄断木材市场力工行业的恶霸，韩子光和一帮人凭借武力在力工收入中强行抽头。夏雪的爸爸就在那个力工市场工作。夏雪的爸爸和一帮与他从事同样工作的人受尽了压榨。海柱首先取得了同韩子荣一伙交战的胜利，随即又打败了对其增援的韩子光一伙。在此过程中，海柱周围也聚集了一帮铁杆兄弟，他最后带着这帮兄弟把韩子光及其手下彻底赶出了木材市场。从那时开始，海柱的事业算是正式起步了，——他继承了韩子光的敛财方式。在此基础上，海柱后来又做起了木材生意，他的事业飞速发展。

从那以后，夏雪不必再为自己担心，她把所有的忧虑都集中在了海柱身上。过了许多年后，海柱身边的弟兄个个恶贯满盈。他们继承了当年韩子光、韩子荣等人的所有恶习，而且常常是有过之而无不及。

至于很多年以后海柱和夏雪之间的关系，令海柱所有手下出乎意料，海柱迎娶了一个父母“钦点”的新娘孟洁，夏雪则始终未嫁。海柱的父母最为痛恨夏雪，他们认为正是这个女孩子令儿子走上了邪路。夏雪的父母对海柱的厌烦情绪更加强烈，他们同样认为是海柱那样的男孩子破坏了夏雪的学习，使她初中毕业便不得不以一个本钱很小的花店为生。虽然海柱在市场上对夏雪的父亲极力保护，但夏雪的父亲对市场上海柱那类人简直是恨之入骨，他怎么能容忍女儿嫁给那样一个无赖呢？

海柱和夏雪都是非常孝顺父母的人，他们都不是那种父母不同意自己的想法就胡作乱闹的家伙。在接受父母的意见并痛痛快快流过一场泪后，海柱和夏雪多年来始终保持着良好的关系，他们可以说是纯真无邪的朋友。

是的，海柱和夏雪都是非常有忍耐力的人。海柱的妻子孟洁是标准的泼妇，她是因为海柱父母的地位和海柱的钱财而走进了那桩婚姻。海柱对一切都很清楚，但他从不为妻子的无理而恼怒。海柱对夏雪说过，他不爱她，所以她的喜怒哀乐和他屁关系都没有。至于夏雪，多年来从不同任何一个男人接触，她认真打理自己的小本生意，收入时好时坏，但她多次拒绝海柱给她的巨额援助。如果说关于海柱和夏雪忍耐力的最佳表现，当属两个人对他们关系的处理。从小到大，他们始终没有肌肤之亲，只是在彼此心闷的时候才会到一起痛痛快快地深聊一次。面对海柱的江湖作风，夏雪总是给他泼冷水，她是为他担心；面对夏雪生活里遇到的困难，海柱则总是非常坚定地鼓励她：总有一天，你会灿烂盛开……

海柱对夏雪总是那么有信心，他对她的情感始终保持着少年时的状态。做生意始终没有赚到许多钱，父母年迈多病经常令她入不敷出，夏雪觉得自己的生活已经灰头土脸，但依然会得到海柱那阳光灿烂的评价，她对此是比较欣慰的。可以说，海柱在某种程度上就是夏雪的精神支柱；因此，海柱的离去使夏雪内心快速地崩溃了。与办案警察一样，夏雪异常希望害死海柱的真凶能够快速现形。

四

按照海柱保镖祥子提供的目击情况，来人身高都是一米六五左右的个头，从其瘦削的身材上看，他们似乎不像北方人。由于三名枪手只开枪不说话，所以无法从口音上佐证他们到底是不是南方人。但在办案警察眼中，三人不开口，其目的很有可能就是不愿暴露口音特点，沉默似乎也在一定程度上证明了他们不是本地人的事实。

在以往同海柱及其手下发生过冲突的本地人中，办案警察从作案动机、作案时间、结伙条件等诸多方面对包括韩氏兄弟在内的重点人进行了认真排查，虽然发现了部分可疑人员，但最后全部否定了。由于海柱所在的木材市场是东北地区最大的木材集散地，南方商人是那里的常客。经过深入了解，办案警察也排查出了几位在木材市场同海柱及其手下有过交往的南方人。但那些南方商人普遍对海柱印象较好，他们每次同海柱做生意的时候都是现钱现货，而且每笔生意期间都会受到海柱热情的款待，他们普遍为海柱的死深表惋惜。办案警察透过那种惋惜之情的表面，对几位南方商人进行了细致的调查，最后仅仅排查出了一个名字叫许锦怀的可疑人，此人身高便在一米六五左右。

许锦怀在广东从事木器加工生意，该人脾气秉性略显暴烈，交往人员比较复杂，而且曾经有伤害犯罪前科。海柱生前付出的最后一笔货便是给他，而且直到海柱死，许锦怀始终没有将价值三十余万的货款汇到海柱账面。难道是这个许老板为了欠债不还，遂将海柱杀死了事？为了验证这个判断，办案警察暗地里围绕许锦怀进行了仔细调查。最后发现这个人好赌成性，他资金周转不灵完全与这个恶劣的嗜好有关。但跟踪调查表明，许锦怀生活起居规律正常，情绪反应同样正常。在许锦怀的一次豪赌中，广东警方配合办案民警将其擒获。海柱案件的办案民警及有关审讯专家参与了讯问工作，除了深挖出几起赌博案件和嫖娼案件外并没有预期收获，通过结伙条件和作案时间的辅助分析，办案民警趋向于排除许锦怀的作案嫌疑。更为重要的是，在解除监禁后，当许锦怀听说海柱的死讯，便立即从千里之外赶到海柱家，并将三十余万现金完整地交到海柱父母手中。加之先前的工作基础，办案民警最后将许锦怀排除了。

随着许锦怀嫌疑的排除，海柱被害的侦破工作彻底陷入困境。

至于内鬼的问题，办案民警也曾考虑过，他们甚至对祥子和海柱的妻子分别进行了深入调查，办案民警考虑到了海柱仇人勾结祥子作案的可能，毕竟那天海柱是在身边没有其他手下的时候出的事，由于没有手下在身边，才会有攻击海柱的最佳时间，祥子当然具有提供某种信息的可能。至于海柱的妻子，海柱一死，万贯家财便都是她的了，况且他们夫妻已经感情不和到一定程度。虽然存在这些可能，但最后还是未能在这两个问题点基础上取得侦破工作的突破，调查表明没有任何迹象和实际证据证明祥子和海柱妻子与案件有关。

案件的侦破过程令夏雪大失所望。在侦破工作开展一年后依然没有任何结果的前提下，公安机关的专案组悄无声息地解散了，仅仅保留四名侦查员长期跟踪具体的侦破工作。

海柱在很多警察眼中当然不是什么好人，海柱曾在很长一段时期里是看守所内进进出出的常客。发展到后来，警察最终抓不到海柱本人的任何把柄，能落到公安机关手里的都是他的手下。在那样的时候，海柱往往以调停人的身份出现，托关系、雇律师，他时常能够以各种手段钻法律的空子，把自己的手下从警察手里解脱出来。警察对海柱都是持反面意见的，他们在海柱生前始终在努力搜集其违法犯罪证据。但是，海柱被人枪杀，工作职责决定了警察们必须努力探寻谜底，抓捕凶手。参与侦查工作的警察做了很多细致的工作，可案件侦破就是没有突破性进展，这是没有任何办法的事情。

自从案发那天起，夏雪便一直在焦急地等待着答案。但海柱的妻子孟洁却似乎不那么着急，继承海柱的千万家资令她终日沉浸在一种招摇的喜悦之中，她甚至在海柱死后不到半年的时候便与小她很多岁的小白脸结婚了。当然，警察也没有错过对这个小白脸的调查，但是没有发现任何问题。

案件侦破出现这样一个结果，夏雪是无法接受的，她知道可怜的海柱在另一个世界也不会瞑目。夏雪觉得自己必须为海柱做些事情……

五

海柱死后一周年，夏雪来到了他的墓前。海柱的身影不断浮现在她的眼前，从那个脚穿军用大头鞋、一身蓝的卡、武侠书不离手的少年到衣冠楚楚并常常与她谈天说地的密友，滚滚泪水模糊了夏雪的双眼，她已经看不清墓碑和周围的杂草。

此前，夏雪曾独自找到祥子，她与他也算熟悉。祥子是海柱几个重要手下之一，也算身经百战，但他在事发当天的表现实在反常。祥子那天毫发无损，在警察面前的表现又是一副惊魂未定的样子。夏雪觉得在正常情况下，祥子应该拼杀一下。况且事发当天，海柱那帮整天不离左右、怀揣短猎的手下都不在，祥子最有可能向别人透露这个信息。夏雪这一判断同警察差不多，她带着这种判断找到了祥子。夏雪不同于警察，她对祥子直言不讳地表示了自己对他的怀疑。但祥子向夏雪很坚决地表示：我是清白的！

夏雪还有一个判断，如果是祥子与某人勾结害死了海柱，他对警察提供的情况当然就不可信，警察按照他的描述去寻找嫌疑人是不可能有结果的。但是，夏雪实在没有办法撬开祥子的嘴。站在海柱墓前，夏雪感到自己束手无策。除了祥子，夏雪在冥冥之中还存在对韩氏兄弟及孟洁的怀疑，可她能有什么办法呢？毕竟连警察都没有办法！

在最为绝望的时候，血泊中的海柱再次出现在了她的脑海中，阵阵心悸向夏雪袭来。夏雪悲伤得浑身颤抖，一股怒火涌上了她的心头，她感觉自己的心脏在紧缩，同时也伴有一种力量在积聚。夏雪决定豁出去了，她决定要给一些人点颜色看看，她要让与海柱死亡有关的人付出代价，这种代价不仅仅是法律的代价，她要让他们感觉到海柱复仇的灵魂……

海柱曾带着夏雪到野外用猎枪打过兔子，海柱总是夸她枪法准，夏雪甚至还同海柱学会了自制猎枪子弹。夏雪发现打枪很简单，制造猎枪子弹也没什么复杂的，她当年因此也喜欢上了打猎。那个时候，依法持有猎枪和打猎不算违法。海柱那里原本有好多支猎枪，其中有的具有合法的枪证，有的是从黑市买的黑枪，夏雪手中便有一把海柱送给她的黑枪。公安机关的治爆缉枪行动开始后，她没有服从有关要求交枪，眼下夏雪打算令它发挥作用！

夏雪用铁锯把枪把和枪筒都锯短了，然后放在自己的双肩背包里。那背包里除了短猎还有一堆子弹。夏雪首先来到祥子那里，她见到祥子便从包里取出短猎连开两枪轰掉其左小腿！

女人若疯狂了真是件了不得的事情。祥子从夏雪的眼神中解读出了他从未见过的、癫狂的凶残！夏雪掏出枪、开枪，祥子始终一言未发，有种逆来顺受的架势。这坚定了夏雪对他的判断。

“海柱的事情，你必须承受这种结果！”

“给我叫辆救护车，有些事情我再想想，行吗？”

夏雪答应了祥子的请求，随后便开始了很长一段时间的等待。祥子没有报警，——这决定性地说明了他与海柱的死有关。

终于有一天，祥子在伤愈后拄着拐找到了夏雪。

“我住院的时候，孟洁从未来看望过我！”

夏雪取走了祥子的左小腿，他对她却没有一丝怨恨；在见到夏雪的一刹那，他首先表明了对孟洁的不满。

夏雪感觉一切终于有些上路了，他觉得祥子的陈述符合逻辑！

“我是蹚了女人的祸水！你先给我一些时间，在你知道全部真相前，你会先看到孟洁死去，——连同那个小白脸！”

夏雪一言未发。在祥子走后没几天，她便得知孟洁和她的小白脸在自家车库里遭遇抢劫丧命，一台白色奔驰560遭抢。这是一个令夏雪非常振奋的结果，她在兴奋之中接待了神情忧郁的祥子。

祥子向夏雪坦言，他和孟洁在背地里曾保持着很多年的密切关系，正是孟洁提出要处理掉海柱，然后他们正大光明地走到一起。祥子觉得处理掉海柱很简单，当年与海柱打得不可开交的韩氏兄弟多年来一直伺机对海柱进行报复，韩氏兄弟甚至有心明目张胆而不计后果地将海柱干掉，如果是设计一起谋杀，韩氏兄弟当然会毫不顾忌地加入进来。要知道，韩氏兄弟是标准的亡命徒，多年来依然有几个铁杆手下跟随，他们都对当年海柱把他们从木材市场赶走并使他们失去发财的良机而耿耿于怀。当祥子向韩氏兄弟提出有人出50万元买海柱性命的时候，他们立即答应了。孟洁便是出那50万元的幕后黑手。

在祥子提供了一个最佳机会后，韩氏兄弟便戴着头套赶到了。目睹海柱被人残忍地射杀，祥子浑身颤抖不停，并产生了极度的悔意。孟洁给他提供了50万现金，这些钱财随后也成了他们关系的分水岭。孟洁从那以后在感情上不再理会祥子，最后竟然与一个小白脸混到了一起。虽然祥子每次向孟洁要钱花的时候，孟洁都毫不犹豫地签单，但祥子依然不满足，通过孟洁与那个小白脸的结合，他感觉自己受到了侮辱，——一种女人对男人单纯的否定与侮辱！

韩氏兄弟及与他们同来的那个手下都是一米八的大个子，祥子向警察提供了完全相反的情况。祥子没有向韩氏兄弟支付那50万元，他把钱留在了自己腰包里。韩氏兄弟觉得杀死海柱本身就够本了，所以向祥子追了几次款就不追了。

对于孟洁的死，同样是出于祥子的设计。祥子告诉韩氏兄弟是孟洁出尔反尔不给钱，而且现在还要举报他们兄弟。这样，韩氏兄弟毫不犹豫地杀死了孟洁和她的小白脸，并抢走了奔驰车。

六

祥子疯狂，夏雪更加疯狂。

提起这个韩氏兄弟，夏雪的气儿就上来了。正是韩子荣少年时的无耻，才耽误了她的一生，当然也耽误了海柱的一生。韩子荣使夏雪和海柱的人生轨迹发生了突变，最后无耻地夺走了海柱的性命。

这样的时候，夏雪的脑海一片空白，她在祥子的帮助下找到了韩子荣。当韩子荣见到她的时候，一如当年般轻佻无耻，他似乎觉得这么些年过去了，自己可以在夏雪面前无所顾忌了。虽然他已经不可能再像当年那样掐掐夏雪的脸蛋，也不会对夏雪具体怎样，但夏雪对韩子荣这副德行实在讨厌无比，再想起海柱死在其枪口下的血仇，夏雪实在忍无可忍，所以就拔出了猎枪……

枪声四起，韩子荣腹部和四肢全部中枪，身体上枪砂密布。五发子弹射完了，夏雪又重新装弹。在她再次举枪射击的时候，一旁的祥子将她持枪手臂托起，一发粗壮的子弹将屋顶的水泥打掉一片。

韩子荣惊恐的眼睛瞪得比牛眼都大，整个人就像血葫芦。祥子拦住了夏雪，目的是不想让她沾上人命。祥子叫了救护车，随后便拉着夏雪离开了。夏雪离开前对韩子荣说：

“打死你是便宜你！让你一生活遭罪，这是海柱对你的报复！”

夏雪和祥子在此之后分别去了不同的城市。经过抢救，韩子荣的命是保住了，但四肢全部残缺，肠子也切走了很长一段，身体里到处是未能取出的枪砂，他的脸上全是密布的麻子。虽然是这样，但在警察到来的时候，韩子荣并没有说出真相，他还算遵守“黑道”上的规矩。在那以后，韩子光及那位与他一起杀死海柱、后又杀死孟洁二人的手下始终在努力搜寻夏雪和祥子的踪迹，同时每天都处于一种担惊受怕的状态中，他们害怕说不定哪一天夏雪和祥子会端着短猎突然出现。

一切就在这种状态中度过了许多年，直到2006年的盛夏出现了变化。孟洁被抢的奔驰车被警方发现后，办案警察顺藤摸瓜，韩子光、韩子荣及他们的那位忠实手下随即落网。对于这样一个犯罪团伙，审讯不是问题，一切很快水落石出。由于死罪难免，韩子光一伙交代了他们杀死海柱的经过，同时也交代了夏雪对韩子荣的伤害过程。

在外地这几年，夏雪在大连市沙河口区经营一家花店，祥子则在哈尔滨市以擦皮鞋度日，当家乡的警察分别出现在他们面前的时候，夏雪和祥子都非常配合。

夏雪对自己的落网比较满意，夏雪清楚地知道，她的落网意味着对韩氏兄弟算总账的开始！夏雪觉得这几年韩氏兄弟一定过得不怎么样，他们经过一番煎熬，最后还得吃枪子儿。

被押解的路上夏雪自言自语：海柱，你说我在某一天会灿烂盛开，我觉得现在是真的实现了，只不过我原本就是一颗有毒的种子，所以，我的盛开注定就是恶意的……

风雪断魂弯

一、龙安镇，你敢去吗？

那年深冬，我在大兴安岭深处一个派出所蹲点，调研采写女民警何薇的事迹。当时，那里夜晚最低温度已经接近零下五十摄氏度。今年三十岁的何薇警校毕业后就被分配到那个派出所当片警，七年工作经历处处是传奇，所里五名男同事提起她都会竖起大拇指。头三天采访，接下来三天三夜闷在一个条件简陋的小旅馆里突击写作，七十多个小时仅仅打盹儿了若干次，而没有一次睡超过两小时。这样折腾三天过后，一万字的稿子跃然纸上，我已经体力耗尽，很想睡觉又睡不着，索性穿上大棉袄来到外面白雪皑皑的世界转转。

太阳刚刚升起不久，那刺眼的阳光无法给周围的一切带来温暖，镇子上见不到一个人影，本地人是不会在这样一个时刻出来散步的，我可以清晰地感觉到棉袄外边风雪呼啸，那种严寒给我疲惫的身躯注入了阵阵清爽。走着走着，我看到远处有一个同样穿着厚厚棉袄的身影，那个身影在风雪中疾步前行，看起来应该是一个年轻人。走近了一瞧，竟是何薇，她担心我在小旅馆吃不好，天天来给我送饭。看到这个场景我才突然想起，何薇每天都是冒着这样严寒步行来到我的旅馆，可我每次都只是简单吃几口她给我送来的饭便丢掉了，心里顿时有了几分惭愧。

“冯老师，您这么冷的天还出来，别冻坏了。今天早晨给您包了饺子，回去趁热吃了吧。”

“刮风下雪的，你天天给我送饭，真是不好意思。”

“您那么辛苦地给我写材料，我才不好意思呢！我知道写东西特别熬心血，不容易。”

“你的事迹很好，写这个是我的责任。”

“谈不上事迹，真的谈不上……只不过，我这里条件艰苦些，又是女民警，才把我显露出来了……”

许多年来，我写了太多官方命题的民警事迹，但像何薇这样没有任何自以为是、谦虚得透彻心扉的采访对象还是很少见的，心想这几天的苦头没白吃，为这样一个人写作是值得的。

“我已经写完了，今天就可以踏上归程了。”

“这么急？怎么说走就走？”

“哈尔滨那边还有很多事，我得回去了。按理说，我应该采访结束就回去的，但我怕一旦回了哈尔滨被杂事缠身，就耽误写你这篇稿子了，所以在这里多待了三天把稿子弄完。没想到，你天天给我送三顿饭，反倒给你添了麻烦。”

“您真是太客气了，冯老师。您这样的工作作风，让人感动啊！”

我的确雷厉风行，从不拖沓，因此也总会听到各种表扬声音，但这种表扬对于像我这样一个白发苍苍的人来说已经没有什么激励作用。无论我怎样想，何薇的确是被感动了，于是她坚持要陪我到龙安镇看看。龙安镇风景没的说，但却有着许多阴郁故事。

“冯老师，龙安镇，你敢去吗？”

龙安镇是一个令人毛骨悚然的地方。最初几天的采访，我曾听很多人提起过那里。龙安镇与俄罗斯一江之隔，属于标准的边塞之地。龙安镇的恐怖不在于镇子本身，而是在于界江上的那个古代岛，当地人都简称为古岛。古岛曾是雅克萨之战的古战场，岛上边至今仍会不时看到各种残存尸骨，足可以看出当年战斗的惨烈场景。正是因为这个原因，当地人都说那里阴气太重，很少登岛。事实上，当地流传着很多与龙安镇和古岛有关的恐怖故事，每一个听起来都煞有其事。

龙安镇恐怖，给它带来更多的是诱惑力。很多外地来到大兴安岭的人，都会怀着惊悚感觉的好奇心前往，但从来没有一个外地人遇见任何诡异场景。当然，也有人出于某种忌讳，不愿意凑那个热闹，对到那里一游并不感兴趣。从我的角度来说，忌讳是不存在的。每次出差，我总是忙于工作，对于参观游览之类的事情从来都是拒绝。但这一次，我对雅克萨古战场还是有几分向往，心里便开始犹豫了，何薇以为我是对那些恐怖传说有忌讳，便劝我说：

“别听别人乱说，龙安镇没有任何恐怖的地方。实话对你说，我们这里最恐怖的其实是‘断魂弯’，就在我们去龙安镇的路上……”

何薇的眼神神秘叵测，她这样的状态让我坚信她说的那个地点的确大有文章。

二、断魂弯女幽灵

夜色充满恐怖气息，淡薄的雾气缠绕着断魂弯。

这是山间一处胳膊肘状态的弯道，弯道上立着牌子，上边写着：交通事故多发地段，慢行！断魂弯的称谓最近两年才出现，原因是那里交通事故激增，而且多为亡人事故。

警示牌的作用不是万能的，依然有车辆飞身跃下。这些出事车辆有一个共同点，都是豪华轿车，从来没有一辆货车。每次车祸，从来就没有生还者。

那个夜晚，工商局干部李明开车拉着妻子和两个朋友在山间公路上疾驰。冬天的时候，在同类山间公路驾车需要高超技术，如果是大兴安岭地区的熟练司机，可以把车开到每小时九十公里，如果不是常年在大兴安岭里开车的司机，车速只能维持在每小时五十公里。李明已经习惯在这样的公路上驾车奔驰，如果开得太慢反而会心慌。

大兴安岭的森林在夜晚幽深黑暗，如同墨色一般。汽车大灯照亮了前行的路，也照亮了路边的一些树木。偶尔，一些不知名的动物从公路上横穿而过，会让人感觉到一丝生动的气息。

“李明，那个弯道就要到了，别忘了减速。”听了朋友提醒，李明回答说：“我记着呢，不慢可不行啊！”

四个人都默不作声，大家的心跳却开始剧烈起来。这个弯道事故多发的传闻，整个大兴安岭地区的司机都知道，李明当然心中有数，但他始终怀疑这个传闻的可靠性，李明总是觉得问题没有传说的那么严重，事故肯定是有，但绝对不会像传说的那么可怕，对于这样一个弯道，把车速放慢到时速三十公里左右就万事大吉了。李明心里清楚，只要成功过了这个弯道，今晚就算平安到家了，至少车内其他三个人是这么想的。

弯道，就要到了，那个提示慢行的牌子估计很快就要映入眼帘了。

突然，四个人被一个意想不到的场景惊呆了。他们顺着大灯方向，看到路旁有一个长发垂至腰间的女子，身材高挑匀称，独自向前走着。

谁？这是谁？这样一个夜晚，在这密林深处散步？

这个疑问立即出现在四个人心头，同时也感觉到了几分恐怖气息。他们一个小时前刚刚经过被诸多恐怖故事笼罩的龙安镇，每个人心中开始画魂儿：难道这一带真的会有怪异之事？

其实，大兴安岭深处的恐怖远不止龙安镇和古岛上的那些。曾有这样的传说，有人曾驾车在一个原本十分钟就可以开出去的林子里转了整整一夜，太阳升起时发现是一处墓地；有人曾在一个荒废的木刻楞里留宿，早晨醒来却发现锅内做好了米饭……

此刻，各种恐怖故事纷纷涌到脑海里。四个人不由自主伸长了脖子，目光都集中在了那个女子背影上，李明一点不敢怠慢，车子原本就在减速，他把车速降到更低，生怕车速过快会刮倒那个女子。

这是一辆黑色奔驰，即使发动机再优秀，在森林深处的寂静夜晚也会清晰地听到发动机的声音。按照常理，这个女子也应该听到身后轿车的声响，但却始终没有回头张望一下的意思。这是李明四个人最为奇怪的。渐渐地，他们已经距离那个女子很近了，就在他们即将超越她的一刹那，那女子猛然回头，——那面相，立即吓得四个人魂飞魄散！

女人面色青黑，吐着长舌头一直垂到胸口……

四个人不约而同一声惨叫，李明迅速加油准备逃离。车速骤升的一刹那，李明又忽然意识到前边就是悬崖了，便立即减速扭动方向盘。此刻，略有失控感觉的轿车依然被李明有效控制着，轿车左前轮已经跃出山崖，但很快又回到山路。李明感觉自己已经成功越过断魂弯，便猛踩油门加速离去。

四个人，再没有一个人敢于回头看那个女子一眼。一路上，四个人都面色青黑，谁也不说一句话。奔驰轿车飞快地来到李明家居住的小区，电动车门自动打开，李明立即驾车进入并按动遥控按钮关紧车库大门。

轿车终于停下来，四个人依然呼哧呼哧喘着粗气，互相大眼瞪小眼，全被吓坏了。

“你们，都看到了吗？”

四个人中的一个说，另外三个机械地高频率点头示意。

“这，是真的吗？”

“我们每个人都看见了，怎么会不是真的？”

“那是什么？”

“幽灵，女幽灵！”

李明妻子一声尖叫，三个男人几乎被吓吐血。此刻，四个人几乎全部失去理智，中邪了一般。第二天早晨开始，四个人的亲身经历很快在当地传开。随着时间的发展，传播的范围也越来越广，听到的每个人都坚信断魂弯存在着一个长发女幽灵。

三、古岛并不神秘

吃过午饭，我与何薇出发赶赴龙安镇。雅克萨之战结束后，黑龙江畔这个重新恢复平安的镇子就开始被人们称作龙安镇了。沿途风景很有特点，蜿蜒的公路都被积雪覆盖着，像是飘落在墨色原始森林中的一条哈达。偶尔打开车窗，一股无比纯净的空气扑面而来。

“我是不会在您面前编故事的，我说的是真的。”

何薇给我讲起了李明等人的遭遇，我听了以后半信半疑，何薇有些着急地说。

“如果说是真的，我相信。你看这周围，从自然环境角度来说是一片净土，无论是神仙还是鬼魂，如果选择安家的地方都应该选在这里。哈尔滨就不行了，环境污染太厉害，连鬼魂都不会光临，所以从来没有听到过这样蹊跷的事情。我说的，有道理吗？”

听了我的一番话，何薇笑了。

“冯老师，我们可都是共产党员啊！我们不能信那些的。实话对您说，我不信断魂弯真的有什么女幽灵，我觉得是有人在搞恶作剧。”

“是的，我们都是共产党员，的确不信那些鬼神之类的东西，但按照这个思路来说，女幽灵也应该在现场留下个脚印什么的，对不对？”

我们聊着聊着，吉普车驶过一个急弯。过去以后，何薇对我说那个弯道就是所谓的断魂弯。我抬眼望去，不远处就是黑龙江，而对岸就是俄罗斯的一个镇子，我说：“说过就过去了，也没什么！对不对？”

“是这样，虽说女幽灵出现都是在晚上，但即使晚上有人遇到也是比例很低的绝对少数。除了那四个人的遭遇，只有一些个别传言说那里经常有女鬼什么的，却没有一个像那四人说的那样有鼻子有眼儿的。”

听了这番话，我突然想起：我们这个时间赶赴龙安镇，回来的时候岂不是太黑了？

当我表示出我的忧虑，何薇却很冷静，她说她已经不止一次在夜里经过断魂弯，没什么特别的。况且，虽然数量不是很多，但断魂弯每天夜里都会有车辆经过，并没有达到天天遇见女幽灵的程度。司机这时插了一句话："嗨！女幽灵不是谁想见就能见的，谁见到算谁走运！据说都得是开好车的人才能见到，女幽灵也势利眼哪！"

一路上，我们三个人气氛很轻松，没有任何恐惧心理。转眼间，我们的吉普车来到了龙安镇，随后又在冰冻的黑龙江江面上驶向古岛。我们的吉普车是雪地轮胎，在冰雪路面行进不是问题。

古岛近在眼前时，天空下起了鹅毛大雪。我们刚刚登岛，就看到一个有些破烂的牌子，上边写着雅克萨古战场。风雪很大，我也坚持下车，在那牌子附近拍了一张照片。

整个岛屿已经被积雪覆盖了，当年战士的尸骨是看不到了。据说雅克萨战役的时候，清兵和沙俄军队战斗得非常激烈，这个数十平方公里的小岛上驻扎着密密麻麻的清军，清军和沙俄军队你争我夺，小岛几次易手，清军最后取得胜利，同时收复了黑龙江对岸达斡尔人用石头建造的雅克萨城堡。如今，对岸的一切都已经是俄罗斯的领土了。

我们在古岛上折腾，黑龙江对岸塔楼上的俄罗斯士兵则拿着望远镜向我们这边瞭望。那个塔楼脚下的江面上，有一个雪房子，里边驻扎着俄罗斯士兵，他们住在那里属于一种雪地生活训练项目。如今，黑龙江两岸的中俄士兵友好气氛浓厚，早已经没有了剑拔弩张的状态。

登上古岛，最吸引我的是那些大型木刻楞建筑，那些木刻楞都有百年以上的历史。可以看出，建造木刻楞所用松木极其高大粗壮，如今的大兴安岭里已经很少能见到那样的木材了。那些木刻楞虽然显得很破败，但松木没有任何腐朽，令人称绝。

古岛上的这些木刻楞都是清朝末年伐木工人建造的，如今都已经荒废了，但却是不折不扣的"古迹"。由于那些可怕的传说，古岛从来没有人敢于居住。只是在夏天时，龙安镇那边的村民会上岛种地，但一到天黑必会返回龙安镇，没有人会住在岛上。

曾有传闻，古岛上夜晚时会有战马嘶鸣和震天的喊杀声，那里的木刻楞有时会在夜晚传出灯光，龙安镇上的人们都说那不是鬼魂就是狐仙。可古岛没有一根电线杆，从来没通过电。类似的传闻加剧了古岛在人们心中的恐惧感。

我们在荒凉的岛上转了转，拍了很多照片，于是决定返回。不幸的是，由于风雪过大，来时的雪道已经被高高的积雪封死，即使是雪地轮胎也不断打滑。夜色已经降临，吉普车也仅仅行进了不到五百米，古岛清晰地呈现在我们身后，一个个木刻楞看起来像是幽灵。那一刻，我真的害怕某个木刻楞突然亮起灯光。

救援车辆很快到了，我们转眼间冲破重围回到龙安镇。在镇上一家脏兮兮的餐馆吃过晚饭，我们就踏上了归程。饭店老板、服务员，以及何薇与当地几个陪我们吃饭的熟人中，没有一个人劝我们不要走夜路，也没人提断魂弯。看来，这里的人们的确没把那些古怪传说当回事。

我们就是这样上路了，路过断魂弯也没有遇到任何不妥。第二天一早，我就登上了返回哈尔滨的火车。转眼过去了一年时间，我已经把所谓的断魂弯忘记了，却在第二年冬天接到何薇电话："冯老师，你来写写吧，断魂弯的案子让我破了……"

四、关于女幽灵的线索

"我觉得，断魂弯那里有人搞恶作剧造成交通事故，然后拿走受害人钱财，这是我的推理。也就是说，断魂弯发生的一切是系列谋杀案，断魂弯是个谋杀弯。"火车开动前，何薇对我说出了自己的观点，我觉得这个大胆推理并不是没有道理，于是鼓励何薇说："你好好研究吧，争取创造一个奇迹。案子破了，我来采访写作。"

这样一个约定，我没指望能够实现，但没想到何薇在一年之后真的给我来了电话。我接到电话后觉得整个过程太经典了，这样的素材也许只有克里斯蒂小说里才能找到。我浑身上下热血沸腾，立即买了飞机票飞进大兴安岭。当我走出飞机场的时候，何薇已在出口等我。赶往宾馆的路上，何薇向我讲述了她将幽灵面纱撕去的整个过程。

何薇是当地的爱民模范，发生在她与辖区百姓之间的感人故事很多，做任何事情都有种执着劲头。虽然是位女性，但她在工作中没少破各种案子，很多逃犯以为跑进大兴安岭深处的村子就可以平安无事了，隐藏在何薇辖区内五个村子的逃犯却是全部被抓光。女幽灵事件发生在她的辖区，何薇心里的想法是不破案不罢休。

春夏秋冬四个季节，何薇都曾尝试在现场附近蹲坑守候，满面红火的老所长最初听了这个想法以后脸色变得有点紫：这是一个不现实的想法。断魂弯那里亡人车祸很多，但两年来总共也就八起。一年三百六十五天，我们蹲坑蹲不起。大兴安岭密林深处，假如搭帐篷，容易暴露，豺狼虎豹的也不安全。放一辆车在那里，同样容易暴露，如果赶上冬天取暖、夏天

开空调，烧油都烧不起，

老所长的话，何薇有点不爱听，甚至一度执拗地想自己去独自蹲守，但冷静下来细想，老所长说得有道理。于是，何薇找到李明等四个人。李明听了她的想法直摇头。

“不会的，不会是案件，一定是鬼魂，我以前什么都不信，那次经历过后，我什么都信了。谁若切身感受一下，谁就知道是怎么回事了，大兴安岭里的事情，灵着呢！”

何薇看到，李明手腕上挂着硕大的佛珠，他说他现在信佛，而且很虔诚，都是那件事情发生后才这样的，他妻子及另外两个朋友与他一样，经历断魂弯事件后都成了虔诚的佛教徒。

“那么晚了，你们四个人上哪里去了？”

何薇这句问话，倒令李明一顿，然后就说到龙安镇看朋友。

“龙安镇，看谁？那里是我的辖区，每一户居民我都倒背如流。”这个时候，李明显得更加紧张：“我……我就不说是谁了，和案子也没什么关系……”

“你告诉我，说不定会与你们当晚遭遇有关。”

无论何薇怎样劝，李明都闭口不谈当晚见了谁。何薇离开了，感觉李明目光忧郁，整个表现怪怪的。她觉得其中一定有什么文章，心想走着瞧，早晚会听到他的实话。

“即使是女幽灵也应该在现场留下脚印……”何薇想起了我的话。过了一段时间，断魂弯在五月的时候又发生一起车祸，驾驶员死亡。何薇得知消息后在第一时间来到现场，县局交警当时还没有赶到。

五月的大兴安岭依然飘雪。也许是女幽灵作恶多端，触怒了山神。那一次，当她在断魂弯出现过后，一场大雪提前结束了，何薇顺着山脚搜索，很快便在那里发现了脚印——男子的脚印！

脚印花纹比较清晰，这是一个令人无比振奋的消息。断魂弯下方山崖并不深，大约有十米的样子，但足以令跃下悬崖的驾驶员丧命。何薇顺着山坡下行，在杂草丛中陆续发现了脚印。杂草很密，脚印在车辆残骸不远处消失了。野地不像断魂弯上方的公路，有山体挡风才使得脚印没有被山风吹来的雪沫子盖住，脚印都因为风的作用消失了。不过从消失的方向看，何薇断定女幽灵从山腰上下到山崖下边，后又从山崖下边离开了现场。

何薇已经清楚地看到，脚印从山间公路下方上来，又在交通事故提示牌附近徘徊了很久。看来，当晚女幽灵也感觉有些冷，在原地不断踱步、跺脚。何薇还在那里看到了几个烟头，都是俄罗斯香烟。其中有几根烟屁长一些的，可以看出是普京牌香烟。

这个线索都靠何薇心细，如果单纯是交警出现场，是不会在这样的荒山野岭进行某种推理的。县局现场勘查人员把脚印用石膏定型，何薇拿着那石膏模型一番调查发现，那双鞋并不是国内生产的，而是俄罗斯远东地区非常流行的一款雪地鞋，而且还是名牌。那种雪地鞋非常厚大，特征明显。

何薇搜集了辖区所有穿这种鞋子的人，总共没有几个，他们穿的雪地鞋都是俄罗斯那边朋友捎带过来的。何薇一番调查，辖区内龙安镇的重点嫌疑对象毛楞子出现了，烟头上留下的DNA生物特征与他完全相符，案子很快清晰了。断魂弯一系列案件都是不折不扣的谋杀，并且和中俄边境地区地下赌场有关。

五、“灵异”事件

毛楞子是中俄混血，他的姥姥是地道的俄罗斯人。他在中俄边境从事一项很特别的工作，——引导国内赌徒到俄罗斯边境地区的赌场赌博、嫖妓。

2009年7月1日晚，莫斯科最著名的步行街阿尔巴特大街上的赌博中心一片沉寂和萧条。十年来，阿尔巴特大街第一次关闭了所有霓虹灯和音乐，到处悬挂着招租、转让告示牌。几名赌场工作人员在门外感慨万千。以前，这里一到晚上就会成为莫斯科最热闹的去处，可这样的情景不会再出现了。甚至是最为著名的“香格里拉”赌场，所有的赌博游戏机都在刚刚过去的白天拆卸了，并交与政府销毁。

根据俄罗斯政府的命令，从当年7月1日起，俄罗斯境内所有赌场将被关闭，俄罗斯政府一场禁赌大战就此拉开序幕。尽管俄罗斯政府的“禁赌令”7月1日正式生效，但早在2006年，时任总统的普京就已经向国家杜马提交了《赌博法》。因为在普京看来，赌博业的危害比全民嗜酒更加可怕。

不过，由于各方意见不一，以及俄罗斯一些权势元素的阻挠，这部法典并没有真正实施。三年后，当大家都已经认为这部法典没有任何实际意义时，手握国内事务大权的总统普京却出人意料地实施了这部新《赌博法》。

新《赌博法》中规定，允许在居民常住区域设置小型赌博场所，但对设备种类和营业面积做了严格的规定。至于大型专业赌场，所在位置必须远离居民居住地。克里姆林宫计划将所有赌场和博彩游戏厅限制在四个鼓励投资的偏远边疆地区，从而将那里建设成为如同美国拉斯韦加斯一般的“赌城”。这四个地区分别是：位于波罗的海的加里宁格勒、与中国和朝鲜交界的滨海边疆区、西伯利亚区以及南部克拉斯诺达尔边疆区。

事实上，选择这四个赌场“发配”的目的地，俄罗斯政府也有自己的如意算盘。无论是地广人稀的西伯利亚地区，还是位于南部阿尔泰山区的克拉斯诺达尔边疆区，都因其特殊的地理环境等原因经济发展滞后。而位于俄罗斯西部边境的加里宁格勒州则是俄罗斯最小的州。这些地区无论是人口数量还是经济总量在俄罗斯国内都属于“后进生”。普京政府希望借此机会吸引国外赌博业的资金，投资这几个经济实力相对落后的地区，拉动这些地区的经济发展。

然而，与中国和朝鲜交界的滨海边疆区与其他三地则有所不同。由于滨海边疆区与中国、日本、韩国等世界几大经济实体交往密切，再加上坐拥俄罗斯东部出海口等天然的地理位置优势，近年来，滨海边疆区已经发展成俄罗斯远东最大的、经济实力最强的地区。近几年，越来越多的外国客商来到滨海边疆区从事经贸活动。其中，中国商户不占少数。而边疆区首府符拉迪沃斯托克甚至是在俄罗斯国内中国人最多的城市之一。

人员的频繁流动，正是赌博业赖以发展的沃土，因此，在普京刚刚提出“禁赌令”时，滨海边疆区就表达了接收“被发配”赌场的兴趣。而对此感兴趣的不仅仅是边疆区政府，不少来自美国、澳大利亚、日本的投资商也表达了在滨海边疆区投资赌博业的意愿。

滨海边疆政府有关部门已经在着手准备合作合同等文件。按照边疆区政府的方案，在得到中央政府的允许后，边疆区政府将花一年半左右的时间在包括首府符拉迪沃斯托克（海参崴）在内的多个城市兴建起第一批赌城。不过，这一方案暂时还没得到俄中央政府的批复。于是，一些地下赌场提前开始运转了，老虎机等各种赌博设备源源不断被运送至中俄边境。

克里姆林宫关闭全国赌场的命令除了对俄罗斯赌博业造成巨大打击外，对俄罗斯经济也造成不小的影响。由于近十来年来赌博业在俄罗斯的疯狂发展，赌博行业的从业人员也在不断增加。根据俄罗斯政府的预计，“禁赌令”将造成近四万人失业。然而，民间则认为，由于还有很多小型的地下赌场，“禁赌令”带来的失业人数很可能达到四十万人。

毛楞子曾长期在莫斯科阿尔巴特大街赌场打工，“禁赌令”改变了他的生活轨迹，特别是在金融危机背景下，他很难在俄罗斯找到正经工作。毛楞子虽然在赌场工作，但他本人却因为赌博输了很多钱，他的生活被赌博毁了。早在莫斯科工作的时候，毛楞子夜晚时分也会出去抢劫，目标都是自己的同胞。中国人到俄罗斯面对的治安困境人人皆知，都是毛楞子这样的人造成的。毛楞子从来不拿自己同胞的安危与生命当回事，他永远想着怎样榨取钱财。

毛楞子在莫斯科赌场工作时有一个俄罗斯朋友伊戈尔，两个人失业后一起来到中俄边境一家黑赌场工作。那家黑赌场与毛楞子出生的那个村庄的直线距离并不远，但若想到达那个黑赌场则需要绕着走，然后在一个防守松弛的地方偷渡过去。

一些内地旅行团或黑龙江省内的赌徒都知道中俄边境的黑赌场，旅行团导游会因此得到巨额提成。毛楞子起到牵线搭桥作用的同时，还会利用自己熟悉地形的优势组织偷渡并确保绝对平安。毛楞子的侵害对象主要是独自驾车前往俄罗斯境内黑赌场赌博的赌徒，伊戈尔在赌场负责发牌，如果偷渡客有人赌牌赢了大钱返回中国境内，他会给毛楞子发来信息。在俄罗斯境内黑赌场赌博，赢钱希望比较小，但还是有赌术精湛或运气好的人能够赢钱。这些人，都成了毛楞子的作案对象。

断魂弯是赌徒们从俄罗斯偷渡回来后的必经之路。赢钱的赌徒在俄罗斯那边一出发，他就可以算出车辆到达断魂弯的大致时间。毛楞子设计了一个恶作剧式的作案模式，在断魂弯化装成女鬼吓人，在俄罗斯玩得筋疲力尽的赌徒开到这里都会变得很疲倦，反应也跟着迟钝。毛楞子那身装扮一出现，轻者吓一大跳，重者直接跃下悬崖。接下来，毛楞子就会将被害人的所有财物打劫一光，遇到有伤者还未断气，他就会亲自动手让对方上路。

毛楞子觉得这样做好玩，拦路抢劫之类的事情不可测情况太多，而且容易被警方发现，自己这样的做法天衣无缝，虽然不能确保百分之百成功，但收益还是不小。钱财到手后，毛楞子与伊戈尔平分。伊戈尔知道中国赌徒大致赢钱数额，毛楞子总是给他可观份额，尝到甜头的伊戈尔不断给毛楞子提供准确信息。两个人合作得非常愉快。

案件侦破很长一段时间，由于此案具有涉外犯罪性质，一直没有公开对外报道。毛楞子名叫李成海，案发时42岁，侦查人员在他家中缴获了假发套、女装等作案工具。自2009年年底从莫斯科返回家乡以来，李成海共从事此类化装抢劫活动二十五起，其中因为各种各样原因共有十五起案件未遂，累计造成十二人死亡。依据有关法规，伊戈尔被引渡至中国。中俄两国执法人员在口岸举行引渡交接仪式。双方代表在有关文件上签字，顺利完成引渡移交工作。公安边防开设绿色通道快速放行。事后证明，工商局干部李明在那个晚上曾带着妻子及两个朋友在毛楞子引导下进入俄罗斯境内赌博，根据俄罗斯方面提供的证据，李明受到了相应处理。女民警何薇破获如此特大案件，受到隆重表彰，加上原有事迹基础，被评为全国公安系统特级优秀人民警察。

直击亡命悍匪

凶悍，残酷。张显光肌体里每一个细胞都潜藏杀机！闷热而潮湿的午后接到采访张显光的任务，心里顿时生起干冷的寒意。

2003 年 1 月 18 日 17 时 50 分，沈阳市大东区某储蓄所几名工作人员正在一辆运钞车上进行现金押送交接的时候，张显光和他的弟弟张显明、张显辉及表弟李彦波引爆了运钞车旁边事先安置的遥控爆炸装置。装有 197 万元巨款的钱袋子落到张氏兄弟手中的同时，8 名储蓄所工作人员倒在血泊里，其中 3 人死亡，5 人重伤……

循着看守所走廊里传来的脚镣声，张显光进入了我的视野。他阴沉着脸，双眼依然寒光四射。为防不测，4 名警察与其寸步不离。

这位曾在哈尔滨、沈阳各大酒店、洗浴中心挥金如土的悍匪已经完全没有了昔日的倜傥，一副民工打扮。张显光落网前，每天靠卖苦力赚一碗面条吃，赚一瓶啤酒喝，余下的钱用来供养一个叫珍子的女子。

我慢言慢语地对他说，你的老母亲提起你便老泪纵横，她曾通过媒体让你自首；你最小的儿子（张显光和哈尔滨一情妇所生）已经被人送到了你妹妹那里，她表示要抚养他成人。

我的话起了作用，张显光突然泪如泉涌。

一、人性决堤的开始：24 岁杀死羞辱母亲的邻居

从小生活在一个贫穷矿工家庭的张显光受尽了白眼。

小的时候，张显光和弟弟们经常在煤矿的出口处等着父亲收工，忽忽拉拉走出的工人个个都像黑黑的煤球一样，他们分不出哪一个是父亲，直到父亲用他那一双大手向他们挥舞。矿上当时没有浴池，回到家，张显光

兄弟几人一同用脸盆往父亲身上泼水，直到看见父亲洁白的皮肤全部露出来。接下来，他们一家人便开始享用由玉米饼、咸菜构成的晚餐。

那是张显光生命里最幸福的一段时光。三十多年后谈起童年的过往，张显光脸上所有的冷酷竟然瞬间全部消退，并泛起了一丝悠然的光晕。但是，这种光晕存留得很短，在谈到随后人生的苦痛时，铁窗内的那张脸很快变回了阴暗。

张显光9岁的时候，父亲因工伤失去了十指，他那双经常向他们挥舞的大手永远消失了。父亲不再上班，工资收入减少了。张显光眼见着全家人只能喝玉米粥了，便拿着一个小盆出去要饭了。那时生活困难，谁家也不富裕，要饭不好要。他要来的饭，只是偶尔能让家人吃饱一次。邻居们当时都叫张显光小要饭的，他们用尽所有难听的语言嘲弄他。后来，父亲知道了他要饭的事情，把他暴打了一顿，鼻子都打出了血。父亲那没有手指的双手打起人来很疼，就像硬邦邦的木棒。张显光哭了，不是因为疼，而是因为父亲那双已残缺的手。

这样的家庭，最苦的就是母亲。实在没有办法了，母亲便带着张显光一同到矿上推轨道车赚钱。但那点少得可怜的收入远远不够家里开销。为了让母亲和弟弟、妹妹吃饱，张显光经常饿着肚子不吃饭，把省下来的留给他们。由于还要干重体力活，张显光当时的身体状况非常差。14岁的时候，父亲因为肝癌去世了，这种打击使张显光病倒了，脑膜炎、胸膜炎一起来了。医生给他判了死刑，家里没钱看病，也没钱买药，母亲把他背回了破败的家，她流着泪给他灌了一碗又一碗的姜汤水，但就是这姜汤水救了张显光的小命。

父亲去世了，张家的生活更加困难。谁都知道张家孩子多，穷！但没有任何人帮助他们，只是人们叫张显光小要饭的叫得更欢了。从那以后，母亲为了养家，先后四次改嫁，但她没有碰到一个好男人，除了受苦受穷，她还经常挨打受骂。邻居们更加看不起张显光家了。

19岁的时候，张显光为了过年给家里买二斤肉偷了别人两元五角钱，事发后被劳动教养三年。母亲没有责怪他，她对他说只要今后好好做人，改掉坏毛病，她就会原谅他。母亲当时经常提着布兜满眼泪水地到劳改队看他，每当那时，他便会在内心发誓痛改前非。

由于表现不错，张显光被提前一年释放。此时回到家，他发现自己家在邻居当中的境遇更差了，人们都像防贼似的防着他们家，还污蔑张显光说是他从劳改队逃跑出来的劳改犯，是逃犯。为了这个，张显光没少和邻居打仗。当时他在外边一打仗，妹妹就告诉母亲，张显光常常一生气便打妹妹一顿。家里家外，他都成了一个暴徒。

那段时间，张显光的心情始终不好。他在外边租了间20元一个月的破平房，娶了一个媳妇。20元一个月的破平房，不难想象它会有多破。这样的生活状况没能使他留住自己的老婆，他们有了孩子后，她就离开了他。

这些鸡毛蒜皮的事情，积累了张显光和弟弟们对这个世界的怒火，他们当时总会在一起商议怎样才能摆脱贫穷、怎样才能有钱——抢银行！他们都把这个答案当作说笑。

张显光的生活在24岁时发生了突变，这个突变是他悲剧人生的开始。

24岁那年春天，邻居王三又在邻居那里说张显光是逃犯。张显光母亲和他理论，他却动手打了她，并追到张家里大闹一顿，继续追打张显光母亲，吓得她躲到了桌子下面。母亲受到这样的伤害，张显光怎能忍受？他带着匕首来到王家，不由分说地朝王三乱刺，直到其死去。

“除了亲人，这个世界对我来说全是恶人，我痛恨在这个世界里所有遇到的人。我恨王三，我恨这个世界。从杀死王三开始，我开始用尽所有办法报复这个世界……”

矿区的生活使张显光得到了这样的结论。说起这番话的时候，他脸上的皮肤痉挛似的乱颤。他向我要烟，随后开始沉沉地吸了起来。

“你致命的缺点就是缺少忍耐力。在生活面前，你已经忍耐了很多，如果你再多忍耐那么一点点，——如果没有那两元五角钱，如果没有因为别人的伤害而妄自斗勇斗狠，如果没有后来的抢劫杀人，你应该会是一个让母亲欣慰的人。”

张显光的陈述令我的思想随之沉浮。听了我的想法，他一副若有所思的样子。这样的时候提起母亲，张显光竟扔掉了未吸完的半支烟，依然泪如泉涌。

“忍耐，不是那么容易做到的。多么艰苦的生活都可以忍耐，但受窝囊气的事情却很难忍耐。不杀王三，我做不到。我后来杀人、抢银行，都是因为自己曾经杀过人，我觉得开弓没有回头箭。”

二、开枪、杀人、取钱：张显光兄弟见到驶过的运钞车就有抢劫的冲动

自少年开始，张显光便把自己的贫穷和别人的白眼看得极重，他始

终生活在一些无聊者的蜚语里。从张显光身上可以让人体会到一个内心高度自闭者的可怕，流言蜚语本就像一片片轻飘飘的叶子，但它却可以轻而易举地将像张显光这样的人压垮。从心理上说，张显光早已经是一个变态的人，他的视野里浸满迷离的血色。谁进入这个视野里，谁就步入了一个危局……

"当别人鼓鼓的钱包落入我的手中，就像吸烟一样惬意。"张显光又大口吸烟了，目光闪烁不定。

贫穷的感觉永远令张显光剧烈地心痛。在这个基础上，张显光似乎对这个世界上每一个有钱人都有着天然的恨与阴谋。当年，张显光因杀人从鸡西逃跑后，首先来到了哈尔滨，接着弟弟张显明、张显辉及表弟李彦斌、李彦波也都来到了身边。初到哈尔滨的日子，张显光兄弟在蔬菜批发市场、家具市场做力工，那时经常有几个满身雕龙画凤的地痞无赖向他们及一些业户强行索取所谓的管理费。张显光与弟弟们将那些人打得半死，他们兄弟也因此在市场赢得了一定的威信，但张显光认为这种威信完全是拳头的威信，他在心里依然不接受任何人的笑脸。

张显光把目光盯在了那些笑脸背后的钱袋子上。为此，张显光和弟弟们专门买了 3 把猎枪，其中一把平管、一把立管、一把单管。为了作案时携带方便，他们把枪全部锯短了。

1999 年年末，张显光兄弟盯上了一个叫马迪的卖鱼大户，这个人原本与他们兄弟非常熟悉。正是由于熟悉，张显光知道这个人每天都有数万元货款进出。1999 年 12 月 18 日 17 时 30 分许，张显光兄弟尾随马迪至哈尔滨市道外区南极街一僻静处时，冲着马迪的脑袋一阵乱枪，随后抢走了 10 万元现金。

仅仅过了几天，张显光兄弟又盯上了批发海鲜的女货主吕寒。2000 年元月的一个晚上，吕寒和三个朋友驾车来到哈尔滨道外区中马路附近的一个车库前，骑着摩托车一直尾随的张显光、张显辉戴着头套出现了。张显光对着轿车就是一猎枪，车内 4 个人都呆住了，随后将两个总共装有 20 万元现金的钱袋子交了出来。钱到手了，张显辉又朝着吕寒开了两枪，致其毙命。

在哈尔滨作案的同时，张显光兄弟又先后多次赶到沈阳抢劫作案，同样造成了被害人死伤。他们觉得沈阳和哈尔滨都是东北有名的大城市，在这样的地方作案收获会大些。

对于这样的抢劫，张显光兄弟依然不满足，他们总觉得是小打小闹。

因为每当有运钞车经过他们身边的时候，他们都会有一种抢劫的冲动。在这种冲动的驱使下，张显光兄弟终于把罪恶的想法付诸行动。

2001 年 1 月 10 日上午，张显光伙同张显明、张显辉及表弟李彦斌等人再次持枪行凶，将沈阳市沈河区某储蓄所运钞车押运人员打成重伤，抢走人民币 78.5 万元。初次抢劫运钞车偿到了甜头，张显光又精心准备了第二次作案。

张显正是张显光在鸡西老家最小的弟弟，只有他同当年的父亲一样做煤矿工人。为了确保第二次抢劫运钞车万无一失，张显光从张显正那里弄来了开矿用的炸药、雷管，并设计了爆炸抢劫银行运钞车的每一个环节……

临近年底，张显光几个人正准备实施犯罪的时候，鸡西突然传来噩耗，弟弟张显正在矿下作业的时候，被矿顶掉下来的一块石头砸死了！据说那天出事地点干活的人很多，空间也很宽敞，但那个致命的石头却不偏不倚正好砸在了自己弟弟的头上，安全帽没有起到任何作用。

"我觉得小弟弟的死是老天提前对自己进行的报应，我有了一种不祥的预感，但由于金钱的诱惑，让我无力回头了。2003 年 1 月 18 日，终于成了我的末日。"

三、遥控炸弹每天背在身上：逃亡路上时刻准备与抓捕自己的警察同归于尽

沈阳"1·18"特大持枪爆炸抢劫运钞车案震惊全国。对于这起案件，张显光最初认为是自己天衣无缝的杰作。抢劫运钞车案后，张显光分得了 50 万元，其余的给了弟弟们。几年时间里，张显光兄弟已经制造了两起抢劫银行运钞车案及一系列持枪、持械拦路抢劫公民财物案件，敛财 331 万元，并致死 5 人、重伤 4 人、轻伤 6 人。

每次抢来钱分赃后，弟弟们总是很快挥霍完毕，张显光却舍不得花，他觉得只有将一捆捆的钱搂在怀中才感到温暖和舒服。但他的钱最后还是存不住，因为弟弟们花完自己的一份后，总会伸手向张显光要，然后要将他的那份全部败光。"1·18"案子后，张显光告诫弟弟们不要太疯，不要整天酗酒嫖妓，可弟弟们却异口同声地回答——抢的钱怎能不花？花完再抢！

张显光对弟弟们的表现有些失望，他为此离开了他们。张显光把自己

的50万元藏到了沈阳一个情妇家的水缸中，不准备再给任何人。50万元，正好装满情妇家的一口水缸。

“既然你不喜欢挥霍，要那么多的钱干巴巴留在你手中，有什么用呢?”面对我的疑惑，张显光这样解释：“一个人兜里有钱和没钱的感觉是不一样的。我不能每天都靠杀人维护尊严，更多的时候还是要借助钱的力量。比如说，一次我在沈阳的一家酒店吃饭，一个招待小姐对我蔑视、生硬。当我把两万元拍在她面前后，人软得都拿不成个了，我让她做什么她都做。我的钱，是用来维护尊严的。在维护尊严的时候，我是不会舍不得花钱的!”

说这番话的时候，张显光目光狡黠却又空洞。张显光用自卑的反射体会生命的方向，这让我感觉到他就像幽深黑洞里的一只嗜血蝙蝠，用其他生灵的血滋养那个看不清这个世界的躯壳，然后长久地生活在不见天日的黑暗里。

做了那么多血腥的案子，张显光从未有过恐惧感。但在抢劫运钞车后，疯狂挥霍的弟弟们曾令张显光恐惧异常。他有心将那些容易误事的弟弟全部杀死，却说什么也下不去手。在沈阳郊区的情妇家，张显光每天望着那装满50万元现金的水缸便感到踏实放松，他会为此忽略弟弟们带来的隐患。他宁愿相信一切平安无事，就是不往坏处想。

沈阳“1·18”特大持枪爆炸抢劫运钞车案在案发后21天取得突破。当年2月8日，出现反常消费、暴富现象的外来人员张显明首先出现在可疑名单中并被传讯。在审讯专家的工作下，张显明最终供述了作案经过。随后两天里，除张显光外的团伙成员逐一落网。

张显光内心短暂的寂静很快被打破。2月10日，他在情妇家附近散步的时候接到了弟弟张显明的电话，他在通话期间明显感到弟弟表现反常。张显光立即联想到反映警察侦查破案电视节目中的一些情节，他仿佛看到了弟弟电话背后隐藏着的一张张警察的脸。瞬间，张显光浑身上下被冷冷的汗浸透了……

张显光走上了逃亡路。由于知道自己大限将至，他为自己量身定做了一个遥控爆炸装置24小时挂在身上。张显光血红着眼睛，随时准备与抓他的警察同归于尽。

张显光不再西装革履，而是像在矿区生活时一样衣衫褴褛。张显光的这副打扮起到了很好的伪装作用，竟然渐渐逃出了沈阳警方的包围圈。

“我所做的一切，都是被这个社会逼的。要是我的那帮兄弟争气些，我一定能成事儿。”

每个人的内心都是一扇门，有时开启，有时关闭；但是，张显光的心门在人生某个不确定的时刻永远关闭了，这从根本上决定了他不再接受这个世界，不再接受这个世界里的人。张显光用自我的眼光对这个世界怒目而视，心门之内则恶浪滚滚。张显光把杀人越货看成生活所迫，把杀戮作为自己向这个社会无限索取的手段，他认为这个社会欠他的太多。因为觉得亏欠，所以无法忍耐；因为无法忍耐，所以索取。但是，社会并没有逼迫张显光，正是他的狭隘将自己逼上了绝路。

四、残余生命里的亮色：一个女人使魔鬼放下屠刀

劫数，已经进入倒计时，张显光随时准备步入死地。

张显光先后逃到锦州、公主岭、长春、哈尔滨、大庆、扎兰屯，最后又来到了齐齐哈尔。逃亡过程中，遥控炸弹一刻也未离开他的身体。张显光始终不敢坐火车，他经常沿着火车道线走，有时扒货车。他从不住旅店、浴池，困了就在农村的草垛里睡一会儿。从沈阳逃走的时候，张显光身上有5000元现金，饿的时候就用这钱随便买些吃的东西。到了齐齐哈尔，疲惫的张显光不再逃了。他觉得自己在齐齐哈尔没有一个认识的人，安全；口音又与当地人很相像，不惹眼。

在齐齐哈尔，张显光在每天上、下班时间依然会到各个银行门口转悠，研究当地银行运钞保安环节上的漏洞。毕竟，他身上炸药、雷管齐备。齐齐哈尔的运钞车装甲很厚，押运人员可以说是武装到牙齿，张显光觉得自己势单力孤，很难下手。

张显光虽然省吃俭用，但5000元钱很快花完了。但就在他兜里还剩20元钱的时候，一个叫珍子的女人出现在了他的生命里。

要说女人，张显光可见得太多了。张显光虽然没有弟弟们那么疯，但他的生活里不缺各色女人。他原本在哈尔滨、沈阳有4个固定的情人，哈尔滨那个小他20岁的情人还为他生了一个儿子。张显光总觉得自己同那些女人之间也是一种金钱与欲望的交易，她们同弟弟们带回的妓女有区别，但差别不是很大。

这个被丈夫抛弃多年的女人与张显光遇到的所有女人不同。珍子没有魔幻妖娆的身子，没有粉脂铺盖的脸，没有油腻的红唇，她只是一个大他5岁，并有着鸭蛋式体形的普通妇女。但是，正是从珍子那里，张显光感

受到了一个真正女人。

张显光经常胃肠不好，珍子一日三餐给他熬米粥，还按时提醒他吃药；张显光好清洁，珍子总是把他的内衣、外衣洗得干干净净；每到节假日，珍子总要给他做些好菜，备上热酒；张显光从小就有肩疼的毛病，珍子总会给为他精心按摩，直至自己汗流浃背。珍子给他做的饭菜，胜过他所吃过的鲍鱼龙虾；珍子为他揉肩，胜过他在任何一家洗浴中心接受按摩时的感受。

为这个珍子，张显光终于发自内心地卸下了身上的遥控炸弹。他暂时放弃了抢劫银行运钞车的想法，他害怕自己再干案子东窗事发失去珍子。张显光没什么本事，开始在力工市场卖苦力赚钱。市场上经常有地痞和一些雇主欺负他，那些人骂他盲流，扇他耳光，用吐沫吐他，用脚踹他，用棒子打他，有时还干活不给钱。——对于这一切，张显光全部忍耐。

望着那些人在他面前虚张声势的表演，再想想自己杀过的那些人，张显光总会淡然一笑。

张显光每天靠卖苦力赚一碗面条吃，赚一瓶啤酒喝，余下的钱全部交给珍子。受人欺负，张显光绝对不会过多纠缠，更不会去报案，他是怕因为那些事情暴露了自己的身份。他总是在心里想，能和珍子多待一天是一天。

珍子这样的女人，张显光原本看都不会看一眼，但在逃亡的日子里，张显光最缺乏的就是安全感觉，他从珍子那里寻到了这种感觉。为了这种感觉，张显光不惜一切代价。在珍子面前，张显光总会神经质似的哭泣，他最终向珍子说出了自己的一切，他想当然地认为珍子会包容他的过错。张显光生活在一种自我想象中，这是他一直的错误。要知道，珍子既然能够真心真意地同张显光在一起，一个决定性条件就是他对她来说能够提供安全感。

谁能忍受一个杀人恶魔与自己日夜相守呢？珍子感觉自己收容了一个疯子。在共同生活一段时间后，珍子发现张显光并不是一个心胸很开阔的人，他歇斯底里的泪水更是让她感觉恐惧不堪，她害怕自己某一天会丧命于他的手中。作为公安部 A 级逃犯，张显光在齐齐哈尔生活了两年多的时间后还是被发现了，而戳穿其真容的正是珍子本人。2006 年 8 月 8 日下午 17 时 30 分，张显光被齐齐哈尔警方抓捕归案。此前，张显光刚刚用自己卖苦力赚的钱买了一辆人力三轮车，还为珍子买了一台冰箱。张显光记不清自己曾经给女人们买过多少钻戒和项链之类的东西，但他一直在努力攒钱，准备买一枚戒指戴在珍子那光秃秃的手指上。但是，张显光并不知道，珍子对这些东西根本提不起兴趣。

“除了小时候一段短暂的幸福时光，和珍子在一起的日子使我真正过上了人的生活，粗茶淡饭才是真。离开珍子，我就想快些死去，枪决不会让我遭罪对不对？我活不过‘十一’对不对？我真是盼望‘十一’快些到来。”

除了眼神的凄迷，张显光的声音听起来非常虚弱，似乎用尽了身体内残存的力气。管教说张显光多日来基本上处于水米不进的状态，这是一种畏罪的表现。畏罪与不畏死，印证了一个混乱、绝望与可悲的生命。

张显光自幼生活在一个相对封闭的环境里，他的家庭与外界缺乏一种开放式的交流，这在心理上造成了张显光具有强迫式的自闭性行为，在此基础上，父亲的严厉更是对张显光自信的摧毁，极端的自卑最终导致了人性的扭曲。我和张显光的谈话以长时间的沉默结束，铁窗内的身影最后静悄悄地淡出了我的视野，我坚信那个身影支离破碎的时候依然不会解脱……

黑暗“天使”

这个萧瑟、绝望的秋天。已经54岁的张信无论身处何处，总觉出有一双双眼睛正在暗处死死地盯着自己。

的确，张信所处的龙岗区的检察官正在调查他。这些年且不说他张信到底贪了多少，单被手下一名心腹卷走的9300万元就足够他喝一壶的了。

三天前，张信已经接到了通知，让他到佳木斯商业银行报到。大权在握的时代结束了，下面接踵而至的，无疑将是检察院的传票。

这几天，他除了忙着转移赃款，还得应付妻子无休止的火爆脾气。

一、贪官神秘失踪

送别酒会，令张信很不愉快，因为他感觉自己受到了从未有过的轻视。

毕竟是要离开了，韦屯镇储蓄所还是为他举办了这个酒会。推杯换盏中，所有人的溢美之词依然如故，仿佛根本就没有张信即将身陷囹圄那回事。酒会一结束，所有的人跟相约好了似的，转眼没了踪影，这在以往是绝对不可能发生的。张信气得对那些远去的背影破口大骂：这帮白眼狼！

第二天，张信还是很早就起了床，在街上转了一会儿，便回家接外孙女玲儿上学。7时30分，张信将玲儿送进了学校的大门，他朝玲儿挥挥手，又在校门前驻足了好久。外孙女的背影消失了，他却还在原地呆呆地立着。这时候，学校门口密密麻麻都是前来送孩子上学的家长，门口有一名学校保安维持秩序，保安见张信送完孩子还在门道立着，就不高兴地冲了他一句，送完孩子的家长请快点离开，不要挡道了！

“叫唤个啥，你不就是个看门的吗?!”张信不乐意了。保安被人冲了，可一点儿也没生气，他自嘲般地朝张信笑笑，“我也就在这儿混口饭吃的看门狗，您是祖宗，请祖宗还是快点儿让道吧！”

保安一副自嘲的架势，张信心里头的火气顿时熄了。此后出现的情况，是谁也不会想到的，张信失踪了！

张信单位附近一位修理自行车的师傅称，他在当天上午10时，曾看见穿蓝西服、戴眼镜的张信从自己的修车摊前走过。除此之外，再也没有人看到他。

接下来的三天，暗中进行侦查的检察官发现侦查对象不见了，他们顿时慌了。他们已经掌握了张信的部分犯罪证据，正准备着手抓人。现在张信竟然在他们的眼皮底下消失了。

二、又一则爆炸性消息

在寻找张信的第三天，办案的检察官发现这个世界上除了他们，似乎没有人关心张信。三天里，竟然没有一个人给他打电话，他的手机当然也没有给其他人打过电话。

对于这个问题，办案人员很快得出结论，现在张信没权了，理他的人自然少了，加上目前所有人都知道他正在接受调查，因此都担心会与他有什么牵连，所以才没人和他联系。

检察院办案人员的推断也不是没有道理，可就在他们这样揣测分析的时候，却又传来一个爆炸性的消息——张信的妻子被人杀死在住处！

当晚7时35分，龙岗公安分局接到张信女儿张小旦报警，称其母亲王子禾在家中被杀，给其父张信反复打电话也不开机，这是以前从未有过的。

现场位于新苑小区某栋张信妻子的住处，现场外门是防盗门，没有任何撬压痕迹。

张小旦说她三天前早晨和母亲最后一次通电话，母亲告诉她，孩子被姥爷送去上学了。她告诉母亲说自己晚上接孩子回家。接下来的几天，她始终没和母亲联系。报案这天，她从早晨开始，反复给母亲打电话，一直联系不上。最开始，张小旦以为母亲去洗澡了，手机没开机，但直到晚上还是联系不上，她就感觉有些不对了。张小旦没有母亲住处的房门钥匙，怎么砸门也没动静，于是请来开锁师傅将门打开。门打开后，张小旦的丈夫进入室内，发现岳母王子禾死在东卧室床上。

经勘查，现场是两室两厅格局，进屋右手是西卧室，往前是南向大明厅，南客厅东侧是东卧室，北边是北客厅和厨房。被害人王子禾被杀死在东卧室的双人床上，呈头东脚西仰卧状，头部被一个沙发垫盖着，沙发垫下是一件红色羊毛衫，羊毛衫下的头被套在一个佐丹奴的塑料袋里。双人床南侧有一张办公桌，办公桌的北抽屉被撬，但里面没有被翻动。北客厅西侧整面墙是组合柜，组合柜两侧衣柜无翻动，但中间书柜里的厚书则全被翻开，放在地上，书柜的底边被撬开一个豁口。在北凉台，凉台的鞋柜、酒柜均有翻动。侦查员现场勘查过程中在北客厅的窗台上发现了两个特殊的物件——两串钥匙。经张小旦辨认，一串是其母王子禾的，一串是父亲张信的。据张小旦说，此处是父母二人习惯放钥匙的地方，但张小旦格外指出，父亲平常离开家时，从来都将钥匙随身携带，这是他绝对不会忘记的。从总体上看，现场整体翻动并不大，但较为集中，是有目的地翻动。除此之外，犯罪嫌疑人离开前将现场地面用拖布进行了擦拭以消灭痕迹，防盗门是随手带上的。

经法医对被害人王子禾尸体解剖检验，结果确定，死者身上无任何损伤，是被犯罪嫌疑人用物品捂压口鼻窒息而死的。根据死者胃内容物已排空以及尸僵缓解、尸斑等方面情况的判断，死者死亡时间大致应在张信失踪当天上午 9 时左右。

是他在外逃前杀死了结发妻子？

张信哪里去了？

调查失踪事件，警察当然比检察院在行。仅在开展工作的第一天，侦查员就把张信失踪那个早晨，像放电影一样呈现出来，包括早餐、擦鞋、和校园门口保安吵架等每一个细节。余下的只能靠推理。

专案组的侦查员们经过初步侦查，很快便发现，张信外表道貌岸然，背地里贪污受贿、酒色无度。了解到张信所有的一切之后，专案组所有成员眉头锁结，张信复杂的内心和长时间以来的夫妻矛盾是否和本案有联系？是否会导致他本人做什么出格的事呢？

侦查员调查后还发现，张信过去经常殴打妻子。五年前，张信就和王子禾处于半分居状态，大部分时间都住在各自的房间里。但张信对王子禾唯一的好，就是在钱财上对她从不吝惜。他自己的钱，总是大捆大捆地给她花。所以，王子禾虽然已经不再工作，但她在经济上非常宽裕，平日生活就是一个典型的阔太太，认识她的人都知道她出手阔绰，虽然已经过了五十岁，但购买名牌化妆品和高档服装的势头依然不减，她所有的包都是 LV 的，这令女儿张小旦都感觉过分，但她对母亲也是敢怒不敢言。

杀死妻子需要合理的理由，但这个理由并不难发现，张信和原配妻子不和是人人皆知的，但张信对妻子最致命的痛恨，还是源于她的红杏出墙。

王子禾的“艳遇”足足小她二十岁，系常年给她做头发的理发师。围绕理发师调查一番，查明他在案发前后几天都是早早到理发店开工，没有作案时间，而他的接触关系都是各种阴阳怪气的女顾客，也没有结伙条件。

为了对此问题加以论证，大家又结合现场和证人证言从事实角度展开了详细分析。

王子禾的女儿张小旦曾说过，她在案发上午不到8点的时候给母亲打过电话，当时母亲说自己一个人在家。这说明她8点之前还没有遭遇不测。此时，侦查员禁不住想起了现场的一个物件，即北客厅窗台上张信的那串钥匙。张信从来都是随身携带的钥匙当天却意外出现在家里，而案发现场门锁没坏，说明很有可能是张信本人开门进来，钥匙放在了习惯摆放的地方。他随后杀死了妻子，又将现场伪造出抢劫假象。这个结论完全有现场勘查结果的支持：那个被撬的书柜底边显得有些牵强，通过那个小撬缝既看不出里边有什么，手又伸不进去，旁边书桌抽屉被撬却没有翻动；从犯罪现场总体上看，翻动具有局部性，并有一定的针对性，而不像一般的入室抢劫或盗窃现场那样被翻个底朝天，这些给人一种感觉——现场情景是刻意伪造的。

是否可以这样设想，张信和妻子长期不和，最近工作上发生突变加剧了内心的烦躁感觉，这种失衡状态令他的思想很不稳定。在案发当天，张信于8时30分后返回家中，当天他和王子禾再次发生争吵，一时起意干了傻事，或干脆就是想杀死她后永远消失。事后，张信拿了点自己有用的东西，又在现场制造了抢劫假象，然后便匆匆离开家，路过自己单位时又被修车师傅碰见。

接下来，一系列现象极大地增加了张信的疑点。案发后的几天内，张信亲友家相继接到了从青岛、营口等地打来的长途电话，而且电话里的人并不说话。这会不会是外逃的张信在探口风？

这个神秘莫测的张信，到底去了哪里？

三、他到底是凶手还是被害人

专案组全体会议上，反复在争论着一个议题：本案是抢劫杀人案，还是张信本人所为？

在涉及侦查方向这样一个大问题的时候，专案组立足现场，进行了认真的分析和讨论。一种意见认为：被害人王子禾身上没有任何抵抗伤及厮打痕迹，如果是张信一个人作案好像不大可能，因此张信凶多吉少，亦是被害人！本案就是犯罪分子为谋财害命，应该集中精力对此案按照抢劫案件展开侦查。另外一种意见认为：张信一旦决定要杀死王子禾，当天发生的一切就和以往两个人吵架完全不同了，张信绝对不会再给王子禾任何吵闹的机会，直接将其捂死对他来说还是不费力气的，现场越安静，越说明张信是有备而来，存在着预谋过程。专案民警曾经调查周围邻居，事发当天王子禾家里非常安静，没有任何打闹声响。就此，有专案民警判断此案系张信动手杀死王子禾无疑，而且张信本人事先经过了认真准备。

两种判断孰对孰错？听起来似乎都有道理，论据也都很充足。但是，每一个结论又都是不确定的。这起案件的复杂案情，激发了专案组所有办案警察的兴趣，谁都想通过自己认为正确的推理和合理的想象，去发现那双硕大无形的黑手。

位于西郊的韦屯，那里芦苇茂盛，大小湖泊密布。由于张信于1973年从部队复员后一直在这里生活，韦屯镇成了重点开展工作的地区之一，主要寻找与其有矛盾纠葛的嫌疑人。除此之外，还重点在张信工作单位内部，以及亲友当中开展工作。在最初的二十多天里，侦查员们调查了解张信的直系、旁系远近亲属200余人，单位同事180余人，社会关系100余人。无论是张信杀人后逃走了，还是他本人也遇害了，专案组调查的目的是从中发现张信最可能的“逃跑”去向，或是从中发现针对张信的各种潜在“作案预谋”。

张信本人复杂的关系网络增加了调查走访工作的难度，办案警察吃尽了辛苦。张信在原单位任一把手期间，经他手审批出去的贷款累计12.6亿元，贷款大户超过千万的就有好几家，专案组全部进行了详细调查，按照排查条件和犯罪嫌疑人应具备的条件又都否掉了。专案组又对张信的女儿张小旦以前处过的男友任某作了重点调查，嫌疑依据是1991年他和张小旦处过对象，但1992年因盗窃被公安机关从张信家抓走，后被判刑8年。任某服刑期间曾写信给张信，索要1992年他帮别人贷款时送给张信的一万元现金，此后这笔钱由任某的母亲到张信单位拿走。但又经过对任某作案时间、接触关系、结伙条件等方面的分析，该人也被否掉了。一时间，案件的侦查工作似乎越来越艰难。

何晏是专案组里的一名警察，专门负责调查与张信有瓜葛女人的这条线。其中，有两个女人给警察留下了很深的印象，同时也增添了两个问号。一个是张信的小姨子王子田，一个是小张信十五岁、家住韦屯镇的、被人称作“天使”的吕欣悦。

四、两个女人带来的转机

坐在那里静静地抠指甲，静静地流着眼泪。何晏每次面对王子田时，她的表现总是一成不变。

何晏查来查去，最后发现王子田的确是张信心理上最依赖的女人，她也是张信的“金库”，张信有很大一部分钱财都存在她那里。这一点，通过检察院的帮助，情节和证据更加清晰。

对于张信来说，既然存在这样一个女人，他为什么自从不见人影后始终没有同她有过任何形式的联系呢？

那么吕欣悦呢？何晏费尽周折，依然寻不到这个女人的任何踪影。王子田说，她和张信的关系外人不知道，但她却知道张信和许多女人的关系，其中最清楚的就是吕欣悦。据王子田说，吕欣悦和张信的关系很稳定，张信一直想让她给自己生个孩子，她也很上心，但就是一直没有怀上。

张信过的是怎样的日子？疯狂敛财，疯狂纵欲，金钱和权力早已经扼杀了他的灵魂，这样的人又有什么事情做不出来呢？杀死在他心里已经过气的原配老婆又算什么？何晏这样想着，却又觉得张信终日声色犬马，结果造就的是虚弱的心理状态，他失踪前的表现已经证明了这一点，所以谈到杀人，估计张信没那骨气。况且即使他杀人外逃了，怎么会不和王子田联系？而是故意给一些无关紧要的人打电话探口风？从王子田这个角度来看，张信应该是遇害了，而不是杀人外逃了。站在另一个女人的角度，何晏认真调查了关于吕欣悦的一切，他想看看张信是否会带着她一起外逃了，却发现吕欣悦账下四十余万元存款已经在张信失踪后第二天全部取光了，她的手机也在接下来的第三天进入关机状态。银行监控录像显示，所有的钱都是吕欣悦一个人取的。这是一个令人震惊的发现！

专案组按照何晏的想法，派人来到吕欣悦的住处。何晏仅仅通过一个细节，就决定对其住处进行全方位勘查。何晏认为，这个吕欣悦不是同样被害了，就是和张信一起逃掉了。如果说是张信杀死了自己的原配妻子，他一定在这里躲藏过，然后与吕欣悦一同外逃。

何晏在厨房里发现了已经做好的半锅米饭，还在锅里发现了一锅炖菜，桌子上摆着一盘炖好的鱼，由于深秋天气转凉，这些饭菜还都没有坏掉，也都一口没动。由于吕欣悦在张信失踪后第二天下午还在银行有提款记录，这说明眼前的饭菜形成于张信失踪后第二天晚上或第三天。丰富的饭菜肯定不是一个人吃，也不可能是早餐，有可能是张信失踪后第二天晚上的晚餐，或是张信失踪后第三天的午餐。但是，张信失踪后第三天上午的城市监控录像显示，吕欣悦的轿车在这天早晨不到 6 点就出城了，而且没有走高速，走的是国道。很显然，那是为了躲避高速路收费口的监控探头。

看来，那顿没吃的饭菜显然是在张信失踪后第二天晚上做好的。但是这里出现了一个疑问：做好了为什么没吃？而吕欣悦的轿车又在第二天上午出城了。

吕欣悦的晚饭不是为张信准备的，何晏作出了侦查工作开展以来最有价值的一个判断：这里存在一个第三人，该人在张信失踪第二天晚上来到吕欣悦家，吕欣悦白天为他提出了巨款，晚上为他做好了饭菜，他却没来得及吃，也没有按照某种约定带着吕欣悦一起离开韦屯，他杀死了吕欣悦，并在第二天开着她的车逃走了，吕欣悦的尸体很可能就在车内！吕欣悦或是他的同谋，或知道是他杀死了张信！

刑事技术人员在吕欣悦家进行了细致勘查，提取了若干个同一男子的足迹，这个足迹表明该男子脚穿四十三号鞋，显然不是张信的，张信鞋号四十，比起来小了许多。何晏作出了自己的最终判断：张信一定已经死了，凶手很可能就是在吕欣悦家留下脚印的男子。

留下四十三号脚印的男子会是谁？难道是他在晚饭前杀死了吕欣悦，然后晚饭一口没吃，独自在她家里待到第二日天明，而后驾车逃走？那他又为什么不在杀完吕欣悦后，在深夜里直接驾车离开呢？奇怪的问题一大堆。

吕欣悦的住处很偏僻，紧邻一个被苇草包围的苇湖，根本没有人在她失踪前后看到她或者某个陌生人进出。苇湖是个名副其实的渔场，每天凌晨三四点钟就会有大量的鱼贩前来进货，但他们从来不走吕欣悦住处这边，她的家在苇湖的另一侧。吕欣悦又为本案留下一个谜题。

五、找到了她也就找到了关于本案的全部

张信和他的原配妻子如果同一天遇害了，最大的可能就是遭到了抢劫。

何晏决定把张信失踪当天的早晨7点30分到9点作为寻找其去向的关键时间段，开展重点调查。既然张信是被害人，他一定被转移走了，一个大活人在白天被转移走，说明一定有交通工具。何晏断定张信一定是在送完外孙女回来的路上遭遇绑架，绑匪随后上楼索要钱物，并把独自在家的王子禾杀死，没有把张信带到楼上是因为担心被别人撞见，或是怕张信本人不老实呼叫。总之，绑匪必须有交通工具是第一要素。

专案组仔细调阅了张信家周围的城市监控录像。在张信家与外孙女学校之间有一条必须经过的百米长巷道。面对这条巷道，所有办案警察的态度都如出一辙：无论绑匪是谁，若想在当天绑架张信，这条巷道是最好的地点。当沿着这条巷道走访了解案发当天可疑车辆的时候，有人反映曾有一台红色捷达出租车在当天早晨长时间停在巷道中点位置，但车牌号谁也记不起来，车内有乘客。这使专案组联想起了张信失踪前后发生的一起抢劫出租车案。

排查被抢车辆成了全部工作的重中之重。考虑到被抢出租车可能已经被换了牌照，全市公安机关开展了大范围的出租车清查工作，并发动出租车司机们帮忙提供线索。

张信失踪后第六天上午10时许，分局刑警队接到群众举报，在顺意小区69号楼5门洞门前有一台无牌照的红色捷达轿车，已经停放很多天了，无人问津。接到举报后，几名刑警立即赶到现场。在对车检查后，决定请开锁师傅打开后备箱看看有无查找该车的线索，当打开后备箱盖后，意外地发现里面有一具男性尸体。后经辨认，确定死者就是失踪的张信。刑事技术人员对现场进行勘查走访，经过对这台捷达轿车的勘查，这台捷达车的两个前门外侧有用锌钠水擦拭的痕迹，但隐隐约约还能看出“金龙”字样，而“金龙”是一家出租车公司的名称。打开后备箱的门，死者张信头北脚南呈仰卧状，蜷在后备箱里，死者的头部被套上了两个黑色的方便袋，方便袋上面缠着数十道黄色胶带。死者双手被反剪在背后，也是用黄胶带捆绑的，另外还用死者的腰带绑了几圈。经法医对张信尸体的解剖，死亡原因是窒息，死者的胃内有大米、咸鸭蛋、青菜纤维等没有消化充分的食物500毫克，死亡时间为进食后两个半小时左右，死者的前胸、后背

及大腿后侧有大面积的尸斑存在，根据尸斑形成部位与现场尸位不符可以判定该现场为移尸现场。

凶手抢劫了红色捷达出租车，并以此车为交通工具劫持张信，威逼张信说出自家钱物所放位置后将其杀害，再利用张信的钥匙侵入张家室内，将张妻王子禾杀害，有目的地翻走要侵害的物品，然后逃离现场。张信的尸体则装在抢来的捷达车后备箱里，抛尸于顺意小区 69 号楼 5 门洞门前。专案组再次为事件整个经过清晰地画像。

神秘“蒸发”的吕欣悦成了焦点，也许找到了她，也就最终找到了关于本案的全部。营口、青岛警方全部接到了协查通报，请求当地公安民警在工作中注意发现吕欣悦的那台白色 RAV4 丰田吉普。这一次，叫何晏的刑警再次提出了一个独到的观点，他觉得凶手很可能距离他们并不太远，这个人也许就在韦屯，最起码也是经常出入韦屯的人。张信近年来的风光表现，已经使他成了整个韦屯的明星式人物，他的张扬作风很容易招来贪财的亡命徒。既然这个亡命徒能够和吕欣悦联系在一起，更有可能是韦屯的人。何晏已经了解到，在韦屯土生土长的吕欣悦并没有多少文化，当年就是储蓄所的一个临时代办员，后来是张信把她的工作关系转正了，但她这些年来从不接触韦屯以外的人，除了张信，她的生活里没有什么不稳当的社会朋友，从她手机上反映出的接触关系可以非常充分地说明这一点。这使何晏感觉到，那个神秘的第三人应该就在韦屯，他与吕欣悦常年有联系，而且关系很近，只不过是没有人知晓罢了。就此，按照何晏的意见，专案组开始暗地里重点调查韦屯近日外出人员。假如发现有人近日在营口或青岛出现过，那该人就是凶手无疑！

吕欣悦的父母亲朋大多生活在韦屯。走访吕欣悦的父母亲朋没有任何结果，每个人都说谁也猜不透她的心思，她也很少和亲人联系，但她被张信包养的事情大家都知道。查看吕欣悦的电话记录，除了和张信通话，通话时间几乎没有超过一分钟的。

吕欣悦失踪后，她的母亲每天都会来到她曾居住的那栋房子前哭泣不停。

六、那是一具漂浮的女尸

老王是一个钓鱼爱好者，他决定在周五进行秋天收竿前最后一钓，于是一路骑着摩托车来到了韦屯，他在经过吕欣悦的住处后来到苇湖边。这片湖水来自附近的一条江，由于是秋天，嫩江那边水量减少，湖这边的水位跟着退得很快。老王换上胶皮靴子和胶皮裤子连体的水衩，深入湖水相对深一些的地方选好了一个垂钓处，然后便坐在水中开始垂钓。他准备了充足的香烟、白酒、小菜，准备来个夜钓。老王还在岸边打开了旅行帐篷，里边有睡袋，他准备夜里钓够了就休息。这种生活是他的最爱，他觉得这就是神仙过的日子。

这一夜，老王遇到了意外收获，他钓鱼从来没那么顺利过，鱼钩扔进水里用不了多久就有鱼咬钩，而且全是鲶鱼。到了次日凌晨一时左右，夜里的寒气开始上来了，老王能装满的袋子、网兜也都装满了大大小小的鲶鱼。老王乐坏了，心想这次算是破了自己单日野钓纪录，回去和渔友们可有吹嘘的了。手里这些鱼，如果卖钱一定会赚不少。老王最后回到帐篷，把酒菜吃喝干净便钻进睡袋呼呼大睡了。

老王做了一夜的美梦，早晨迷迷糊糊醒来后来到帐篷前的湖边小解。湖水和昨晚相比又退去了一些，老王这时候发现不远处他昨夜垂钓的位置有一片黑乎乎的东西，像是水草又不像。老王重新穿上水衩来到湖中，对那团黑乎乎的东西用一个竿子捅了几下。这一刻，老王一下子呕了起来，双腿一软趴到了水里……

老王记不清自己是怎样挣扎上岸的。钓上来的所有鲶鱼，连同鱼竿，他什么都不想要了——那是一具漂浮的女尸！

此人正是吕欣悦。吕欣悦尸体被发现的当天，专案组在调查中发现，韦屯镇李红斌、李红峰兄弟外出了，手机漫游记录显示他们两个就在青岛，而他们兄弟二人是给一个叫肖辉的人打工，肖辉承包了吕欣悦家旁边的这片湖面，每天都有大量的鲜鱼经他们的手卖到市区。吕欣悦的尸体被一个船锚缀着，沉尸地点地势似乎比周围高一些，加上水位持续下降，最终使她出现在水面。鲶鱼是专门喜食腐肉的，这也是老王高产的原因所在。

何晏的侦查思路使案件不断产生有效突破，龙岗分局局长直接找到了他并承诺：案子破了给你记功！下一步侦查走向已经非常明显：寻找吕欣悦和他们三人中的某一个是否有某种交集因素存在。

吕欣悦尸体被发现时已经是张信失踪后的第十天。通过调取手机通话记录，专案组发现肖辉和李红斌、李红峰兄弟这十多天以来一直联系密切，而肖辉与吕欣悦之间也有通话。专案组迅速采取行动，肖辉在营口落网，而李红斌兄弟在青岛落网，警察在大连一个二手车市场追回了被李红斌兄弟卖出的白色 RAV4 丰田吉普。肖辉狡辩说，他与吕欣悦通话都是关于订鱼、送鱼的事情，没有其他，但所有的谎言并没有维持太久，一切很快真相大白。

渔场虽然赚钱，但好赌的肖辉欠下了大量赌债，他想到了抢劫韦屯走出去的最有钱的张信。肖辉和吕欣悦早年曾谈过恋爱，吕欣悦被张信包养后，肖辉这些年来一直没有断了和她联系。而吕欣悦与张信在一起当然是金钱第一，她把自己与肖辉的感情看得最重。所以，那栋小别墅除了张信经常光顾外，肖辉更是常客。最近一段时间，吕欣悦已经意识到张信即将垮台了，而张信并没有留给她一些财产作为今后生路的意思，到她这里来除了吃鱼就是泄欲，吕欣悦对他已经厌倦到了极点。

“我这辈子都给他了，他对我太不负责了。他进去蹲监狱，也不想想我今后怎么活？我这房子说不定到时候都得被收回去！”吕欣悦向肖辉诉苦的时候，肖辉则给她出了一个绝佳的主意：“在检察院抓他前我们提前动手，绑了他要钱，然后撕票，所有人都会认为他畏罪潜逃了。他的案子也就不了了之，你的房子也就不会有被收回的危险了。以后，我卖鱼养活你！”

七、一个喜欢幻想的女人最终以噩梦收场

吕欣悦一咬牙，同意了肖辉的想法，并提供了关于张信的一切活动规律。

肖辉需要帮手，他第一件事便是寻找同案。他首先选中了常年给自己打工的李红斌兄弟。作案不能用吕欣悦的车，他们决定随便弄一台然后扔掉。对张信下手的前一天，三人纠集到一起，肖辉拿把铁锤，李红斌拎瓶锌钠水从韦屯出发，来到市中心截住一台红色捷达出租车，出租车司机还没感觉死神已向他伸出罪恶之手，问三人到什么地方去，肖辉说了声去韦屯，拉开车门就上车了。肖辉坐前边，李红斌二人坐到了后排座。当车行至韦屯镇的路口时，肖辉说了声到了，出租车司机宋某一踩刹车便踏上了死亡之路。就在宋某踩刹车的一刹那，李红斌将一根事先准备好的粗鞋带勒在了宋某的脖子上，宋某未来得及反抗便惨遭毒手。肖辉将车开到韦屯镇东坟地事先选好的一条洼沟边，将宋某推到沟里埋了起来。随后三人把出租车的牌子卸下，并将出租车里的车垫子、座套和司机宋某的驾驶证、行车执照等证件在路边烧毁，挂上一副事先准备好的牌子，接着便返回市

里。他们在一家小旅店睡了一夜，第二天一早便开始实施罪恶计划。

当天，三人驾车来到张信的必经之路等候张信。7时30分左右，张信领着外孙女进入了视线，当张信将外孙女送入校门，一个人返回时，李红斌兄弟由后面分左右将张信夹住，并对张信说："我们是检察院的，你跟我们走一趟！"张信问："你们找我什么事？"李红斌说上车再说，说着便拉开车门将张信骗上车。张信心里有鬼，对此早有准备，便没做任何反抗，但他万万没有想到来人是劫匪，并不是检察官。

车内，三人开始"审讯"张信，主要问张信家的钱财放在什么地方，在张信说出后，肖辉便将黑方便袋套在张信的头上，又缠上了一道又一道的黄胶带，将张信送上了黄泉路。然后让李红峰在车内看着尸体，他和李红斌上楼来到王子禾处。

肖辉用张信的钥匙打开房门，正在方厅的王子禾吃惊地问："你们是谁，干什么的？"肖辉说："我们是检察院的，张信被我们抓起来了，他都交代了，你赶快把钱拿出来！"王子禾说家里没有钱。肖辉说不都在北厅的柜里吗？王子禾一看来人说得太准了，就带他们来到了北厅，将肖辉交到他手里的钥匙随手放在了北厅窗台上，并从组合柜里拿出了三千元现金及十几张存折共计二十一万元。肖辉二人又煞有其事地东翻西翻，把认为能藏钱的地方都翻了翻，又把组合柜的底边撬了一下，但由于工具不当又放弃了。当没有什么收获时，肖辉在北厅的屋里拿了一个佐丹奴塑料袋，走到了东卧室。

当时王子禾正呆呆地坐在床沿上，她还没有意识到真正危险的来临。肖辉突然将塑料袋套在了王子禾的头上，李红斌拿了件红羊毛衫盖压在上面，觉得不行，又到方厅拿了个沙发垫子再次压在被害人的头上。此后，肖辉又到大卧室翻了翻，当王子禾没有气的时候，两人拿着一个蓝色的旅行袋，把翻到的名酒、名烟、名茶及六枚白金黄金戒指、两枚纪念币、十几张存折装进去拿走了。接下来，三人驾车来到一无人处，把张信的尸体抬到了后备箱里。后又继续将车开到顺意小区69号楼5门洞门前。接下来弃车，又另叫了一辆出租车，中途又反复换了两次出租车，最后回到韦屯。

肖辉把烟和茶放在了家中，酒藏到了菜窖里，几件首饰则藏在棚顶里。他把存折交给了吕欣悦，让她去取钱。张信所用存折都不是他本人的名字，每张存折存款都没超过五万元，吕欣悦按照张信提供给肖辉的密码，将钱全部取了出来。同时，她按照肖辉的要求，把自己的四十多万元存款也取了出来。肖辉说他们一起开车去外地躲一躲，先把钱存在外地，等一切风平浪静了再回来。吕欣悦取钱回来后，为肖辉做了两个菜，寻思两个人吃了晚饭休息一夜后第二天上路，但万万没想到肖辉为了灭口根本就没想留她性命，当晚将其勒死后直接划船将她沉入湖底。然后回到自己渔场旁的一个窝棚睡了一夜，第二天早晨到吕欣悦的车库将车开走，带着现金接上李红斌兄弟上路了。肖辉把在王子禾那里获取的三千元现金和吕欣悦取出的二十一万元现金加在一起除以三，三个人一人一份。至于他杀死吕欣悦的事情李红斌二人并不知情，他和吕欣悦一起预谋并通过吕欣悦获取关于张信活动规律的情况二人同样不知道。这样一来，肖辉额外获得了吕欣悦的四十多万元现金。

“这个事情以后打死都不能说，一切就万事大吉了！”三个人在大连分手，肖辉去了营口，两兄弟去了青岛，分开前肖辉对兄弟二人的叮嘱简单明了，似乎很轻松，却不知道自己头脑已经简单至愚蠢级别了。李红斌兄弟二人落网后最先供认了全部犯罪事实，使肖辉的顽抗显得苍白无力。当警察提起吕欣悦家地面上那些密布的脚印时，他的防线最终开始崩溃。当问起他和吕欣悦之间的感情问题时，肖辉对吕欣悦充满不屑：一个见钱眼开的女人，为了钱能不要脸面、不要良心，留着就是祸患，我和她认识这些年了，已经厌烦了，不灭她口就太不明智了……

牛城“教父”的毁灭之旅

这是一个与电影《教父》中的考利昂家族惊人相似的涉黑团伙。火葬场老板、出馊主意的律师、忠诚可靠的打手一应俱全，攫取金钱、网罗美色、疯狂杀戮、帮派倾轧更是轮流在陆氏家族上演。但与考利昂家族不同的是，陆氏家族从来不是弱小平民的保护神，只要能为自身获取利益，陆氏兄弟把别人祸害得倾家荡产、命丧黄泉也在所不惜。陆氏兄弟常常施以重金操纵公检法，杀人不偿命、欠债不还钱、把无罪的人投入监牢之类看似不可能的事情，在他们眼中却易如反掌……

被誉为“牛城”的安达市地处黑龙江省西南部松嫩平原腹地，是全国著名的奶牛之乡和肉牛基地，这里的草原与澳大利亚的墨尔本、美国的德克萨斯州同属于世界三大优质草场。陆氏兄弟自幼生活在安达，这里的牛肉和牛奶给了他们兄弟 4 人健壮的身体，也给了他们“牛”脾气。

被称作安达“教父”的陆宝义在家中排行第二，是整个陆氏家族的首领，从打家劫舍的小混混到令人畏惧的当家人，陆宝义常年从事违法勾当，凭借着毒辣的手腕与严厉的帮规，在家族成员和一帮手下心中形成强大威慑力，他的命令无人敢不从。而陆宝义诡计多端、细心谨慎的行事风格，使得多年来公安机关一直没有足够的证据将其以涉黑犯罪起诉，只好任其逍遥法外。

为了将陆氏一伙送上被告席，公安机关苦苦寻觅证据，最终将陆氏集团 137 名成员一网打尽。2008 年 5 月 13 日，黑龙江省绥化市中级人民法院对安达市陆氏兄弟黑社会性质组织案公开审判，以组织、领导黑社会性质组织罪、故意伤害罪、寻衅滋事罪、聚众斗殴罪、聚众扰乱公共场所秩序罪、窝藏罪、非法侵入住宅罪、偷税罪、行贿罪、抽逃出资罪、非法持有枪支罪、妨害作证罪、诈骗罪共13项罪名，数罪并罚，判处首犯陆宝义死刑，剥夺政治权利终身，并处罚金230万元，犯罪所得及收益依法收缴。以组织、领导黑社会性质组织罪、组织卖淫罪、盗窃罪、赌博罪、妨害作证罪、行贿罪等罪名判处二号人物陆宝成死刑，没收个人全部财产。当天宣判的另外55名被告分别被判处无期徒刑、1至20年不等有期徒刑。此前，与陆氏集团有牵连的另外80人已经被依法处理。

一、“党中央来了也不好使！”

地处安达市中心的荷斯坦牛路周边地价昂贵，陆宝义在听了一个风水先生的话后，硬是在路旁一楼区空地盖起了自家的豪华别墅。这座别墅被四周高楼包裹，谁看了都难以将这个地方与风水宝地联系在一起。终于有一天，又有一位风水先生对陆宝义直言：四周高楼中间盖别墅，住上人后就是一个“囚”字，您将有牢狱之灾！

陆宝义闻听后，将这位风水先生暴打出门。这位风水先生也真够不识趣，在安达是没人敢惹陆宝义生气的。安达市有一辆价钱不菲的林肯领航者，那是陆宝义的座驾。在安达，陆宝义经常故意把车速控制在每小时二十公里，甚至更低，这样的时候任何一辆车辆都不能、也都不敢超他的车，如果谁犯戒，定会遭到陆和他手下的暴打。闲着无聊的时候，陆宝义就会用如此的方式感受自己的威仪，屡试不爽。

陆宝义的大哥陆宝林、三弟陆宝成、四弟陆宝有在当地都是“响当当”的恶霸，谁和他们兄弟牵扯上，也就意味着噩梦的开始。陆氏兄弟在当地有着很强的社会控制力，尤其提起陆二哥，好人、坏人都害怕。

安达市是黑龙江省绥化市下辖的一个县级市，在陆宝义最为招摇的时间里，100余封举报信寄至全国打黑办、黑龙江省打黑办和绥化市公安局，省公安厅刑警总队因此多次派最具打黑经验的侦查员深入安达秘密调查。在获得陆氏兄弟涉嫌黑社会犯罪的基本事实和基本证据基础上，相关材料被转至绥化市公安局，绥化市公安局于2006年3月1日对陆氏兄弟正式开展专案侦查，代号“301”专案。

“301”专案组于2006年3月由绥化市公安局副局长王海滨带队悄悄进入安达市。考虑到陆氏兄弟在当地的势力，专案组没有通知当地政府及公检法各部门，更没有动用当地警力。侦查员以群众举报为线索，暗中进行调查核实，另有两名侦查员化装成保安员潜入陆氏兄弟企业内部，对该犯罪集团骨干成员进行卧底调查。

安达有一家名字叫“桂林宫”的洗浴中心，那里对很多人来说是一个声色犬马的好去处，当地老百姓习惯地称其为淫窝。侦查员多次以浴客的身份进入桂林宫，在与服务人员攀谈和实地观察中，发现桂林宫存在着严重的有组织卖淫现象。桂林宫属于陆宝成，由他的妻子黄家军负责管理，生意火得可以说日进斗金。

专案组初期侦查的时候很快遇到了一个奇怪的问题，在侦查员暗中找被害人了解情况的时候，竟然有被害人慑于陆宝义的威势而跑到他面前通风报信。陆宝义立即进行了所谓的反侦查，委托他在公检法安插的势力四处打听情况。专案组不得不压缩工作范围，减少侦查员数量，最后又放风说“虽然有人举报陆宝义，但没有找到任何证据”。这样，陆宝义再次放松警惕，并逢人就说：“党中央来了也不好使，谁也整不了我陆宝义!”

随后的工作里，专案组的工作在一种很艰难的环境中开展。

二、市委书记窗前被挂上了炸药包……

陆宝义取他名字里的两个字成立了“陆义物业有限公司”，这个公司垄断了安达市近80%的供暖。这个物业公司供暖极差，但以暴力做后盾收热费、罚款却丝毫不含糊。陆宝义手下有一句常挂在嘴边的一句话——“冻死人都得给我交费!”

2006年5月12日晚，因陆宝义手下强行征收包烧费引发聚众斗殴，分别以陆宝义和陈安民为首的双方爆发大战，各有十数人持械参加殴斗，两方都有损伤。那段时间，以征收包烧费名义斗殴、欺压老百姓对陆宝义一伙来说已经是家常便饭，整个安达市因此乌烟瘴气，很多人到市委市政府告陆宝义的状。面对老百姓的哭诉，安达市委书记李乃波心急如焚，他专程到绥化市委、市公安局汇报，坚决要求打掉这个犯罪集团。在老百姓利益面前，市委书记的真诚与焦急的神色赢得了市公安局主要领导的信任，他被告知：侦查工作已经开展，耐心等待，但需绝对保密。

令人意想不到的是，李乃波回到安达后不久，2006年6月8日，他家窗前就被不法人员挂上了炸药包，但所幸引信燃烧过程中突然折断熄灭后被人发现。在这样的情况下，包括“301”专案侦查员在内的绥化市局“6·8”爆炸案专案组进驻安达市，侦查员开展爆炸案侦破工作的同时，暗度陈仓的进一步加大了对“301”专案的侦查力度。专案组在陆氏集团毫不知情的情况下，围绕其成员开展了上百次的侦查工作，并查明该犯罪集团以陆宝义、陆宝成、陆宝有兄弟为首，陆宝林是仅次于3人的领导者，沈某、徐某、于某、李某、代某、张某、马某等刑释解教人员和社会闲散人员是骨干，沈某、徐某等人又各有一些手下“兄弟”，如肖某、陶某、福军等。在控制、约束组织成员方面，陆氏兄弟给其雇用的打手和职员发放高额“工资”，供这些人挥霍。专案组还查明，该犯罪集团成员为非作恶，欺压、残害群众，所经营企业存在未经合法工商注册、盗水盗电、偷税、敲诈勒索等非法因素，并涉嫌故意伤害致死、敲诈勒索、寻衅滋事、非法持有枪支、吸毒等多种违法犯罪。更为重要的是，该犯罪集团存在编织关系网、寻求保护伞的情况，通过行贿与当地官员和公检法人员建立各种关系，以确保组织成员在违法犯罪之后不会受到法律追究，完全符合黑社会性质组织的基本特征。

2006年12月6日，“301”专案组向绥化市委及省打黑办汇报了情况，省打黑办分别向当时的省委常委、政法委书记杨焕宁和副省长兼公安厅长王东华同志进行了专题汇报。杨焕宁听取汇报后，对打掉陆氏集团的工作作出了“态度要坚决，考虑要周到，组织要保证，办案要依法，供暖要保证，纪律要严格”六条批示。王东华作出了“绥化市立案，省厅加强指导协调，异地用警组织联合专案组，请绥化市的党政主要领导和主管领导高度重视，公、检、法密切配合，制定周密方案，务求坚决稳妥侦破全案”的要求。

三、100台警车和6台装甲运兵车围城

多年来，陆氏兄弟痴迷于金钱的力量。在他们无恶不作的时间里，靠着大把的钞票“逢山开路、遇水架桥”，网罗了包括安达市委常委、宣传部部长郝文权和当地公检法部分领导在内的各色人物。仰仗着这些势力，陆宝义成了安达市“教父”式人物。然而，由于陆氏兄弟头号打手沈春生的突然消失，陆氏兄弟还是有了一种有别于以往的不祥预感。

2006年12月初，专案组设计了一次假绑架，对象是陆宝义的头号打手沈某，并准备通过审讯沈某，在进一步获得主要证据基础上实施对陆氏集团整体的抓捕行动。专案组制造绑架假象的原因是为了迷惑陆宝义一伙，但在沈被绑架的消息传到陆宝义耳中后，还是引起了他的怀疑。他一面把枪支和大量现金转移至自己的连襟姜炳军那里，一面提着一箱子钱来

到哈尔滨，准备到省公安厅进一步行贿“平事”。陆宝义觉得省公安厅是一个制高点，如果把这里的重要官员摆平，他一定不会出现大问题。但这一次，陆宝义那无所不能的钱箱子却不再好用了。

2006年12月20日21时许，陆宝义、陆宝有、胡某、胡某4人在哈尔滨某洗浴中心309包房内，抱着装有30万元现金的钱箱子一筹莫展，他们打探了许多天，始终没有任何关于他们案子的有价值信息，这种出奇的安静令黑老大陆宝义倍感绝望，他和手下商议后决定连夜逃走，暂不回安达。当他们走出房间来到洗浴中心大厅时，绥化市公安局副局长王海滨带领着专案组侦查员和武装特警出现在了他的面前，4人随即束手就擒。

这一幕，仅仅是警方抓捕安达陆氏集团成员的开始。3小时后，哈大高速公路上包括6台装甲运兵车在内的100余台警车在夜色中急速飞驰。凌晨1时30分，所有车辆和警力全部集中于安达市，进出该市的11个路口迅速被施以铁筒式封闭。同时，陆氏集团成员住处及他们经营的“桂林宫洗浴广场”“九天歌厅”外围均被严密封控。整个安达沉浸在一种正义与黑恶势力决战的威严态势之中。

封控工作结束后，400余名公安民警和武装特警立即在安达市区展开抓捕行动，集团骨干成员陆宝成、陆宝林、天成及代某、马某、陆刚、刘某、黄某等大量涉案人员几乎同一时间被抓获，陆氏犯罪集团80%的骨干成员落入法网。行动中，专案组还对当地洗头房、按摩房进行了检查，并将30余名服务小姐带回审查，用以侧面收集陆宝成组织卖淫活动的证据。

就在陆宝成落网当晚，他还曾和时任安达市公安局副局长王某推杯换盏大谈友谊，却万万没有想到更多的公安民警正在架设围剿他的包围圈。陆宝成被戴上手铐的那一刻，他家中4岁大的小儿子大哭不止，这个孩子是陆宝成和妻子黄某的二胎，幼小的他哪里知道：他的父亲身上隐藏着太多无辜者的血泪，他的父亲曾让许多家庭妻离子散，他的父亲所制造的祸端是天理难容的。

一家名叫安达会馆的宾馆成了专案组在当晚的临时办公地点，陆氏集团落网成员在大厅内靠墙站成一长排，陆宝成则双腿一软跪在了地上，脑门紧紧贴着墙壁，独自冥思苦想。他的这一跪，不是因为忏悔，而是因为绝望。

陆氏兄弟有一个“御用律师”刘某，他们所为的诸多重大罪恶都由刘律师出谋划策得以化解、掩盖，他们兄弟为表示感谢还曾送给刘某房子和汽车。由于刘某当年从中作梗设局，公安机关开展工作的难度很大，但这些阻力最终还是被攻破了。在对案件主体开展工作过程中，面对与陆氏集团有关的330余条违法犯罪线索，专案组分别将才天琪命案、陆刚轮奸案、“春某诈骗”申诉案、陆宝成组织容留卖淫嫖娼案确定为一、二、三、四号重点案件，集中精兵强将合力攻坚。结果，专案组发现陆氏集团的罪恶远远超乎想象，其卑劣的犯罪手段更令人发指。

四、杀人不偿命、欠债不还钱

集中抓捕结束后，专案组在安达市郊区租下一家宾馆，实行封闭式军事化管理，力求通过高效率、高质量的侦查取证工作将陆氏集团彻底终结。开展工作初期，专案组虽然掌握了陆氏集团违法犯罪活动的基本事实和基本证据，但如果按照陆氏集团接受公正审判的要求，掌握的事实则太少了，如果简单地给陆氏兄弟判上几年就放了，其后果可想而知。

“301”专案组开展秘密侦查的时候，侦查员为防暴露住个体小旅店、吃小吃部，找被害人和证人核实情况，也大都是在夜间，而且经常是在后半夜。但即使这样，许多被害人、证人慑于陆氏兄弟的淫威仍然不敢与侦查员见面，或不敢说明真实情况。侦查员为赢得信任、获取证据就反复找他们诚恳地对话，最多时曾连续十几次甚至二十几次登门。直到“301”专案组转入公开工作，老百姓对陆氏兄弟的惧怕依然持续了很长一段时间。比如，很多老百姓自发地给专案组侦查员送来猪羊，但他们却都戴着墨镜，专案组的政工部门拿着录像机和照相机一出现，他们更是扭头就跑，原因就一个：陆氏兄弟来头大得很，万一仅仅是在监狱待上几年就出来，他们就遭殃了。

这一切的原因，主要还在于陆氏兄弟横行安达多年，这伙恶霸营制造出的恐怖气氛过于浓重。人们都知道陆氏兄弟个个都是杀人不偿命、欠债不还钱的主。

2003年2月7日，陆宝义物业公司雇员才天琪利用去外地煤矿发煤之机，占有公司现金4.16万元后外逃。2003年7月20日，才天琪遍体鳞伤的尸体出现在安达市火葬场附近的垃圾场。对于才天琪的死，当年的法院判决大致给出了这样一个结果：才天琪于7月19日被贾某、武小龙非法拘禁后，于某对其殴打，才天琪逃跑过程中摔倒后身亡，死因为多种脏器疾病无法承受奔跑带来的剧烈运动所致。贾某、武小龙以非法拘禁论处，于某则以伤害罪论处，并全部被判缓刑。

一起人命关天的案子，这样的判决结果明显非常蹊跷，但透过案卷和鉴定又看不出什么问题。专案组为此调阅了才天琪从出生到成年的各种医疗档案，甚至走访了他小时候待过的幼儿园、学校，结果没有查到任何能证明才天琪可能患有某种脏器疾病的证据。侦查员认定此案背后必有不可告人的隐情，这个判断在陆氏兄弟犯罪集团骨干成员武小龙落网后得以证实。

2007 年 1 月 8 日，公安部 B 级逃犯武小龙在大庆卧里屯被抓获。武小龙交代，该案嫌疑人的数量不是原一、二审法院认定的 3 人，涉案人员应为 10 人，陆氏集团 1 号案犯陆宝义也是嫌疑人之一！

鉴于案情重大，专案组随即建议审判机关撤销原案，由公安机关重新立案侦查。在市委政法委的协调下，绥化市中级人民法院于 1 月 15 日裁定撤销原二审判决，并要求安达市法院撤销一审判决。事实真相很快被查清。

2003 年 7 月 19 日晚 5 时许，陆氏集团成员于某得知才天琪出现在安达市“二公里半”钢窗厂家属楼，随即把这个消息报告给了陆宝义。陆宝义命令手下于某、沈某、武小龙、贾某、徐某、武某、高某等人一起去把才天琪抓回来。于是，7 人前往安达市钢窗厂家属楼并将才天琪“抓获”，后将才天琪押到陆宝义的锅炉配件商店。

陆宝义见到才天琪后，上去拳打脚踢，并用一根三角带抽打才天琪的臀部、背部，直至打累后停手休息。才天琪疼得满地打滚，不断求饶认错，陆宝义又让武小龙打电话找来徐某，同时命令于某等人接着打。于某等人用三角带、塑料管、腰带轮番抽打才天琪的背部、臀部、腿部。徐某和一个叫郑某的同伙赶来后，也参与了对才天琪的殴打。继续抽打 40 余分钟后，陆宝义等人将才天琪用绳子捆绑后押上车，将其押到安达市四道街陆宝义的精细化工厂门卫室继续轮着打，并找来咸盐往才天琪遍布全身的伤口涂抹。

由于剧烈疼痛，才天琪昏死过去，贾某便用矿泉水把才天琪浇醒，接下来众人又继续轮流打，直到才天琪口吐白沫，呼吸停止。

才天琪被活活打死后，陆宝义让于某、贾某、武某把这事揽过去，并许诺只要 3 人承担罪责，他一定把事“平了”，于某 3 人表示同意。这样，陆宝义手下将才天琪尸体及塑料管、绳子等作案工具抛于安达市火葬场附近的垃圾堆处，陆宝义则连夜找到自己的狗头军师、律师刘某研究对策。按照刘某出的主意，陆宝义笑里藏刀地将才天琪家人安抚好后，用重金贿赂安达市公安局法医李某作出了虚假的死亡鉴定，并做通了公安局副局长王某及时任刑警队大队长姚某、预审员姚某的工作，随后对当地检察院、法院有关人员继续巨资行贿，前后花费100多万元，最终获得了一个轻描淡写的判决。

才天琪的事情发生后，陆宝义多次找到其父才某想要私了，才某再三拒绝。后来，陆宝义与陆宝有开始对才某软硬兼施，并提出赔偿人民币30万元，另外再给两户住宅。迫于淫威，才某担心自己不同意会被陆氏兄弟干掉，最终屈服了。随后陆氏兄弟将非法放贷得来的两栋房屋过户到才某夫妻名下。该案开庭前夕，陆宝有受陆宝义指派带领张某、孙某找到才某，让才某抄一遍事先写好的免予追究贾某等人刑事责任的“申请书”，并署名后交到安达市人民法院。这样，才天琪一案的真相暂时被掩盖了。

除了杀人不偿命，陆宝义一伙还欠债不还钱。这两点一个为陆宝义日后获极刑埋下伏笔，一个为其攫取了源源不断的财富。

2005年8月中旬，朱某和陆义物业公司口头约定购买该公司大锅炉的煤灰，并交纳了14.56万元的购买煤灰款。10月，陆宝义电话通知朱某不给他大炉煤灰，给其小炉煤灰。朱某于是来到物业公司理论。陆宝义对其破口大骂并蛮横地说，这回啥也不给你了，钱也没有，煤灰也没有了！朱某说，那我不得上吊呀。陆宝义说，我就是让你倾家荡产。说完便让其手下开始对朱某进行疯狂殴打。事后，朱欲报警，朋友劝他说，凭陆宝义的脾气和势力，你要报警就什么都没了，有可能连命都不知道怎么没的。后来，在他人的疏通下，陆宝义返还给朱某煤灰款5.6万元，另外8.9万元至今未还。

针对陆宝义涉黑犯罪的经济组织，专案组进行了深入研究。通过对其企业档案和安达市工商局相关人员的调查发现，陆义物业有限公司申请注册时虚设股东，并采取虚假手段骗取了工商营业执照，从根本上就是一个违法存在的经济组织。事实上，陆宝义的财富一开始就是靠骗积累起来的。

早在1991年，陆宝义就注册了一个皮包公司，虚构了20万元固定资产和200万元流动资金，并装修了一间在当时看来非常豪华的办公室，随后开始静待“大鱼”上钩。1993年，陆宝义利用同湖南省物资厅贸易中心签订柴油购销合同，骗取了148万元购油款；1994年10月，陆宝义伙同陆宝有、吴忠等人利用签订玉米购销合同，骗取浙江省萧山市协作发展总公司193万元货款。这两笔骗来的钱成了陆氏兄弟的“第一桶金”，随后他们利用这笔钱开赌场、开歌厅，大肆组织卖淫活动，从而使他们的“家底”进一步增厚。

五、进入视线就会被榨干

当年，本本分分做生意、家资千万的孟某无论如何也想不到，自己会在某一天流落异乡，白天当苦力干零活，晚间不是住工棚就是住澡堂，而且一向遵规守法的他竟然还能成为公安机关的通缉犯。这一切，都源于他认识了陆氏兄弟。

孟某曾是安达市某建筑公司的经理。2001 年，孟某开发新兴园小区时因资金周转出现困难，恰在这个时候以前从不相识的陆宝有给他打来电话，态度非常客气地问他是否需要资金支持，而且表示先拿钱不说利。陆宝有的表现令急得火上房的孟某感觉有些像雪中送炭，毫无防备地向陆宝有借贷 40 万元。令孟某万万没有想到的是，仅仅是因为这 40 万元，竟然葬送了自己的全部产业。

陆宝义有一位朋友是火葬场老板，他的猎枪常年存放在这位朋友处。陆宝义东窗事发后，该人以私藏枪支罪被依法查处。陆宝义因为有枪，做任何事情都“底气十足”。陆氏兄弟放贷是典型的“驴打滚”似的利滚利，又以武力恫吓做后盾，只要谁向他借贷谁就永远地失去了主动权，账目永远是陆氏兄弟说多少就是多少。孟某为了 40 万元，在随后 3 年中相继偿还现金近 200 万元，并被陆氏兄弟强行夺走当时价值 500 万元的房产，最后按照陆氏兄弟的账目，孟某还欠他们 100 余万元。陆氏兄弟每次向孟某要钱要房子前，都是先威胁一番，孟某为了自己和家人的安全，对其无理要求不敢不答应。到最后生意维持不下去的时候，孟某仅仅因为在电话中对陆宝有说了一句“你们太不仁义了！”陆宝有便怀揣猎枪，带人到他公司叫嚣着要“打折孟某的腿”！孟某被迫扔下全部生意，于 2004 年 5 月踏上了逃亡路。孟某前脚走，陆宝义、陆宝成、陆宝有就来到他的公司，将剩余的房产全部瓜分。

千万资产没了，孟某成了盲流，最后在广西壮族自治区北海市落脚，他在那里住工棚、当力工。即使这样，孟某的厄运依然没有终结。陆氏兄弟也知道就这样把孟某的产业瓜分了，似乎有些说不过去，于是谎称孟某已将其开发的房产抵押给他们，又进一步将很多在孟某所开发小区买房子的居民强行驱逐出去，后将这些房产过户至自己名下，从而引发大量群众上访告状，公安机关以孟某涉嫌诈骗为由将其列为网上逃犯予以通缉。在陆氏兄弟的导演下，他们不仅占有了孟某的全部家产，甚至连其以合法方式卖出的部分房产都不放过，硬是巧取豪夺地弄到了自己名下，又将孟某从千万富翁一步步地推到了通缉犯之列。

孟某最初得知陆氏兄弟被公安机关一网打尽的消息后，想回安达又不敢，因为他害怕万一陆氏兄弟被放出来，自己又完了。当孟某通过亲属不断的介绍，最终确定陆氏兄弟在公安机关的打击下已经彻底走上末路的时候，于 2007 年 4 月 20 日返回了安达。后经专案组查证，孟某的诈骗行为并不存在，因此将其网上逃犯的身份注销。孟某的生活恢复了平静，但其事业的黄金期永远不会再来了。

与孟某同样遭遇的还有开发商孙某。她在 2002 年至 2005 年间，自从向陆宝有借贷第一笔 50 万元现金后，累计向陆氏兄弟借贷 600 余万元，其中很多时候是在陆氏兄弟之间拆东墙补西墙。最终，孙某除本金外共向陆氏兄弟偿还利息 400 余万元，后又将价值 100 余万元的房产和 60 万元的债券给了陆氏兄弟。由于流动资金枯竭，孙某的企业陷入瘫痪。虽然孙某是一个弱小女子，但陆氏兄弟向她催债时同样凶神恶煞，陆宝有甚至还曾动手将其暴打过，她的额头至今还留有一个伤疤。

放高利贷过程中，陆氏兄弟对有钱的商人如此，对贫穷老百姓的盘剥更是冷酷无情。

2005 年 11 月，谷某的女儿双肾脏血管长瘤没钱医治，她通过一个叫刘晓的女人介绍，向陆宝成借贷 5 万元。谷某的女儿当时并不知道其中的圈套，一年的时间过去了，陆宝成不断带着膀大腰圆的保镖来催债，威逼之下谷某家仅利息就还了 7.5 万元，但按陆宝成的算法，本金还未还完。根据最后协商的结果，陆宝成定于 2006 年 12 月 21 日办手续，将谷某的住房过户至他的名下，算是还完全部借款。谷某知道陆宝成为人阴险，只能打掉牙往肚子里咽。12 月 20 日深夜，谷某独自在家郁闷发愁。就在这个时候，他听见外边鞭炮齐鸣，一打听才得知陆宝成被警察抓了，谷某禁不住老泪纵横。

六、淫乱无度网罗“男色”

“女士们、先生们、朋友们，大家好！今天陆家高朋满座，可喜可贺，大雪小雪又一年，在这美好的时刻，希望大家度过美好的时光……”

陆宝有的婚礼上，时任安达市委常委、宣传部部长郝某激情四射，口才不凡。他在这里所强调的陆家美好的时刻，其背后的龌龊与肮脏却是当天所有女士、先生和朋友们难以想象的。

从外表上看，陆宝有是一个典型的瘾君子，眼窝深陷而乌黑，面色极其暗淡。组织卖淫、放高利贷、施加暴力是陆宝有的拿手戏，同时，他还是一个同性恋者，经常四处网罗“男色”，而且在这个过程中表现出了很强的侵犯性。然而因为此类案件的特殊性，直至陆宝有落网，也很难对相关问题以法律的形式作以解决。由于常年吸毒、淫乱，陆宝有的身体状况极差，没等到起诉便病死在看守所里。

陆氏兄弟的残暴无度使他们的家人也随之起舞。陆刚是陆宝成的儿子，是陆氏兄弟普遍看好的陆家产业接班人。邪恶的陆氏兄弟培养接班人的方式也充满邪恶。

2002 年 2 月的一天，陆刚伙同李某、崔某等人将于网上认识的于某骗至李洋家中，后将于某强奸。强奸后，陆刚要挟于某不准离开，并带于某吃饭、上网，后又将于某带回李家再次强奸。2002 年 7 月的一天，陆刚与朋友姜某为了达到强奸于某的目的，采用威胁的手段将于某带至一楼房间轮奸。

陆刚作恶达到如此地步，陆宝成却依然进行袒护。陆刚因涉嫌强奸犯罪被公安机关取保候审后，陆宝成伙同陆宝义、赵某先后几次来到被害人于某家中，采用威逼、恐吓、软硬兼施等手段，强迫被害人于某不再控告陆刚强奸或改变口供为与陆刚“处对象”，同时威胁被害人及其家人：“不这样做就让你们在安达待不下去，死都不知道怎么死的！”最终，被害人于某向他们跪求放条生路并被迫离开安达，陆刚逃避了应有的制裁。

专案组找于某取证的时候，她起初对公安机关充满不信任，对陆家更是充满极度的恐惧，说什么也不肯做证。在侦查员坚持不懈的努力下，才最终令她相信陆家兄弟已经被抓进牢笼，并回到安达提供了证言。

其实，陆刚所犯下的强奸罪行不止这一起，余下的都因被害人不敢站出来而未能定罪。周围的人都知道陆刚不喜欢家中的那些娼妓，经常通过网络结交各种不谙世事的女孩，最后的结果就是将对方强奸。陆刚尤其喜欢强奸处女，很多被害人碍于情面都是打掉牙往肚子里咽，这使得禽兽般的陆刚更加有恃无恐。侦查员对陆刚都是一个评价：标准的人渣。

七、操纵公检法将无罪的人判处无期徒刑

陆氏兄弟最大的特点就是可以操纵当地公检法，将国法变为自己打击报复仇家的手段。这一点，陆氏兄弟对待手下陆某的做法最能说明问题。

1998年6月26日，陆宝义因手下陆某的举报，被公安机关刑事拘留，后被法院以非法拘禁和妨碍公务两个罪名判刑两年半。2000年2月出狱后，陆宝义和手下开始四处寻觅陆某。当年8月，陆宝义知晓陆某在秦皇岛的情况后，与安达市公安局工作人员赵某、张某一同赶到秦皇岛抓捕。抓获后返回的途中，陆宝义对陆某一路殴打。陆宝成与手下赵某闻讯后去哈尔滨市接陆宝义等人，为防止公安机关发现陆某被殴打，陆宝义让陆宝成与赵某到商店给陆某买了一身新衣服换上，并把陆某的血衣扔到松花江里。由于得到了陆宝义的贿赂，赵某、张某对其行为视而不见。返回安达后，陆宝义开始拼凑材料，在他的策划下，以职务侵占和诈骗的罪名使陆某被判无期徒刑。在此期间，他累计向公检法“投资”100余万元，目的就是让陆某获重刑。于是出现了这样一个可笑的场景，公安机关、检察机关对陆某的提审都必须有陆宝义参加，否则提审不能进行。陆宝义哪个环节都不落，如入无人之境。陆某曾问检察院工作人员为什么提审他的时候，陆宝义总是参加，检察院告知他这是“合着办案”。当法院提出要判陆某15年时，陆宝义不同意，并带着钱箱子到市院行贿，终使陆某被判无期徒刑。

在审判陆某的法庭上，曾经出现了很滑稽的一幕。陆宝义作为特约嘉宾挂着牌出席，并坐在了被告席后边，随后把脚架到陆某后背的位置。每当陆某在回答法官问题时不合陆宝义心思，他就“咣”的一脚狠狠地踹其后背。整个法庭，旁听席上80%的人都是陆宝义的打手。

陆某投监后，陆宝义又重金买通狱警，继续对其进行惨无人道的折磨，同时让狱警看着陆某，防止他写上访告状材料。

专案组调阅陆某案卷时发现，其行为根本不构成犯罪，只要有些法律常识的人，都可以看出其中的漏洞。陆宝义事发后，所有与此案有关联的公检法人员全部被立案侦查。目前，陆某已被正式宣告无罪。

八、私挂警徽执法执罚

陆义物业有限公司是陆宝义经营的企业，陆的手下弄来一个警徽私自

挂在公司外墙上。该公司内部五脏俱全，由他的大哥陆宝林任“纪检书记”，下设八大“处长”，并成立了所谓的物业稽查队和督查队。按照陆宝义的策划，稽查队和督查队具有“执法”和“执罚”功能，专门负责对物业管理中发现的私接水箱、水嘴、暖气片等行为强行罚款。陆宝义落网后，侦查员还曾在他的办公桌里搜出拘留证、笔录纸等法律文书。

2002 年 12 月 20 日晚，陆宝义因其公司收费员与安达市天泉小区居民发生争执，而和手下沈某赶去该小区，陆宝成、陆宝有、武小龙等人也相继赶到。收费员武某对陆宝义说住户张某不交费，陆宝义便找到了张某的女儿小艳，在话不投机的情况下，沈某等人将小艳和她的几个朋友打伤，后又遇见了张某。张某见陆宝义、沈某等人就骂他们，沈某等人又对张某一顿暴打，将其肋骨打折 7 根。

2006 年 3 月的一天，物业稽查队长徐某到安达市育才中学学生公寓找陈某催交取暖费，二人发生争执。徐某经请示陆宝义后纠集督查队的宋某、隋某等 30 余人来到学生公寓滋扰，并将公寓大门锁上，阻止 200 余名学生进出公寓。陈某打电话报警后，安达市朝阳派出所派民警出警到达现场，强行将门锁砸开，徐某派司机又拿来一把锁将门锁上，同时组织手下 30 余人将大门围住阻止民警执法。陆宝义赶到现场后，根本不拿派出所民警当回事，并对陈某一顿恐吓威胁。由于事态扩大，安达市局两名副局长赶到现场，陆宝义见状说：“副局长来了，怎么也得给点面子。”随后才将门锁打开让学生进入公寓。陆宝义及其手下徐某等人在育才中学公寓滋扰吵闹长达 16 小时之久，严重扰乱了该中学的学习秩序和生活秩序。

2006 年 3 月 25 日上午，物业稽查队左某、杨某、徐某、封某等人发现某小区居民于某家卫生间内安装了接通供热管道的水箱，便提出罚款 5000 元，于某拒交罚款。于某说他们再无理取闹就报 110，左某等人却说：“你不了解陆宝义吗，110 都得听陆宝义的，我们罚过的人家也有报 110 的，报 110 也不好使!”于某被迫交纳罚款 1000 元。

2006 年 4 月 25 日，徐某带领李某、孙某等 20 余人，来到地税局家属楼 73 岁的陈某家收取暖费。由于物业供暖差，室内温度严重不达标准，陈某拒绝交纳所欠的 1000 元热费。为此，徐某叫嚣着说：“冻死花、冻死鸟、冻死人都得交费!”并对 73 岁的陈某大打出手。后又吩咐其手下在陈家“安营扎寨”，昼夜打扑克、喝酒，陈某与老伴晚上在卧室入睡后，这些人又采取踢门的方式不让其睡觉。随着事态的发展，陈某和老伴白天外出时都有这伙人跟着去，晚上睡觉时，这伙人竟然挤到陈某与老伴中间休息，并威胁再不交款，就到其外孙女的床上睡。这伙无赖滞留陈家三天三夜，两位老人不堪忍受折磨被迫交了1000元取暖费。

自2002年以来，陆宝义的陆义物业公司在安达市逐渐垄断了80%以上的物业承包管理权。经专案组调查，陆义物业公司在没有行政处罚权的前提下对安达市274户居民进行了罚款，每户罚款的数额在1000元至5000元不等，罚款总额达人民币40余万元。

九、不认识我，就打折你的骨头！

陆宝义非常要“面子”，这在安达是出了名的。他无论走到哪里都是西装革履加油头粉面，后面总跟着几个毕恭毕敬的手下，无论他坐在什么地方和别人谈事情的时候，那些人都在他身后神情严肃地笔直站立，俨然就是电影中的黑帮老大。陆宝义就是靠这样的排场满足自己的虚荣心，维持自己的生存，他任何时候都不能允许自己的“面子”受伤害。

“我是陆宝义，你认识不认识我?”这是陆宝义经常挂在嘴边的一句话。2001年8月21日，陆宝义带着手下李某来到安达市蔬菜公司，要求门卫张某放行先前被扣押的一台大货车，因为没有领导的批条和放行单，张某就没有放行。陆宝义很生气地问张某：“我是陆宝义，你认识不认识我?”张某犹豫摇头，李某就上前暴打，造成张某左股骨骨折，医药费共花去二万余元。因为惧怕陆宝义等人报复，张某没敢说是被打的而自称是摔的。

不认识我，就打折你的骨头！这是陆宝义一伙的可怕逻辑。陆宝义非常注意维护自己的“面子”，是因为这样可以给他带来所谓的“声望”，而这种“声望”和他的敛财方式又密切相关。

浙江人林某在安达百花园市场经营“骨里香”熟食店，且经济效益一直很好。后来，他店内玻璃无故被人砸了4次，林某为此找到陆宝义要求保护。林某起初拿了2万元人民币找到陆宝义，陆宝义根本不予理睬。陆宝义最后蛮横地提出，自己一分钱不拿，并占熟食店50%的干股。后悔不迭的林某咬牙答应了。陆宝义入股“骨里香”熟食店后，多次派手下徐长志、郑福玉、高金宝等人通过殴打、恐吓、威胁等一系列非法手段，导致百花园市场与其有竞争关系的熟食店全部关闭，陆宝义一举将百花园市场熟食行业全部垄断。陆宝义入主“骨里香”熟食店后，该店税务、工商等税费的缴纳随即停止。2000年10月，属地工商所对其下了催缴单，这下子可惹怒了陆宝义，他领着手下气势汹汹地来到工商所，进门就用威胁的语气反反复复问工作人员：“我是陆宝义，你认识不认识我？”工商所工作人员见他来者不善的样子害怕了，便表示以后不再催费了。临走时，陆宝义留下一句话：“到我开的店里收费，我多没面子！”

工商管理费仅仅是个每月300元的小数目，至于数额大一些的税款，陆宝义更是分文不交。陆宝义入股“骨里香”熟食店后，该店从未向税务机关缴纳过税款。经黑龙江省信德税务师事物所鉴定，“骨里香”熟食店自2005年7月至2006年7月欠缴税款28.7万元，偷税数额占应纳税额比例100%。

陆氏集团的企业都是拖欠各种税费的大户，很多国税和地税的工作人员到相关企业收费的时候，不是被骂出来就是被吓出来。陆宝义嚣张地说，我的买卖从不缴税，国家来人也不缴！

专案组还查明，陆宝义的物业公司偷税额度达517.9万元，同时还常年以各种理由拖欠水费，总数额达115.04万元。自来水公司工作人员时常被陆宝义恐吓，碍于陆宝义可怕的“面子”，没人敢向陆宝义催要水费。

在拖欠税费方面，陆宝义的弟弟陆宝成有过之而无不及。2001年至2006年12月末，陆宝成、黄家军夫妻两人在经营桂林宫洗浴中心期间从来没交过水费。安达市自来水公司的工作人员也曾多次去催要过，在催要的过程中同样受到恐吓和威胁。陆宝成于2000年10月经营桂林宫洗浴中心以来，实现营业收入399.4万元，但陆宝成没有就其全部营业收入向地税局办理纳税申报，漏缴税款33.47万元。

十、面对审判依然桀骜不驯昂着头，好像这个世界欠他们许多

看守所里的陆宝义经常这样对办案人员说：“我不吸烟、不喝酒、不吸毒，没有文身，我怎么能是黑社会？”没文化的陆宝义是一个典型的法盲，为了写好“陆宝义”三个字，他在看守所里总是不停地练习着，目的是在法律文书上签字时不至于忘记了怎样书写。

一审法庭上的陆宝义、陆宝成一个哭泣，一个继续抖威风。陆宝义的眼泪似乎是流给旁听庭审的女儿看的，因为他总是扭头张望一下女儿，然后转过头泪水横流，陆宝义这样的动作在当天的法庭上重复了无数次。除此之外，他望着法官和法警的神色依然嚣张。进入法庭时，押解陆宝成的法警曾要求他低头，但陆宝成却故意把头高高抬起，整个庭审过程一副桀

骜不驯的神色。当法官对陆氏集团一名有立功表现的成员从轻判决时，陆刚则扭过头，用一种极具威胁的眼神狠狠地盯了那人一眼。陆家人的表现虽然一如既往的狂妄，但他的手下们却有些人支持不住了，他们中有的人吓得瘫倒在地，靠法警扶着才能勉强站着接受审判，头号打手沈某则坐在轮椅上浑身瑟瑟发抖，据说他患上了“钾”缺乏疾病。

在寻求非法保护方面，陆氏兄弟很早就通过送钱、送物、免收供热费等手段结交了一些司法工作人员，以求在司法机关获得保护性照顾。陆宝义奥斯卡娱乐城、奥斯卡歌厅和陆宝成桂林宫洗浴中心营业期间，大肆进行聚众赌博、组织卖淫等不法活动，从未受到过公安机关的任何查处。警方有确凿证据表明，2004 年 2 月至 2006 年 12 月，仅陆宝成经营的桂林宫洗浴中心就组织妇女卖淫 19818 次，非法获利近百万元。聚众赌博、组织卖淫为陆氏兄弟带来了更加充足的资金，他们随后又用这笔钱依托暴力放贷，逐渐积累了可观的财富。

在打击此案保护伞的工作中，原安达市委常委、宣传部部长郝某，市公安局副局长王某，市公安局局长助理、油田分局局长姚某，市公安局综合监管科副科长姚某某，市公安局行政拘留所所长李某某等人全部落网，一些检察官和法官同时被深挖出来，这些人从不同角度助长了陆宝义、陆宝成、陆宝有黑社会性质组织的违法犯罪活动，为陆氏涉黑集团的形成、发展、壮大提供了非法保护。专案组侦查员在审讯陆宝义过程中发现，他对公权极度蔑视。陆宝义既通过贿赂公检法干部建立保护伞，同时又非常看不起他们，按照他所认为的游戏规则，他相信自己在本次“危机”中一定会逃避法律的制裁。正因为陆宝义有这样的想法，他有时会傲慢地辱骂专案组侦查员，甚至曾用一种威胁的语气对一位侦查员说：“5 年后，我到你家给你过节!”

陆宝义及其兄弟的人生充满疯狂，这种疯狂在不断上演的同时成就了陆宝义的“教父”地位，但却在更深层次上使他们兄弟踏上了毁灭之旅。

聚歼木刻楞

一

林带的远处滚动着阵阵沉闷的雷声，头顶上片片乌云像转场的羊群一样，在月色中缓步赶路，一场夜雨即将来临。

身底下是黑龙江江畔中方一侧林带的一处火灾瞭望哨，它是林区防火员定期光顾的地方。越过清亮油光的黑龙江江面，对岸一个叫沃斯托拉的俄罗斯村庄还透着一两点的灯光。林区内的伐木场在咆哮了一整天之后，也早已沉沉地睡去了。江边，离瞭望哨400来米的一座木刻楞孤单、清冷地蛰伏在夜的林坡上。瞭望哨上，县刑警大队大队长刘洪国带着年轻刑警张剑正目光如炬地紧盯着不远处的木刻楞。

江风在大兴安岭的林梢上撩拂着，眼中的木刻楞所渗出的灯光却如同夜色里的鬼眼，神秘、叵测，又令人发怵……

眼前的木刻楞跟林区的木头搭建的屋子并没大的区别，特别是江对过，这种叫木刻楞的房子比比皆是。顾名思义，它就是以圆木为材料，以大铁锯和砍斧作工具，修建时一般很少去用铁钉，大多先把木头凿出窟窿，再用木楔加固，粗一点的圆木放在最低层，之后再一层一层地叠垒。木头房子建成后有棱有角，非常规范整齐，所以它的木刻楞房的名字也就跟着来了。

对眼前的木刻楞，刘洪国他们已侦查了许多时日，现在，所有的焦点都聚集在了它的身上。年初，中俄警方在进行警务合作交流时，俄方给中方提供了一条边境地区毒品犯罪的线索。经初步侦查，毒贩所交易的贩毒量虽并不算大，但此案事关跨国犯罪，于是双方决定联手，铲除边境线上的这个毒瘤。刘洪国他们在受领任务之后，通过缜密的侦查，发现这个特大制毒、贩毒团伙就在自己的眼皮底下，而且他们诡异的运转模式则更是超乎想象。边境线上的缉毒战，已悄然打响。

二

雷雨逐渐退去，乌云全部不见了踪影，寂静的夜空清澈如洗，漫天星斗就像悬在茫茫林海梢头上的珠子，密密麻麻又明亮耀眼。

刘洪国通过俄罗斯产的高倍军事望远镜，在这个相对于木刻楞来说属于制高点的瞭望哨上细心观察。木刻楞里的灯光在夜幕降临后始终亮着，室内至少有两个人影在晃动。凌晨三点左右，一个身着红色衣服的女人闯进了刘洪国的镜头内，这时候的她正握着烧瓶在洗涮。毫无疑问，这里一定就是制毒窝点。

刘洪国决定更近一些观察，他让张剑留在瞭望哨，自己独自爬了下来。刘洪国是想借着夜色掩护，到那个木刻楞最近的地方观察一下。瞭望哨与木刻楞间的直线距离虽不算远，但真要抵达木刻楞则需要穿过一个林洼。夜色浓重，刘洪国借着星光摸索前行。按理说，这样一个夜里身处大兴安岭深处，最危险的除了不远处的毒贩，还有就是从林里随时都可能现身的猛兽。刘洪国把枪里子弹顶上膛，心想着，可千万别碰上什么特殊的情况，否则，枪一响，木刻楞里的人肯定会惊了。刘洪国警惕地注视着四周，他决定，一旦遇上猛兽，立即转身回瞭望哨，不到万不得已，绝不开枪。还好，行动还是顺当的，刘洪国很快便抵身距离木刻楞不远的灌木丛里。

这座木刻楞，它在周边人的眼里其实就是一个木材加工点。它的周边是一片开阔地，身前堆满了各种材木。刘洪国在木刻楞东侧的一片灌木丛摸索前进。眼见着，天就拂晓了，刘洪国知道不能再在灌木丛中久留，他想尽可能地接近木刻楞，越靠近越好。突然，从木刻楞里走出一名男子，并朝着自己藏身方向走来，刘洪国当即趴在灌木丛中。虽然茂密的杂草把他藏得严严实实，但刘洪国心里还是异常紧张，难道说自己的行动被发现了？

男子朝着刘洪国这边缓慢走来，他点燃了一支烟，一边走一边东张西望，一直走到临近刘洪国隐藏地附近。来人显得很从容，在刘洪国身前来回转悠。刘洪国感觉很奇怪，但他觉得对方似乎并没有发现自己，然而就在此时，那人的一只脚突然踩到了刘洪国的手背。“完了，不好！”刘洪国刹那间意识到问题严重，做好搏斗的准备，但更加令他意想不到的是，那人踩了他的手背后就像啥也没有踩着一样，接着向另外一个方向走去。

显然，这名男子根本没想到会有一名警察潜伏在他的周围，他的思维当然也就没有相应的警惕成分，这使他在踩着刘洪国的手背时就如同踩到了一块草料，或者是其他什么可能的东西。

刘洪国最后发现，这名男子也就是出来随便转转，顺便探查一下木刻楞四周有什么异常。男子最后重又回到木刻楞，刘洪国的内心复又归于平静。这时候，刘洪国感觉到林带清新的空气中，偶尔飘来丝丝刺鼻的化学制剂的气味，他基本可以断定，气味就是从木刻楞里散发出来的。制作冰毒需要制剂化学反应的过程，因此会产生浓烈的刺激气味。刘洪国身上的细胞活跃了起来：没错，这里就是制毒窝点！

此时，刘洪国才意识到身上的衣服已被晨露浸湿，但他完全顾不上这些。天边已经泛白，刘洪国小心翼翼地退去，回到瞭望哨。

三

中俄警方按照警务合作机制进行的一次定期会晤中，俄方提到一个叫阿历克赛的俄罗斯人多次与一名中国男子在黑龙江边境地区进行毒品交易，阿历克赛就是从中国男子那里买来冰毒、麻古、摇头丸的。俄罗斯警方指出，目前阿历克赛虽已被抓获，但他购买毒品的上线依然逍遥法外，只要这个上线不被抓获，类似的毒品交易很有可能还会发生。

这个线索浮现以后，中方警务部门高度重视，很快查明卖给阿历克赛毒品的嫌疑人名字叫何刚，此人家住黑龙江畔阿克萨河口的兀达镇。兀达是黑龙江流域的一个镇子，聚居着达斡尔、鄂伦春、赫哲等少数民族。县刑警大队大队长刘洪国接到案情通报后直接进驻兀达镇，他是边境地区的缉毒能手，前些年在小兴安岭上铲除的罂粟不计其数，抓获了大量涉毒人员。这一次，刘洪国知道自己面对的不再是以往的那种种植罂粟、提取植物浆液炼制烟膏的毒贩，此次案件涉及的都是冰毒、麻古、摇头丸等新型毒品。

兀达镇作为木材集散地，交通便利，人来人往很是热闹。何刚因是本地人，基本情况很快得以查明，此人没有工作，整天神神秘秘的，与吸毒人员交往频繁。经过深入调查，何刚本人也吸毒，是兀达镇毒品分销网络的核心人物，几乎每一起毒品销售行为都牵涉到他。

兀达镇近几年已经变了模样。前些年，在这里周转的木材都是来源于大兴安岭的大小山岭，而近些年都是从黑龙江对岸的俄罗斯进口，国际贸易的升温引来了更多的俄罗斯生意人和游客，兀达镇的餐饮很早就非常有名气，如今很多俄罗斯人会在周末入境来到兀达消费，住上一两天再离开。阿历克赛就是在这样的情况下结识何刚的。何刚的酒量很大，但阿历克赛的酒量比他还要大许多，两个人经常在喝得人仰马翻时再来些毒品助兴。俄罗斯人大多体格健壮，不仅酒量大，每次吸食毒品的数量也要多些才过瘾头，何刚从不吝惜。时间久了，阿历克赛开始从何刚这里购买毒品入境贩卖，每逢这种时候是不能走正常边检通道的，但阿历克赛自有招数。每当需要与何刚进行毒品交易的时候，两个人都会约好特殊的交货方式，地点都始终未离过那条界江。

中俄两国以黑龙江主航道中心线为界，但这条江冬天会结上厚厚的一层冰，夏天会因水量的减少变得很瘦。何刚与阿历克赛的交货方式，有划船交货、冰面交货，甚至有时还会在江面很窄的地段直接将坠有石块的毒品袋子投掷过去。这些方式一直是两人乐此不疲的。至于毒资方面从来就不成问题，两人始终有着良好的信誉。何刚看中了俄罗斯边境这块市场，他想通过阿历克赛结识更多的俄罗斯毒贩，将更多的毒品运往俄罗斯。但好的开端没保持多久，与何刚保持一年多合作关系的阿历克赛就没了消息，兀达镇上再也没见过他的身影。何刚自然想不到阿历克赛会被抓，更想不到俄方会将有关这方面的信息通报给中方这一边，甚至直达县刑警大队大队长的案头。

何刚还在等待着，他相信阿历克赛一定会在某一天突然出现。毕竟，这个“毛子”具体什么时间来黑龙江这一侧，从来就没什么规律，何刚觉得阿历克赛最近一定是在忙着什么事情。

刘洪国围绕何刚的调查中，上线“三哥”的名字浮了出来。至于“三哥”真名叫什么、是哪里的人，却在很长的一段时间内无从查起。显然，“三哥”的防备意识极强。刘洪国没有急于抓捕何刚，最初也只是采取秘密跟踪的方法。这一天，机会终于出现了。何刚突然向比邻兀达镇的登河一家银行账户汇款 5 万元。刘洪国判断，这笔钱很有可能是购买冰毒的。张剑带着人马立即赶到登河，调取银行提款人资料发现，提款的是一名叫张宝山的人，与他一道前往的还有一名女子。围绕张宝山进一步侦查发现，张宝山周围的人都叫他“三哥”。按常理分析，“山”和“三”谐音，张宝山应该就是“三哥”。张宝山在登河南山区红霞街经营一家医疗器械和化学试剂的商店，平时驾驶一辆宝马轿车，在面积不大的登河是一个很有些名气的人物。

一次又一次，这台宝马车在侦查员面前呼啸而过，但它始终未逃脱侦查员的掌控之中。这个叫张宝山的男子，经常在打开车门上车或下车时东张西望，表情也显得神神秘秘的。交警部门提供的资料显示，宝马车车主却是一个叫金英的女人。通过对金英的照片比对，那天陪张宝山去银行取款的就是金英。张宝山平日里与金英几乎是形影不离，并且同居在一起，两个人的活动范围也不大，基本就是自己的商店、居住小区和银行。

熟悉张宝山的人都知道，年近五十岁的张宝山前几年并不富有，他经营的商店规模也不大，可就是近两年，张宝山突然暴富了，跟原配妻子离婚不久，就同小他十多岁的金英纠缠到了一块儿。当然这些资料是分管红霞街的片警提供的。片警下片时经常会到红霞街各个商店转转、聊聊天，很多情况自然也就掌握了。片警说，张宝山讲这几年自己通过一个关系连续做了几大单生意，赚了些钱。但片警并不相信他的话，始终在暗自观察张宝山，但一直未发现破绽。

刘洪国还是决定对何刚、张宝山、金英三人实施抓捕。

四

“最近生意怎么样？”

“好啊，生意非常好，有时间你也做做生意吧，你们警察的工资也太低了……”

红霞街片警来到张宝山的商店里，跟以往一样和他拉着家常。

这些当然是刘洪国特地安排的。

刘洪国进入商店后，面对陌生人，张宝山还是从他如炬的目光中憋出了一身的冷汗。而另一组由张剑带队的侦查员已经在张宝山住处附近的一个麻将馆内控制住了金英。

“三条、九饼……”

这个叫金英的女人赌兴正浓，全然没想到这一天就是她的末日。警察出现的时候，她还以为是来抓赌的。警察押着她来到了她与张宝山的住处，没费多大劲就查获了100千克的冰毒、麻古等毒品和厚厚一摞《实验室溶液制备手册》等化学制药类参考书和记载制毒配方的笔记本。金英顿时瘫倒在地。

落网的三人中除了何刚遮遮捂捂地强调自己一身清白，张宝山和金英都很沉默，他们的沉默恰恰从另一个角度透射出他们的畏罪心理。何刚的防线轻易就被攻破了，因为审讯警察向他问到“阿历克赛”时，何刚就一下子懵了。

突破口很快从何刚这里撬开。经过近20个小时的艰苦迂回，张宝山先是沉默，接着开始狡辩，最后情绪剧烈地波动。张宝山的心理防线垮塌后，向审讯人员和盘供出了自己伙同金英先后多次向何刚出售冰毒5000多千克的事实，并交代了“后台老板”——一个驾驶路虎的中年男子。

张宝山急于交代案情事出有因。由于从张宝山家里发现了《实验室溶液制备手册》等化学制药类参考书和记载制毒配方的笔记本，办案民警认为他一定具有制毒情节，而且他专业经营医疗器械和化学制剂，制毒原料不成问题。张宝山最为害怕的就是警察的这种判断，因为那样的话会极大地加大他的罪行。张宝山向民警反复强调，他出于暴利的诱惑，的确想制毒，但目前只是处于研究阶段，自己眼下的身份只是个“二道贩子”，毒品全部来源于那个男的。张宝山说，那名男子经常到店里购买各种医疗器械和化学制剂，他通过细心的研究发现，他们买的这些原料都是制毒必需品。但他们买原料是提供给别人还是自己制毒，这个则不得而知了。不过直觉告诉他，这个人制毒的可能性将占到九成以上，而且制毒量也一定非常大，因为每次来店里购买器械和相关的化学制剂都是一次性买空。在与对方交流的过程中，张宝山还发现，给对方供货的绝非自己一家。

张宝山经常和那个开路虎的男子喝酒聊天，相处得非常不错，遗憾的是自己却始终不知道对方的真实姓名。交往当中，这名男子跟张宝山显摆，说是自己的生意做得很大，遍布白山黑水大部分地区。

按照张宝山提供的路虎车牌照，民警没有查到车辆档案，显然这辆路虎车用的是假牌照。张宝山之所以未能提供出对方的电话号码，是因为对方每次都自己主动来店里找他。张宝山从对方手里购买毒品，每次也都会提前付款。开路虎车的男子有时会从车里直接拿出毒品给他，有时也会在下一次来访时付货。

刘洪国来了信心，他觉得破案抓人绝对有九成以上的把握。他派出两名侦查员守候在商店，就专等着那位开绿色路虎车的男子主动入瓮。兀达镇煤炭生意和木材生意火爆，路虎车来来往往非常常见。刘洪国对全县所有绿色路虎车进行了清查，并没有发现可疑车辆。很显然，这辆车并不是本地的，它很有可能是用来长途奔袭购买制毒材料并运送毒品的。路虎车一日不见，那也只能耐心静候它的大驾了。

日子随着日出日落，一天天消逝着。让刘洪国着急上火的是，所有的线索在这时候断了。嫌疑人始终再没来过店里，他们仿佛嗅出了味道，并因此销声匿迹。奇怪了，刘洪国一时间搞不清所以然了。难道说“红姐”和那名男子在兀达镇有眼线？警方的动作已经被他们发现？

情况上报到了黑龙江省公安厅。省厅立即在全省范围内展开大规模的绿色路虎车盘查专项行动。上头的力度不可谓不大，但这时候的刘洪国觉得短期内能否破案还是有点儿担忧，他对手下人说：看来一切不像我们想象的那么简单，我们最初的行动显得太简单、太顺利了，现在看来，那种简单、顺利本身就是一种不正常……

的确，刘洪国他们面对的是一个无比狡猾的制贩毒集团，案件谜底日后被揭开后表明，这个涉毒犯罪团伙组织严密，但凡从集团购买毒品分销的下线都有专人监控，一旦下线落入警方之手，就会有专人把信息上报，至此这条线就会自然断掉。两年来，该集团的毒品销售网越铺越大，占领了东三省大部分地区且不说，并且正在跨越国境线，向俄罗斯和蒙古扩张。

五

“哥……哥……”

木刻楞的二楼传来了童伟林的呼喊，呼喊中还夹杂带着几分哭泣。一楼的几个人对此早已经习以为常，他们知道童伟林一定又梦见到了自己的大哥。的确，大哥又一次现身童伟林的梦里。童伟林被梦扰醒，却半天睁不开眼睛，因为咸咸的泪水已让他那双原本就红肿的眼睛腌得很疼很疼。他努力把眼睛睁开一条缝隙，但透过窗户射进来的晨光又让他感觉很不爽。

小的时候父母就死了，童伟林与弟弟始终是大哥带着生活。身体还没完全长结实的时候，一天，大哥就带着童伟林在小兴安岭林区深处挥舞起大板斧伐木赚钱了。

“等钱攒够了，你跟小三就上学，大哥我呢自己在林子里伐木，给你俩攒够娶媳妇的钱。”每当累得扶着大树喘粗气的时候，大哥总会这样对童伟林说，而这些话又总会给两兄弟增添不少的伐木力气。在林子里伐木虽是个苦活，但赚来的辛苦钱在当时还是很可观的。大哥从来不舍得给自己添些衣服，或是多买一口好吃的，但他对两个弟弟从来都是大方的，好吃好喝好穿戴。他嘴边上总是这句话："咱们没爹没娘，大哥再不心疼你们会让外人瞧不起的。"

哥哥对弟弟爱护有加，但对自己总是那么苛刻。一次伐木的时候，由于平时吃得不好，体力消耗又过大，大哥在收工时昏了过去。两个弟弟哭着把大哥背下山，给他炖了一盆肉。面对那盆肉，大哥哭了，两个弟弟也跟着哭得哗哗一片。

一年春天，大哥给童伟林留下很多钱做生活费，说自己要进山种大烟。他告诉童伟林种大烟被政府抓着会被枪毙，所以不能告诉任何人，在家照顾好弟弟。由于哥哥说种大烟能赚很多钱，至于哥哥日后会不会被抓枪毙，他也没有过多思量。哥哥上山那天早晨，童伟林给他准备了很多干粮，大哥离开家时，他和弟弟在门口向他不断地挥手，大哥也是两步一回头，三步一招手。直到这时，童伟林才想到哥哥被抓很可能会被枪毙，他开始紧张了，追上哥哥搂住他哭了："哥，别去了，被抓到就完了。"哥哥当然没有听从他的建议，安慰他一番，便头也不回地走了。

哥哥顺着那条山间小路越走越远，最后消失了。三兄弟谁也不会想到，这条小路竟成了他们兄弟踏上不归路的起点。大哥在第一年的确赚到了很多钱，第二年春天童伟林也跟哥哥钻进了林子，一起种了大烟，面对大把的票子，他们似乎把危险扔到了脑后。

那一年，是童伟林最最刻骨铭心的一年。

林子里的路曲曲弯弯，大哥和童伟林背着行囊走了三天三夜，最后来到小兴安岭深处一处极为隐蔽的地方。那里有一大片长满杂草的空地，大哥嫌面积还不够大，挥起斧头连续放倒一片大树。面积差不多了，兄弟二人又把所有的杂草全部除净，把黝黑的沃土全部翻了一遍，撒下罂粟种子，又在边上种了些自己吃的蔬菜。两个人还用放倒的树木搭了窝棚，建了锅灶。作为最重要的事，他们还在可以通往这片罂粟地的十二个林木稀疏的口子间设置了夹子，还有致命的地枪，以防止护林员前来捣乱。同时，又在东、南、西、北四棵躯干高耸的大树上设置了观察哨位，时不时地爬上去瞭望警戒。剩下的时间里，就是等待了。

那段时光是非常惬意的。兄弟俩每天的生活就是聊天、喝酒、吸烟。尤其是夜晚的时候，兄弟二人躺在窝棚里，特地把棚顶的防雨蒿草拿掉，这样就可以望着星斗入眠。罂粟发芽后就开始疯长，开花、结果仿佛就是眨眼间的事情。童伟林最喜欢用罂粟叶子炸的大酱拌面条吃，大哥几乎每天都要给他炸酱、煮面。

种罂粟赚钱当然不会那么容易，巨大的危险始终在暗地里潜伏着。临近割取罂粟果实浆液的时刻是最为危险的时间段，林业部门往往组织大量人力进山，发现罂粟地就会毫不留情地铲得一干二净。对于这一点，大哥童伟平当然是有准备的，除了夹子和地枪，还事先选好了若干个万无一失的逃跑通道，反复和弟弟探查。

罂粟花非常艳丽，大哥童伟平经常独自蹲在花旁看得出神。那是一片罪恶之花，但艳丽的罂粟花在兄弟二人的眼里却是他们未来的全部希望，他们透过花的艳丽，仿佛看到了厚厚的钞票。然而，美梦是易碎的，它来的速度之快却远超出了两兄弟的想象。

童伟林在一次瞭望的时候，看到了林业部门组织的铲毒队伍。那些人一字排开浩浩荡荡，在另外一个山头进行地毯式清查，他的心顿时紧张起来。童伟平知道后也爬上瞭望哨仔细观察，一番细察，他发现那帮人的走向距离自己这边很远，从方向上可以判断，他们并没有到自己这边山头清查的意思，这才逐渐稳定下不安的心绪。

林业部门也好，公安部门也好，在实施大规模的铲毒行动之前，都会先期派人实地侦查一番，等确定了种植罂粟地的位置后才组织更多的人上山铲除。对于自己种植的这片罂粟地，兄弟二人是费了一番苦心的，找的地方也足够隐蔽，他们自信，林海茫茫，没人会找到他们，即便大兴安岭上所有的罂粟地都被铲除了，他们的这片罂粟地也不会被人发现。平静的日子又过了一段，险情还是来了。

这天临近中午的时候，童伟平正在给弟弟煮面条，一声枪响让他心里一惊，接着就听到了惨叫声。他让弟弟立即朝一个安全的方向逃跑，自己则顺着声响奔去。在一个地枪附近，童伟平看到一个人已倒在了地上，显然他中了地枪。另外一个人的一条腿被夹子夹得血肉模糊。

这两人就是前来侦查罂粟种植的，如果不是地枪和夹子，这片地就得暴露了。这些侦查人员大多是悄悄地来，又悄悄地走，那么接下来就是浩浩荡荡的铲毒大军了。童伟平是既怕又喜。望着地上躺着的两个人，童伟平毫不犹豫地举起了石头，对准他们的脑袋就是一顿猛砸……

被砸的两人开始还在恳求饶命，但转眼间就没了生息。童伟平正红眼的时候，忽然间又听见身后的声响，他怀着巨大的恐惧转身的一刹那，发现原来是弟弟朝着自己走来。童伟林不放心哥哥，疯狂逃窜了一阵就返了回来，他被眼前的场景惊呆了。

“不要他的命，他就得要我们的命！”童伟平咬着牙，凶狠狠地对弟弟说……

杀了人，童伟平许多天都不大喜欢说话了，童伟林吃罂粟叶子炸酱面也不那么欢实了，他们只盼日子过得快些，早些收获完毕，炼好烟膏下山。童伟平对童伟林语气很重地说：“记住，以后再有什么情况只管逃，不要像上次那样回来找我，咱俩剩下一个就行，老三得有人照顾！”

大哥的这番话说得童伟林心惊肉跳，但几天后便应验了。那一年，林业部门第一次动用直升机航测大、小兴安岭深处非法种植的罂粟，兄弟二人的罪恶很快被发现了。

那天中午，童伟平刚刚为弟弟煮好了面条，又用罂粟叶子炸好了大酱，但还没等捧上碗，就听到一阵直升机螺旋桨的轰鸣声，那声音由远及近，最后盘旋在了他们的头顶。

“小林，快跑！别回来！”

童伟林听了大哥的话，一个箭步蹿出窝棚藏进林子里，而童伟平却提着猎枪走出帐篷。直升机一直在头顶盘旋，不时有人探头下望。童伟平对着直升机举起猎枪，做出要射击的样子，他想着能把直升机吓走。

成砣的大烟膏已经制好了许多，童伟平实在不忍心就这样全都放弃了，这片罂粟地耗费了他太多的心血，也承载着他太多的期望，他宁愿去死也不愿放弃。人都杀了还怕什么？童伟平的眼睛血红血红，眼见直升机没有离去的意思，他准备开枪。

“放下武器，趴在地上。”直升机上的人通过高音喇叭反复发出警告。

童伟平彻底绝望了，他扣动了扳机。很快子弹打光了，但直升机却是完好无损。

猎枪里都是霰弹，加之直升机上的人见他有开枪的意思，飞机爬高了一些，且又不断地调整飞行姿势，因此没受到任何损害。转眼间，直升机里的人变被动为主动了，一支步枪伸出来，朝着童伟平的周围就是一通点射，就在他还没摸着门道的时候，直升机已经降落了。从机上跳下几个人将他按倒在地，又捆了个结结实实。一个大个子驾驶员上来还朝着他的屁股狠狠来了一脚：你胆子可真大，还敢打飞机！我们要不是命大，都得交待在你这里了！

来人将所有罂粟花和果实全部打落，又吃了他煮好的面条。和果实完全不同，罂粟叶子是没有毒性的，味道吃起来是很不错的，来人吃了面条后还不忘对童伟平调侃：你的手艺不错，好吃，真好吃！

这个时候，童伟平已经鼻涕一把泪一把，早没了人的模样。

这一幕，躲在密林深处的童伟林全都看在了眼里，他心如刀绞却又束手无策，整个人成了泪人。来人押着童伟平登上直升机离开后，童伟林返回窝棚，看到满地凋零，想起大哥最后无助的反抗，童伟林在地上一直呆坐到深夜。所有的烟都吸光了，所有的酒瓶子都空了，童伟林决定下山，但在下山的路上转念一想，万一警察到家里抓自己怎么办？这样，童伟林并没有回家，而是进山找了个伐木队隐藏起来，也好养活自己。

童伟平落网后眼见求生无望，交代了自己的杀人情节。此前，警察一直怀疑两个失踪护林员被种大烟的杀害了，没想到在童伟平这里寻到了答案。童伟平带着警察返回种罂粟的地方，找到了两名护林员的尸体。童伟平虽然没有交代与弟弟有关的任何违法犯罪情节，但警察还是怀疑到不见踪影的童伟林。除了周围邻居都说童老二是和童老大一起上的山，警察还注意到一个细节，那就是童伟平落网当天，人们在他的窝棚里看到木台子上摆着两个饭碗、两双筷子。这些情况都表明，有一个人逃跑了，很有可能就是童伟林。然而无奈的是，童伟平一口咬定一切都是他自己干的。执行死刑之前，童伟平口述，请警察给两个弟弟写了一封信，告诉弟弟们要好好做人，不要走他的老路，好好活着就算对得起他了。

刑场位于离兀达镇不远处的一个小山谷里。童伟林曾经在小时候和哥哥一起跑到附近的一个山头，观看犯人被执行死刑的现场。哥哥被执行死刑的那天，童伟林再一次跑上那个山头，眼睁睁地看着哥哥被押到刑场，最后跪在地上，随着一声枪响，哥哥倒在地上。童伟林握紧拳头，不断敲打自己的脑袋。这一天，因为担心警察抓自己，他连去给哥哥收尸都不敢。童伟林坐在山头上，一直哭泣到第二天天明，他在心里默默发誓：这辈子一定要好好活着，而且要活出个样子来。

活出个样子来，童伟林并没有选择好好做人。

童伟林带着弟弟远赴四川大凉山打工，他们在那里认识了很多吸毒、贩毒的朋友，童伟林严格管束弟弟童伟华，坚决禁止他吸毒，但却出人意料地带着他一道贩毒，短短三四年工夫，兄弟俩口袋里已有了不少的票子。两兄弟全国各地哪里都走，由于出手阔绰，拳头够硬，广交了各路朋友，最后，他们把东北地区作为自己的毒品重点销售地，并很快占据了三分之一的毒品市场。童伟林没有多少文化，童伟华却是高中毕业，而且上学时成绩颇为不错，要不是生活在一个支离破碎的家庭，考个大学应该是没有任何问题的。在几年的贩毒经历中，童伟华竟然无师自通，自个儿倒腾出了冰毒来。

“把南方的毒品倒腾到东北来卖，还不如就地自个儿生产，一定暴赚！”童伟林对弟弟童伟华说。兄弟两个说干就干，他们相继在大连、沈阳、哈尔滨等地开始租房子制毒，但出于安全考虑，最后他们还是把黑龙江老家当作唯一的制毒基地。销售已不成问题，这些年他们已拥有了一个相对稳定的贩毒网络。同时，狡猾的童伟林还专门设置了一股监视力量，具体操作过程中，童伟林是不会让这股监视力量参与毒品买卖的，而是专门负责监视常年从他这里购买毒品的下线，一旦某个下线落网，童伟林会立即切断和这个下线的所有联系。监视的方式有很多种，或是在某个下线的住处周围租个房子，或是在某个下线的商铺周围设个小买卖。这股监视力量大部分来自老家，童伟林的身价已经足可以吸引他们为自己鞍前马后地忙乎。

童伟林很快从弟弟那里学到了全部制毒本领，他此后给弟弟定了一个铁规：制毒、贩毒由自己来做，童伟华只管花钱，并帮着监视一些下线，或者就是出出货。童伟林这样做的目的是出于对弟弟的爱护，他想独自承担大部分危险，如果有一天真的事发被枪毙，他一个人承担就够了。童伟林对弟弟在花钱方面从不吝啬，他觉得自己这样是对弟弟童年艰苦岁月的一个补偿。

随着时间的推移，童伟林最后的制毒点选在了一个谁也不会想到的地方。利用贩毒获得的收入，童伟林已经在黑龙江畔的兀达镇买下了一个木材加工点。加工点有一个早年修的木刻楞，童伟林进行了认真修缮，并把二楼腾出来专门用以制毒，他给手下制定了规矩，二楼除了女友林红和弟弟童伟华，任何人不许进入。

当林红告诉童伟林张宝山被抓的消息后，童伟林心里并没有太多波澜，下线被抓是常事，没什么大不了的，他反而越发对自己办事的周密充满自信，他觉得自己不可能存有危机，但却不知道，这次最大的危机竟出在自己的弟弟那头。

六

哥哥不让制毒，但童伟华并没有完全按照哥哥的想法办。他不喜欢像哥哥那样归隐山林，终日闷在山里，林子里是他吃够苦头的地方，心里所有的伤都在那里。童伟华在哈尔滨自开炉灶制毒，他不觉得这样做对不起哥哥。童伟华也网罗了一帮兄弟，平日开着路虎一会儿省城，一会儿山里到处折腾。

童伟华在哈尔滨租了两套住房做“车间”直接加工生产毒品，还在附近地区租了一套房子做“库房”，储存制毒原料、化学配剂。童伟华在哈尔滨经常变换住处，行踪神秘莫测，制作冰毒过程发生的化学反应会产生浓烈的刺激气味，为防止制毒气味外泄，引起邻居的警觉，他将房间密封得严严实实，有时一连十几天不出屋，对手下全部用手机遥控指挥。需要原料、配剂和制毒工具，就指挥手下到原料库里取，送到他指定的房间，甚至连吃饭、找小姐都是由手下送到他的房间。童伟华还购买了两支六四式手枪和一堆子弹，每天都随身携带。由于山里人听话，好摆弄，童伟华从山里找来十几岁、二十几岁的男孩做马仔，平素对他们极其刻薄，非打即骂，严加管教。为了不让马仔知道得太多，干上一两个月就把他们打发回去，然后再换一拨儿。但童伟华也像哥哥一样，有几个忠心耿耿的手下，他们能够接触到自己的核心秘密，杨雪峰就是其中之一。

杨雪峰经常给童伟华当司机，有时外出送货或监视下线，都是杨雪峰独自驾车前往。杨雪峰平日非常机灵，弄了一大堆假牌照，还弄了一个警灯放在车里。但就是这个杨雪峰，最终成为童氏兄弟和数十名毒贩落网的重要推手。

全省公安机关都在严查绿色路虎车，童伟华、杨雪峰却并不知情。一天中午，杨雪峰外出送货，他卸下车的牌照，在风挡上放了一个交警部门发放的那种纸制的临时牌照，心想这样一来人们都会认为车是新买的，不会有人在意他。当他驾车行至一个交警岗亭时，执勤民警发现杨雪峰驾驶的这辆绿色路虎车未悬挂车牌，却在车前安装了一个警灯，此车还占用右转弯车道想要直行，这名交警立即带领两名协警上前依法检查。交警心里清楚，绿色路虎车是当前重点检查对象，但他并没有想到眼前这辆车就是全省公安机关正在苦苦寻找的那辆路虎车。他觉得看这车的嚣张架势，应该是某个单位的“特权车”。但接下来发生的一幕成了这名交警一生中最为刻骨铭心的一幕。

交警在审查中发现，驾驶员杨雪峰的驾照没有年检，并属于逾期未换证，车辆也没有合法手续。这名细心的交警发现杨雪峰眼神飘忽不定，神情也很怪异，在对车内物品进行检查时，他在副驾驶储物箱中发现一个黑色小包。就在交警询问杨雪峰包内是何物品时，突然而至的一个惊人场景出现了，杨雪峰突然夺下交警手中的包，并从包中掏出一把手枪指向他！

交警见状向前猛一跨步，身体整个扑上去，双手死死攥住杨雪峰手中的枪，拼尽全力将枪口指向天空，并大声呼喊“他有枪”。两名协警连忙打开一侧车门，左右夹击，将手枪夺下，并将杨雪峰牢牢地铐住。当交警对手枪进行检查时，发现枪内共有六发子弹，已经上膛。

为防止杨雪峰有同伙在附近，这名交警立即驾车将他转移到附近一家银行后院停车场。车上的杨雪峰不断哀求放他一马，并要将身上及车内的8万元现金都送给交警。这名交警没有心情面对巨大的诱惑，立即向交警部门和市公安局110指挥中心汇报了案情。接下来的检查中，还在车中发现了斧子一把、子弹六发，以及大量吸毒工具和五百余克冰毒、警用甩棍等物品。按照上级公安机关指令，交警将犯罪嫌疑人移交刑警带回进一步审查。

杨雪峰被抓了现行，知道自己已经无路可逃，于是提出了戴罪立功的要求。他非常清楚，即使自己不交代童伟华，他的手机里全是两个人的联系电话和短信，警察也会查到，与其这样莫不如给自己一个机会。但是，他没有交代童伟林。

按照杨雪峰提供的线索，警方首先在制毒原料储存地抓获两名马仔，从他们那里拿到了童伟华的房间钥匙。因童伟华持有枪支，犯罪恶性很深，抓捕任务决定由训练有素的特警来执行。夜幕降临后，负责主攻的特警和策应警力秘密集结到童伟华住处，将其租住的两套住房围个水泄不通，抓捕行动随即展开。果然，早有准备的童伟华已经将坚固的防盗门反锁，警方立即实施第二套方案，由特警破门强攻而入。这时，惊慌中的童伟华开始在室内快速毁灭证据，将处于液体状态的冰毒半成品或是倒入下水道，或是用盆子往楼下泼。高度的紧张令他全身痉挛，沁出的汗水湿透了衣衫，像被大雨淋过一样。制毒的原材料实在太多了，这样折腾是扔不完的，童伟华最后放弃了，他瘫坐在地上，口头吐着粗气，眼睛因为绝望而瞪得大大的。童伟华双手攥着六四式手枪对准房门，准备跟抓捕他的警察较量一番，直到射光最后一颗子弹。童伟华更加清楚，无论自己手枪内的子弹射光与否，不可避免的一种场景则是更多的子弹射向自己，那些子弹会像雨点一样倾泻过来，使自己体无完肤，如筛糠一般。

“二哥，再见了……我去见大哥了……”

耳边是警察用工具破门的撞击声，童伟华心中只有这样一个念头。但是，当身着防弹衣的特警队员破门而入后，那种强大的威慑力立即使童伟华失去了反抗的勇气，陷入绝望的童伟华携枪从他住的十楼房间窗口纵身跳出，坠落过程中，他连续开枪，打光了枪内所有的子弹，最后咕咚一声坠地身亡。万幸的是，射出的子弹没有伤到任何人。

刑警在两处制毒窝点和一处原料库里，缴获成品冰毒50公斤，冰毒半成品及制毒原料一吨，加热电磁炉两台。在童伟华的房间，作为冷却室的冰箱腐迹斑斑，卫生间的地上堆满了装有五颜六色的化学制剂的瓶子。

七

这辆路虎是否就是大兴安岭深处兀达镇出现过的那辆呢？杨雪峰对此闭口不谈。突破困局并不难，户籍资料显示童伟华出生地就是兀达，童伟华的电话里有很多与童伟林之间的通话和短信。这些情况全部反馈到刘洪国那里后，刘洪国突然心里一惊。童氏兄弟的情况，他是知道的。早年童家老大惹了那么大的祸，虽然没有证据表明和老二、老三有关系，但他们步老大后尘进行涉毒违法犯罪的可能性极大。

“童伟林和你什么关系？”面对这个问题，最先落网的何刚立即回答，“我们从小一起长大，是好朋友，他现在在山里开木材加工厂，发大财了……”

一系列严谨的侦查表明，何刚的毒品的确和童伟林没有直接关系，但刘洪国总是感觉这其中好像不那么简单。事实上，童伟林知道何刚这人不好把握，所以故意不直接卖毒品给他，而是拐了个弯，间接通过手下监视他和他的上线张宝山。当他们都落入警察手里的时候，他和他们的所有联系就都断了。

木材加工厂？刘洪国感觉到其中似乎大有文章。管片民警是刚刚从警校毕业不久的年轻警察，据他介绍说，那里的确有个木材加工厂，由于交通不便，他一共只去过那个木刻楞两次。老板姓童，老板娘叫林红，片警觉得那个男的非常傲慢，从来不和他多说话，女的还算可以。他们的这个木材加工厂，主要生意就是把从对岸俄罗斯运过来的木材进行简单加工倒卖，赚钱是毫无疑问的。片警说，现在山里这类财大气粗的人对警察的工作都不太配合，牛着呢。所以，片警没有多想什么。

围绕木刻楞进行的一场特殊的蹲守行动由此展开了，刘洪国在蹲守期间很快发现了异样。接下来，通过跟踪经常独自外出送货或是购买原料的林红，又发现了一批与她联系的毒贩子。时机成熟后，刘洪国决定对木刻楞展开行动，先从那个叫林红的女人下手。林红何时下山并没有规律，但大多时候是在夜里或是天刚亮的时候。她和童伟林制毒的时间段也是在这个时候，她每次下山通常都会到山脚下一个加油站加油。

参加抓捕林红的警察在漆黑的大兴安岭深处一夜未眠，终于在黎明时分发现木刻楞的木门缓缓打开，只见林红快步走进车里。在山脚处预定地点守候的警察接到指令后，都瞪大了眼睛，死死盯住那条山路，就在林红停车加油时，警察突然出现，没容她声张，就被塞进了警车里。刘洪国从她的挎包里搜出一个冰红茶饮料瓶，里边是红色液体。

“瓶子里装的什么？”刘洪国意识到瓶子里有问题。

“饮料。”

“什么饮料？”

“冰红茶。”

“你喝一口试试。”刘洪国边说边要打开瓶盖，示意让她喝……林红不得不承认瓶子装的是刚刚加工出来的液态冰毒。侦查员打开瓶盖一闻，果然是浓烈的冰毒气味。人赃俱获，突审就在车内开始了。

林红交代，木刻楞里的童伟林正在二楼制作冰毒，他手里有手枪。他在二楼还置了几桶汽油，如果警察进去，他肯定会引燃木刻楞。林红是个瘾君子，没有童伟林她一天也活不了。他们两个人一起在二楼制毒，而且这个二楼除了他们两个和弟弟童伟华，是谁也不能上去的。在那座木刻楞里制毒的事情，白天待在一楼的三名专门从事木材加工的工人是不知道的。童伟林白天大部分时间都是在睡觉，研制毒品都是在晚上工人们离开以后。工人们都是山里人，不明白冰毒之类的东西，连听说都没听说过，更不可能把这些东西和自己的老板联系起来。童伟林平日里给他们优厚的工资，和他们相处得像亲人一样，谁家有个困难什么的他都会非常大方地施以援手。他们也问起过木刻楞里有时为什么会有种怪怪的味道，童伟林也从不作解释。林红笑着说：“你们这辈子也抓不到童伟林，你们只要接近木刻楞就会被发现，童伟林感觉不对就会放火烧掉一切罪证。”

刘洪国听了她的话淡淡一笑，并提出立即实施抓捕第一预案：采取突然断电的办法，引蛇出洞，实施智取。刘洪国按照与电力部门的事先约定，拨打了有关控制人员的电话，进行拉闸断电。一整晚的制毒已经接近尾声，童伟林发现木刻楞里的电灯灭了，电磁炉也突然间没了温度，心里感觉非常不快。木材加工厂有一个电表，那里有电闸，童伟林立即起身决定去查看是否是电阻丝断了。

不一会儿，木刻楞房门打开了，已经悄悄将木刻楞包围的警察一拥而上，死死地揪住了他。刘洪国带人来到木刻楞二楼时，发现几只烧瓶中的液体还在沸腾，满屋弥漫着刺鼻的酸碱味，操作台上摆满了各种器具，冰柜里存放着正在结晶的冰毒，大约有两公斤，房间地上放着一些大大小小的瓶子，里边装的全是液态冰毒，约十公斤。在一张桌子的抽屉里，刘洪国搜出一支六四式手枪。

童伟林当时正在进行制作冰毒的最后一道工序——提纯结晶。这个时候，省厅、市局已经组织多个抓捕组同时开展行动，将与童伟林、林红存有涉毒违法犯罪的人员计三十一人全都一网打尽。

“我已经知道，你们对我弟弟下手了。只要我们不在一起，他每天晚上都会给我来一个电话，这是许多年来的习惯，我们早也达成了默契。这两天他却始终没来电话，我就知道他出事了……”

童伟林发现弟弟没接电话后，就直接把自己的手机扔到了黑龙江里。他在侥幸地等待，等待弟弟能够安然脱险，突然有一天出现在自己的木刻楞前。

童伟林曾经和弟弟研究了一整套被警察抓到后的逃生方法，加上他不让弟弟制毒，大宗毒品交易也从不让弟弟去冒险，童伟林因此坚信弟弟即使出事问题也不会严重。可他没有想到的是，弟弟却违背了他的叮嘱一直在制毒，而且还网罗了一帮手下，最终因此命丧他乡，又牵累他成为警察的囊中物。童伟林最终从警方那里得知弟弟的一切后，主动向警方坦陈了许多年来发生的一切，同时还提供了四川、广东等地一些毒贩贩毒活动的线索。童伟林向警方表示说，希望自己用这样的谢幕方式能够挽回一些罪孽。

一段罪恶就这样消失了。连接中俄两国的黑龙江水在静静地流淌，它似乎还在向人们述说着边境线上曾经演绎过的一个制贩毒团伙张狂、湮灭的故事……

来自陷阱的诱惑

昨夜，混乱不堪的聚会以鲜血淋漓结束，侯萍终于感觉到一切的终点即将来临。外面鹅毛大雪纷纷扬扬，她独坐窗前，竭力控制情绪，但浑身上下依然颤抖不停，不断涌出的冷汗使脸上的粉脂七零八落。

已经走过很长一段错误的路，现在的侯萍感觉自己行将毁灭。她大口吸烟，那股股浓烟在她的鼻腔、喉咙、胸膛里来回流转。说心里话，她的初衷只是寻欢作乐，可万万没有想到如今竟会面临生与死的抉择。

“富婆少男”——这是一个 QQ 群的名字。这个听起来就庸俗无比又欲盖弥彰的四个字，当初对侯萍来说却是那样的诱惑。如果说加入这个群的“富婆”和“少男”们，想法都像侯萍一样，仅仅是为了庸俗式的寻欢作乐，也许除了触碰道德层面的底线，这其中所有的龌龊还不至于牵扯上不赦的罪恶。但是，“富婆少男”QQ 群本身就是一个大杂烩，进入这个群的“少男”们都是直奔“富婆”们的钱财而来，而其中有的人为了钱不择手段、藐视一切，甚至是要人性命，很多无法挽回的悲剧因此而产生。

叮当、叮当……随着警察敲门声的响起，浑身瘫软的侯萍终于看到了一丝生的希望。

一

刑警李勇、韩雪峰在社区民警的带领下来到侯萍家的时候，一屋子的烟气几乎把他们熏倒。李勇、韩雪峰打量侯萍，他们透过她的憔悴不堪，一眼就看出她是一个功利心很强的小市民型女子。两名刑警原本以为遇到了难缠的主顾，但没想到侯萍却是相当配合，而且令他们大为意外的是，一起伤害致死案在眼前这个女子的帮助下，竟然逐步牵出了一个杀气腾腾的犯罪集团。

来到侯萍家之前的那个夜班，世纪华庭酒店203包房发生了一起奇怪的伤害致死案件。这起案件是酒店服务员报的警，当时只是说有人在酒店打架。民警赶到现场后，杯盘狼藉的203包房内只剩下躺在地上奄奄一息的被害人，其他所有人不知去向。负责203包房的服务员是一名二十多岁的女孩，她说当晚203包房内共有十一人就餐，六男五女，男的年龄都和她差不多，女的年龄则大的多，都是四五十岁的样子。她说这些人在一起的样子让人感觉不是很舒服，在一起开的玩笑难以入耳，后来不知道为什么噼里啪啦地互相打起仗来。至于被害人，她觉得他很开朗，和另外十个人也挺熟悉的样子。

本案被害人李某在送往医院后经抢救无效死亡。李某今年22岁，系本市无业人员。这起案件令警方感到疑惑的地方是，203包房内的所有人在案件发生后全部踪影皆无。既然是十一个人的大聚会，死者在其他十个人里怎么也得有个关系近点的朋友，就算死者怎么该死，也不至于在出这么大事情的情况下不闻不问。

李某的父母没能提供任何有价值的线索。警方首先把工作目标锁定在了侯萍身上，因为聚会是她在酒店预订的，酒店前台还留有她家的电话号码。

侯萍向刑警交代，当晚聚会的十一人全部是“富婆少男”QQ群内的网友。席间，女网友穆某让李某坐到她身边，网友程彬见此情况十分生气，便对李某破口大骂，进而发生厮打。厮打期间，程彬朝着李某连刺数刀，大家看到李某胸部不断往外蹿血，知道事情不妙，因此全部离开。

案件经过十分简单，但侯萍想与警方合作的远不止这起单一案件，她因“富婆少男”而起的个人危机才是隐藏在这起案件背后亟待破解的难题，这个难题里所包含的就是她本人的生死抉择。

二

40岁快结束的时候，侯萍的心里多了一个羞涩的秘密。这个秘密在无数个日夜的痴心遐想后，越发令她心驰神往，在爱早已不再茂盛的年代，羞涩的感觉使她重燃青春的光芒。

其实，这个所谓的秘密就植根在她的电脑里，进入自己的QQ，只要那个燕翅的头像是彩色的，她的眼神便开始烟波浩渺。她的所有情绪触角都在网络里，身为小职员的丈夫在无数次阻止失败后，便任由她昼夜折腾，只是不时地警告她说：网络是虚伪的，交网友可以，但不能走到现实里见面交往。

她从来就看不起自己的丈夫，所以自己所有的想法从未偃旗息鼓，除了交网友，还有生活的方方面面。丈夫的年终奖下来了，她立马买上一部新款的苹果手机；貂皮有了中意的新款，她宁可透支丈夫的信用卡，也不会放弃占有的想法。

丈夫是她不完美的选择，但和燕翅在网上结识三年有余的时光，她感觉到自己即将呼吸到新鲜的空气。

这年冬天，燕翅经过三年多的谋划后终于和侯萍见面了，他的外貌、言辞、经历全部经过精心打扮。几次接触下来，他从她深深震颤的眼神里感觉到了她的孤独与躁动，更从她的衣着与苹果手机上感觉到了她的富有。耐心已经耗尽，燕翅决定动真格的。

那天上午，脸上涂着厚厚粉底的侯萍曾在宾馆房间门前几度徘徊，终于鼓起勇气轻轻敲门。与燕翅对视一刹那，魂酥骨麻的感觉瞬间铺天盖地，她感觉自己血脉偾张。燕翅依然那么善解人意，他让她放松，递过一杯可乐。侯萍于是开始默默地低头喝饮料，她努力平静自己那害臊无比的情绪，却发现自己不断的眩晕、眩晕，最后便什么都不知道了。

醒来时，已经是深夜，网友燕翅早已不知去向。浑身赤裸的侯萍来不及穿衣服迅速查点物品，结果发现貂皮、苹果手机没了，包里的一千多元现金没了，甚至连零钱都一分不剩。

就像冬天里将一盆冰冷的凉水泼在身上，不断冒出的冷汗令她整个人水洗一般。恐惧、气恼、尴尬……复杂的感觉使她想大哭却没有眼泪，想穿上衣服离开却没有力气微动那么一下。

惨痛的教训面前，侯萍选择了沉默。她没有报案，没有告诉丈夫。侯萍觉得真相抖搂出来，自己便会没脸见人了。

侯萍的脸上带着天生的幽怨，她对自己的容貌和所谓的气质都充满着高度自信，平日里不知道会有多少次在心里谴责命运对自己的不公。燕翅踪影皆无之前曾在网上给她留言：你是个穷鬼，兜里那点钱太寒碜！

侯萍认赌服输，终日依然在网上游荡。这个时候，她发现了一个叫“富婆少男”的 QQ 群，加入条件是：女的年薪 30 万以上，或丈夫年薪 30 万元以上；男的 1980 年以后出生，必须帅气得一塌糊涂。

侯萍止不住申请加入，后很快被批。侯萍根本没有想到，此时摆在她面前的就是一个不折不扣的陷阱，她想在一个陷阱里摆脱孤独、寻找刺激，但最终却将她的精神与肉体全部劫掠。

三

“富婆少男”交友群里有200多个网友，他们定期举办各种交友聚会。因为大家平时几乎没有接触，仅限于在网上聊天，彼此并不熟悉和了解，缺乏真心交友的感情基础。再加上“富婆”和“少男”本身经济及社会地位的不平等，交友动机从一开始就不是那么单纯，聚会时网友之间争风吃醋，甚至大打出手并不少见。

群里的“富婆”大部分名副其实，像侯萍这样的是少数。这些四五十岁的女人经济基础雄厚，聚会往往都是她们轮流埋单。参加了几次聚会后，侯萍发现网友里女的有钱而追求刺激，男的青春有活力而年少无知，她觉得在这其间自己不会吃什么亏，只会从中消遣取乐。参加类似的聚会时，侯萍每次都在外表上把自己打扮得看起来身家不菲，但她心理充斥着的是对那些真“富婆”的嫉妒，充斥着对那些年龄小她许多男孩子的渴望。程彬就是在这样的时候走进了她的视野。

群里的聚会，侯萍常常喝醉，每次都是程彬替她喝上几杯，又送她回家。路上，程彬的幽默总是令她身心愉悦。侯萍又开始了幻想，主题当然完全围绕自己与程彬。侯萍非常清楚那些“富婆”都在想办法享受那些“少男”，她不应该例外。她开始给程彬小恩小惠，给零花钱，这些付出更令她俘获程彬的念头越发深刻。悬殊的年龄没有影响他们双方在网上“热恋”，最终彼此间难分难舍，不该发生的事情逐一发生了。

侯萍囊中羞涩，没有能力支付频繁出入宾馆的花销。因此，她经常在丈夫不在家时把程彬引到家中。程彬的头发烫成了张扬的卷卷，并焗成了一种很夸张的颜色，由于过多喷洒了不知名品牌的香水，他身上时刻散发着劣质的烈香。这个1985年出生的男孩，在侯萍心中可是个尤物。与他缠绵时，癫狂中品味着那股特殊的香气，侯萍会感觉到自己的身体穿梭在神秘与现实之间，那种诱惑与刺激没有任何事情可以比拟。肮脏与龌龊的旋涡里，侯萍没有任何良心上的不安。

程彬离开的时候，侯萍家里的很多角落都会留下他身上的香水味。丈夫一次回家时曾在闻到这个味道后，皱着眉问侯萍为什么使用这么浓烈的香水。侯萍为此惊出一身汗，但很快镇定下来说：“这味道不错啊？有什么不好吗?”

丈夫是无论如何也不会把这种味道和一个男人联系在一起的。侯萍窃喜，她随后更加无度地品尝“禁果”。程彬与侯萍在网上聊天的时候从来没有那种婉转式的花哨语言，程彬对待侯萍从来都是一副毫不客气的样子，他在她的怀中总像个残暴的野兽。侯萍没有任何恐惧，任凭这个小自己将近20岁的人对其无度占有。每一次，她反而都会有便宜占尽的感觉。

程彬曾向侯萍提出，他不想总是在她家里那样，还是选择宾馆较好。侯萍便把自己和网友燕翅之间发生的事情完整地对他讲了一遍，她说自己曾在宾馆被人家祸害成那德性，心理上落下了障碍，见到宾馆大门就会瑟瑟发抖。

“没人性，让我碰到那个燕翅，一定宰了他!”

程彬的表白令侯萍满意极了，“这就是网友，可以无话不谈，可以无事不做……”侯萍这样想着的时候，那段恐怖的记忆瞬间淡化了许多。

“富婆少男”群内，女的上网交友几乎都是因为感情生活寂寞、无聊而前来寻求刺激，这些经济上有一定资本的女性在网上极力表现自己如何成功、优秀而感情是怎样的苍白，男方则极力表现自己体贴、可爱的一面。而每次聚会，这些浅薄的男孩都会打扮得清新而阳光，供大龄女网友们随意挑选。“富婆少男”群内男女组合不断变化，整个形势混乱不堪。但是，侯萍对她和程彬之间还是很欣慰的，因为她从未脱离他另寻刺激，而据她所知，他也未曾对某个“富婆”投怀送抱。侯萍在心里用“专一”两个字形容她和程彬的交往。更让侯萍满意的，是程彬与她对待那些“富婆”们的共同态度。

“都是被钱烧的，仗着兜里的臭钱胡作非为!”谈起那些女人，程彬的态度十分鲜明。与程彬的关系非同一般后，每次群里的聚会，侯萍都仔细盯着，竭力不让那些“富婆”染指程彬。程彬的表现也十分争气，不仅不讨好别人，对于那些人抛来的媚眼，他的神色里总会有果断的拒绝，从未有过一秒钟的留恋。

总之，侯萍和程彬对群里的人充满不屑，而唯独对他们自己保持着宽容。然而，致命游戏就在这样的背景下悄无声息地上演。进入“富婆少男”群，侯萍除了寻欢作乐再无其他，而程彬自一开始就有着明确而阴险的目的。

四

一天午后，程彬约侯萍喝咖啡。那样装修考究的咖啡馆，侯萍从未去过，这令她的心里格外多了几分温馨。侯萍极力装作自己对这样的环境是“常来常往”，程彬言语温和，完全不同往日，一副欲和侯萍交心、说心里话的神色。侯萍有些激动和感动，同时感觉到一种特殊的情调正将她和他笼罩。

“我刚过十八岁的时候就被判刑三年，因为抢劫。”

的确，侯萍对眼前这个与自己鬼混已久的男孩一点都不了解。但是，他的过去和现在对她不重要，侯萍狡黠地笑着说：“是强奸犯也不要紧，没什么了不起。”

“我想抢那个厚脸皮的‘活色生香’，你帮我把她家住哪里搞清。钱到手分你一半。”程彬似乎没有听侯萍那不太正经的表态，直接说了自己的想法。

“你要能做得不漏痕迹，我就答应你。”

说完这句话，侯萍简直不敢相信这话是从自己口中讲出的。但是，她如此迅速地表态，完全是出于和“活色生香”的心结，她非常乐于见到她倒霉。

“活色生香”是群里著名的“富婆”之一，平日开着一辆崭新的白色宝马，个性异常招摇。每次聚会，这个人总是目空一切的样子，更是曾经当着众多网友的面奚落过每次都乘“的士”来去的侯萍，说她的身份根本不配进这个群。侯萍在网上聊天时，语言像爆豆，但面对“活色生香”的羞辱却无言以对。

群里的“富婆”们对“少男”们普遍保持着警惕，她们可以和他们到宾馆、洗浴中心胡闹，但却从不暴露真实身份和家庭住址，她们每次约会的时候都像事先商量好的一样，开着车旋风似的来了，消遣过后又旋风似的无影无踪。除了身体，她们的一切都不会让他们染指。像侯萍那样城门大开的，程彬经历的仅此一例。

与侯萍接触的初衷，程彬就是想探探她家的各方面状况，然后动手作案。但接触一段时间后发现，侯萍应该是这个群里最穷的“富婆”，程彬估计她也就是和自己胡闹时能舍得叫个出租车，平日里应该是挤公交车的那种。再从侯萍家居住小区的环境及其家中内部陈设看，她过的就是普通老百姓的日子。就在程彬放弃针对侯萍作案，并准备放弃与她所有联系的时候，他突然发现自己完全可以把侯萍当作一种工具，让她去和群里的“富婆”交往刺探有价值的情况，然后自己和同伙下手。程彬觉得这个群就是一个金库，而侯萍则是打开这个金库的钥匙。

程彬之所以和侯萍直截了当地说了自己的想法，是因为通过切身接触，他感觉到侯萍根本不是什么好饼，虚荣、气盛、小气、贪图享受……她的很多性格特点决定了他完全可以驾驭她。

“群里的男孩年少无知，我在这其间自己不会吃什么亏，只会从中消遣取乐。”这是侯萍加入这个群时的想法，但她太低估了网络的虚伪性，曾被网络重伤的她不懂得吸取教训，这种不可理喻的幼稚把她一步步地引入了危机四伏的险境。

五

怎么办？“活色生香”根本看不起侯萍，所以同她深入接触无从谈起。但是，侯萍心中厌恶的“富婆”绝对不止“活色生香”一人。明确知道自己具有某种攻击、报复能力的时候，侯萍突然发现心里所痛恨的，其实是群里所有的“富婆”，这种痛恨也可以说是她潜意识里的嫉妒心使然。

“活色生香”先留着，但可以先选择这些目标：“午夜香吻”“经典老妖”“毒玫瑰”……

程彬的想法很老到，他利用侯萍的这步棋走得很精准。的确，“富婆”们出于安全考虑都对“少男”们保持着一分警惕，但“富婆”之间的警惕性相对来说就要弱化很多。她们都视“少男”们为手中玩物，因为这共同的“喜好”，经常互相交流取经，哪个男孩可爱，哪个男孩心眼坏，什么样的男孩可以走近点，什么样的男孩必须远离点……交流不完的话题，使很多“富婆”之间保持着联系，她们中的很多人时常一起购物、一起健身、一起去美容院、一起去声色场。既然有了动机，侯萍开始和她们走动频繁，但谁也没想到她会是颗“雷”。

“午夜香吻”一天回家，走出电梯就碰见了抢劫的，她没有反抗，身上所有值钱的物件及包里近两万元现金被洗劫一空。接下来，“富婆少男”群里的富婆们陆续遭遇侵财犯罪，有的甚至在半年的时间里重复做了两次被害人。“经典老妖”“毒玫瑰”都陆续遭到了抢劫。其中“毒玫瑰”的遭遇最为惊险，她事发当晚开车入库时，三名男子突然尾随她进入车库并上了她的车，当“毒玫瑰”因惊恐而失声尖叫时，被来人打晕了过去。两名歹徒拿着她包里的钥匙上楼打开了她家房门，家里四万多元现金和金银首饰被洗劫一空。最后，三名歹徒把“毒玫瑰”的嘴堵上，又把她和车库里的暖气管子绑在了一起，最后开走了她的斯巴鲁吉普。万幸的是，当时家里没人，否则说不定会酿成血案。

“富婆”聚会的时候，纷纷抱怨社会治安，对警察的作用牢骚满腹。她们还互相交流安全防范经验，彼此安慰，彼此提醒怎样避免发生类似的事情。她们没有一个人想到自己的遭遇与“富婆少男”群有关，她们都抱怨了很多，就是没有一个人抱怨网络。就在她们抱怨的时候，侯萍正在心里笑个不停。

这些案子都是程彬指挥同伙干的，他们做得都很周密，虽然有时获得的钱财不多，但每次都没露出什么马脚，侯萍也累计得到了两万元红利。程彬对侯萍万般体贴，侯萍则反复叮嘱程彬一定要注意，不要搞出人命来。

六

背着侯萍，程彬从来就没少和群里其他“富婆”接触，只要那些女人们付钱给他，他什么事情都会做。但凡交易过程中引起他不高兴的，他在表面上从来都是忍耐了又忍耐，程彬的生意因此越来越好。“富婆”们都夸奖程彬懂事，也都愿意找他陪伴。

一边吃软饭，一边作案。程彬的生存开始完全依赖于“富婆少男”群，随着很多“富婆”家庭住址、活动规律被侯萍陆续提供出来，他觉得自己已经掌握了足够多的“资源”。程彬努力控制作案节奏，不想将所有“富婆”一夜之间祸害完毕，他每隔一段时间动作一下。这样的做法非常有效，最终没有使“富婆”们把自己的遭遇与群里的内鬼联系起来。

程彬心中，几乎每天都在策划更大的案子，并准备从“富婆”们那里捞足金钱后立即消失得无影无踪。但是，捞多少是够呢？其实这个答案连程彬本人也不清楚。程彬贪婪而疯狂，侯萍起初根本没有意识到与这样的小网友接触是多么凶险的一件事情。程彬在侯萍怀中就像一个凶猛的野兽，离开她时依然如此。

程彬在“富婆”当中竭力控制自己的情绪完全是个假象，他在心底完全看不起这些人，每次身体纠缠过后，程彬总会感觉剧烈的恶心。程彬的忍耐终于在有一天达到了极点，他蔑视她们的身体，蔑视她们的灵魂，直至最后对她们的生命充满蔑视。

一个肥胖的“富婆”将程彬带到了宾馆，此前她与他达成协议，两人发生性关系，她给他1000元钱。胖女人非常能折腾，花样多，要求高。事后，程彬提出多给1000元。

“小破孩！嫌少？有多远滚多远！”很多不堪入耳的话随即又接踵而至，骂祖宗、骂娘，胖女人的嘴像倒粪一样。程彬以前遇到的主顾虽然普遍泼辣，但还没有这样羞辱他的。程彬恼羞成怒，忽然间起身，双手死死掐住了她的肥脖子。胖女人连踢带抓，程彬的脸上、脖子上、手背上都被抓花了，他就是死死掐住不松手。胖女人一动不动的时候，他还是死死地掐着。最后，掌心水牢牢的油汗使他的双手从她的肥脖子上滑了下来。

没有任何恐惧，他拿走了她皮包里的8000元现金，随后朝着尸体轻蔑地笑了笑离开了。

胖女人在群里不出名，侯萍不认识，所以当她通过媒体得知一个女人在宾馆遇害的时候，并没有将她的死同程彬联系在一起，也没有想到这个人会是自己群里的。看过那个报道后，她再次为自己当初在宾馆的遭遇而阵阵害怕。

“活色生香”是程彬和侯萍始终“惦记”的，侯萍最终通过其他女网友获得了她的家庭住址，并把所有情况告诉了程彬。杀过人的程彬迅速走向疯狂，他决定把“活色生香”的案子干得漂亮点，钱要多搞点，必要时结果了她的性命也没什么了不起的。毕竟，群里只有她开宝马，她是群里看起来最富有的。

七

这一次，程彬亲自出马。案发当天，“活色生香”中午健身回来打开家门的时候，程彬和两名同伙直接尾随入室。

“活色生香”被吓得魂飞魄散，身体抖得筛糠一般。除了两张银行卡，三人一无所获。程彬用刀威胁着“活色生香”，逼她说出了密码。程彬让同伙看着“活色生香”，独自下楼到附近银行取钱，那个密码果然是真的，两个卡内共有9万元，于是兴奋的返回。“活色生香”认识程彬，程彬既然出现了，就没想留活口。他再次威逼“活色生香”，她又提供了三张银行卡，并说家里的钱全在上面，密码和那两张一样。

程彬觉得够本了。杀死“活色生香”之前，程彬的两名同伙先将她轮奸，程彬却对此毫无兴趣，只是在最后结果其性命时又轻蔑地笑了笑。

“活色生香”在最后时刻提供了假密码，程彬除了取出那9万元外，余下的三张卡因密码错误没能取出一分钱，他为此恼怒不堪而又无可奈何。

“活色生香”的死，侯萍突然醒悟。得知“活色生香”家发生的一切，她立即断定就是程彬他们干的。闹出人命可不是她想要的，她对程彬的巨大恐惧瞬间升起，但她不敢向他问起这件事。此后，侯萍对程彬更加唯命是从，从来不敢向程彬再提分红的事情，但内心的危机感却无比强烈。的确，程彬时常会想到杀死侯萍，她的存在对他来说无疑是一个长久的隐患。但是，由于他认为自己的钱还未捞够，侯萍还有存在的价值，所以暂时不准备动手。他为此还把从“活色生香”的钱里拿出5000元扔给她。

面对这5000元，侯萍总是感觉头皮发麻，她已经开始思考同警方的合作问题了。

那天，程彬让侯萍召集一个聚会，宴请群里一穆姓女网友，他说自己对她非常感兴趣。此时，吃醋之类的事情对于侯萍来说早已经没了概念，她已经是可以在任何时间、任何地点，听从这个小男孩的任何摆布。侯萍定了世纪华庭酒店203包房，穆姓女网友等一帮人如约赴宴。但没想到的是，开席没多久，为了穆某，程彬就和李某醋意大发，直至大打出手，最后李某命丧程彬刀下。

那天逃跑的时候，程彬连说不值得，他与侯萍分手时告诉她说三个月内暂时不联系，如果有警察找她就说都是陌生网友，谁也不认识谁。

别的网友全部无影无踪，但侯萍开始思考自己的前途，经过思想斗争，她最后决定同警方彻底合作。

胖女人、“活色生香”都是“富婆少男”群的网友，警察已经怀疑到她们的遭遇同这个群存在着某种联系，由于侯萍提供的情况，一切问题很快真相大白。

抓捕程彬之前，那个燕翅首先被警察抓到了。侯萍觉得自己已经再没有什么脸面可言，所以把当年和燕翅发生的事情也对警察说了。燕翅落网后，侯萍后悔不迭，她后悔没能更早些求助警察，否则自己不至于一步步陷得这么深。

抓捕程彬和同伙费了一些周折，但办案刑警最终还是把他们一网打尽了，所有相关案件全部真相大白。

侯萍毕竟参与了部分抢劫的预谋和分赃，依法被刑事拘留，但由于她在案件破获过程中立功，在承担相应法律后果时会被从轻处理。

八

当前，网络上 QQ 群琳琅满目，如果是出于正常的交友动机，在朋友、同学、亲属等熟人间组群，这样的 QQ 群有益无害。但是，若是出于不良的动机进入主题不健康的 QQ 群，其中极易引发犯罪行为。

由于网络交友简单方便，不受时间、地点限制，可用假名登记，实施犯罪后又不易被发现。许多犯罪分子便利用网络交友这一平台的不足，实施诈骗、盗窃、抢劫，甚至是强奸、杀人等犯罪活动。从以往处理的案件分析，女子与陌生男网友见面极易遭到性侵犯，男性与陌生女网友见面后，被对方下药麻醉而实施抢劫、敲诈的事情也屡见不鲜。

广大网民在交友时必须小心谨慎，提高警惕，增强识别能力。各部门在加强对网吧安全隐患管理的同时，更是应该把落实实名登记制度当作大事，这样既方便网监等部门对网吧进行监管，又能对犯罪分子形成心理震慑，从一定程度上减少犯罪的发生，有效净化网络空间。

梦断海参崴

符拉迪沃斯托克即海参崴，俄罗斯远东地区第二大城市。

海参崴依山面海，风光无限。这座三面临海的城市，地势起伏，建筑错落有致，伫立在海边，油然而生的是碧海蓝天的壮阔情怀。但是，海参崴的社会治安一直较差，黑社会、红灯区、赌场，普遍存在的婚外情引发了各种稀奇古怪的堕落和疯狂，可从未遭遇任何不测的刘丽虹却始终认为这里是她的天堂，这里远离各种纷扰，让她的心情获得了难得的休整和平静。

餐馆从开业的那天起便宾客满堂，容颜精致的刘丽虹喜欢坐在一个角落里品尝俄罗斯烈性香烟，然后默默地注视着自己的顾客。这些顾客有中国人面孔，也有俄罗斯面孔，形形色色，各类人种变幻莫测。已在俄罗斯这个远东城市生活了将近三年，七岁的儿子已经可以说出流利的俄语，刘丽虹觉得自己已经在异国土地扎下了根，已经成了这座陌生城市里的一员。

再见、再见；明天见、明天见……

一天的生意结束了，客人陆续离开，店内的服务员也陆续下班。无论是喝得酩酊大醉的俄罗斯客人，还是疲惫不堪的俄罗斯服务员，离开时都用俄语和老板礼貌地打招呼。

大家并不知道这个中国女人来自中国的哪个地方，她从来不愿意和别人做过多的交谈。面对别人的时候，她脸上的笑容远远多过她的语言；但是，人们时常会看到她独处一个角落默默吸烟，一根接着一根地吸，也只有在那样的时候，人们才会发现她异常忧郁的眼神。

更夫阿瓦大爷已经来了，他夜里独自住在一楼，刘丽虹和儿子住二楼。

“阿瓦爷爷，妈妈说这箱子白酒送给您，明天早晨您拿走吧！”

胡明明俄语说得比妈妈好，时常会担任翻译的角色。睡觉前，他蹦蹦跳跳地下楼对阿瓦老人说。阿瓦喜欢中国白酒，即使是高度白酒，一次喝一瓶也没有任何问题。他听了小男孩的话，开心地笑了。已经在餐馆做更夫三年，他和刘丽虹母子相处得非常融洽。他在更夫岗位上尽职尽责，从不马虎。虽然他喜欢喝酒，却从来不在晚上喝。阿瓦知道海参崴的治安不是很好，所以夜晚的时候从来都是枪不离身。阿瓦手里的这支单筒猎枪已经陪了他三十多年，老枪的每一个零件都被他擦拭得锃亮，平日里的精准度也还不错。

这个夜晚，一场悲剧正式拉开序幕……

夜已经很深了，刘丽虹搂着儿子已经熟睡，她每天晚上都要搂着儿子才能睡着。这个时候，一个蒙面黑影悄无声息地从防火梯爬上楼顶，又进入二楼缓台，蹑手蹑脚地从窗户进入卧室。看到刘丽虹母子，他突然打开强光手电。母子惊醒的一刹那，胡明明带着哭腔大叫，来人凶残地将小男孩的脖子拧断，随后把尖刀逼到刘丽虹的脖子上……

阿瓦感觉到了楼上的异常，毫不犹豫地提起猎枪从一楼跑了上来，他一脚踹开房门，直接把猎枪对着来人。阿瓦没办法开枪，猎枪一打一片，肯定会伤到刘丽虹。强光手电刹那间对准了阿瓦，虽然阿瓦的面容已老朽不堪，但乌黑油亮的枪口还是极具震慑力。来人害怕了，就在阿瓦被强光晃得炫目的瞬间，他转身跃出窗外。阿瓦跟了上去，朝着黑影开了一枪，但那个黑影很快消失在了夜色中。此时，阿瓦发现刘丽虹已满身是血。

大量警车几乎同一时间呼啸而至，各种现场勘查和调查了解工作按部就班地展开。年仅七岁的男孩胡明明不幸死亡，刘丽虹胸部有几处刀伤，但均没有伤到要害。面对警方的问询，刘丽虹除了绝望地流泪，便反复强调自己并不知道为什么会遇到这样的事情，并称凶手什么也没说。

办案警察找不到任何破案的切入点，他们无法判断凶手是中国人，还是俄罗斯人。鉴于当地人都知道这个中国女人生意做得很好，俄罗斯警察怀疑一定是有人见财起意，却在实施抢劫过程中被阿瓦打断。开会研究的时候，警察还有一个怀疑，那就是三K党。三K党往往会采取极端手段排斥俄罗斯土地上的非斯拉夫人，眼下的恶劣场景和俄罗斯欧洲地区发生的侵害华人案件类似。但是，三K党在远东地区很少活动，这种可能性还是比较小的。

海参崴的警察对每一个可能的环节都进行了认真调查，均没有任何收获。这个时候，警察安德里安却提出了一个完全不同的观点：这个案子也许和城市治安的糟糕状况没有关系，虽然不清楚原因是什么，但被害人刘丽虹对情况有所保留，对于凶手的身份，她一定知道得比警察多！

安德里安的理由非常简单：一个已经在俄罗斯生活了三年的中国人，应该知道俄罗斯男人和中国男人有着明显的差异，俄罗斯男子的体味很重，中国人闭着眼睛都能凭借身体的气息知道从自己身边经过的是中国人还是俄罗斯人，更别说案发当晚凶手已经蹦到了刘丽虹的床上。刘丽虹一问三不知，非常可疑。从另一个角度来说，假设这是一起单纯的抢劫案件，凶手一定会威胁要卢布，无论是用中国话还是俄语，绝对不会直接先动刀往死里捅她。

基于以上疑点，海参崴警方判断：这起案件的凶手一定和刘丽虹有着某种内在联系！由于刘丽虹护照上的家庭住址为中国黑龙江省牡丹江市，海参崴警方与中国黑龙江警方取得了联系。进一步调查得知，刘丽虹来俄罗斯之前一直在绥芬河市经商，丈夫叫胡奎，两人目前属于各奔东西的分居状态。

黑龙江警方派出配合俄方工作的主办侦查员有两人，刑警侯耀杰和刘远航，两人都四十岁出头，工作精力旺盛。他们和安德里安沟通后，非常认可俄罗斯同行的判断，并指出将会围绕刘丽虹尽量调查清楚她在国内的各种基本情况，重点是刘丽虹与他人各种潜在的纠葛。

刘丽虹的丈夫胡奎不见踪影，仿佛从这个世界消失了一样。胡奎和刘丽虹是二婚。调查期间令海参崴警察和中国警察都很奇怪的是，刘丽虹说她和胡奎虽然没有办理离婚手续，但早已经没有任何联系，互相已经老死不相往来。侯耀杰和刘远航想尽办法也找不到胡奎，于是来到了他的原籍，内蒙古和辽宁交界的一个小村庄，并找到了他的原配妻子李淑贤。李淑贤说和胡奎离婚已经七年多，从来没联系过。

怪，奇怪！侯耀杰和刘远航不住地感叹。

“越是感觉奇怪，破案的线索就越是在其中。”侯耀杰对刘远航说。

“这个胡奎，第一任妻子是一个典型的农村妇女，而第二任妻子刘丽虹却在异国他乡做着大买卖，这不是更奇怪吗？”刘远航对侯耀杰说。

按照侯耀杰和刘远航的要求，海参崴警方重点查阅了刘丽虹的手机通话记录，没有发现可疑的号码。除了她的父母，联系人几乎都是和生意有关系的人，也找不到任何可能是其丈夫胡奎的号码。侯耀杰和刘远航调取了刘丽虹父母家电话的通话记录，同时也调取了李淑贤的通话记录，结果发现了一个归属地为大兴安岭地区的手机号码，而这个手机号码又曾与海参崴的一部手机进行过多次通话。侯耀杰和刘远航初步判断，这个号码应该就是胡奎。于是，黑龙江省公安机关发布一条紧急信息，要求全省各级公安机关，尤其是大兴安岭地区的各级公安机关努力搜索名字叫胡奎的人，同时公布了该人的照片和身份证号码等信息。

所有人都在掩护胡奎，难道是他得罪了什么人，捅了什么娄子，以至于所有人都在掩护他？侯耀杰和刘远航细致分析的时候，漠河县警方传来一条爆炸性消息：发现一具男尸，初步怀疑此人就是胡奎。

没错，这具男尸就是胡奎，该人身上携带有胡奎的身份证和一部手机，号码就是前期发现的那个可疑号码。通过照片比对，此人就是胡奎无疑。胡奎在漠河县城边上的一片松林里被人枪杀，子弹打中胸部后从心脏贯通射出。

夫妻二人多年没联系，但却在相隔没几天的时间里陆续遭遇不测，这又说明了什么？海参崴的警察和侯耀杰、刘远航这边都有些摸不着门路了。进一步调取胡奎的通话记录，侯耀杰和刘远航发现，那个始终和他密切联系的海参崴号码非常可疑，而胡奎临死前的最后一个通话却是绥芬河地区的一个手机号码，这个手机号码与海参崴的那个号码同样通话频繁，三部电话都在胡奎死后停止了所有通话。

由此判断，海参崴的电话与绥芬河电话密谋杀死胡奎，将胡奎诱出后一举结果了他的性命，随后双双扔掉手机。调查结果表明，三部手机号码都是用假名字注册的。然而，就在发现胡奎尸体的第二天，海参崴再次传来一个爆炸性消息，刘丽虹在自己的住处身亡，死前曾遭受虐待，尸体伤痕累累。在她的兜里，除了常用的那部手机外还有一部手机，号码就是经常与胡奎通电话的那个。

早晨，侯耀杰在绥芬河口岸第一个验照，办理了出境手续，很快便登上了中国绥芬河口岸至俄罗斯口岸的列车，俄罗斯那边的口岸是边境小镇格罗齐沃。说是国际列车，实际就是国内已经很少见到的绿皮车。绥芬河至俄罗斯口岸格罗齐沃全长二十七公里，却走走停停、慢慢悠悠地走了两个半小时。国际列车开得慢，侯耀杰着急也没办法，只好认真梳理着连日以来的蹊跷案情。胡奎和刘丽虹始终电话联系未断，而在外人面前却呈现感情疏远的样子，绥芬河那边的一个神秘电话又和他们夫妇二人联系密切，难道是绥芬河那个号码的主人和他们夫妇有着深仇，最后要了二人性命?

侯耀杰奔赴俄罗斯的时候，刘远航则留在了绥芬河，围绕胡奎夫妇当年的活动轨迹进行调查，结果发现他们曾经是这里的知名人物。对于他们夫妇的情况，派出所的人都知道。片警介绍说，胡奎和刘丽虹曾在绥芬河开了一家生意非常火爆的饭店，后来两个人不知道发生了什么冲突，胡奎亲手把饭店砸了个稀巴烂，刘丽虹却悄悄离开了。

刘丽虹与当地有名气的老板刘廷关系非同一般，有传言说刘丽虹和胡奎的儿子其实就是她和刘廷的，刘廷靠跨国物流生意起家，生意做得很大。刘廷曾是地方上小有名气的刀枪炮，做起物流生意也不太讲诚信，和别人发生的矛盾纠纷奇多。胡奎、刘丽虹闹翻后，胡奎曾因为孩子的事情多次找刘廷拼命，刘廷天不怕地不怕，然而害怕胡奎，甚至为了躲避胡奎而长期不敢待在绥芬河。胡奎先离开了绥芬河，刘丽虹后来则一直不知去向。得知这些情况，刘远航给侯耀杰发了短信：绥芬河这边有戏!

接到刘远航短信的时候，侯耀杰已经到达国界，中方的界碑耸立在路边，五星红旗迎风飘扬着，不远的地方就是俄罗斯的一个木结构的房屋建筑，三色旗和双头鹰旗在房前清晰可见。火车在国界线前停了，中方机组工作人员、军警哗啦一下全部下去了，取而代之的是俄罗斯人。火车缓缓滑动几步便进入俄罗斯境内了，俄罗斯边检、海关人员慢吞吞的工作效率实在让侯耀杰无法忍受，案子的事情不容耽搁，他因此心急火燎。

出关时，侯耀杰看到“倒奶”们将一包包服装扛装上日本产的卡车上。她们是为在俄罗斯开服装批发商店的中国老板打工的，利用她们的合法“旅游者”身份的过境的负荷数，每天在口岸间进出拖拉一次货物，得报酬200卢布。刘丽虹最早从事的就是这个行当，而她的老板就是刘廷。此时，身在绥芬河的刘远航不仅查出了这些情况，而且发现胡奎遇害前后，刘廷曾有几天去向不明。查询飞机航班情况发现，刘廷曾在那段时间从牡丹江飞到哈尔滨，又飞到漠河，之后又按原路线返回。

好不容易出了关，安德里安和一名翻译正在外边焦急地等待，两人见面后来不及寒暄便驾车而去，那里距离海参崴还有二百多公里的路程。路上，安德里安告诉了侯耀杰一个振奋人心的消息，他们已经确定了一个持有假护照、名字叫张强的嫌疑人，目前列宁区、五一区、苏维埃区、别尔沃列琴斯基区和费伦多区共五个区的警察正人手一张照片全城搜索。

两个小时后，侯耀杰来到了安德里安办公室，他迅速把嫌疑人张强的照片传回国内，经过数据库检索，确定此人真实姓名为赵小强，系命案逃犯。如果该人是凶手，他一定是通过地下渠道办理了假护照，然后潜入海参崴作案，并留在了当地。海参崴警方怀疑赵小强的理由很简单，该人系非法入境人员。

侯耀杰详细了解了刘丽虹遇害的现场和尸检情况。刘丽虹是在自己租住的房屋内遇害的。她嘴里被塞上了毛巾，身上伤痕累累，却没有性侵犯，钱财被洗劫一空。刘丽虹的死因是多个脏器器官衰竭，由此可见她死前曾遭受非人的折磨。足迹特征已经表明，一人作案，嫌疑人与餐馆血案同一。就在侯耀杰到达海参崴的那天下午，海参崴警方传来消息，赵小强在试图过关返回中国时被成功抓获。

俄罗斯警察的审讯功夫相当不一般，两个小时过去后，赵小强便交代：他拿了胡奎二十万元，替胡奎来海参崴杀死刘丽虹母子；胡奎告诉他，杀死刘丽虹之前，无论如何要把她手里的环形玉龙抠出来，那是她从他那里偷走的……

赵小强第一次潜入餐馆卧室，怕孩子乱叫就先将其结果了，他在拷问刘丽虹没有结果的情况下，朝着她的胸部先后轻轻刺了几刀，目的是吓唬她说出玉龙在哪里，结果没想到阿瓦突然出现。过了一段时间，赵小强通过跟踪发现了刘丽虹的住处，并在事发当天尾随她至家门口，后趁其开门的一刹那强行入室。

“我知道你是胡奎派来的，他给了你多少钱？我给你翻倍的价钱！”刘丽虹这次面对赵小强的时候非常从容，并开出了大价钱。赵小强觉得假如接受刘丽虹的价码，也不一定能够确保自己日后的安全，还是站在胡奎这一边为上策。于是转告了胡奎的原话：“交出玉龙，换你和爹娘平安！”

这句话也是赵小强第一次和刘丽虹交锋时说过的原话。刘丽虹不想失去价值深不可测的玉龙，此前她面对警察保持沉默的原因也就在此。

“要我的命可以，要玉龙不给！”刘丽虹认为，玉龙已经成为自己和家人安全的唯一保障，交出去还不如死扛到底。接下来在刘丽虹的住处，赵小强按照胡奎的要求对刘丽虹极尽折磨，可是刘丽虹宁死也不说玉龙在哪里，直到最后没了声息。但是，赵小强接下来的翻找过程中，却意外地在刘丽虹的手包内发现了玉龙。

赵小强说，从国内出发前带了胡奎给他提供的刘丽虹的照片，胡奎约定事成后赵小强带着玉龙返回，额外再追加十万元。胡奎和赵小强有约，赵小强在俄罗斯期间不使用电话，两人也不进行任何联系。赵小强说他要是不为了那额外追加的十万元，绝对不会返回国内。

此时，刘远航已经控制了刘廷。原本认为与刘廷的交锋会是一件异常艰难的事情，但令人没有想到的是，刘廷对于警察找到自己非常意外，没等警察开口便说："这是我欠那个盗墓贼的孽债！筹划了那么多年，竟然这么快就被你们找到了！"

许多年来，刘廷和刘丽虹一直在策划针对胡奎的谋杀。为此，两人专门准备了一个长期单线联系的手机，所有关于胡奎的事情都使用这两部电话沟通。等待时间距离过去的日子足够久了，他们就会悄无声息地对胡奎采取行动。但是，赵小强第一次行凶后，刘丽虹在电话中哭着告诉刘廷他们两个人的儿子已经被胡奎派来的杀手杀死了。刘廷便直接给胡奎打了电话，约其见面。很多年了，胡奎费尽心机寻找刘廷却始终不见其踪影，送上门来的报仇机会又怎能放弃？他一直以为刘廷非常惧怕他，所以怀揣尖刀离开山上的鹿场。刘廷独自乘飞机来到漠河，他的司机则开车来到这里。见面的那个晚上，刘廷怀揣仿六四式手枪驾车单刀赴会……

时间回溯到七年前。

白天见不到几丝光鲜的城市，夜晚的大街小巷到处弥漫着萧瑟。花神歌厅外面闪烁的几点灯光像是黑夜里的鬼火。寂静的夜里，歌厅里边不时传出调子跑出老远的歌声；透过这样的歌声，可以清楚地感觉到浓烈的酒气。

兰花指的婀娜，樱桃口的娇羞，令胡奎心中荡漾着从未有过的安全感。

"帮我生个儿子，给你二十万辛苦钱，怎么样？"

"你把我当成机器？租来用过，扔那么点儿钱就走人？"

乡下土包子出身的胡奎是个腰缠万贯的盗墓贼，他觉得自己借一个女人的肚子生个娃儿，开出二十万元的价钱一定会把刘丽虹吓趴下，刘丽虹的回答却让他有些意外。胡奎脑门子上的青筋都鼓了起来，"嚯！二十万元，还嫌少，买你一个人都够吧？"

早先往来于中国和俄罗斯帮别人背包倒货，刘丽虹用赚来的辛苦钱开了这家规模不大的歌厅，除了接待正常消费的客人，她在这里主要的营生就是拉皮条。别人来此唱歌也好，找女人也好，吃的是果盘，喝的是洋酒、红酒或啤酒；粗粗拉拉的胡奎与其他客人完全不同，喝的一律是烈性白酒，其他吃食一律不入口，而付小费则是一沓子一沓子的，从不手软。后来熟悉了，胡奎来到歌厅总会自带些肉食，畅饮烈性白酒依然。胡奎是蒙古族，有一副好嗓子，无论喝多少白酒都不跑调。所以，只有他张口歌唱，从花神歌厅传出去的歌声才会不再跑调。

刘丽虹任何时候都对胡奎奉陪到底的原因只有一个——他兜内厚厚的钞票。几个月来，刘丽虹极力压抑着自己对胡奎的讨厌，他那土里土气的做派几度越过了她所能承受的极限，但她依然忍耐着；刘丽虹的目的也只有一个——尽可能地把他兜内的钞票榨干。婀娜也好，娇羞也好，恭维他的歌声也罢，所有的矫揉造作全部服务于这样的目的。

这一次，当胡奎提出租用她的肚子时，刘丽虹觉得自己完全可以利用这个机会，把胡奎兜内的钞票一网打尽。刘丽虹不想让这件事情成为一桩性交易，她所希望的是彻底把胡奎套牢。刘丽虹觉得，这样腰缠万贯并容易欺骗的土包子，错过是一种罪过。

“你，明媒正娶吧，这辈子就跟了你!”

面对刘丽虹的表态，胡奎并不吃惊，他已经从她那里感受到了无尽的温存，他没有考虑那些温存背后的动机，只觉得她对自己真的好。

“好，你信我，我就娶你了!”

这样一个边境城市，来来往往的都是过客，相互认识的人少之又少。胡奎觉得在这里重新安家，可以抛开过去的一切，痛痛快快地活一次。他实在不想再像以前那样低调了，他想让自己的生活状态和兜内的钞票真正相符合。

“等我出趟门，回来就娶你……”

胡奎决定和自己的过去作个了断。虽然，他对红山脚下的那个村庄已经不再有任何留恋，但他还是得回去，他要用一个足够的理由和自己的发妻说再见。胡奎脱下充满活力的红色T恤，摘下挂在脖子上的金链子，再换上色彩和样式都很普通的衣衫，便踏上了回家的路。在距离中俄边境千里之外的家乡，胡奎从来不敢招摇过市。在那个以农耕为主要生活来源的地方，任何暴富的表现都无异于向警察表明一件事：此人一定盗墓发财了!

“嘭……嘭……嘭……嘭……”

想起家乡，一种莫名的紧张感便会涌上心头，父亲击打神鼓的声音便会重回耳畔。胡奎原籍位于内蒙古和辽宁交界的一个蒙古族村落，这个小村庄位于闻名中外的红山文化遗址圈内，祖祖辈辈的村民都信奉萨满教。红山脚下的那些村庄周边分布着古墓群，有人因为盗墓发了财，也有人因为盗墓而身陷牢狱，“盗墓”两个字是那一带的敏感字眼。胡奎的父亲是一位萨满，他家的祖上曾经出过多位萨满，胡家因此在那一带村庄有着很高的威信。但到了胡奎这一代，人们在他小的时候就发现他永远不会成为萨满，酗酒、叛逆、打架，胡奎长大后唯一的优点就是干起农活肯吃苦。至于别的，头脑则显得不够灵光，令人感觉头脑简单、四肢发达。

“永远不要触犯神灵。”这是父亲生前经常对胡奎说的话，同时也是父亲临终前留给他的最后一句话。这个世界上，也许最能看透胡奎的除了他自己外，就只有他的父亲。头脑简单、四肢发达，是胡奎留给人的假象。胡奎有着一个特殊的本事，那就是判断古墓位置的能力无人能及。

古代蒙古贵族墓葬都很隐蔽，一向没有坟冢。千百年前的墓葬，都是在下葬结束后用群马踏平浮土，然后等待长满荒草时才放弃守陵，这使得任何人面对茫茫草原时都无法发现墓葬的痕迹。胡奎的祖上出现多位萨满之前，曾连续几代做过守陵人。人们都说，胡家的通灵也许是源于这个原因。

到了胡奎这一代，消灾、看病、祈福的功能已经不复存在，剩下的只有他精准发现古代蒙古贵族墓葬的特异本领。“永远不要触犯神灵。”胡奎一想起父亲的这句话就害怕，父亲敲打神鼓的形象就会出现在脑海。胡奎没有听从父亲的劝告，他最终还是因为盗墓发了财。

胡奎盗墓的时候，只有妻子一人帮忙，她可以说是他的同伙。他信任的也只有她一人。但这一次，他决定为了全新的生活抛弃她，并为此准备了足够的理由。

“我们离婚吧，所有的钱都留给你；将来我若是犯事儿了，也好不连累你们……总之是这样，我该盗墓还盗墓，但赚了钱还是留给你和姑娘，出了事情算我的，风险都是我的……”

盗墓虽然赚了很多钱财，但胡奎的发妻一直惶惶不可终日，她觉得丈夫这样的切割方式也未尝不可。这个朴实的乡下女子相信了丈夫的话，二话不说就同意了：“咱家的事情，你咋说就咋干！”

胡奎的如意算盘轻而易举便搞定。他早就想抛弃这个黄脸婆，同时实现自己人生最重要的大事情：要个儿子，继承自己的万贯家财。在一次盗墓的时候，怀了二胎的妻子因为一个惊吓而动了胎气，她自那一次流产后便再未怀孕。传统观念很强的胡奎不能忍受没有儿子的命运，他为此费尽心机却没有遇见过合适的女人迎合自己，直到遇见刘丽虹。

胡奎的确给原配妻子留下了她所知道的全部钱财，事实上那也只是很少的一部分。更为重要的是，胡奎手里还有一个无价之宝——年代久远的环形玉龙，胡奎估计这个玉龙距今怎么也得有两三千年。

胡奎要把这个最为值钱的器物留给未来的儿子。

婚礼，在中俄边境的一个小城悄悄举行。新郎这边没有一个客人，新娘那边连亲戚带朋友来了一帮人，场面还算热闹。新娘原本就对这场婚礼心不在焉，所有的欢笑都是敷衍。对于这个边地来说，他们都是外来者，粗心大意的新郎完全不知道新娘心怀鬼胎。新郎对新娘满心感激，他原本是一个全身心生活在坟墓里的人，他从坟墓里取货，到坟墓外卖掉，这个过程给他带来了数不清的财富，但也带来了诸多不安和终日紧张的心情；而这场婚礼期间，快乐与温馨令他非常满足，也驱散了心间那份沉重的阴气。新婚之夜，新郎对新娘感激涕零。他向她说出了自己最“珍贵”的秘密：我是一个盗墓的，我所有的财富都是盗墓换来的，今后我所有的钱财都会留给你和未来的儿子，你不要再开歌厅了，不要再赚辛苦钱了……

胡奎拿出了环形玉龙，虔诚地交到刘丽虹手心。

“这个，送给你和儿子；任何人得到它，几辈子都享用不完。”

转眼间，四年的时间过去了。儿子已经出生，刘丽虹一手经营的餐馆生意火爆。早年，她对胡奎说：“我们需要有个正规生意作掩护，否则手里那么多的钱财没法说清楚，什么时候都没法见天日。”

胡奎对四年前娶到手的妻子非常满意，尤其佩服她的心机。所以在她提出开餐馆的时候，立即提供了巨额资金。四年来，胡奎也没闲着，他几乎走遍了内蒙古东部的草原，发现了多个墓葬。他偶有出手，便获利颇丰。这些钱财，他都单独留作私房钱，他觉得最值钱的宝贝既然已经给了刘丽虹，别的也就无所谓了，自己手里掌握些钱财，很多事情才会有主动权。

刘丽虹从哈尔滨高价请来手艺精湛的厨师，所有的餐厅服务员都是俄罗斯女孩，菜谱上来自大兴安岭里的山珍和海参崴的海产品门类齐全，她经营的这家餐馆成了中俄客人来到此地必去的地方。

胡奎平日里大大咧咧，和谁说话都是瓮声瓮气的，也经常有和别人发生争执和抬杠的事情，但刘丽虹和胡奎却从来不吵架，胡奎对此尤其心满意足，却不知道自己身边危机四伏。事实上，刘丽虹和胡奎生活的每一天都感觉很晦气，总有生活在坟墓里的感觉。胡奎给她的钱财似乎也到了最大限度，他那个最为值钱的环形玉龙也在自己手里。如今，胡奎已经不再给她任何钱物了，她觉得两个人的确到了分道扬镳的时刻了。

刘丽虹的儿子并不是胡奎的，她心里清楚。许多年来，刘丽虹一直和刘廷保持着肌肤之亲。她早些年受雇于刘廷，刘廷很看重她的姿色。也就是从那个时候开始，刘丽虹定期会陪刘廷睡觉，她喜欢刘廷，但刘廷却从骨子里不想和她有过多纠缠。刘丽虹每天在口岸间为刘廷进出拖拉一次货物，会得到200卢布报酬，而陪他睡觉一次就会得到2000卢布报酬，大约合到400多元人民币。

日子久了，刘廷和刘丽虹也多少有些感情，这种感情在刘丽虹经营餐馆并赚了大钱后出现了质变，刘廷对刘丽虹的能力开始另眼相看。也就在这个时候，刘丽虹告诉刘廷自己的儿子其实是他的，并不是那个盗墓贼的。刘丽虹只要有机会就会和刘廷幽会温存，直到有一次被胡奎撞见。

胡奎发疯了一般，随后开始怀疑儿子有可能不是自己的。他带着胡明明做了亲子鉴定，结果印证了这个想法。胡奎把饭店砸了个稀巴烂，每天都带着刀找刘廷算账。从那时开始，胡奎在绥芬河再也没有见到过刘廷和刘丽虹。胡奎找到了刘丽虹的父母，说刘丽虹欺骗了她，还偷走了他的东西，如果不把东西还给他，他就会对她家灭门，然后死在那里。

为了安抚胡奎，同时也为了赢得杀死胡奎却不会被怀疑的足够时间，刘丽虹主动和胡奎取得了联系。她说自己在海参崴开饭店，挣钱后会把从他那里拿来的钱还给他，玉龙也早晚会还给他。胡奎知道刘丽虹是在拖延自己，但好在能听到她的声音，和她保持个联系，这样就不愁没有报仇的机会了。胡奎离开绥芬河后，来到大兴安岭深处开了一个鹿场，过起了修身养性的生活。鹿场非常赚钱，但他依然没有忘记深仇大恨。

赵小强是胡奎在离开绥芬河的火车上遇到的，赵小强说自己早年在绥芬河和海参崴之间倒货，现在不干了。胡奎于是提出带着他一起做生意，赵小强二话没说就同意了。赵小强没有身份证，长期在鹿场打工，胡奎待他极好，工资高不说，经常额外给些数额不菲的零花钱。直到有一天，和他相处得非常融洽的赵小强告诉胡奎说自己是警方通缉的杀人犯，非常感谢胡奎像亲人一样的照顾。当他提出可以为胡奎两肋插刀的时候，胡奎讲述了自己和刘丽虹之间的事情，最后又决定派他赴海参崴……

胡奎和赵小强约定，事情成功之前不互相通电话，最后事成后在鹿场相见。在此期间，胡奎接到过刘丽虹的一个电话，她只说了一句："你可真够狠毒！"胡奎听了就笑了，他并不清楚海参崴那边具体发生了什么，只知道赵小强那边一定有成效了。

刘丽虹和刘廷没有想到的是，他们一直在设计怎样谋杀胡奎，胡奎却也在盘算他们，而且竟然先下手了。于是，两人慌忙上阵，决定提前实施计划，儿子的命都没了，一切都不应该再有所顾忌了。刘廷主动约胡奎，并提出拿出一百万元现金了结恩怨，这个数字也是当年胡奎给刘丽虹开饭店动用的资金数。胡奎对此很骄傲，也很大意，他认为刘廷是怕了自己，所以决定单刀赴会，却万万没有想到刘廷竟然有枪。

法医鉴定结束后，李淑贤最后领走了胡奎的尸体，这个来自乡下的女人一路泪流不止："这就是因果报应啊！你骗我啊！你在外边瞎折腾啊！你本来就是坟墓里的人，这回你就永远待在坟墓里边吧……"

而刘延、赵小强的结局呢，自然也难以挣脱噩运的纠缠，法律也早已对他们张网以待了。

命运呼叫转移

一、女白领遭遇离奇诈骗案

每次给老总打电话，魏思涵总是小心翼翼。她会认真思考一下自己想要说明的要点，然后一二三四地列在纸条上，生怕条理不清，或汇报请示工作时会遗漏某个事项。她供职的这家私企是这个城市里的支柱企业和利税大户。企业就是一个王国，老总当然就像国王一样。身为秘书股负责人的魏思涵，做任何事情都理所当然的仔细，对老总也总是保持着一如既往的恭敬。作为“资深”白领，魏思涵身在私企优胜劣汰的残酷环境里，练就了顽强的生存本能，她自认为对工作的每一个细节都驾轻就熟，但最根本的秘诀还是“绝对不让老总因为她而产生一丝不快”。

魏思涵总是把自己打扮得一丝不苟，从妆容到着装，都经过一番“精心制造”。她说话做事一向斯文有余，神色作风富有涵养而顺从。无论面对老总，还是面对公司的中层和普通职员，她都会给人带来一种轻松感。魏思涵觉得，她作为上传下达的沟通角色，是在任何时候都不能给别人以压力感的，这是一个称职秘书的起码素质。但是，一桩意想不到的事件忽然间乱了她的阵脚，花容月貌全部乱套。

一天上午，老总迟迟不到，而魏思涵却有一个紧急工作需要请示，她最终拨通了领导电话——“李总，您好，我是小魏……”

接电话的是一名男子，却不是老总。“遭了，号码拨错了。”这是魏思涵的第一个反应。她一面要道歉，一面又意识到自己不可能打错电话。老总的电话号码永远占据在自己手机通讯录的第一个位置，她清楚记得自己是点中老总的号码后再拨出去的。

“你是哪位？什么事？”魏思涵犹豫的时候，那边男子又主动说话了，话语温和，音调很低，魏思涵觉得这人就是老总时常接触的那种人。男子说，老总正在市政府会议室里开会。他问明了魏思涵的请示事项后，向魏思涵表示和“李总”说一下，听筒静了一分钟多一点的时间，男子又对她说：“我把电话给李总，你和他说吧。”

电话那边，李总把声音压到最低，魏思涵感觉老总是在会上接的电话。老总听了她的汇报后，让她下午到其办公室找他。然后又对魏思涵说，有个朋友在外地出事了，需要 10 万块钱，然后让她往一个卡号为 6222600360001944 × × ×的银行卡内汇款 10 万元。对于领导提出的这样要求，魏思涵先是答应了，等电话放下后又觉得不对，于是就又拨电话过去核实。接电话的又是那名男子，那名男子说没办法再让李总接电话，会议期间这样三番五次接电话不礼貌。魏思涵问起汇钱一事，男子说李总的确有一个朋友出了点事，他也在帮着凑钱，并催魏思涵快点汇款。电话再次撂下，随后不久该男子又用另一个电话号码给魏思涵回拨了一个电话，问其汇款了没有，魏思涵答说已汇出，对方即挂断电话。回拨过来的电话并不是领导的电话，但魏思涵此时并没有过多怀疑，她认为领导一定是在情急之下才向她求助。估计不出一天就会还她。

当天下午，魏思涵来到老总办公室汇报完工作，迟迟不见老总提起 10 万元钱的事情。“小魏，你还有什么事？”老总见魏思涵欲言又止的样子，似乎有什么话说，便主动向魏思涵发问。魏思涵觉得有些奇怪，老总不是这样健忘的人啊？她便问起汇款一事，结果老总大为震惊。魏思涵当场再次打了老总的电话，而且利用上午的号码直接重拨，领导的电话立即响起。这样的情景令二人实在捉摸不透，他们初步判断一定是有骗子在捣鬼，遂到公安机关报案。

属地公安分局刑警大队已经不是第一次接到这样的报案。刑警围绕 6222600360001944 × × ×银行卡调查查明，卡主为赵某，男，30 岁。刑警立即围绕赵某开展工作，获知赵某的身份证几个月前丢失，赵某的作案嫌疑很快被排除。刑警围绕魏思涵案件开展侦查工作的时候，骗案还在发生。

魏思涵觉得一切都不可思议，自己这样严谨，怎么会惹出这么大个乱子？她的工作和生活全部被打乱了，整天愁眉不展，那 10 万元钱轻而易举地就没了踪影，魏思涵心疼得夜夜无眠，嘴里总是感觉苦苦的。魏思涵的工作状态急转直下，时常出错，最后不得不休假疗养。

二、骗案还在频繁发生

不久后的一天早晨，某机关单位担任科长的张奎因为孩子感冒打点滴没有上班，便拨打上级主管领导办公室的电话请假，并汇报一项工作。对方接听电话时，张奎听声音发现不是主管领导王宏伟，他主观判断认为，接电话的是单位里另一位领导“刘志”，由于他请事假及所汇报的事项和刘志讲也完全可以解决，便直接向“刘志”汇报工作。对方听完汇报后，对张奎说他有个朋友有点事，需要用钱，让往卡号为6222600360001944×××的卡上打5万元钱，他本人也在筹款。领导有事相求，万万不可怠慢。张奎对一切没有任何怀疑，甚至连有病的孩子都没顾上，急匆匆地取出家里的存款，以最快的速度将钱打进指定账户。这一切的过程，把他折腾得满头大汗。

一天、两天、三天，转眼间十天过去了，张奎在单位不止一次遇到领导刘志，刘志每次面对他的表情总是一副什么也没有发生的样子。他几次想向领导提起有关钱的事情，但转念一想这种事情领导不主动提起，自己主动问是不礼貌的。平日里，刘志总是保持着很威严的神态，令人感觉不太好接近，甚至有点压抑。张奎面对他时不敢出大气儿，心里总是感觉挺紧张。年底评先进也好，日后提职也好，张奎无论如何也绕不过刘志这一关。刘志在班子成员里的排名比王宏伟还要靠前。张奎对帮忙给刘志汇钱一事之所以那么积极认真，本质上也是想给刘志溜溜须，拉近一点个人感情。可刘志的表现太令自己失望了。5万块钱，他怎么连一句感谢的话都没有？年底就有一次难得的提拔机会，刘志难道是利用自己的身份压榨自己的钱财？他难道是向自己索贿？

张奎的心里越想越乱，每天工作起来显得魂不守舍。他这种思想状态被主管领导王宏伟发现了。一次谈话中，张奎大吐苦水，没少发刘志的牢骚。可王宏伟听着听着却觉得事情有些蹊跷。他不记得刘志曾来他办公室接过电话，而且还在他的办公室四处张罗钱。要知道，一切如果真的在他的办公室里发生过，这件事也不算是小事情，他不可能一点印象都没有。刘志很快被请来，听了张奎陈述的经过，刘志半天没说话，脸憋得通红：“这不是胡闹吗？我什么时候来宏伟这里接过电话？这辈子什么时候向下属伸手借过钱？”

每一起类似案件，都是如此乱套，被害人都被弄得“猪八戒”照镜子，里外不是人。

犯罪嫌疑人提供的银行卡开户名仍是“赵某”。一系列案件引起了各级领导的高度重视，省公安厅刑侦总队与民警共同分析案情，确定了监控作案银行账号动向的工作措施。专案组刑警调取了犯罪嫌疑人开户银行的监控录像，发现犯罪嫌疑人在取钱时一般戴大檐鸭舌帽和宽边墨镜，遮住了脸部的主要特征区，并且每次都换衣服，这表明犯罪嫌疑人具有很强的反侦查经验。但是，办案刑警还是通过反复翻看录像，确认了犯罪嫌疑人身高、体态、年龄、步态、脸型等基本体貌特征，并成功对犯罪嫌疑人进行了简单画像。此后，省厅将画像向全省公安机关发布，发动全市户籍民警利用人口信息查询系统进行大范围排查工作。

开展排查工作的同时，办案刑警对犯罪嫌疑人作案手法进行了认真分析，并首先确认嫌疑人是通过“电话一号通”业务实施诈骗活动。由于在“电话一号通”业务中，大部分客户办理该业务都不改变密码，而是采用初始密码123456，嫌疑人便利用这个漏洞改变电话号码排列顺序，将自己的作案用手机排为第一位。这样，当有人给办理了该“电话一号通”业务的人打电话时，嫌疑人就可以通过呼叫转移功能先接电话，并通过来电人的称呼和语气，猜测机主身份，然后随机应变，或压低声音伪装成机主正在开会的状态，或含糊其辞地称机主有事代接电话，获得来电人信任后，以“朋友在外地出事急用钱”“有新业务有优惠”等借口让对方向其指定银行卡上汇钱，达到骗取钱财的目的。

三、凌智的作案“项目”异常庞杂

对于凌智，白娟娟那如火的深情完全是假的，她明确知道自己是凭借精湛的演技与他一起生活。凌智一向聪明过人，他可以一天到晚喝着啤酒，一边令大把钞票进入自己的账户。对于白娟娟来说，与凌智一起生活的唯一诱惑就是他赚取不义之财的能力。在凌智以往服刑的日子里，白娟娟的思想和身体统统开了小差，她认为自己的举动对于凌智来说不是背叛，而是切割。白娟娟一心想重新选择自己的生活，但出狱后的凌智竟在短时间内令她刮目相看，金钱成了她留在凌智身边的唯一理由。

喝啤酒和骗钱，是凌智的两大最爱。出狱五年来，凌智几乎天天都在喝啤酒，天天都在骗钱。喝累了，骗累了，他就睡了。睡够了，醒来他又会接着喝啤酒，接着骗钱。楼下一家门市的女售货员每天为他不停地送啤酒，他一般会往店里押上200元钱，100瓶过后再押上200元。这个女孩知道他的酒量非常大，他是店里每天购买啤酒最多的人。对于这个天天闷在家中喝啤酒的古怪男子，女孩总会有种诡异的感觉。她偶尔也会看到他下楼外出，每次都戴个大号墨镜，穿戴得也很严实，遇见她时会点点头，但从不开口说话。她感觉他像是一个与世隔绝的人。

其实，凌智完全不像女孩想的那般与世隔绝，他对这个世界有着强烈的好奇心。出狱五年来，他心里始终是美滋滋的。他闷在家里的时候，会通过电视和电脑获知大量外界的新闻。更重要的是，他喜欢窥探任何一个他所感兴趣的人，而他又真真切切地具有那种能力，一种他为之窃喜和骄傲的能力——通过一个非法获得的软件肆意对别人的电话进行呼叫转移。

“钱汇到这个账号6222600360001944×××，赵某。”当前，很多人时常收到类似的短信。如果有人恰好正在给某人汇款，而且正在等待对方传来账号，该人一旦接到这个短信就会认为是对方发来的消息，而将汇款直接打到这个账户。每天，凌智都会通过软件发出无数个这样的短信。类似手法的成功率极低，时常是几万分之一，甚至是几十万分之一，但凌智依然乐此不疲，只要从概率上存在成功的可能，他就会不断尝试。况且，这只是他作案的方式之一。

凌智的作案“项目”异常庞杂。

“本人长期办理各种文凭、票据、章印……”“低价出售九成新奔驰、宝马、奥迪、丰田……”“诚信办理驾照、车牌、房产证……”这些短信也是凌智经常进行群发的内容。一旦有人上钩，他就会以交定金为由赚上一笔。

但真正赚大钱的，除了靠呼叫转移诈骗外，还得是和“金融服务”挂钩的内容。

“贵客户好：您于×年×月×日在沃尔玛支出5869元。如有疑问，来电详询。”这类虚假信息一度非常好用，总会有人不知所措地来电询问情况，而凌智则会让妻子伪装成金融机构客服人员，谎称某行银联卡系统出现故障，一步步地诱导该人在某自动取款机上执行错误操作，从而将其银行卡内的钱款转移到自己卡上。白娟娟这个人平日里满嘴污言秽语，这样的时候却非常能够装蒜，言谈话语若修女般沉静，给人的感觉与金融机构客服人员的那种气质与修养毫无二致。凌智明白，白娟娟这副不可思议的状态，完全是“金钱”的力量使然。

四、多大点事情？值得她抛弃自己吗？

白娟娟虽然是他的妻子，但在凌智心中更准确的定位是“具有利用价值”。当凌智呼叫转移的对象是个女人时，他让她伪装成对方行骗。凌智这辈子最恨的人就是白娟娟，但出于其当前的利用价值，他才对她不离不弃。这辈子对于白娟娟来说，凌智给她的感觉经历了由爱到嫌弃，再由嫌弃到惧怕的转变。

五年前入狱，源于凌智利用银行卡诈骗。凌智当时是复制银行卡的高手，他善于在自助银行大门上做些手脚，或在某个取款机上加些装置，从而获得诸多银联卡信息进行复制，最后破解密码。凌智在某天晚上作案时，一个细心的警察恰好着便衣进入了他做手脚的自助银行内。这个警察发现问题后没有声张，而是采用了很专业的做法。他像没发生任何事情一样退出，然后叫来同事在远处隐蔽观察动静。没有任何防备的凌智再回到这个自助银行时，一举被查获，最终按照盗窃犯罪获刑。

服刑的日子是他自认为人生里最狼狈的时光。除了在看守所时为他存过一些钱外，白娟娟从未到监狱看过他。甚至当年判决时，他仔细看遍法庭的每一个角落，也没见到妻子的踪影。这使他想起了自己将大把钞票递给她时的那种开怀的笑脸，凌智的心便开始滴血：唯小人与女子难养也……

自己多大点事情？值得她抛弃自己吗？凌智心里并不服气。

入狱之前，凌智已经开始研究利用电话的呼叫转移功能进行诈骗，并已清楚地明白到哪里去找那种软件。出狱后，凌智没有急于回家，而是首先把所有技术问题弄通，并成功实施了几起诈骗。而后，他拿着一沓钞票找到白娟娟，白娟娟果然五体投地拜倒在钞票之下。

她原本认为凌智这辈子会因为入狱而彻底沉掉，却没想到他弄钱的能力会依然如此坚挺。她原本早已经委身他人，但凌智的表现令她不得不另作打算。这个时候，凌智找到白娟娟一方面是为了出气，捍卫一个男人的尊严，另一方面也是寻找一个死心塌地的女同案做帮手。无论从哪个角度来说，见利忘义的白娟娟都是最佳人选。

白娟娟开始就明白凌智的钱肯定不是好道来的，但她对此毫不在乎。在白娟娟心中，只要有钱进账，没有干净与肮脏的区别。当凌智让她伪装成某个角色时，白娟娟非常认真和听话。凌智就像个导演，而她则是演技到位的演员，每一次表演都精准无误。

凌智24小时都在琢磨着如何令金钱的数字增长，他为此收益颇丰，很快利用赃款买了房子，这令白娟娟对其更加卖力，她渴望从凌智那里得到更多的金钱。

白娟娟被金钱冲昏了头脑，完全没有仔细去想一下自己曾经的举动给凌智带去怎样的伤害，甚至没有考虑过凌智是否怨恨自己。反正凌智是这个世界上最能给自己带来钞票的人，她只要伪善地对他关心，保持着虽然骨子里是虚假，外表却一往情深的矫情，她就可以从他那里得到更多。其时，白娟娟并没有断了与刘浩勇的交往，她的肉欲与金钱欲同样旺盛，她觉得自己完全可以在不知不觉中脚踩两只船。但是，她的此种行为是一个致命的错误。也许，这种方式对于别的丈夫来说是隐蔽的；但对凌智来说，和光天化日进行不轨行为没有任何区别。

白娟娟同自己的关系表面上趋于稳定的时候，凌智会偶尔把她的电话转移到自己手机上。对于白娟娟的不轨行为，凌智很快得以确定。凌智锁定了刘浩勇的电话号码，又以他的电话为对象进行呼叫转移。凌智出于作案需要，录制了很多白娟娟的话语信息。当某次刘浩勇提出要到白娟娟的住处时，凌智利用白娟娟的话语录音回答“好”。随后，又用白娟娟的手机发短信给刘浩勇：“他没在家，机不可失，快来聚聚。”

刘浩勇并不知道这是一场鸿门宴，在家里陪着凌智的白娟娟也并不知晓一次“摊牌”即将发生。刘浩勇如约而至，白娟娟打开房门的一刹那，脸上顿时没了血色。刘浩勇、凌智二人话语不合拳脚相向，凌智把多年来的所有怒火都集中在了卡簧刀上，数刀下去就将刘浩勇捅死了。

“别以为给我戴绿帽子那么容易。今天要不把你捅死，要不今后和我好好过日子。”白娟娟的身体如筛糠般抖动不停，“……今后，一定好好过……”

当天夜里，白娟娟帮着凌智把刘浩勇的尸体抬上车，来到凌智在野外已经选好的一处地方将尸体深埋。虽然此后白娟娟对凌智更加俯首帖耳，但凌智总会静静地盯着她看，那目光里寒光闪闪。在凌智眼中，白娟娟就像一个储钱的瓷猪；终有一天，他会把这个瓷猪砸得粉碎，最后取出其中的每一分钱。砸碎瓷猪的那一刻，才是他凌智真正重新做人的时候。

五、400余个骗局的专业设计师

转眼间，凌智已经通过各种手段实施诈骗犯罪400余起，作案手法达到了炉火纯青的地步。只要有钱进账，他绝不会放过任何机会。市里一家娱乐公司在2009年邀请港台著名歌星举办演唱会期间，凌智甚至把订票电话进行了呼叫转移，因此截获了许多歌迷的订票电话，大量订票款因此转进他的账户，从而使承办售票工作的票务公司从信誉上和经济上蒙受了难以估量的损失。凌智制造的不良影响在不断扩散，警方对其作案方式不断发出预警信息，各级领导对案件侦破工作作出的批示接踵而至。

除了看到凌智天天摆弄电脑，并且异常频繁地更换手机，白娟娟对凌智的具体作案方式不是很了解，她只是按照其要求行事而已。随着时间的推移，她对凌智杀害刘浩勇一事的恐惧感逐渐淡化，她觉得杀人是凌智的事情，将来如果事情败露，吃枪子儿的是他。眼下，自己应该专心配合他“赚钱”，必要时好摘桃子。白娟娟打着小算盘的同时，自己也没闲着。

凌智那里有许多不知道从哪里弄来的身份证及身份证复印件，白娟娟灵机一动来了鬼主意。第一次出手，她拐弯抹角地结识了某银行信用卡部的小职员，她以替人代办信用卡的名义先后办理了8张信用卡，那位职员由于有办卡的任务指标扛着，便在整个过程里热情帮忙。但卡一到手，白娟娟就恶意透支近10万元。随后，整个人不见踪影。

尝到甜头的白娟娟发现，由于商业竞争，多数银行都要求其工作人员完成定额的信用卡办理任务，导致银行工作人员片面追求信用卡的办理数量，放松了对信用卡办理审核环节的把关和管理，这使她感觉有机可乘。她开始利用各种渠道结交银行工作人员，并利用少数金融机构内部工作环节不够严密，防范的重点在外部，而对内部的工作人员缺乏防范意识和科学有效的监督制约机制的漏洞，在结交对象不知情的情况下，大肆求其帮助办理信用卡。白娟娟对办理信用卡的过程十分熟悉，往往用他人的身份证办理多张电话卡，在填表申请时填写设计好的信用卡邮递地址和电话号码，以逃避银行的电话核实过程和刷卡消费后的信息提示环节。

夫妻二人各有各的骗术，他们从不在私底下交流，分别在各自的道路上越走越远。但令他们意想不到的是，警方针对电话呼叫转移诈骗案、刘浩勇失踪案、信用卡恶意透支案全力开展破案工作，千头万绪的线索最终汇集到了两个人的头上。

六、一张地图暴露玄机

凌智确信警察永远抓不到自己，只是对刘浩勇的案子有些疑虑，他担心警察会顺藤摸瓜找到白娟娟，而白娟娟很容易暴露。因此，他开始寻找机会对白娟娟下黑手，但一直没能下足狠心。凌智只有在动了杀机的时候才发现，他对白娟娟的恨远没有对刘浩勇那样深，毕竟她是自己的女人啊！

马禄江是一名非常有经验的刑警。为了破获电话呼叫转移系列诈骗案，他是铆足了功夫。犯罪嫌疑人手机频换，一切只能靠笨办法。凌智取钱总是到不同的取款机上提现，马禄江把所有有关取款机的位置进行标记，并连线制作了一张地图，然后白天黑夜地盯着分析。结果发现，这些取款机全部分布在一条公交线路的两侧！

犯罪嫌疑人每次取款，很可能是乘坐公交。这个结论如果被凌智知道，他一定会惊得一屁股坐在地上起不来。的确，凌智每次取款都是坐公交。他担心自己开车取款，会被银行门前广角摄像头录下车的全部特征；而打车，则说不准哪次巧合，出租车司机会向警方提供关于他这样一个人的情况。相对来说，公交车最安全。身处密密麻麻的人流中，谁也不会在意到他。凌智简直是太低估警方的力量了。

事实上，每个无人售票的公交车上都有一个广角摄像头，主要是监控司机是否会贪钱。初步确定犯罪嫌疑人是乘公交车取款的大致方向后，马禄江围绕犯罪嫌疑人取款时间调取了录像资料，很快发现了头戴鸭舌帽的凌智，最终发现凌智取完钱后都是在这个公交车终点站下车，而终点站位置就是一个很大的居民区——这个居民区就是凌智和白娟娟居住的地方。

侦查工作获取重大进展后，马禄江立即和同事深入小区着便衣进行排查，当他把多张照片递给凌智家楼下那个售货的女孩时，女孩立刻指出说这个人是一个特别能喝啤酒的人。

马禄江终于查清了犯罪嫌疑人的身份，他的名字叫凌智，妻子名叫白娟娟，住址为滨湖区水色新城 8 栋 2 单元 501 室。马禄江嘱咐女孩依然按照以往的规律给凌智送啤酒，而他和同事则分为 5 组进行 24 小时蹲坑守候，犯罪嫌疑人居住的单元门左、右各设一组，楼群两个出入口各设一组，犯罪嫌疑人家窗口方向设一组。他们这样做的目的，是想在凌智进行一次新的成功诈骗后，当他外出带着卡前去取钱时动手抓捕，以获得关键证据。假如贸然下手，凌智身上没有一张作案用的银行卡，一旦他死猪不怕开水烫，以零口供方式保持沉默，法律对他是没有办法的。

蹲坑，转眼进行了 15 天。15 天里，刘浩勇失踪案及系列信用卡恶意透支案件的侦查工作被合并过来，所有参与案件侦破工作的刑警都意识到，他们即将捕获的是一条真正的“大鱼”。

15天后的晚上，终于有人报案，内容和电话呼叫转移诈骗模式完全相同。次日早晨7时30分，外出取款的凌智从楼上下来，被在楼道口蹲守的刑警认出。凌智发现情况不妙，转身向楼上逃跑，刑警追赶至三楼缓台与其搏斗，闻讯而至的马禄江等人合力将凌智捕获，干净利落地缴获了凌智手上那把曾杀死刘浩勇的卡簧刀，当场在其袜子里搜出一张银行卡。此前一天，一名被害人刚刚往这张卡里汇过款。在凌智住所，马禄江等人将其妻子抓获，又搜出五本记载有各种电话号码的电话本和六张银行卡。

谋杀灵感

晚八点，何龙达走出灯光明亮的别墅，头发烫得像金毛狮子狗似的女人曹薇跟在他身后。何龙达将一只手插进金色头发里，用手抚摸了一下曹薇的脑袋。两人属于老夫少妻，一个年届六旬，一个四十岁不到，他的手在抚摸她的时候总是苍劲有力，显示出他对这个女人有着很强的占有欲和控制欲。随后，双方摆手告别。

别墅后边就是何龙达的狗场，里边有各种价值连城的世界名犬。也许是知道主人此次离开的特殊意义，就在何龙达和女人告别时，犬吠声震天，何龙达自言自语：今天这是怎么了？

何龙达是佳木斯市犬类协会的主席，但他的名声在宠物界如同恶犬。犬类协会成员大多经常进行各种犬类交易，何龙达虽然挂着协会主席头衔，却不守信誉，以次充好。卖犬时漫天要价，能骗就骗；买犬时奸巧耍滑，能赖账就赖账。但是他这样一个人，却通过犬类买卖积累了不菲的财富。

就在当天夜里，何龙达的座驾在公路上突然改道，来到一个林木茂盛的偏僻角落。二十四小时过后，有人发现了何龙达的尸体，子弹从他右太阳穴射入，从左侧射出时掀开了一大块头骨。

属地派出所民警接到报警来到现场的时候，完全没想到他们面对的竟会是一起跨国谋杀案，而且案情曲折，足以令日后每一个接触到这个案件的人称奇。杀手没有隐藏死者身份的意思，车内也没有丢失任何物品，看起来就是寻仇谋杀。射入何龙达脑袋的是 7.62 毫米子弹。

一、神秘门沙克

“何龙达随时都有可能回来，你怎么敢这个时候来呢？”

午夜，已经熟睡的曹薇被敲门声吵醒，原本以为是何龙达回来了，没想到站在门外的却是门沙克。曹薇揉揉眼睛，既害怕又惊喜，但恐惧感还是很快占据了上风。见到曹薇恐惧万分的样子，门沙克竟然笑了，他用笨拙的中国话大概表述了这样的意思："我今天刚下飞机，但我有确切消息，今晚何龙达不会回来，很安全，我们一起喝酒吧，就在你家里……"

"老何的确出去了，但不知道是去干什么了，至于他回不回来，那可没有准儿，你哪里来的准确消息？你可别开玩笑，赶快走吧，我们明天再见。"曹薇急急忙忙把门沙克往门外推，做出要关门的举动，但门沙克接着用笨拙的中国话说："你放心，他真的不会回来，今天这个晚上就属于我们了……"

俄罗斯车里雅宾斯克地区有一个绰号"白俄"的名人，掌管着俄罗斯远东地区庞大的地下赌场生意，可在外表上却是做名犬买卖的商人。白俄不是俄国人，而是一名地地道道的中国人，因为此人特别喜欢穿白色衣服，收拾异己手段残忍又不留痕迹，有人便把"白俄"的称号送给了他。白俄手下有很多彪悍的打手，其中甚至有普京总统卫队的退役人员，素质极高。门沙克就是他的手下，主要负责中国地区的名犬买卖。门沙克金发碧眼，相貌清新英俊，与何龙达常来常往，不知何时与曹薇眉来眼去产生了情感瓜葛。曹薇知道自己是因为美貌成为何龙达的玩物，六亲不认只认钱的何龙达根本不是自己的归宿，因而她在面对门沙克的追求时毫不犹豫地就范了。

在曹薇眼中，门沙克这个俄国人从来不说谎，人长得帅气，内心是很憨厚的，这也是她喜欢他的一个原因。门沙克总是会从俄罗斯给何龙达送来高加索犬或猎狼犬幼崽，何龙达仅仅支付了很少一笔现金，门沙克每次找他要账都会被何龙达灌得烂醉如泥，然后无功而返。老板白俄经常责备他说："你们俄罗斯人都太喜欢酒，最耽误事儿！"

门沙克要账不成功，却和曹薇及其女友甄丽两个美女关系火热，尤其是曹薇，门沙克每次来中国都要与她尽情偷欢。所以，老板白俄每次派他来中国，门沙克总会欣然前往。曹薇与甄丽都对何龙达恨之入骨，却又无奈地与他保持着交往，门沙克从她们口中得知了何龙达的大量恶行。

甄丽原本和死去的丈夫经营一家生意不错的酒楼，他们夫妻在这家酒楼上投入了全部积蓄，但在办理这家酒楼的相关手续时，都是何龙达出面利用各种关系帮忙，当时为了办事方便，何龙达办理酒店各种手续时用的都是自己名字。后来，酒店生意火爆，何龙达背信弃义霸占酒店，并通过法律手段将甄丽夫妇赶出酒店。甄丽老实巴交的丈夫一赌气猝死，何龙达觉得事情闹得有点大，便向甄丽承诺会在恰当时候给她一笔钱。

曹薇与甄丽是闺密，已经通过很多事彻底看清了何龙达的嘴脸，加之何龙达除了对她身体最感兴趣以外，钱财物一切免谈，曹薇觉得自己跟错了人，离开又觉得有些不妥，她经常对甄丽说："何龙达有大老板外形，但内心就是个抠门土鳖，等我把他靠死，他的钱就都是我的了，到时候就先把属于你的还给你。"

曹薇与门沙克在一起时从来不背着甄丽，他们三个人经常背着何龙达小聚，一起说何龙达坏话。但在那一晚，从门沙克的态度到他所说的话，曹薇觉得情况有些反常，但只要能够与门沙克安全地共度良宵，她觉得自己不必在意那些反常。

别墅里，门沙克大胆启开何龙达酒柜内的高档红酒，曹薇起初并没有注意到他的动作，等到发现时惊得浑身直冒冷汗，何龙达回来后若是发现那些红酒已经被人喝掉了，非得杀了她不可，除非她谎称屋里进贼了。曹薇胆战心惊时，门沙克却望着她呵呵笑，曹薇感觉整个人都掉进了深渊："门沙克，你干什么，你可惹祸了，老何回来我怎么办？"

"怕什么？他欠我们那么多钱，就说这几瓶酒算是平账。"曹薇已经带了哭腔，她不断摇头："完了，老何回来非得杀了我，我完蛋了，你半夜在别墅喝酒，而且是他不在家的时候，他能把我往好地方想吗？他可是个老狐狸。"

门沙克一边吞酒一边笑着，他醉眼迷离地望着曹薇，眼见曹薇着急的样子便对她说了一句令她五雷轰顶的话："放心，何龙达不会杀了你的。因为，他再也回不来了……"

那一晚，门沙克极力安抚曹薇颤抖的身体，但无论曹薇问什么，门沙克再也不作回答，只是告诉她不要多想，他甚至邀请她到俄罗斯玩一玩，散散心。曹薇更加害怕，她不知道今晚如同怪人的门沙克会对她做什么。

二、没有一滴泪水

"老何他到底怎么了？你说他再也不会回来，为什么？"曹薇心中笼上了一层阴影，再次问向门沙克，门沙克却态度依然："你已经自由了，就别问那么多了。我今天飞机回俄罗斯。"

门沙克走了，曹薇才想起来给何龙达打电话，电话通了却无人接听，曹薇一遍又一遍拨打，始终无人接听。曹薇有点着急了，何龙达再也回不来对她来说当然是好事，此时她的焦急，主要是因为迫切想知道谜底。

曹薇拨打报警电话，接警的警察告诉她说对于失踪事件，立案受理的最少时间得四十八小时。单凭简单的理由说失踪，一般是不会立案的，但可以帮着备案。曹薇心想：慢慢等着吧，门沙克说得对，老何永远不回来对她来说是个喜讯，也许是门沙克杀了老何，但她用不着暴露门沙克。

当天晚上八点多，曹薇得知消息：何龙达被人射杀了。

没有一滴泪水，只有全身心的放松，警方前来调查，曹薇只是感觉烦琐麻烦，她一心希望眼前局面快些过去。

现场勘查侦查员已经确定发现尸体的地点就是杀人第一现场，何龙达死亡时间大约在发现尸体之前的二十四小时。现场总共有两个可疑脚印，系一男一女。属地分局刑警队全面搜集了何龙达各种社会关系和死亡之前的行动轨迹。从行动轨迹角度来说没有任何收获，但在何龙达社会关系调查过程中发现，何龙达仇人很多，他被谋杀并不意外，关键是从中找出谁是凶手。

侦查员上门找到曹薇，详细询问了何龙达最后一次离家的所有细节，曹薇对他们说：他这一次离家和往常不同，后院的狗叫得特别厉害……

侦查员详细了解后发现，何龙达这个人特别不像话，连后院负责狗场各种杂事的工人们都对他怨声载道，他无故欠薪、克扣工资等，他们都说他们的老板就是无赖一个。因为待遇太差，狗场工人换人频率极高。

刑警队开会研究案情，重点调查对象罗列了一大堆，大家都觉得这案子工作量会极大，大队长要求大家做好精神准备，耐心细致开展第一轮调查，嫌疑人很可能就在名单中，不要让其漏掉。这时，有侦查员拿来何龙达家别墅区视频研判，发现曹薇在何龙达遇害当晚曾经接待了一个神秘客人，并且该人是外国人，直到第二天上午才从别墅离开。侦查员连夜找到曹薇。

“当晚，何龙达说没说他几点回来?”对于侦查员问话，曹薇表示说何龙达即使夜不归巢，也不会告诉她，他的行踪对于她来说都是没有准儿的事情。侦查员接着问她：“那么就是说，你当晚不能确定何龙达是否能够回来?”

“是的。”曹薇刚刚回答完毕，侦查员就用力一拍桌子，火冒三丈站起：“但在当晚，你接待了一个外国男子，那个人次日上午才离开，这说明你准确知道何龙达回不来，于是与别人约会，你有隐瞒的事情!”

对于警察的怒火，曹薇起初是害怕，但很快就镇定下来，并立即反戈一击："你们什么意思？态度能不能好点儿？我家来人怎么了？他叫门沙克，俄罗斯人，和我老公有着密切的生意往来，他经常来我家客房住。"

曹薇并没有提及门沙克所说的那些话，她现在心里已经明白，门沙克与何龙达的死一定有关，但她不想提供给警方，她觉得何龙达死有余辜，即使与门沙克有关，也应该保护和感谢他。

警察与曹薇的关系就此僵住了。警察走后，曹薇接到甄丽电话，甄丽表现出了从未有过的喜悦："何龙达的财产都归你了，属于我的可以分给我吗？"

曹薇听了甄丽的话，表现得完全不像曾经承诺的那样，甄丽一听就知道曹薇反悔了，于是气得在电话里哭了起来："曹薇，我们还算不算姐妹？你曾经说过的，把何龙达靠死，他的财产就是你的，你到时候就会把属于我的还给我……"

曹薇解释说老何刚死，凶手还未抓到，现在谈这个为时太早，甄丽显然对她失去了耐心，风风火火直接来到别墅，望向曹薇的眼神非常具有威胁性："曹薇，你别高兴太早，我知道你现在心里很乐，看来在金钱面前，友谊算不了什么，你知道我老公是怎么被何龙达逼死的，我只是想要回我自己的东西。"

曹薇显得有些不耐烦了，甄丽随后表示说她明白了，明白曹薇已经成为第二个何龙达了，最后道出了一番话，令曹薇魂不附体。

"你一直盼着老何死掉，实话告诉你，老何是我弄死的，我和门沙克一起干的。我能弄死老何，也能弄死你，你好好考虑，是死是活，你定！"

这个时候，距离何龙达死亡已经三十六小时。

三、爽约的俄罗斯杀手

"我有重大线索，我要举报……"

甄丽前脚刚走，曹薇就给侦查员打了电话。为了自己安全，更为了能够彻底摆脱甄丽的讨债纠缠，曹薇决定毫不犹豫地检举闺密。

甄丽坐在审讯椅子上的时候，一言不发，她在等待，耐心等待一个时间节点的到来。

按照约定，门沙克应该在何龙达死亡四十八小时后的那班飞机返回俄罗斯，甄丽决定在门沙克航班起飞的时候告诉警方门沙克是凶手。甄丽不断向侦查人员询问时间，当觉得飞机已经起飞的时候，她平静地告诉警方：杀人凶手名字叫门沙克，他已经乘坐飞机返回俄罗斯了。

案件立即被报送至公安部，同时与机场联系查看出港信息，看看有关航班是否已经起飞。

“最好是因为天气，或者其他空中管制原因，那班飞机依然没有起飞。”

这是所有侦查员最期待的一个结果，但大家望望天空，清澈无云，微风吹拂，一看就是飞机起降的好天气。侦查员们的心在剧烈跳动，机场传来信息：那个航班已经起飞，但那个名字叫门沙克的俄罗斯人并没有登机！

喜欢玩乐的门沙克爽约了，他拿着甄丽付给他的佣金肆意挥霍，航班起飞的时候，他依然疲惫地在宾馆内睡大觉，直到中国警察破门而入。这一刻，他明白了老板白俄告诫他的那番话，自己必须认真贯彻，否则真的容易误事。

按照中俄两国警务合作机制，俄罗斯警方在第一时间传来了关于门沙克的信息，公安部诸多刑侦专家立即给此案会诊，他们感兴趣的不只是门沙克，还有他背后的那个老板白俄，俄罗斯警方已经传过来很多与他有关的情况。白俄这名在异乡闯荡成功的黑老大，是我国公安部门一直关注的重点对象。公安部急调黑龙江省公安厅资深刑侦专家孟克祥进京，中俄跨国犯罪是孟克祥主要研究方向，白俄这个人长期以来始终是他心中的一个结。

对于何龙达之死，情节很快查清楚。何龙达霸占甄丽夫妇酒店，并令甄丽丈夫猝死，于是甄丽雇用门沙克当杀手，先支付其一半佣金，预定事成之后再付余款。至于如何想到这样一个残忍的报复行动，甄丽告诉侦查员说，灵感来自一个名字叫小白的人，小白是何龙达的中国朋友，她和曹薇、门沙克聚会聊天时，那个小白有时会出现。

“我们三个在一起的时候，经常诅咒何龙达不得好死，小白几次对我开玩笑说，让我雇用门沙克杀掉何龙达，我后来真的就那么做了。”

侦查员都知道，从法律层面来说，这个小白在这个案件里算不上是个要件，但从情理上讲却是谋杀案件发生的催化剂。审讯门沙克出现了意想不到的情况，门沙克非常狡猾，坚持说他是陪着甄丽一起找到何龙达，但杀死何龙达是甄丽开的枪：“我收了她的钱不假，我的作用主要是给她壮胆。”

甄丽则坚定不移地说，开枪杀人时自己在现场，却是门沙克开的枪：“我怎么会开枪？我连真枪都没碰过。”

侦查员几次结合现场情况进行侦查实验，依然无法确定他们两个人谁在说谎。孟克祥俄语流利，他在亲自审讯门沙克的时候，这位老刑侦的注意力明显与其他侦查员不同，他问的全是与小白有关的问题。

孟克祥有个笔记本，上边写着黑龙江地区与中俄跨国犯罪活动有关人员的名单，比如中俄大劫案逃犯刘炳建等，虽然工作过程异常艰辛复杂，这些在册人员名单却在逐渐减少。刚刚过去的一年，孟克祥最大收获就是抓获了刘炳建。这一次，他在其中一个叫孙志宇的名字上画了一个圈——这是小白以及白俄在中国户籍档案上的名字。

"我和你的老板是老相识了，但他不认识我。也许，在这个世界上没有人比我更了解他。这个案子，你说和他没有任何关系，我不信!"孟克祥目光如炬，"小白是一个无利不起早的人，他能够回中国，与你一起与那两个女人小聚，他是有目的的。"

门沙克一言不发地望着孟克祥，孟克祥的问话步步深入，门沙克在心里很佩服眼前这位中国老警察。孟克祥接着对他说："按照中国法律，杀人就要被枪毙，你知不知道?"

门沙克低下头自言自语："我死不了，我们老大已经告诉我了。这个，你也改变不了……"

小白就是小白，只要是与他有关的案子，他在法律层面里总是无辜的，也就是说他非常善于逃避和隐藏，他的黑手永远存在于幕后。按照孟克祥的建议，公安部与俄罗斯警方达成默契，暂时封闭门沙克落网的消息，防止惊动小白。但是，门沙克的手机虽然一直开着，从他落网那一刻开始，便再没有一个电话打入。难道，门沙克与小白之间有某种默契?他在遥远的俄罗斯已经知道门沙克落网了?

四、白俄、小白、孙志宇是同一个人吗

"门沙克四十八小时后离境，这个是谁定的?"孟克祥提审甄丽时问。甄丽回答："门沙克，他告诉我的。"得到这个消息，孟克祥又再次提审门沙克："你已经和老板约定了四十八小时离境回俄罗斯，但你没回去，就相当于给你老板信号，对不对?"

门沙克听了孟克祥的话回答："也许，你真的能抓到他，我祝你好运，别的我没话说。"

门沙克的门就此关上了，中国警察无论怎样讯问，他的态度日趋保

守，似乎生怕出现言语闪失。

“通过这个案子，我们知道有小白在幕后，知道了小白在车里雅宾斯克，这样已经很好了。白俄、小白、孙志宇，就是同一个人，我手里还有两起案子，一个是孙志宇老家一起命案，一个是绥芬河抢汇案，我始终怀疑是小白干的。我需要好好求证一下，如果能够证明其中一起是他干的，我们抓他也就有了抓手。”

孟克祥向公安部刑侦局汇报，随后踏上旅途。同时，公安部刑侦局派出另外一个工作组赶赴西伯利亚大铁路的起点——车里雅宾斯克，与俄罗斯警方一同搜索白俄踪迹。孟克祥与工作组约定，他这边争取把证据搜集完备，工作组摸清白俄行踪，两方面工作都成熟的时候果断采取行动。

白俄这个人，以真名孙志宇在俄罗斯活动，但每次回中国都是神神秘秘地偷渡回来，他的动机很简单，就是不想让警方过多知道自己的行踪。由于每次犯罪活动都极其巧妙，孙志宇作案后从不给警方留下任何有价值的信息，因此他虽然不是在册的逃犯，却也是中国公安部门一直关注的对象。小白行踪神秘，他对于中国警察来说是一道难解的题目，白俄手腕高超地统治着一个集团，他对于俄罗斯警方来说更是充满挑战的人物。

小白以白俄的绰号在俄罗斯主要从事名狗贩卖，俄罗斯警察奈何他不得，至于他所经营的地下赌场生意，一向深深隐藏，难以觅到须毛。对于小白，孟克祥最想知道的就是：小白，真的就是白俄吗？他在国内杀人越货，又怎样成为俄罗斯车里雅宾斯克的黑老大呢？

在孟克祥心里，小白这个人就是一个邪恶传奇。

五、谋杀灵感来源于甄丽、曹薇

甄丽和门沙克都表示不知道作案用枪去向，都指认对方开枪杀死了何龙达，这个案子关键证据、关键口供缺失，难坏了警察，也难坏了检察官，更难坏了法官，最后以不公开开庭方式，两个人分别被判处十四年有期徒刑。

宣判结果下来，门沙克心里默想：我的老大，你说得没错！

门沙克是奶奶最小的一个孙子，白俄在得知门沙克最后判决结果后登门看望她，并对她说：“奶奶，门沙克被我派到国外做些工作，可能年头会多一些，您有什么事情，我会全力帮助，只要您一个电话过来就可以。”

白俄对待手下相当好，他的很多保镖都说，在总统卫队时的待遇都赶不上给白俄干活，而且还没有那么大的工作压力，所以白俄让他们干什么就干什么，从来不打折扣。

白俄是一个非常守信用的人，他在这一点上与俄罗斯人很相像，加上他的头脑和凶残，一步步走到了车里雅宾斯克黑老大的位置。对于何龙达的死，原因很简单，何龙达不讲信用，欠了白俄那么多狗债，按照白俄的逻辑只能把他杀掉。

制定阴谋之前，白俄几次偷渡回国，与门沙克一起同甄丽、曹薇接触，白俄通过她们两个找到了谋杀何龙达的灵感，那就是利用甄丽与何龙达之间不可化解的矛盾煽风点火，让甄丽走向杀死何龙达的前台。白俄就像是个邪恶催眠师，能够有效利用甄丽心结，将一个弱女子变为杀机涌动于心胸的杀手。

在白俄的怂恿之下，甄丽真的准备杀人了，而且为了杀人还要把自己最后的全部积蓄交给门沙克作为佣金。她先支付给门沙克一半佣金，商定事成之后再付给另一半。但在临要动手时，甄丽反悔、害怕了，说要拿回钱，不干了。门沙克对她说：我做人得讲信誉，这一半算是定金，我得信守诺言，当初既然答应你了，就一定得干下去。

白俄当然不愿意看到甄丽反悔，鼓动门沙克进行了一番激情演说，甄丽最后被说服了。

门沙克早就通过陆路，携带一支苏联时期的红星手枪从黑龙江偷渡入境，这种手枪使用 7.62 毫米子弹。门沙克约见何龙达，并与甄丽一同前往，他们上了何龙达的轿车后就用枪逼住了他。何龙达苦苦求饶，甄丽则对他疯狂怒斥。最后，轿车来到无人处，门沙克将何龙达枪杀，随后偷偷将枪支丢弃。

如果门沙克上了飞机，案件侦破工作就会大为受阻，好在他那吃喝玩乐的爱好给警方提供了机会。事实上，白俄和他有个默默约定，那就是一旦意外落到中国警察手里，千万不能乱说话，一定要坚持说是甄丽开枪杀人。门沙克按照白俄说的话做了，最终把水搅浑，他和甄丽都免于一死。

这样的作案手段就是白俄、小白、孙志宇作案时的典型特征。

六、明早八点，我要杀人

小白、小白……肖拜、肖拜……

达利镇位于中俄边境，地下富饶的黑炭令这里夜晚繁华。小白走过的这条巷子在当地号称红灯区，大量内地妓女、俄罗斯妓女来此淘金，她们眼中出现客人的影子就会亮出贼光。小白年龄二十四岁，却是这里的常客。与别人靠着下矿挖煤挣钱不同，小白的钱财都来源于偷煤，挥霍起来从不吝惜。除了那些肤色各异女人的身体，还有那一张张牌桌和一个个赌局，小白所有的赃款都会在这条街上耗尽。

中国女人的呼唤很撩人，俄罗斯女人的呼唤总是那样走音，但在这个傍晚，小白对一切视而不见、听而不闻，因为此刻他只有一个念头——杀人，杀了杨老大！

冷暖哪可休，回头多少个秋，寻遍了却偏失去。未盼却在手，我得到没有，没法解释得失错漏。刚刚听到望到便更改，不知哪里追究……陈百强离开五年的那个秋天，小白依然喜欢《一生何求》的旋律缭绕耳际，那旋律缓解了他内心的焦虑，但也增添了几丝忧愁。

腰间挂着五十元钱买来的袖珍录音机，后边跟着那条形影不离的大狼狗。小白白衣白裤白鞋，走在矿区达利镇的街道上异常扎眼。傍晚，一场秋雨刚刚过去，压住了满地煤尘，也将片片金色落叶拍打在地上。

兜里仅仅剩下两元钱，他花一元钱买了一盒廉价香烟，又花一元买了几个鸭梨。这一次，他是要去看一位最好的朋友，一位从小一起长大的玩伴，要去告诉他自己的计划，同时也是向他告别，小白已经决定杀人后远走天涯。

“什么？明早八点？你要杀人？杀杨老大？”陈宝满面惊讶，随后听到小白又重复了一遍刚才说的话：“是的，明早八点，我要杀人，杀杨老大！”

在陈宝眼里，小白是一个非常有个性的人，有很多“非常”可以概括他的性格，比如他非常凶残、非常冷静、非常好赌、非常好色、非常讲信用、非常喜欢狗，穿衣戴帽尤其喜欢白色，这对于在矿区生活的人来说绝对是个挑战性颜色，因为这个颜色在这样一种环境里实在难以维护，但小白却在这一点上表现出超常的耐心，浑身上下总是一尘不染。

“喜欢白色的人，都不太正经，你就是凭着这个哗众取宠，骗那些傻姑娘！”

陈宝对小白一向言辞犀利，寒碜他毫不留情，但一向心狠手辣又有些喜怒无常的小白却从不生他的气，因为小白始终把陈宝当作亲人一样的朋友。自己兜里就剩两元钱了，除了给自己买一包烟，在这前来告别的时刻还腾出另外一块钱买了几个品相不太好的鸭梨，这样的举动就是源于心中对陈宝的那份友情。他从陈宝注视那鸭梨的眼神中，明显看出了感动成分，心里想：这，就是朋友的默契……

这一天晚上，陈宝有点害怕小白的承诺。小白一向说到做到，从不说一句废话，但陈宝觉得杨老大实在强悍，小白怎么能杀得了他呢？杨老大承包了很多矿井，在当地算是一个恶霸型人物。小白和他比起来，就是一个雏儿。小白这番话也就是对陈宝说，如果将其公布，镇子上的人无不会笑掉大牙。但陈宝知道，小白一向说到做到，他相信他说的是真的。陈宝看了看小白左手腕上的简易电子表："但你的表，能那么准吗？"

"准，一定准！我走以后，请你帮我照顾姥姥。"小白表情决绝，陈宝听到小白提到姥姥便劝他说："别干了，小白，别闹了，姥姥年纪大了，好好照顾姥姥吧，不要惹是生非。"

"士可杀不可辱，杨老大欺人太甚，我已经决定了。宝，我从来没有向你借过钱，这次你借我五十元钱，以后一定还你。"陈宝从包里拿出一百五十元递给小白："不用还，你拿去用吧，但我劝你还是老老实实待着吧，我也不问杨老大怎么欺负你了，我就觉得你应该老老实实待着。"

小白没有回答，拿着钱就走了。陈宝父亲看到小白离去了，就来到陈宝身前说："以后，你离那小子远一点，你看看他那眼神，和狼一样，早晚惹事儿！"

七、小白，今天来了没有

次日早晨七点五十五分，杨老大在去矿上的路上，在一个僻静的角落遇见了彬彬有礼的小白。

"小兔崽子，你有什么事情？"杨老大面色很凶，小白虽然弱小却出奇冷静，他拿出一支香烟恭敬地递给杨老大，杨老大连搭理都未搭理，小白于是独自点燃一支："没事，就是和你聊聊。"

小白开始不断看手表。嘴里和杨老大说着冤家宜解不宜结等，他吸烟很用力，烟火在剧烈燃烧，缭绕在杨老大和他周围。

"小兔崽子，态度还不错，还算懂事，有时间到我矿上来干活吧，别总穿着一身白衣服四处得瑟。"

"时间快到了……"

"离早八点越来越近了。"小白在又一次看手表的时候说，而后用力吸了几口烟。

“什么时间快到了？”杨老大没有理解那句话的意思，他感觉小白有些奇怪。接下来，小白又重复了一遍：“时间快到了……”

接下来，小白将烟头吐了出去。

“时间快到了，我送您一个东西……”

最后，小白从怀里掏出一个包。他打开包，从里边拿出一把尖刀，当着杨老大的面，将刀紧紧握在手里。杨老大眼睛瞪得圆圆时，小白朝着杨老大一顿疯狂乱刺，杨老大眼前瞬间血光四射，旋即倒在血泊里。

小白动刀的时候，没有任何目击者。但在动刀之前，曾有人看到一个穿白衣的人和杨老大聊天，那个人不认识小白，却认识杨老大，他看到穿白衣的人和杨老大聊天时不断看表。这份目击证言无法确定小白就是凶手，尤其是该人目击的是白衣人的背影，对于指证小白没有意义。

那天早晨，陈宝正在睡懒觉，小白进了院子就摇了辘轳提上井水，哗啦啦冲洗自己。陈宝揉揉惺忪睡眼出来：“你干什么呢？大清早的，哗哗啦啦的！”

小白清洗完毕，从晾衣服绳子上拿下陈宝的衣服穿上，他自己的衣服已经装到一个塑料袋里。

“记住我昨天和你说的话，我走了，警察来了问起我，你就说没看到我，告诉他我前几天就出门了，去绥芬河了。”

小白说完这番话就走了，走时提着那个装着血衣的塑料袋。那一天上午，陈宝听到了撕心裂肺的哭声，那哭声源于杨老大的妻女。

“小白今天来了没有？”

达利镇刑警队侦查员钟国强排查嫌疑人时曾经到过陈宝家里，他知道陈宝和小白关系要好。陈宝回答他说：“没有，小白前几天就去绥芬河了。”

接下来的日子，陈宝恪守承诺，尽心照顾小白的姥姥。小白走之前，曾在镇子上欠了很多人赌债，张三二百、李四一百、王二麻子一百五，大致都是这样的小数字。若干年后，终于有了小白的消息，但凡他欠赌债的人，都收到了小白寄来的信封，里边都装有他之前的欠款，陈宝也收到了这样一个信封。

达利镇总是烟尘弥漫，人们在这种灰暗环境里生活都会有种莫名压抑感，除了下井采煤、出井去“红灯区”，年轻人余下的唯一乐趣和发泄途径就是互相殴斗。小白不在的日子，陈宝四处“厮杀”。陈宝百米最快速度在十一秒之内，他提着棒子冲锋陷阵时总是跑在各路混战队伍最前方。陈宝一度非常想念小白，因为他和小白肩并肩打仗特别合手，而且战无不胜。

一天早晨，陈宝脚脖子扭了，听到伙伴叫他出去打仗的消息，陈宝乐坏了，但无奈只能一瘸一拐跑出院子。由于腿脚不好，行动不便，他这一次落在了最后边。他正在着急的时候，突然发现最前边那个人已经被对手砍倒——一刀下去，脖子几乎断了！

陈宝害怕了，他知道自己如果不是脚脖子扭了，跑在最前边的人一定是他，被第一个砍倒的人也会是他。从此，陈宝金盆洗手，再也不打仗了，而且也不再想念小白了。后来，小白托人传话到达利镇，告诉陈宝说小白很想他，希望他能够去绥芬河一起做事。陈宝直接告诉来人：“你就说我死掉了，因为杀人被警察毙掉了！”

陈宝不想让自己的生活再次沾染血气，达利镇很危险，几天不死人都是新鲜事，他想让自己在这样的环境里安安稳稳活下去。陈宝开了废品收购站，最后过上了安稳富足的日子。

孟克祥来到达利镇后，在钟国强引路之下找到了陈宝，谈到杨老大遇害，谈到小白行踪，陈宝总是沉默不语。谈到小白个人喜好，陈宝说小白喜欢赌、喜欢狗。

孟克祥立即联想到何龙达的生意，想到了白俄目前的赌场和名犬生意等，他更加确定车里雅宾斯克那边的白俄就是小白，就是孙志宇。至于杨老大遇害案件，陈宝没有提供当年的有价值信息，但陈宝向孟克祥详细陈述了达利镇早年治安的极度混乱，以及小白干净整洁、脾气秉性残忍冷静等，同时讲述了小白重情讲义并在绥芬河时给过去赌友汇赌债等情况。孟克祥明白了，小白具有做黑帮老大的性格基础，够狠、够邪恶，同时又讲义气。

临走时，孟克祥突然问陈宝：“如果你是我，你觉得杨老大是小白杀的吗？”

陈宝僵住了，他不想出卖小白，但面对这个令人尊敬的老警察，陈宝还是理智地对他说：“如果我是你，我会觉得是小白杀了杨老大。”

离开达利镇的时候，孟克祥仿佛看到了一个特立独行的瘦削男孩，他穿着白衣，在达利镇的煤尘里奔跑，直到跑出达利镇。

八、逼入绝境

孟克祥来到中俄边境绥芬河，那里是中俄贸易异常活跃的地方。

提起小白，早年就在这里做生意的老户都知道。早年，俄罗斯商户入境后，到绥芬河各个市场进货时，经常会受到各种欺诈。比如买一百条牛仔裤，拿回去一看却夹杂有五十条牛仔裤衩。这样一来便催生了代办扫货新行业，小白到了绥芬河以后干的就是这个活儿。俄罗斯商人与他接触后产生信任，委托他全权代理在中国进货事宜。小白一向恪守信誉，从不掺杂使假，钱款往来也从不含糊。由于他性情中带着天然的生冷成分，中国这边的商人谁也不敢欺骗他。

日子久了一些，小白又觉得赚钱太少了，便把一个炒汇大款劫杀了。当然，人们只是怀疑这个案子是小白干的，没有任何证据。事实上，这个案子真就是他干的，他干完这个案子就在绥芬河永远消失了。

案发当天，除了那个炒汇大款被劫杀，一个拉达出租车司机同样被劫杀，凶手驾驶着抢来的拉达轿车，在警察设置的卡点突然加速并冲关而过。车身后枪声四起，拉达车还是加速逃离了。没人看到车内坐着的人是谁，也没人能确定那个人就是小白。所以，在这起案件上，小白又给人们留下了一个谜。

拉达车再次出现的时候，已经被抛弃到中俄边境一个偏僻处。实际上，小白那天背着钱袋子，直接入境俄罗斯了，从此便销声匿迹，直到后来成为车里雅宾斯克黑老大。

孟克祥走在当年案发现场：劫杀炒汇大款、劫杀出租车司机、驾车闯卡、提着钱袋子消失在中俄边境线——小白作案的身影仿佛就在眼前，孟克祥觉得小白在制造杀人事件的时候非常有创意、非常有灵感，以至于所有人都很难发现他与当事案件有关。孟克祥心中默想：小白，我一定要抓住你！

中俄警方开始合作抓捕小白。车里雅宾斯克警方连续采取行动，捣毁了小白一个又一个地下赌博窝点。就在大家感觉小白就要落网时，小白却突然消失了。两国警方感觉失望的时候，达利镇传来消息说小白在老家出现了。

孟克祥赶到达利镇时，钟国强告诉他小白出现一下就不见了，小白对人们说他这几年哪里也没去，就在国内到处打工。小白也见了陈宝，陈宝向孟克祥重复了一遍这番话。

孟克祥肺子都要气炸了，这个小白真是狡诈无比，他若是这般顽抗，问题就太严重了。孟克祥想出了一个办法，先想尽一切办法抓获小白，然后重新提审门沙克、甄丽等人，通过审讯谋略攻破其防线。

接下来，小白往返于中俄边境线，甚至还在海参崴出现过，中俄警方穷尽一切办法对其穷追不舍，大家感觉小白已经彻底走投无路，距离他落网已经指日可待了。这个时候，追捕小白再次遇到了戏剧性拐点。

一天早晨，人们在海参崴一处悬崖上看到一个一身白衣的男子，他脱下衣物，将它们叠得整整齐齐，兜里还放着一封绝笔信，里边坦陈自已曾杀死杨老大、劫杀绥芬河炒汇大款和出租车死机，同时提供了在俄罗斯车里雅宾斯克曾经暗杀的死者名单，小白在信中指出何龙达遇害案是自己一手策划，甄丽出钱、门沙克开枪。衣服上还压着一个红色微型录音机，已经很破旧了，里边的磁带播放着陈百强、beyond 乐队黄家驹的歌曲。日本海的海面上有很多早晨出来捞海参、打鱼的船只，人们看到有一个人浑身赤裸跳入海中，随后再也没有看到他浮起来……

中国警察和海参崴警察都来到了现场，俄罗斯警察说这个黑老大完蛋了，但他最后播放着的歌曲都很好听。中国警察表情冷峻地对他们说：那两个歌手……都已经死了，那是死人唱的歌……

小白谜一般地走了。这超出他本性的举动没有人能说得清楚。日本海浪花飞溅，有几只海鸥喑哑着嗓子在小白溅落处盘旋……

松鸦岭假日

一

篝火、美酒、手扒肉，外加游客们歇斯底里的歌声和走样的舞蹈……这是兴安岭松鸦岭脚下鄂温克主题庄园内一个狂欢的夜晚。身着民族服装的女服务员在人群中往来穿梭，她们不断收起一堆堆空酒瓶子，又不断送来一瓶瓶还未开封的满瓶酒。夜幕降临，篝火燃起，酒水消耗量急速增加，所有人的情绪也都像着了火。

涂松岭已经在麻将桌上奋战了一天，朋友昌日将他换下后，便独自来到一处高地遮阳伞下喝茶吸烟。涂松岭在黑龙江畔的这家庄园已经经营了两年，生意一天比一天火爆，他已经开始琢磨进一步扩大庄园规模。没有白天的艳阳高照，涂松岭依然喜欢夜晚的时候在这顶遮阳伞下喝茶吸烟，他觉得头顶上的遮阳伞让自己心情平静，有种莫名的安静与安全感。旁边就是一条山间石阶小路，即使已是黑夜，依然有一对对情侣相互依偎着上上下下，缠绵的样子显然不利于走山路，但依然踉跄着说说笑笑。

望着眼前群魔乱舞的景象，涂松岭心里还是乐滋滋的。几首固定不变的民族歌曲早已散尽，取而代之的是一首首伴着热舞的时髦劲歌，涂松岭喜欢那种疯狂的节奏，那种节奏会刺激人们喝酒消费，进而增加自己的进账，令自己腰包内的钞票一天比一天多。

涂松岭是鄂温克族人，鄂温克意思是“住在大山林里的人们”，若不是为了挣钱，涂松岭是坚决不会回到这深山老林的，他早已经没有了任何民族性，语言、风俗等一概不知，他经营的鄂温克主题庄园除了建筑模式比较有特色之外，其他没有任何实质内容，手扒肉也好，柳蒿芽汤也好，稷子米饭也好，民族服装也好，都是从蒙古族、满族、达斡尔族等处学来的，反正天南海北的人来了，见到了这些陌生的吃食和服饰都会有种好奇感和新鲜感，正是由于不断迎合这种好奇感和新鲜感，涂松岭的生意持续兴旺。

涂松岭喝着茶，借着月色、灯光、火光注视着一对对男男女女，但主要注意力还是集中在不同的女人身上。不远处疯狂舞蹈的、有一身艳丽水粉色的女人，有一身紧身运动衣、袖子上带白色条纹的女人，还有发髻蓬松、衣着时尚的女人，她们的身边都会有各色男子；近处，一名浓妆艳抹的女人坐在亭子里和一个男的打情骂俏，另一名吸烟女子坐在鱼池边，一边擦眼泪一边和身边男子争论着什么，还有一个女子一袭黑衣，没有言语却深情无限地挽着一个男子的胳膊，上山了又下山，来回折腾，好在这座小山包的海拔也就三四百米的样子，否则绝对不会这样气定神闲。

涂松岭熄灭了最后一根烟，起身离开，朝着自己的木屋走去——当晚凌晨三点多的时候，涂松岭的木屋突然燃起大火，人们将火扑灭后发现了他面目全非的尸体，上边有多处刀伤，法医确定涂松岭系被他人用刀捅死后，又遭焚尸灭迹。

二

三条、二条、三条……

夜已经很深了，外边早已经不再喧嚣，篝火熄灭了，歌声散去了，疯狂的游客们都已经体力透支，估计全部都睡下了。黑漆漆的林子阴森恐怖，一钩弯月之下的黑龙江水泛着星星点点的粼光，不时传来阵阵水流相互击打的琐碎之音。单长宇、鹿国林、昌日、鄂景文四人麻将大战正酣，他们都是鄂温克族人，或是与涂松岭一起长大，或是成年后结识的朋友，几个人经常一起成天成宿喝酒、搓麻将，今天的夜晚似乎和往日没有什么不同。涂松岭去睡了，他总是熬不过这四位朋友，也许是他生意上的事情多，劳神，所以精力不如这几位旺盛。但每次搓麻将，赌技精湛的涂松岭十次就有九次赢。

临近三点，几个人都觉得有点累了，麻将局休战了十分钟，喝水、聊天、吸烟、去卫生间方便，接下来重新回到麻将桌继续战斗。几个人铁定心要战斗一夜，火光在这个时候映入他们眼帘。

最开始的时候，他们认为是篝火没能有效熄灭，所以出现了复燃现象，但没过多久便发现火光来自涂松岭的木屋！四人惊诧中迅速起身，一边大声嚷嚷着救火，一边四处找水桶。

被惊醒的人越来越多，最后整个庄园的游客几乎都醒了，连那种烂醉如泥的人都醒了。毕竟每个房子都有大量木材作为建筑材料，谁都怕火烧连营，烧没自己。但是，这些人看热闹的居多，真正挥汗如雨灭火的只有单长宇、鹿国林、昌日、鄂景文和几名游客。

庄园里所有的房子其实都是砖头水泥结构，只不过是外部加了一层带皮木材做装饰，看起来像是传统的木刻楞房，所以灭起火来相对容易许多。深山老林，救火水车是没有的。庄园里有一部分灭火器，很多游客眼见情况紧急，纷纷跑到停车场取来自家车上的灭火器，一阵折腾过后，房子外表的明火首先被熄灭了，单长宇、鹿国林、昌日、鄂景文四个人又提着灭火器和水桶不顾一切地冲进屋子，三下五除二将室内火苗全部熄灭，他们透过烟雾隐约发现涂松岭的尸体侧卧在一个角落。找来手电仔细查看，竟发现尸体周围布满血迹，尸体上刀伤密布，一把大号尖刀就在旁边。此前，单长宇已经拨打了报警电话，但主要报警内容是“火警”，眼见涂松岭的尸体，他再次拨打了报警电话，说明了现场情况。

庄园距离派出所有一个多小时的车程，派出所警车赶到的时候，火已经灭了半个多小时了。晚于警车半小时，镇子里的消防车也赶到了，但已经没有任何作用了。

“里边，涂松岭死在里边了……”

一见到警察，单长宇、鹿国林、昌日、鄂景文等人便惊恐地对警察说。

一老一小两名警察并没有进屋，而是站在门口仔细张望了一阵子，随后退身来到人群中，老警察神色紧张地打了一阵子电话，随后目光异常冷峻地看着身边的人。

“报警电话号码139045723××，是谁的？”警察问。

“是我的，我是涂松岭朋友。”单长宇急忙回答。

警察告诉在场的人不要再进入现场，并让那个年轻一点的警察看着，随后单独把单长宇叫到一边，递给他一支烟，开始了解情况。单长宇把当天下午和夜里打麻将的情况简单介绍了一下，又按照警察要求详细说明了发现着火和救火的全过程，他的情绪显得很紧张，“我看那刀伤，肯定不是自杀！”

老警察没回答，只是点点头。没过多久，更多的警察赶到了，县公安局局长何振和刑侦局长刘巨峰也在其中。大火烧毁了室内电线和灯具，但涂松岭的小楼内部很快被各种警用照明工具照得通亮，正规的现场勘查全面展开。

涂松岭身上的刀伤刀刀致命，呼吸道内没有任何烟尘吸入迹象，说明他在火灾前已经死亡；室内保险柜大开，里边一分钱都没有了，显而易见，里边的钱财是被人为取走的，而不是被火烧光的。庄园负责收款的一位涂松岭亲属介绍说，保险柜密码只有涂松岭一人知道，里边每天都有大约二十多万现金。看来，涂松岭死前被人逼问出了密码，主动交出了全部钱财，却也没能挽救自己的性命。

“凶手为什么这么残忍？也许是个老字号歹徒！”刑侦局长刘巨峰对局长何振说。

天色大亮的时候，刘巨峰发现这个庄园多个角落安装有摄像头，看来应该有视频监控系统，于是提出要找视频监控中心调阅视频资料，但没想到得到的回答是：“那些摄像头其实都是假的，是用来吓唬人的，涂松岭当初根本没舍得花费那笔资金！”

何振把县局能够调动的警力全部调到了庄园，经过向市局和省厅汇报请示后，大量武警和边防警也被调来。他要把庄园封闭一段时间，最少也得是两三天，他认为一百一十二名游客和二十三名庄园工作人员及涂松岭的四个朋友都是怀疑对象，只有在这些人的嫌疑被解除后才可以放行。

这个时候，一件意想不到的事情发生了。涂松岭的女儿涂虹住在镇子上，她在得知父亲的噩耗后急忙到车库取车，准备赶赴庄园，却突然遭遇两人劫持，并被轮奸……

三

涂虹已经二十六岁了，由于母亲早年离家不知去向，父亲和奶奶一手把她拉扯大。早年，父亲靠什么赚钱她一直不清楚，反正是常年在外边跑，回来后总会给奶奶和她带回来厚厚的钞票。涂虹的学习成绩并不好，但父亲向来不让她出去工作，一直让她养尊处优。涂松岭投巨资开办鄂温克庄园后，涂虹直接参与了具体的经营，涂松岭的意思是把这个生意做大，然后全部交给涂虹，这是父女两人的一个约定。

涂虹的生活一直沉浸在幸福和甜蜜中，直到这个夜晚全部被打破。当庄园那边传来消息，称涂松岭被困火中的时候，涂虹披头散发冲下楼，直接来到车库内。此时不到凌晨四点，茫茫黑夜依然笼罩着一切，让人感觉发怵。但涂虹转念一想，坏人这个时候估计都在睡觉，自己不应该怕什么。

然而，怕什么来什么，涂虹走进车库的时候，两个黑影在她毫无防备的情况下跟了进来，这是涂虹万万没有想到的，她说什么也不会想到屋漏偏遭连夜雨的事情会发生在自己身上，倒霉的事情怎么会突然间都降临她家呢？

车库大门被拉了下来，涂虹刚要开始惊叫，却在一把明晃晃的尖刀面前沉默了。她苦苦哀求，告诉歹徒说自己父亲住的那个地方着火了，情况紧急，得赶快过去，能不能行行好，要什么都可以给。涂虹觉得歹徒也是人，应该不会在这个时候趁火打劫，但是她错了。

歹徒根本不听她的话，只是让她闭嘴，他们把她的手包搜了一遍，取走了一万多现金，又拿走了全部银行卡。情况实在紧急，涂虹只想着快点结束眼前这一幕，然后快点赶到父亲那里，于是老老实实地说出了银行卡密码。随后，她的嘴被封上，双手被反剪捆绑在身后。

两名男子中的一人开着涂虹的 RV4 出去了，另外一人则留在车库内看着她。出去的那个人，目的是到自动取款机验证密码并取款，留下的这个人则对涂虹实施了强奸。绝望、恐惧、憋闷，涂虹的眼泪滚滚而出，但歹徒没有任何同情的意思。没过多久，另一个人回来了，他拍着涂虹的脸蛋说：“不错，挺诚实！”接下来，这个人也对涂虹实施了强奸。

两名男子禽兽一般，反复对涂虹施暴，直到他们耗尽所有体力才作罢。此时，涂虹蜷缩在地上，整个身体如筛糠一般……

不幸中的万幸，歹徒图财、图色，却没有图命，涂虹的性命保全了下来，但涂虹的精神明显受到了强烈刺激，因此被送到医院救治，医生为她注射了镇静针剂，并按照警察要求提取了遗留在她身上和体内的精液。

庄园那边，全部加派警力已经到位，五条警犬也参与到本次任务中来，整体气氛如临大敌。此时，一部分游客的旅程还未到期，也有一部分游客的旅程已经到期，两方面的很多人，都对公安机关的决定持有异议，表现得也不是很配合，但面对公安机关强力的工作状态，还是没有人敢离开，只是嘴里不断发牢骚。何振为此专门组织了五个工作组，到游客当中做工作，安抚大家的情绪，同时开展调查取证工作。

庄园的主食和蔬菜等可以维持游客十天的需要，警察这边则运送来帐篷、睡袋及火腿肠、方便面等大量给养，除了开水以外不动用庄园一粒米面。这样的举动令庄园的游客和工人们颇为赞赏，总体情绪更加缓和，都在想办法回忆案发当晚的各种情况，各项工作每分每秒都在向前推进。

“父女二人，在这么接近的时间内相继遭遇不测，能是巧合吗？要是巧合，这也太蹊跷了吧？”这个问题，是何振与刘巨峰探讨最多的问题。

“两种可能性都明摆着，一种是两起案件都是个案，这边的是谋财害命，另一边涂虹大清早离家偶遇坏人，谁都知道镇子那边治安不好，两件坏事都让这父女二人赶上了；另一种嘛，就是歹徒这边作案结束又赶到镇子上，对其女儿下手。”刘巨峰说。

“我觉得歹徒对庄园这边很熟悉，最起码知道监控探头不好使这个情况，那就不会是游客，应该是熟人。游客怎么会贸然对着摄像头大张旗鼓地作案呢？”何振说。

“这个好办，如果是游客，他在这里待两天就应该能观察出这摄像头是假的，我仔细查看了摄像头，个个外表都像生锈了一样，镜头部分也没有一般摄像头都会有的那种光感。”刘巨峰说。

庄园通往大路总共有两个接口，那里都装有治安监控探头。同时，这条大路也通往镇中心，沿途也有几个探头，调阅当晚视频资料，并没有发现庄园有人外出，后半夜也没有视频资料印证有从庄园方向来到镇子的车辆。这似乎说明，杀害涂松岭的凶手依然在警方封闭范围之内，涂松岭和涂虹理应分属两个个案。尤其值得一提的是，涂松岭案，歹徒杀人后又焚尸灭迹，而涂虹案不仅留下了活口，还大张旗鼓地留下了物证。这两种差距，也说明两起案件不是一伙人所为。

争论在继续，警方的侦查同时也在紧锣密鼓地进行，然而一幕幕蹊跷的场景却在接下来的这个夜晚陆续上演。

四

办案警察快速调查了涂松岭的各种资料，结果发现涂松岭常年组织各种跨省卖淫嫖娼活动，他是治安部门掌握的大号“鸡头”，而且是省厅备案人员，涂松岭积累的所有财富都源于此。他在族人那里是最有钱的人，也很慷慨，但他同时也在边境地区网罗了大量未谙世事的少数民族女孩和一些非法越境的俄罗斯女孩，采用种种办法，将她们送至沿海发达省市从事皮肉交易，而涂松岭本人从中抽取大头，一夜收入万元以上非常普遍。

深入到涂松岭族人当中调查，虽然此人生前慷慨，但很多人提起他的时候都很沉默，没有人说他好话或对他感恩戴德。进一步调查得知，涂松岭曾经把自己家屯子里的一些有点姿色的女孩带到外地，虽然女孩们走的时候破衣烂衫，回来的时候花枝招展，但她们的父母亲都在无言中断定和明白了自己的女儿在外边做什么。开放的时代，有了钱的女孩子们似乎无所谓，她们觉得自己赚够了钱，随便做点正规小买卖，找个人嫁了就完事，过去的一切也就掩盖了，反正她们不喜欢回到落后贫穷的森林里，她们对涂松岭并没有恨意。而她们的父母则完全相反，他们提起涂松岭就咬牙切齿又不好意思说什么。女儿给家里的钱物，贴补了家用，解决了很多燃眉之急，但人们依然恨着涂松岭。

涂松岭经常说："我带谁都是带，带周边的人是好心，但好心没有好报啊！"

这个情况还没有得到进一步深究的时候，庄园迎来了凶案发生后的第一个夜晚。一整天的沸沸扬扬过去了，整个庄园变得寂静无声，这和前一个癫狂之夜形成了鲜明的反差。警察的调查了解工作依然在继续，他们行走在这个庄园的时候，明显有一种凄惨、恐怖、阴森的感觉笼罩着每个人的心，他们断定凶手一定在暗中盯着他们，他们在努力找寻谜底，这个谜底近在眼前又不好琢磨，然而令他们没有想到的是，一股暗流正潜伏在这个寂静夜晚的表皮之下，随时准备爆发。

经过一天的工作，警方已经锁定了几名可疑游客，透过这些人激动情绪的背后，办案人员感觉到了丝丝异样的气息。同时，涂松岭的朋友当中，警方重点怀疑鹿国林和昌日。何振始终有种特殊感觉不肯放弃，他怀疑庄园这边有人和两名凶手进行了一次密切的配合，凶手杀死涂松岭后离开来到镇子上，等涂虹出现又对她下手。

鹿国林欠涂松岭二十万元债务，虽然四人当中，表面上他和涂松岭相对来说感情最要好，但透过族人们对涂松岭的不尊重和不信任，很有可能鹿国林也没拿涂松岭当回事，杀之劫财又能免除债务，未尝不是好事。翻阅鹿国林档案，可谓劣迹斑斑，打架、偷盗都不是一次两次了，狱友一大帮，具备结伙条件。之所以怀疑昌日，是因为案发当晚他让鹿国林给涂虹打了电话，随后涂虹就遭遇不测，似乎是他把涂虹引入一个设好的圈套。

可疑游客最令办案人员头疼。头一个晚上还在疯狂舞蹈、身着艳丽水粉色的女人，在警察面前异常紧张，但又不时地刁难一下警察，说警察影响了她的人身自由，对于自己的男伴，反复向警察强调昨晚他与自己寸步不离，令人感觉非常可疑。警察暗中调查该男子，却发现他提供的名字是个假名，所报单位也是假的。办案人员将其单独隔离，单独了解情况，那个女人却开始在外边耍泼。

除了这一对，身着紧身运动衣、袖子上带白色条纹的女人和男友，以及那名发髻蓬松、衣着时尚的女人和男友，还包括头天晚上浓妆艳抹坐在亭子和男友打情骂俏那一对，坐在鱼池边一边擦眼泪一边和男友争论的吸烟女子，都对警察的工作很不配合。一番调查过后，发现其中有两名男子有犯罪前科，那名坐在鱼池边吸烟的女子本身就是一名惯偷扒手。还有很重要的一点，这几对都不是夫妻关系，办案人员后来发现他们之所以情绪激动并不愿意暴露真实身份，原因在于他们都是背着家里偷偷来到遥远偏僻的黑龙江与情人幽会的，他们不暴露真名就是源于这一点。

这几对情侣把警察折腾得够呛，但一些疑点并不能在这天夜里排除，也许还要在庄园封闭待上几天，而其他一些完全被排除在案件之外的游客，已经被告知可以在第二天打点行囊。

就是在这天晚上，还发生了一起比较激烈的追捕事件。

头天晚上那位一袭黑衣的女子，曾深情无限地挽着一个男子的胳膊，上山又下山，来回折腾。整整一天，她的男伴待在屋内没有出现，办案人员把针对他的调查放在了第二天。登记住宿信息的时候，这名辽宁籍女子只登记了自己的，警方以为这一对又是那种情况：情人关系，害怕暴露。可是，当夜色已经很深的时候，这一对依然像头一天一样，上山又下山，可在一次上山过后，男的却突然向山的另一边夺路而逃。起初，警察并没有发现，但当这名女子最后单独回来的时候，立即引起了警察的注意。当问起该人去向时，黑衣女子非常不配合，扭头就走，根本不回答。

案发后最为紧张的一幕出现了。该黑衣女子很快被控制住，警犬立即出发开展追踪，两个小时过后，警犬在一处灌木丛中将男子拽了出来。审讯他的工作进行到天明，他拒不交代自己姓啥名谁，理由依然很常规，只说是和女友来度假，不愿暴露个人隐私。但是，突破口还是在黑衣女子那里打开了，她不愿承担包庇罪名，坦承其男友是一起重大伤害案件的网上逃犯。至于涂松岭案件，该男子还是被排除了。

针对游客的调查都快成一锅粥了，但好消息终于在这一刻出现了。

五

从鄂温克庄园到最近的镇子可以有两种方式，一种走陆路，另一种可以走水路。陆路虽然绕远，但方便；水路虽近，但坐船不是很方便。沿着黑龙江顺流而下，到达镇子大约需要半个小时时间，比陆路节约将近一个小时。这次前来配合执行任务的边防警，就是乘船过来的，他们逆流而上无外乎多花费了十多分钟。

望着滔滔江水，何振陷入了沉思。嫌疑人是否会在杀死涂松岭后，又顺流而下来到镇子上，对他的女儿下手呢？何振觉得非常有可能。如果真是这样，那说明凶手不可能是游客，应该是熟悉这里的人，或是有熟悉这里的人做接应。提起接应的人，何振还是想起了那个昌日。

庄园有个小码头，镇子上也有个小码头，涂松岭庄园大约有三条简易动力艇，往来于庄园和镇子之间，主要用来运送副食蔬菜和各种日用百货。第二天早晨，调查人员发现其中一艘停泊在了镇子上的码头，庄园这边的工人谁也说不清是谁开到镇子那边去的。通过省厅的关系，对岸俄罗斯边防部门提供了案发当晚黑龙江江面鄂温克庄园至那个小镇江段的视频监视录像，的确发现有两个人在凌晨两点多的时候乘坐小船顺流而下。

围绕昌日调查发现，昌日赌债缠身，而且他的女儿曾被涂松岭带到南方，从事的就是卖淫行当，至今未归。按照常理，他在心底应该不会对涂松岭存在什么真正的情谊。调取其联系电话，轻而易举地便发现了案发前后一直密切联系的两个号码。

“看来，昌日认为自己干得天衣无缝啊！很自信！”何振对刘巨峰感慨地说。

何振与昌日一过招，昌日便迅速败下阵来。

“昌日，我是局长，这两天，无论针对哪个人的调查，我都没出面，你知道为什么对你是个例外吗？”听了何振的话，昌日的汗珠子冒了出来，“你的同伙杀了人，走了，具体说是到涂虹家门口守着去了；你利用打麻将休息时间，去放了把火；救火的时候又让别人给涂虹打电话，结果她一出门就落入了你同伙的圈套！”

昌日紧紧地揪着自己的头发，大哭不止。他没有想到自己精心设计的一切，竟会像放电影一样被眼前的这位局长再现出来。

“这个老涂，什么好事都是他的，他带着别人家姑娘出去让人祸害，自己赚黑心钱，耍钱也都是他赢，这不公平！所以，我要他的命，他家姑娘也得让人糟蹋！”

另外两个同伙全都蹲过大狱，其中一个是昌日在外边打工时认识的，名字叫徐君鹏，另外一个不知道具体名字，只知道叫小阳。为了干得天衣无缝，三个人密谋了无数次。按照设计好的方案，昌日觉得警察无论如何也不会怀疑到自己，当然也就不会怀疑到另外两名同伙，所以那两个同伙侵害涂虹时才那样明目张胆，他们觉得一切会随着远走高飞而烟消云散。

办案人员利用人口信息管理系统调出了徐君鹏的人口信息，并将他的照片混入其他照片中让涂虹辨认，涂虹瞬间便将其认出，并十分肯定地说他就是当天轮奸自己两个人中的一个。徐君鹏的犯罪嫌疑已是事实，立即被列为网上逃犯进行通缉。

此时，警方面对的对手是“多次进宫”的老犯，具有极强的反侦查能力。接下来的十几天，办案人员紧紧围绕他的家人、亲属、朋友及所有接触关系展开了调查。在这一过程中发现，徐君鹏的妻子及其亲属在四川省成都市开了一家饭店，徐君鹏极有可能藏匿在饭店内。得此线索，来自兴安岭的两名民警不远千里赶赴四川，最终查到了徐君鹏妻子所经营的饭店，并将藏匿于此处的徐君鹏成功抓获，两天后将其安全押解回来。徐君鹏对全部案件事实供认不讳，所有场景一如何振的判断。徐君鹏交代，与其共同作案的另一犯罪嫌疑人名字叫李朝阳，是他以前的狱友，案发后二人分手，他只知道李朝阳在哈尔滨与别人合伙开了一家快捷宾馆，但具体位置和名字都不清楚。为进一步印证徐君鹏所交代的情况，办案人员又利用人口信息管理系统调出了李朝阳的信息资料，并将李的照片混入其他照片中让受害人辨认，受害人十分肯定地指出李朝阳是轮奸自己的另外一名嫌疑人。随即，李朝阳被列为网上逃犯上网通缉，并组织警力进行抓捕。

与徐君鹏相比，李朝阳狡猾得多，对他的抓捕也费尽了周折。办案人员发现李朝阳曾经在哈尔滨学府路一带活动，便和当地片警杨志取得联系。杨志对自己辖区的几家快捷宾馆进行了排查，很快确定了一家可疑宾馆，兴安岭警察得知后迅速来到哈尔滨，并和杨志一同来到这家宾馆。他们从李朝阳合伙人刘萍那里了解到，李朝阳两天前曾回来过一次并取了些钱，但走后再没回来。几名警察便开始在该宾馆蹲守，同时做李朝阳合伙人的思想工作，劝其协助公安机关抓捕李朝阳，不要因包庇纵容而受到法律制裁。在警察的规劝下，这位合伙人主动提供了李朝阳狱友高军在黑龙江工程学院附近的住址，并说李朝阳很有可能住在那里。

当晚，办案人员在高军住处门前屏住呼吸，通过锁王开锁进入屋内，却没有发现李朝阳。正在睡大觉的高军说，李朝阳当天下午刚从此处离开，离开时曾对他说要到学府路去喝酒，今晚不回来住了。为防止高军通风报信，警察带着他一起返回快捷宾馆继续蹲守。晚11时许，一辆轿车悄然停在了宾馆门口，从车上下来一位中年男子，推开宾馆的门向刘萍问道：“店里是否有生人？”刘萍一下子惊呆了，从她惊恐的表情中，警察及门外的中年男子都读懂了其中的原因，中年男子转身跑进轿车，并对司机大喊快开车。两名兴安岭警察反应迅速，相继冲出宾馆，冒着生命危险拦在车前，杨志拽开了车门，将中年男子拉下车按在地上。经与照片比对，该人正是所要抓捕的李朝阳……

午夜短信

是否应该给她发条短信？

每当这个想法在漆黑的夜里涌上心头时，他总是这样犹豫不定，但那个难以抗拒的诱惑总会刹那间引燃心底的火苗，令他没有一次能够抗拒。

她是圣彼得堡会馆的按摩师。

这座城市里，“圣彼得堡”会馆是一个众人皆知的奢华场所。会馆内的俄式装修铺张璀璨、阵势磅礴，任何人身处其中都会不由自主地生发出震撼感觉，而消费的过程则演变为一种驾驭和主宰的心理感受。抛开各种极品享受不说，那里的松骨按摩技艺是最吸引人的一道环节。要命的是，二百名女按摩师个个活色生香，引得各路先生竞相前来，秒杀兜内全部钞票也在所不惜。

虽然形式上显得风花雪月，但会馆的管理却是异常严格。在“圣彼得堡”，老板绝对不允许按摩师与顾客之间发生任何皮肉交易，而是将按摩两个字完全定格在保健的概念之内。按摩师在工作时间不可以接电话，只可以收发短信，这是老主顾和按摩师都知道的规矩。赶赴“圣彼得堡”的路上，许多顾客都会给某个经常服务的按摩师发预约短信。“圣彼得堡”的松骨按摩生意非常火爆，少了预约环节说不定会排上很久才能让那些美女上身。

禁止皮肉交易，允许收发短信，完全是老板的诡谲招法。这使得圣彼得堡在不会触犯国法的同时，顾客和按摩师之间能保持着若即若离的关系，令人想入非非却又得不到实惠，而最直接的结果是“圣彼得堡”似乎成为许多顾客的精神毒品，几天不去便浑身不舒服。

他是一家公司老总，妻女都远在美国；她二十八岁，是圣彼得堡的一号按摩师，资历最老，手力最好。他和生意场上的朋友穆永信都是她的常客。与大大咧咧的穆永信不同，他是一个非常有心计的人。同样是聊天，穆永信没有给她带来安全感，他却不同。因此，她给他松骨时聊的都是心里话。每次结束之时，她都会由衷地说一句："你，真是一个好人……"

他无法预知，深夜里发出的这条短信，意味着叩响了死亡之门……

每个按摩师在工作之余经常会干些私活，她也不例外。她在会馆做一次按摩提成只有一百块，而外出干私活一次就会赚上五百块。很多想得开的按摩师，如果做些更私密的交易完全可以获得更多的钞票。她外出干私活，同样严格地局限在保健按摩范围内，至于别的则严格遵守自己的做人准则：靠力气吃饭，绝不拿自己的身体做交易。

她的做人准则反而激起了他的特殊兴趣，他和穆永信打赌：总有一天，她会主动纠缠他，而且会主动献出一切。两个人约定，谁输了谁就请对方喝酒。

生意上的事情很忙，他已经很久没有和她联系了。大约在半年前，她给他发来短信，告之电话号码变更新号，并说自己已经辞了圣彼得堡的工作。从那时候开始，她为他提供服务都是在他的住处进行。他一边凶猛地吸烟，一边从手机电话簿上找到她的名字，并发出了短信：有时间吗？到我住处……

房间里所有的灯都关着，只有些许从外面透进来的光线。他不停地吞云吐雾，烟头的红火忽明忽暗，嘴角却不时流露出坏笑。今晚，她和自己能进展到什么程度呢？他这样想着，一刻不停地想着。终于等来了回信：我已出发，等我。

他是在履行和穆永信的赌局，更是在做一个游戏，一个令他感觉刺激无比的游戏，这个游戏能够给他带来与以往的吃喝玩乐完全不同的情趣。三十分钟的等待，仿佛过去了三年，这是因为他的心情过于迫切。终于，等来了最激动人心的短信：我在门口，开门……

透过门镜，他看到了她秀丽的长发，顿时血脉贲张。透过门镜中的那个背影，他感觉到了她一如既往的羞涩。接下来，便迫不及待地打开门锁，他完全不知道，这一次打开的却是一扇死亡之门。

次日早晨，他的出纳接到了他的电话：想办法准备一百万现金，急用。

次日上午，他的奔驰 S300L 疾驰到公司门前，出纳按他的要求提着钱袋子来到轿车尾部，将其放进后备厢。出纳走出办公楼的时候，他曾降下车窗点头示意，很快又将车窗升起。虽然距离十几米远，对视不过几秒钟，出纳依然可以发现他的表情很凝重。这一幕，使这位出纳觉得老总一定遇到了格外棘手的问题。

出纳判断得很对，却没有想到自己老总的双手和双脚都被捆得结结实实，并且当时正被一个枪口顶着，绑匪已经将他牢牢控制。

接下来，他的手机就关机了，所有人都联系不上他。七天后，他的尸体在自家车库内被发现。颈部有勒痕，系被别人勒住颈部窒息而亡。尸体已开始腐烂，身上有很多暗红色尸斑，尸僵已全部缓解。法医认定死亡时间在一个星期以前，最后初步推定在他失踪的那一天。

从事现场勘查的警察进行了仔细勘查，在车库内提取了一些可疑足迹，确定为一名男子足印。而在被害人家中则发现了两名男性特征的可疑足迹，其中一个同车库内发现的一致。那辆奔驰 S300L 被发现的时候，停在红帆家居广场的免费停车场内，没有任何人看到这辆车是什么时候，或是什么人停放在这里。除在前后车门抠手处提取到部分混乱、没有比对价值的指纹外，这辆奔驰没有提供其他有价值的信息，而车内脚垫由于材质特殊，也没有提取下来任何足迹特征。

被害人家中没有任何被翻动迹象，但被害人所有银行卡、信用卡上的资金全部被提取干净，信用卡也全部被透支到最大额度，累计又是一百多万，这些钱都是在被害人尸体被发现之前，分别在不同的取款机上在夜间陆续取走的，自助银行监视录像显示，取钱人戴着大号鸭舌帽、墨镜、口罩，这种伪装令警察仅仅获得了该人体胖、身材较高的简单特征。

一、绑架杀人案不见任何线索，80 后刑警发现奇怪疑点

他的妻子和女儿从国外火速赶回，每天都是以泪洗面。

市公安局和属地分局最有经验的老侦查员们组成了专案组，省厅也派来了专家。案情分析会，说不清开了多少次，侦查员试图从多个角度再现被害人死亡前遭遇的一切，并从中研判嫌疑人踪迹。破案，正按部就班地向前推进。

“出纳见到老总时，绑匪已经在车上挟持他了，这是毫无疑问的。问题是他是什么时候、在什么地点被挟持的？我们得加大走访力度，努力寻找曾经发现过可疑现象的目击者。重点应该围绕被害人居住地周边。”身兼专案组组长的市公安局局长为案件最初侦查定了调。

“这样的绑架案件，都会有一个预谋过程，在被害人单位的调查工作要做细致，看看能否发现一些疑点。另外，不排除绑匪与被害人存在某种恩怨的可能，这方面也应该作为一个调查方向。”属地分局局长刘志进一步提出工作要求。

专案组侦查员三十多人，总共分成了十五个调查小组，这些调查小组将领导的要求逐一分解，从不同角度连续工作一周后，只有第十五调查组发现了异常问题：被害人同许多人存在生意上的纠纷，几年前甚至曾遭遇枪击！

刑警兰瞳1984年出生，是分局刑警队最年轻的刑警，参加工作两年半多一点。换句话说，他是一个刚刚转正半年多一点的刑警。绑架案发后，兰瞳被编入第十五组，此时距离他的婚期还有一个月。他觉得一个月的时间，破案也会有个眉目了。再说，即使案子不破，也不耽误他和女朋友的婚礼仪式，大不了就是不能休假外出旅行罢了。

事实上，自从被害人遇害的消息传开后，他的公司总部便开始人声鼎沸，这些人都是来要账的。最后，被害人妻子出面，告诉来人说人虽然没了，但公司不能没，她对公司账目往来仔细清理了解后，所有的业务还会照常进行，欠钱的问题不存在，所有生意往来、资金往来一切照常。人心稳定住了，公司重新安静下来。

“急着来要账的，都是怕自己的钱财打了水漂。其实，还有很多不来的，都是欠我们钱的，估计都待在家里偷着乐呢。但有的乐也没用，我这里都有欠条。有的却不一样，很多生意都是老总意气用事办的，从法律上来说，那部分钱人家不给也没辙，而且都不是小数目。”当天为老总筹备百万现金的出纳员对兰瞳说。

“老总死了，有些欠他钱财的人是受益的。再有，这么多年和别人生意往来，纠纷当然是很多的，官司输输赢赢的也没少打。老总朋友很多，仇人也不少，几年前曾有人开枪打过他。”公司一位副总对兰瞳说。

兰瞳和同事顺着被害人的所有纠纷一路查下去，没有发现一个有用线索。至于几年前朝被害人开枪的嫌疑人，该人与被害人曾因为拿地的问题而结仇。但仔细查起来，该人没有任何再次复仇的迹象。

走访，没有发现任何目击者。专案组指导全市公安机关开展了大范围排查，从具有前科劣迹人员入手，重点排查有抢劫、抢夺等侵财犯罪经历的人员，但依然没有着落。

二十多天过去了，兰瞳的婚期日益临近，他却和单位领导提出：推迟婚期，案子不破不举行婚礼。在一个派出所当户籍内勤的女友虽然很不情愿，但无论如何也拗不过她的刑警男友，最终同意了兰瞳的意见。请柬发出去了，酒店订好了，婚期推迟的善后工作全交给女友打理。兰瞳专心研究破案。

兰瞳所在分局局长刘志是刑警出身，在全市公安机关有着很高声望，但这起绑架案对他的权威则是个考验。但经历过很多风浪，侦破过无数疑难案件的刘志依然保持着冷静："这起案件发生在我们分局辖区，估计最后还得依靠我们自己的力量把它破了，市局、省厅的专家不可能常驻沙家浜。谁也别灰心，破绽总会有的，它正等着我们去发现……"

每当遇到疑难案件就会有一种坚定的自信，兰瞳从一开始就感觉自己能够在这起案件侦破中起到关键作用。他很自信地推迟婚期，就是源于这种感觉。兰瞳是刑警学院刑侦专业毕业，侦查破案对他来说有着难以阻挡的无穷魅力。他原本是打算接着考刑侦研究生的，但转念一想早上班就能早当刑警，就能早破案，所以大四一毕业就考了公务员入警了。别看刚刚入警两年半，但他在抓人审讯方面都很老到，几起重特大案件的侦破中，他的独到见解都起到了关键作用。

兰瞳觉得，也许过于常规的侦破思维从一开始就成为破案的桎梏。经过了二十多天的工作，兰瞳再一次把注意力集中在了被害人与别人联系的那三条短信上，这是他一开始就觉得很奇怪的地方。兰瞳断定，最大的疑点就在这里。

二、他们在深夜里发出短信后，没有一个活过24小时

对于被害人的通话单，专案组曾指定兰瞳认真分析过，他的这方面同样是个强项，他对每一个通话记录都进行了认真核对。但是，包括收发最后三条短信的那个电话号码在内，被害人有多个联系电话都已经停机或长时间保持关机状态。经进一步调查，这些号码的机主都不是实名，大部分都是星级酒店的高级妓女。可以确定的是，被害人所有的夜晚基本上都属于这些妓女。透过他的通话记录单，印证了他生活的糜烂。这种判断，使兰瞳大致确定最后那三条短信同属此类范畴。但是，当兰瞳对这个电话号码进一步调查时，却发现这个号码与被害人以往所有的联系电话都不同：半年多的时间里，这个号码只与被害人联系，而没有其他任何联系记录，在被害人遇害到尸体被发现前的这个时间段，该号码也曾单方面给被害人

手机发过短信。

事实上，专案组自一开始就一直等待着这个号码能够开机，却毫无音讯。这个号码属于谁？这个号码到底给被害人手机发送了什么样内容的短信呢？由于被害人的手机一直未能找到，所以这方面内容成为一个谜。二十多天里，这个号码与被害人很多联系对象一样，始终没有任何踪影，所以也始终未能通过这个号码打开侦查局面。可毕竟这个号码是被害人生前最后一个联系号码，况且它的主人只用它同被害人联系，诸多疑点似乎隐藏着某种叵测。

“刘局，我觉得疑点还是在被害人最后收发三条短信的那个号码上，这其中一定有文章。被害人的私生活应该是个调查重点。您说呢？”

兰瞳说明自己想法的时候，刘志正坐在兰瞳办公室内一把硬邦邦的实木椅子上。作为一局之长，他的各项工作千头万绪，中政委的三项重点工作，公安部的三项建设，林林总总的工作使他每天都忙得不亦乐乎，但破案子的事情他却从未彻底松手过，尤其是此类具有挑战性的案件。事实上，刘志在繁忙于各种事务的同时，长期以来始终把破案当成一种消遣和放松，他下午一旦有时间就会来到刑警队和刑警们闲聊，有案子时聊案件，没案子时聊各种琐事，刘志这种朴实的作风谁都知道。由于这个名字叫兰瞳的年轻刑警在多起疑难案件中表现不俗，做人也有很好的礼仪，刘志因此对他格外喜爱。大约有半年的时间了，刘志一来刑警队就找兰瞳，兰瞳不在，他转身就走。眼下面对兰瞳的分析，他何尝未想到，只不过对此完全有另外一种看法，他笑着问兰瞳：

“你知道像我这样的年龄和身份，如果在我们单位有一个情人，你觉得我和她会怎么办？从重要的通信工具手机上说。”刘志看到兰瞳的表情有点讶异，知道他毕竟还太年轻，对于这个拿自己开涮的玩笑式问题，似乎不大敢回答，便接着说：“我们都需要一部手机做单线联系，或者是有一方需要这样。对于这个线索，我觉得与被害人联系的人应该是他的情人，而且就在他的单位内部，得知他遇害后，才将手机停用，或干脆扔掉了。被害人死后，那部手机还在与他联系，说明该人对死亡并不知情。你觉得怎么样？”

兰瞳沉默许久，咕咚咕咚喝了一阵子茶水，他觉得局长说得非常有道理，可自己对此疑点还是难以割舍，他非常想探寻一下死者的私生活到底是怎样的，但又觉得无从下手。任何人的私生活都是相当隐秘的，否则怎么能取个名字叫作“隐私”呢？兰瞳向刘志强调了自己的想法。

“听说过当今社会关系中的‘四大铁’吗？一起同过窗，一起扛过枪，一起贪过赃，一起嫖过娼，应该从死者这四方面的朋友中查起，怎么也会有个眉目，谁都会有无话不谈的挚友，越是某方面的成功者越是如此。死者的层次不低，他更是一样。”刘志给兰瞳指点了迷津。

兰瞳从公安网上仔细查询了最近半年来发生的绑架杀人案件，其中有两起未破案件引起了他的格外注意。两位被害人都是生意场上的成功男性，他们都在被敲诈一笔钱财后被杀害。兰瞳来到案发地公安分局调取了信息保全资料，发现两人生前与别人最后的联系都是深夜里的若干条短信交流，相关手机号码在被害人遇害后同样发了几条短信，但在警方立案后再未开机，直至最后停机。三起案件还有一个共同点，被害人的手机全没找到，可疑号码的通话记录单上只有被害人号码。提起这两起案件，专案刑警都说相关可疑号码一定是被害人的秘密情人，而在得知被害人死亡的消息后才停止使用手机。

他们在深夜里发出短信后，没有一个活过24小时——兰瞳的心开始剧烈跳动，他觉得这三起案件应该并案侦查。但是，并案在这里只是一种思维上的推断。另外两起绑架案的被害人，一个在野外被焚尸灭迹，另一个被锤击杀死后抛尸垃圾场，从杀人手段到现场痕迹，没有任何可以支持并案的依据。

三、“那人肯定在我提供的名单中”

“你说的是不是太绝对了，说案子不破就不结婚。再厉害的刑警，这辈子也会有许多破不了的案子。不信，你问问刘局长，他肯定也有没破了的案子。”兰瞳的女友见他为了案子上的事情终日魂不守舍，心里很着急，更对他当初的意气用事充满责备。

“你说的不对，重特大以上的，刘局这么多年真就没遇上死案。这也是我的目标。”兰瞳依然充满自信，他对女友的意见不以为然。

“这案子若真破不了，我们这辈子还真就不结婚了？”听了女友的重话，兰瞳的头耷拉下来，但很快又坚定地扬起，“不会的，为了把你娶到手，我也得把这个案子破了。我会让我们的婚礼更加有意义！”

“你呀！行了，看来也没有回头路了，你就‘背水一战’吧！”女友无奈地笑了，但表情上充满了对兰瞳的信任和支持。她是兰瞳的警校同学，若不是兰瞳非要早点参加工作，她是坚决要考研的。结果早早陪着兰瞳走上工作岗位，在一个派出所当了一名户籍内勤。

兰瞳更加忘我地投入到了破案工作中。一起同过窗，一起扛过枪，一起贪过赃，一起嫖过娼，兰瞳想起这套话就想乐，但乐归乐，他严格按照这个思路来寻找线索，穆永信因此进入了兰瞳的视野。

穆永信是死者推心置腹的好朋友，别看他大大咧咧，满口平舌音，但提起好友的不幸就会泪如雨下。

“没有他，我什么都不是；我生意上遇到深沟大坎儿，他就帮我解围。”

穆永信每次见到兰瞳时都会流着泪重复这句话，像是倾诉，但更像是自言自语，同时会对兰瞳提出的每一个问题都认真回忆，不放过一个细节。兰瞳对穆永信提起死者最后发出的短信及那个可疑的号码时说：“这个人可能就是死者身边的一个情人，她用专用手机与死者联系，甚至在死者死后又给他发了短信，直到得知死者遇害消息后才没再联系。你说，她能是谁？”

兰瞳此时是按照刘局的思路提问的，这是他的第一步；如果没有结果，他将会按照自己的思维进行第二步。兰瞳觉得，两步走下来，无论怎样也会有个结果。

“他本人是用不着弄什么专用手机的，但与他有情人关系的那些女人就不同了，许多都是有夫之妇，或是名花有主的女孩，哪个都得在人前装好人，又怕露馅，所以弄个专用手机是可能的。我手里的女朋友就有这样的。”穆永信的话印证了刘志的判断，“那些女人都和他发生了些什么，大多我都知道，我们俩在一起时都是拿这些东西消遣。”

穆永信为兰瞳提供了一大串名单，名单里甚至还包括那个年纪不大的出纳，至于最后和死者联系的那个电话号码，穆永信实在猜不出会是谁的，但保证说：“那人肯定在我提供的名单中。”

出纳与他人合谋害死老总？兰瞳脑海里的第一个反应，就是这样一种判断。带着这个疑问，他和同事进行了细致工作，并查出出纳的男友有诸多前科劣迹，多次因打架斗殴被拘留罚款，只是没有犯罪记录。

在兰瞳面前，女孩的眼神游移不定，明显隐藏着某些东西。她的外表的确不俗，身材高挑，皮肤白皙，气质清新。但是，这一切都让她那怪怪的眼神给毁了，连同她身上的香水味都令兰瞳感到诡异。也许都是同龄人的缘故，女孩面对兰瞳质疑的眼神，显得更加局促不安。当兰瞳第一次谈及她的隐私问题时，女孩哭得像个泪人，表情也难为情得仿佛有个地缝的话就钻进去了，但提起和老总的最后一次亲密接触，她说是在老总出事的半个月前。

出纳算是疑点最大的一个，包括她那个浪荡男友在内，兰瞳查来查去却毫无结果，死者其他那些林林总总的情人由于各种各样的原因也都被排除了。回过头来，兰瞳还是接着与穆永信聊，他经常陪着酒量惊人的穆永信喝酒，有一次甚至喝了一整夜，穆永信是为了朋友的事情伤感，兰瞳则是为了通过和他的密切接触发现问题。事实上，穆永信对这个年轻的小警察很有好感，他觉得兰瞳年轻却很成熟，也很敬业负责，所以乐于通过给挚友破案而和兰瞳结为好友

“走，请你去圣彼得堡。”一次酒醉后，穆永信说。身为警察，兰瞳当然知道圣彼得堡是做什么的。那里虽然没有卖淫嫖娼活动，但那种服务模式和环境，当然是人民警察纪律条令所不能允许的，就在兰瞳琢磨着怎样拒绝却又不伤害穆永信的好意时，穆永信突然愣住了数秒钟，然后目光炯炯地对兰瞳说：“圣彼得堡的一号按摩师……”

四、那个晚上给他发短信的，一定是那个一号按摩师

穆永信向兰瞳详细诉说了他和死者如何打赌，以及死者暗地里经常邀请圣彼得堡一号按摩师到其住处做特别服务的情况，“这些按摩小姐就喜欢用短信勾搭人，每天昏天黑地困在会馆里，发短信撩骚又来精神又拉主顾，这帮妖精！那个晚上给他发短信的，一定是那个一号按摩师，你查吧！”

兰瞳心想，这个穆永信埋汰按摩小姐的语气这么重，好像他自己是个挺正经的好人，但要不是他和死者这类人到圣彼得堡进进出出地来回折腾，那帮女子怎么会有市场，又怎么会有她们的存在呢？兰瞳没有过多精力嘲笑穆永信，他的精神头都集中在破案上。

“不能耽搁，我们可不可以现在就去圣彼得堡，去会会那位按摩师？”听了兰瞳的要求，穆永信又露出了粗放的笑容：“我刚才不是说要请你去吗？走，说走就走！”

一号按摩师，五个字在兰瞳脑海中瞬间便深深定格，一种神秘的味道同时在他心间缭绕。兰瞳仿佛看见一个莫测的黝黑剪影，随时准备吞噬一切。赶赴圣彼得堡路上，穆永信一言不发。兰瞳的思维不停地跳跃，设想着即将出现的种种可能。转眼间，霓虹妖娆的圣彼得堡呈现于眼前。

“我成半个警察了。这案子今天要是因为我这个线索给破了，也算对得起朋友了。”走进会馆前，穆永信神情变得从未有过的庄重。兰瞳看到

他的样子笑了笑，随后跟着他走进大厅。虽然已经是后半夜，但这里依然灯火通明，男女客人来来往往，非常热闹。按理说，松骨按摩前应该到浴室桑拿一番，但由于两个人心情急切，就直接换了按摩服来到松骨区。穆永信对领班模样的小伙子说：叫一号！然后回头看了看兰瞳，似笑非笑。

男领班迟疑了一下，眼神似乎带着几分质疑，盯着两个人几秒钟后客气地问："两位先生，只叫一位按摩师？"这个问题使穆永信缓过神来，"哦，对，再随便叫一个。"

"一号正在给客人做按摩，后边还排着一位，二位换个按摩师，可不可以？"

"不可以，我们等着！"

这个晚上的举动，兰瞳按理应该先和单位领导汇报，然后再采取行动。但兰瞳觉得太晚了，给领导打电话会影响领导休息。自己先期来接触一下，也没什么大不了。穆永信带着兰瞳回到浴室，连蒸桑拿带泡澡，回到包房时已经酒气全无。激动人心的一刻很快到了，敲门声响了，两个妆容夸张的按摩师走了进来。穆永信突然不高兴了："我们要的一号，咋没来？"

"先生，我就是一号。""胡说八道，我还不知道一号是谁？把刚才那个男的找来！"

穆永信霸气十足，那个男领班来后一副卑躬屈膝的样子，连连道歉，听明白了穆永信的要求后回答说："对不起，先生。您说的那位一号早就不干了，现在她就是一号……"

看来好事多磨，来了个插曲。兰瞳也没心思在会馆继续待下去了，拉着穆永信匆匆离开了。第二天早晨一上班，兰瞳就向大队领导作了汇报，详细说明了全部情况。分局长刘志得知消息后，放下电话就来到刑警队。大家围绕这个按摩女进行了认真分析。对种种可能的情况进行了设想，在假设事发当晚与被害人互通短信的人就是这个一号按摩师的前提下，提出了三种可能：一、她和此案没有任何关系，当晚与被害人联系只是巧合；二、她和绑匪是同伙，由她引狼入室；三、她与被害人一同遇害。

无论如何假设，先得派人到圣彼得堡调查清楚这个人是什么时候离开的，查到其真实姓名和联系方式。最后决定还是由兰瞳去和圣彼得堡管理层接触，一切事宜得在获得该人准确消息后再定。刘志要求兰瞳联系属地派出所片警一同前往，分局刑警队这边再派一个人。刘志相信兰瞳，相信他一定会老到地处理好每一个细节，而不会令任何一个机会流失。

兰瞳握紧方向盘，忽而猛踩油门，忽而猛踏刹车，他的“坐骑”在车流中飞速穿梭。心想，这条线如果再不查出东西，他的婚期可能真的要遥遥无期了。兰瞳在脑海中默默分析着，他认为如果真找到这个人，就要先抠出她另外一个手机号，然后认真分析她的接触关系，尤其是在那个特殊夜晚前前后后，是否有反常。如果有反常的嫌疑人，就可以做好抓捕准备了，那是最顺利的情况。转眼间，兰瞳已经来到圣彼得堡门前，身着警装的片警已经在那里等他了。

在一个服务员的引路下，兰瞳和片警穿过会馆内迷宫一样的走廊，来到了会馆老板的办公室。说明情况后，老板打电话把负责招聘的女主管叫到办公室。

“你说的一号按摩师，应该是我们这里的老河南，她在我们这里做了八年，大约八九个月以前就不干了，说是找到了男朋友，要安家立业了。”女主管对一切记得很清晰，“她是我们这里做得时间最长的，也最能吃苦，所以从我们这里拿走的钱也最多。”

对于那位按摩师，女主管提供了一个名字和一个尾号是四个8的手机号。女主管说名字应该是真的，因为看过她的身份证，会馆以前还留过她的身份证复印件，但现在已经没了。

获得了一个手机号，兰瞳立即起身来到一个无人处，给队里打了电话告知情况，要求立即调查该号码。最短的时间内找到机主，这是一秒钟都不能耽搁的。随后又返回接着了解情况。

“会馆服务员中，有没有她接触比较近一些的？或是同乡、好朋友什么的？”兰瞳问。

“老河南与我们这里别的女孩不太一样，她非常实在，而且是个热心肠，我们这里还有一个外号叫小河南的按摩师，她倒是非常符合你说的条件。”女主管不假思索地回答。

这个时候，兰瞳接到队里发来的手机短信：你刚才让调查的号码，已经在半年多以前办理了停机但保留号码的手续……

五、虽然目前无法查明具体方式，但一号按摩师依然同圣彼得堡有着某种联系

这一切，到底说明了什么？似乎，一切都是一号按摩师的某种预谋，而这种预谋在半年多以前就已经开始了，被害人却丝毫不知情。在兰瞳分

析研判的基础上，分局所有人都相信未破的那两起绑架案与眼前这起案件，应该具有共同的凶手，几路刑警外出调查的结果显示，那两起未破案件被害人均经常出入圣彼得堡，也习惯选择一号按摩师为他们服务。但至于他们是否也经常私下里邀请她外出做单独服务，则不得而知，怎么查也没有得到那个结论。

十天的时间里，圣彼得堡的白天也是门庭若市，但目前的这种喧哗与夜晚不同，前来光顾的都是分局刑警队的刑警。刑警需要跟圣彼得堡每一个认识一号按摩师的人搞材料，了解关于她的每一个细节。圣彼得堡老板不太高兴，他经营的这个场所，警察频繁光顾可不是个好事情。社会面上甚至有人议论，公安局要查封圣彼得堡，这使得那里夜晚的生意在十天过后，营业额连创历史新低。

“差不多就行了。我这里可是正经买卖儿，局长。”十天里，这位老板几次向分局长刘志提出这样的要求。十天的调查，该掌握的情况已经差不多了，刑警因此不再光顾圣彼得堡。在这十天里，已经找到了一号按摩师河南老家的准确地址，一路刑警已经出发前去调查。兰瞳则留下来，重点调查按摩师小河南提供的情况。小河南提供了老河南的手机号和 QQ 号，她坚称自己这位大姐一直和她有联系。可是，兰瞳却感觉这其中充满疑点。

“我和大姐是同乡，我刚到哈尔滨的时候就住在她那里，我的手艺也都是她手把手教我的。我们老家很穷，我来的时候破衣烂衫，衣服和鞋都是她给我的。”小河南乡音未改，透过她的语气，兰瞳感觉到她和一号按摩师的感情很真挚。但是，小河南提供的一个情况却令兰瞳警觉起来，虽然这个情况在小河南那里没有感觉到不妥，兰瞳却觉得很异常。

小河南说，大姐离开后，两人没见过面，都是通过短信和 QQ 联系。小河南同样非常能吃苦，她单日工作时间在圣彼得堡是最长的，一天只睡不到六个小时对她来说已经习以为常，这意味她的收入在圣彼得堡的按摩师中数一数二。小河南的这种劲头与当年身为一号按摩师的老河南相同。小河南几乎二十四小时待在圣彼得堡不出门，她有时间就会打盹补充睡眠，在为不同客人服务的间隙，她也能靠在墙角睡一会。但是，小河南同外界也有交流，而交流的唯一方式就是手机短信。除了自己的客人发来的预约短信，她也会在疲惫的夜里，通过短信与许多年来结识的各种朋友用短信交流，算是一种解闷和消遣，其中包括老河南。老河南在圣彼得堡工作的时候，因为忙于工作和忙于睡觉，两人虽然近在咫尺，也经常会用手机短信交流。如今，昼伏夜出的小河南经常在夜里的工作间隙给老河南发短信，或通过手机QQ留言，而此时对方也是通过短信的形式作答，每次都聊得很开心，很热闹。小河南每天忙忙碌碌，总是感觉时间过得很快。八九个月的时间，对她来说一转眼就过去了，她也没有过多留意大姐老河南有什么不妥当的地方。

以上，是小河南对兰瞳的表述。小河南提供的电话号码，并不是尾号四个8的那个吉祥号码。工作查明，这个号码开通半年多，仅仅与小河南及老河南家里有联系，除前五个月与河南老家有通话记录外，余下的全是短信联系。

仔细盯着一号按摩师新号码的通话记录单，一种诡异的感觉再一次不由自主地从内心深处生发出来。市局那边已经开展了有奖征集破案线索的工作，通过各大新闻媒体向公众承诺：如有提供破案线索者，重奖五万元。同时在内部发出通知，能够破获此案者，奖金同样是五万，职务晋升一级。这些所谓的奖励，对兰瞳来说并没有引起他的任何联想，他依然如故地按照自己的思路，耐心地将侦查工作向前方推进。

河南老家那边的调查结果同样表明，一号按摩师在使用这个号码的头五个月和家里频繁通话，而后一个月则是通过给在老家的弟弟发短信或QQ留言报平安。前五个月还有通话记录，为什么后来就都是短信了呢？这个时候，兰瞳还格外留意到一个重要的细节，自从他正式来到圣彼得堡调查之日起，那个手机号码和QQ号码便同时哑声，而之前的一天还有发给小河南及一号按摩师家里的信息，虽然那两个信息仅仅是一个象征性的笑脸。——这，又说明了什么？想着想着，一种深深的懊悔涌上心头，兰瞳突然间双手紧紧抓住自己的头发，他明白了：虽然目前无法查明具体方式，但一号按摩师依然同圣彼得堡有着某种联系，而他们的调查举动已经起到了通风报信的作用！

六、她已经死了，为什么会有人在午夜收到她的短信

“活出个样来给自己看，受苦、受累、受气没什么，就是别受穷……”

兰瞳反复品味着一号按摩师QQ上的个人说明。前去河南调查的同事已经带回了她老家的全部情况：早年极度贫穷，她原本是穿着一双破布鞋走出去的，家里这些年却因为她改变了面貌……家里的房子，是她汇钱盖的；弟弟妹妹读书，是她汇钱支付的……

一号按摩师的生活已经形成了定式，她靠体力挣钱，然后养家，让家人生活得更好。多年来，她很辛苦，家人的生活境况却因为她的辛苦而得到了彻底改观。

“她家里人最近很着急，因为她已经一个月没有给家里打电话了，家里也和她联系不上，这是从来没有过的。以往不论她多忙，每周最少往家里打两个电话。虽然她弟弟接到了她的短信，但回拨电话总是关机，全家人都感觉不大对劲儿。”河南调查归来的刑警介绍说。至于河南那边接到的短信内容，则总是一成不变：“我最近忙，回头会打电话。”

其实，这是一起无比复杂的案件，兰瞳是初生牛犊不怕虎才许下重誓。此时，警察在台前忙碌，凶手在幕后注视，案件侦查已经到了关键时刻。

“现在，基本可以确定两点，一个是绑架案肯定与一号按摩师有关，并且她进行了周密的反侦查准备；另一个是圣彼得堡内有知情人，或同伙。”兰瞳向刘志局长详细说明了这几天的工作情况后，清晰地罗列出了两个结论。

“除了那个小河南，这位一号按摩师在圣彼得堡内和谁接触得更近些？”刘志问。

“女的是没有了，这点我已经重点调查了。我怀疑有个男服务生之类的，与一号按摩师合谋干了这几个案子。从绑架案现场情况来看，作案的肯定是个男的，我怀疑他就是圣彼得堡里的某个人。”兰瞳说到了关键点，刘志对他独到的见解非常满意，露出了豁然开朗的笑容，但接下来又陷入了深深的思考当中，然后缓慢而清晰地说：“十天前，我们进入会馆调查，惊动了一号按摩师的同伙、凶手，使她十天以来不再通过短信或 QQ 留言之类的方法与家人、朋友联系，但此前的将近一个月时间，她其实已经进入了半失踪状态，这其中好像挺有文章！”

“凶手这十天的表现，应该是很惊恐，所谓的一号按摩师才彻底断了和家人、朋友的联系。她这一断，却给了我们这个绝佳的答案。但是，这里有一个环节不能忽略，那就是我们进入会馆调查前的一个月，一号按摩师为什么也是处于半失踪状态呢？也许，她这段时间已经死了！”兰瞳肯定地说。

“她已经死了，为什么会有人在午夜收到她的短信？”刘志发问的时候，带着思索，他觉得这个问题一定有某种答案，“短信、留言，你怎么看待？”

刘志的这个问题，正是兰瞳最感兴趣的地方，他于是进一步解释，“短信、留言不能说明什么。我已经调查过，她的失踪恰好在最后一起绑架案发生不久。如果她在这段时间已经死亡，可能有人用她的手机继续发短信，用来迷惑她的家人和朋友。”

“迷惑父母可以，父母发现女儿没了会报警，但迷惑那个小河南有什么用？显然多此一举。你觉得呢？”刘志的这个问题，像是留给兰瞳的一道考题，让他作答。听了局长的这个问题，兰瞳兴奋得一拍脑门子，然后又冷静地说，“圣彼得堡会馆的服务生，我已经大致确定了几个怀疑对象，现在都在掌握之中。您的这个问题，让我基本可以确定方向了……”

七、凶手，就在圣彼得堡会馆内部

凶手，就在圣彼得堡会馆内部，而这个人与老河南、小河南都有着密切的关系。这个人，能是谁？按照刘志的思路，兰瞳确定了全新的方向，他清楚：成败在此一举。

兰瞳调取了小河南的手机通话单，发现一个经常与她联系的号码是圣彼得堡会馆的男领班，接着又调取了这个男领班的通话单，则发现他与会馆内十多个女按摩师关系密切。在严加控制这个男领班的同时，兰瞳秘密地与小河南进行了交流。起初，小河南闭口不谈自己和那个男领班的关系，直到最后被兰瞳真诚的态度所打动，兰瞳向她发誓说一定会保守全部秘密。这个年轻警察的举动把小河南逗乐了，然后向他诉说了自己心底的秘密。

男领班名字叫李云峰，是小河南的男朋友。李云峰曾明确告诉她，不准向任何人公开两人的关系。李云峰对她说，他将来一定会娶她，但他不想让别人知道自己的女朋友是在会馆做按摩的，否则自己就抬不起头。所以，将来他们两个要永远离开圣彼得堡，永远离开哈尔滨，到另外一个城市去生活。眼下最重要的，是先赚钱，等钱赚够了就一起离开。在小河南心中，李云峰就代表着自己的未来。

小河南还说，老河南就是有了男朋友才离开的，她说这是会馆里所有女孩最希望的结局。

通话单显示，李云峰还与会馆内十多个女按摩师关系密切。带着一种无奈，兰瞳用自己的方式，巧妙地进一步调查，结果这些女孩的话与小河南如出一辙——她们，都被李云峰欺骗了。

李云峰，一定是一个非常自信的人，但这种自信属于自以为是的那种。李云峰落网之前，兰瞳这样认为，事实证明他的判断没错。

抓捕李云峰的时候，他正在会馆当班，几名刑警围到他近前时，他正专心致志发短信。

而与此同时，另一路刑警已经按照刘志要求对李云峰住处展开了搜查，除发现一支仿制的六四式手枪外，还发现了若干处于开机状态的手机，上边都有若干条短信……

落网后的李云峰一副无辜的样子。此时，他还不知道，警方已经查出平日里经常和他密切联系的同伙何玉强。何玉强在另一间审讯室内已经供出了一切。

几天来，刑警们没事就拿李云峰落网那晚的情景开玩笑。李云峰被带走前，圣彼得堡会馆发生了混乱，其中有十多个按摩师放下手中客人，不顾一切地冲到李云峰近前，她们声泪俱下，不知所措，小河南的眼泪当然也混杂在里边，她们都想是有朝一日与李云峰远走高飞、地老天荒的痴女人。但第二天一早，小河南就给兰瞳打来电话说："别人的眼泪，就是自己的答案……我们现在都这么想………他是一个骗子。"

这些女人觉醒的速度，超过了所有人的想象。

八、心理仇富，又想暴富，卢爽很快答应了李云峰的"赚钱"计划

那天，你点名要一号按摩师，我非常注意。无论是她在会馆的时候，还是在离开后，我对她的客人都是这样注意，但你不同，你后来找我们老板了，而且还暴露了警察身份，警察经常会到我们这里进行各种检查，按理说，会馆来警察不算新鲜事，但你这次不同，你是在先找一号按摩师后，又找的老板，这我就非常警觉了，知道怀疑到她了，所以也挺庆幸自己一个月前把她了结了。把她杀了后，我一直拿着她的手机，给她的家人、小河南发短信，并用手机 QQ 与小河南聊天，我不认为这样会给我带来危险和不测。直到你们来会馆调查，我才不敢再用那个手机了……

感觉到同伙何玉强已经招供，李云峰没有顽抗多久便将所有谜底全部揭开了。

对小河南说的那番话，李云峰也曾对老河南说过。目的当然是一致的，就是为了欺骗。李云峰对审讯他的刑警反复说："我不可能对这样的女人动真情，都是游戏，都是玩！"

老河南，她的容貌可不像外号这般粗糙。事实上，她公开的名字叫卢爽，面目清秀，牙齿洁白。作为圣彼得堡一号按摩师，她名副其实。要不怎么会有那么多客人对她高看一眼呢？

卢爽有两个致命的弱点，一个是由于苦难贫穷的经历，使她过于看重钱；另一个就是她幻想与李云峰天荒地老。

卢爽离开圣彼得堡后，单独和李云峰一起生活。心理仇富，又想暴富，卢爽很快答应了李云峰的“赚钱”计划，两人用了半年的时间去准备。在卢爽的客人名单中，他们确定了十个作案对象，买了十一部手机和十一个非实名的新号码，尾号四个8的号码办理了停机留号手续，等待日后一切都成为过去时再予以恢复。其中，十部新号码手机分别用来与十个客人单线联系，另外一部留给卢爽用来和家人联系。卢爽按照李云峰要求，两人从来不通过电话联系，李云峰说目的是为了预防万一，一旦自己落网出事，绝不会连累卢爽。卢爽的生活用手机只和家里联系，有时也会和感情较好的小河南联系，李云峰对此没有反对。

接下来的日子里，卢爽用不同的手机，和十位客人分别保持着联系，她经常上门为他们做各种按摩松骨服务。十位客人都认为，这一切是高度隐私和刺激的，所以一般不会让任何人知道这个秘密，但他们无论如何也不会想到，此时的卢爽可不是为了赚那几百块钱。电信部门的通话记录只保留六个月。六个月过后，十位客人的通话单上，已经不会再有这个号码的通话记录了，他们无论出什么事，都不会有人联想到卢爽。这时候，每当他们中的一个有人约卢爽上门服务，李云峰就和同伙何玉强按照制订好的绑架计划，跟在她的后面……

头三次作案完毕后，李云峰都会带走被害人的手机，然后和自己手里的那个手机一同扔掉。他觉得这样做是天衣无缝的，但为了独吞作案所得，同时也为了日后尽可能的滴水不漏，他最后还是在干完第三起案件后，将卢爽杀死了。此后，李云峰冒充卢爽给她的家人发短信安抚，至于和小河南利用这个手机发短信，主要是觉得有趣，同时也可以通过假装卢爽的办法获得小河南的心里小秘密。

接下来，李云峰开始等待，等着剩下的七个客人发来预约短信，他已经熟知他们的住处。他想，自己只要预备一个假发套，在门镜里用背影或侧影骗过对方的眼睛就能成功，然后就可以与何玉强破门而入绑人。他不杀同伙何玉强，是因为作案时人手实在不够，否则也会将他结果了。李云峰已经决定，等自己干够了，就会把何玉强干掉，到时候自己就是一个完整的清白之身了。

兰曈的婚礼如期举行。而对于余下的七部手机，兰曈他们已经查明了每一部手机相对应的联系对象，竟然都是有头有脸的人物……

性情的泥淖

石头铺就的老街上，人们的视线由下而上：一条黑色的长毛牧羊犬温顺如猫，黑色高跟皮靴，黑色紧身裤、黑色外套，这些辅助的成分衬托着达娜凝脂般的脸庞和金色的发髻。

达娜喜欢晚饭后牵着狗溜达。她出现在这条街的时候，永远是一道最扎眼的景色。达娜对此有着天生的闲适感，那种感觉从小到大未曾改变。达娜总是这样想：这条街是我生命的一部分，我原本就属于这里。

达娜的奶奶叶列娜是纯正的俄罗斯血统，爷爷是土生土长的漠河人。达娜出生的时候，家人发现她更多地继承了俄罗斯血统，金发碧眼，白皙如玉。从幼年开始，达娜出现在沃尔别克大街的时候，南来北往的人总会把目光聚焦在她的身上，仿佛她是这条街的“稀客”。事实正好相反，来到这条街上的人，大部分都是外地游者，而达娜正是在这条百年老街上奔跑着长大的，奶奶在沃尔别克大街的一条辅街经营着一个俄式面包房，那个面包房是叶列娜奶奶从她的爷爷手中继承的老店。

漠河的沃尔别克大街，可称得上是目前亚洲最大最长的步行街了。它始建于 2001 年，沃尔别克大街汇集了文艺复兴、巴洛克、折中主义及现代多种风格的欧式建筑。街面铺路用的方块石为花岗岩雕铸，长 18 厘米宽 10 厘米，其形状大小如俄式的小面包，一块一块，密密实实，光光亮亮。路铺得这样艺术，在国内外也属少见的了。达娜知道沃尔别克大街是一条建筑艺术长廊，却从未想过自己出现在这条街上的时候也会是一道风景。当然，这完全和她的容貌有关。

“达娜，什么时候回来？”手机里又传来了陈永的声音。那是令她窒息无比的声音，达娜舒展的心情瞬间支离破碎。一样的老街，心情却是完全不一样了。十年的爱恨情仇，早已经彻底搅乱了达娜当年如一张白纸的内心。达娜不敢不接那些电话，每天还要伪装成关切的样子，时常给对方打电话。达娜知道，魔鬼是得罪不起的。

“达娜，不要嫁给中国男孩，他们大多爱撒谎……”叶列娜奶奶总是这样叮嘱达娜。

“刘明浩，您觉得怎么样？”达娜略带玩笑的语气问奶奶，“这条街上，他倒不错，就是容易闯祸，他太喜欢和人打架，还是不行！”听了奶奶的话，达娜依然略带玩笑的语气问奶奶：“奶奶，您不让我嫁给中国男孩，但爷爷当年不也是中国男孩吗？”

叶列娜奶奶被逗笑了，拿起一个硬邦邦的酸面包假意要打达娜：“你这孩子！那时的中国男孩和现在不一样，那时的孩子吃苦耐劳，诚实可靠……达娜，不要和奶奶耍贫嘴，不要回漠河了，奶奶老了，和面和不动了，面包房的生意这么好，你来经营吧……”

一

中俄边境，寒气逼人。

一辆辆运送木材的俄罗斯重型卡玛斯卡车喷吐着烟雾在山岭中穿梭，经过双方安检人员例行检查后越过国境线。又经过一段路程，最后停在了密林深处的一处空旷地带，硕大的圆木被一根根吊起后排放在地上。陈正指挥着，示意将其中几根有特殊暗号的圆木放在一个指定的地方。吊车的轰鸣声停止了，一辆辆卡玛斯整齐地排列在一幢木刻楞房子前，几名俄罗斯司机和中国司机都被请下车，屋内丰盛的酒菜正等着他们大吃二喝。

木刻楞那边已经推杯换盏，陈正早就急不可待了，他穿着厚厚的大衣来到外面，寒风袭袭也压不住心中无限喜悦带来的那种燥热，随手操起一把利斧和一根撬棍走到标有特殊暗号的圆木旁。陈正瞄准一根圆木的特殊位置，狠狠地一斧子砍下去，随后又拿撬棍用力一压。原来，这根硕大的圆木原本就是空心的，里边藏有从俄罗斯偷运过来的枪支，这些乌黑的枪支在月光下闪闪发亮。陈正操起一把马卡洛夫手枪，那是他长期以来梦寐以求的，他拉伸了一下手枪套筒，那声音清脆悦耳。陈正的保险柜里有一张马卡洛夫手枪图纸，因此他知道手里这个家伙内部的每一个细节。有了原型枪，加上图纸，技艺精湛的刘明浩便可以为他们三兄弟造出更多仿制的马卡洛夫手枪。

陈正点燃了一支俄罗斯烈性香烟吞云吐雾，他在月光下端详着精美手枪的时候沾沾自喜。中俄警方正联手进行枪支查缉工作，陈正对自己轻而易举规避检查感到非常惬意，从得意的神情上可以看出他对警方的蔑视。但是，虽然陈正运枪过关手段过硬，他们兄弟三人却早已经在警方视线之内。由于怀疑陈永、陈正、陈道三兄弟涉嫌跨国贩毒和走私枪支，警方围绕他们进行的调查工作已经展开，只是由于掌握的证据还不够充分而没有展开抓捕行动。

陈正得意的时刻，中国警方和俄罗斯警方按照多年来确定的警务合作机制，正在漠河召开紧急会议。会议现场被两国烟草的混合味道笼罩着，陈永、陈正、陈道三兄弟的照片正清晰地被打在投影屏幕上，双方刑侦专家纷纷提出各自的工作意见，针对陈氏三兄弟罪证的最终确定还要观察一段时间。随后，屏幕上又打出了近期在边境地区缴获的枪支、毒品和口径枪用、猎枪用、钢珠枪用的各式子弹及气枪用压缩气瓶等。

“从已经掌握的情况看，黑龙江边境地区缴获的所有枪支弹药和陈氏兄弟都没有关联，但他们走私枪支的线索应该是非常准确的。”面对中国警方的表态，一名俄罗斯警官分析说：“这说明他们的走私渠道还没有被我们发现，看来是条大鱼，我们一起努力，争取别错过。”

枪支弹药及仿真武器在中国属严格管控物品，而俄罗斯是一个允许其公民拥有私人枪支的国家，且其国内对武器的管理很不规范。伴随着中俄经贸往来的日益密切，俄罗斯制式枪支弹药及仿真武器非法流入中国的趋势逐渐加重。两个月来，黑龙江边境线始终警灯闪烁，中俄警方联合行动加强一线堵截，加大对进出边境地区人员、车辆的检查力度，严防走私枪支弹药流出边境地区，在未设公安检查站的高速公路、交通要道均商请高速管理部门设置了检查卡点，强化查缉和堵截。

中俄警方都坚信，虽然这仅仅是个开始，但经过双方努力发现陈氏兄弟罪证只是时间问题，打掉他们是早晚的事情；可是，一系列节外生枝的事情却意想不到地接连发生。

二

吃过晚饭，陈永在气派宽敞的客厅独自品尝着俄罗斯黑雪茄，电视里播放着娱乐节目，他那生冷的表情总是一成不变，几乎所有人都没看他笑过，达娜当然也没见过。

陈永、陈正、陈道三兄弟垄断着黑龙江边境地区多个中俄商品交易市场，在俄罗斯租赁有大量商业摊位。兄弟三人所谓的垄断，大多仅限收取“保护费”，他们也凭借武力做后盾，低价收购了一些摊位，势力范围正一天一天扩张。早年的中俄边贸中，三兄弟开始主要干力工，后来干过一阵子背包倒货生意，后来的发迹则主要靠替别人暴力讨债。中俄边贸起步阶段充满乱象，除了假冒伪劣商品滥竽充数，虚假交易、虚假合同同样泛滥，陈氏兄弟利用这种乱局东奔西杀，无论当事者是中国人还是俄罗斯人，他们的拳头从不吃素。当年，陈氏兄弟有时甚至会到俄罗斯境内活动，由于在当地交际广泛，俄罗斯黑帮势力对他们三兄弟也敬畏三分。

陈永、陈正、陈道三兄弟左上臂和左胸刺都有连贯一体的文身，陈永的似云似龙，陈正的似云似虎，陈道的似云似豹，三人凭这文身就让所有认识他们的人不寒而栗。陈氏兄弟从来不知道何为满足，对于弄几支枪防身当然认为是理所当然的。眼下，兄弟三人经过商议认为可以通过贩卖枪支赚上一笔。比如，一支仿制马卡洛夫手枪卖上两万元，一百支就是两百万，而成本是极低的。仿制马卡洛夫手枪的任务，由陈氏三兄弟的手下兼朋友刘明浩承担，卖枪的任务由三弟陈道承担。至于搞图纸和从俄罗斯弄来原型枪的任务，则由老二陈正承担。当然，仿制马卡洛夫手枪仅仅是个开始，他们的想法是仿遍世界所有名枪。三兄弟已经决定充分利用黑龙江的特殊地理位置，尽可能地从俄罗斯走私过来各种相关的原型枪，然后仿制。

这天晚上，陈永给达娜打了电话，说他想她了，她回漠河已经许多日子了。对陈氏三兄弟来说，达娜就像一道俄罗斯的“红菜汤”，味道可口，非常消遣。多年来，他们三个人轮流占有她的身体，肆无忌惮，而达娜没有任何反抗的能力和本钱。达娜早年在中俄边境口岸城市漠河从事服装批发生意时与陈氏三兄弟结识，当时活泼天真的她并没有把自己与三兄弟的交往想得那么叵测，三兄弟从来不到她的摊点胡闹，甚至其他混混到她的摊点闹事时，三兄弟总会出来摆平。虽然三兄弟在别人眼中凶神恶煞，但达娜很乐于同他们交往，吃饭、喝酒、跳舞，她逢请必到。这种交往没有维持多久，情况便急转直下，一次酒醉迷离的时候，先是老大陈永把达娜抱到了自己的床上，老二和老三接着轮番上阵。接下来的日子，达娜成为兄弟三人的玩具。更令达娜不能忍受的是，三兄弟经常用她来“照顾”客人，完全没有把她当成一个人来看待。这一切，达娜在三兄弟的淫威面前只能默默忍受，她没有任何办法逃出陈氏兄弟的魔爪，那种煎熬每天都令她感到自己是这个世界上最不幸的女人，只要提起陈氏三兄弟的名字，身体就会抖得像筛糠一般。

指尖夹着俄罗斯黑雪茄的这个夜晚，陈永无法想到这一夜将是他们兄弟正式“谢幕”的开始，一个杀气腾腾的黑影正朝着他独居的院落走来，随后的一声枪响便终结了他那罪恶的生命。第二天早晨，陈永的尸体被人发现，当时电视依然在播放，他却歪斜在沙发上，头部有两处枪伤，黑雪茄掉落在地上，已经熄灭。

三

公安机关正在秘密调查的一号人物竟然莫名其妙地被干掉了！省厅、市局刑侦专家立即赶到现场，对各种可能的潜在情况进行深入分析研判。内部火拼？外部仇杀？哪个可能性更大？

陈永的院落孤零零地坐落在一条河边，目击证人根本无从谈起。尸检过程中，通过胃内容物鉴定，陈永的死亡时间大约在头一天晚上八点左右。雪茄这个东西和普通香烟不同，由于不添加有助燃剂，不吸的时候就会慢慢熄灭。专案侦查员战刚静静地注视着现场的一切，将自己全身心地沉浸在现场中。

……电视依然在播放，没有任何财物丢失，说明杀手杀完人后随即离开，排除了侵财犯罪的可能……射杀发生前，陈永显得很平静，应该是坐在沙发上很从容地面对枪口，头部被击中后直接倒在沙发上，燃烧了三分之一左右的雪茄最后滑落至地上……雪茄燃烧了三分之一，说明陈永是在抽着雪茄的时候突然有人来访，然后冷不防遭到枪击……院门没有上锁，来人直接进入客厅，鉴于客厅大门距离沙发还有十五米远，陈永没有任何上前迎接的迹象，说明走进客厅的这个人应该是他平日里俯视的那种人，应该是他的属下……

从现场没有任何搏斗迹象来看，外来仇杀的判断基本被排除。但是，陈永的仇人毕竟太多了，和他们兄弟交过手的人有名有姓的一大帮，这条线是不能不查的。在陈永的二弟陈正和三弟陈道看来，他们的大哥一定是被仇家杀害了，两人当然不会像警察那样耐心，对现场进行细致入微的分析判断，然后得出一个理智的结论。陈正和陈道在事发后基本就没离开过刑警队，向公安机关提供了一长串与他们兄弟有纠葛的人员名单，他们又命令手下四处打探，力图在这些人中发现线索。陈正和陈道带着一兜子钱，张罗着要请办案侦查员吃饭。

陈正和陈道的眼睛火红火红，一帮手下则在外边四处折腾，弄得满城人心惶惶。

据说，三瘸子的一条小腿是早年被陈永“摘”掉的，当他面对警察的时候却坚决不提往事，他说每个行当都有每个行当的规矩。对于陈永的死，三瘸子表示拍手称快，但明确表示了自己的清白，提供了足够的不在场证据。由于他本人行动不方便，侦查员重点围绕他的接触关系进行了调查，没能查出有价值信息。

地痞铁五几年前曾因收保护费问题和陈氏兄弟争夺过地盘，经过一番厮杀后败下阵来，从那时开始一蹶不振。口袋里金钱不足，许多手下都离他而去，有的还投奔到陈氏兄弟那里。面对侦查员的盘问，铁五由衷地说：“我要有杀他的决心，在咱们这个地盘上我早成老大了！”

类似的调查还进行了许多，均未得到某种可靠结论。公安机关开展侦查工作的第二天，开始有人举报陈正和陈道私下里开始有所动作了，他们私设公堂，非法拘禁了一些社会上与他们有仇的恶势力手下，通过暴力手段了解所谓的“情况”。

陈正和陈道就像两头疯狂的野牛，他们觉得谁可疑就会找到与谁有关的人，和手下一起疯狂拷问，但折腾一天下来却没有理出任何头绪。公安机关开展侦查的第二天晚上，陈正折腾累了决定去洗澡按摩，按摩女在他身上身下起伏的时候，达娜的身影出现在他眼中，于是他拨通了电话。电话里，陈正没有和达娜诉说近两天发生的一切，一阵贫嘴过后他对达娜说“达娜，什么时候回来给我解压一下”，随后传出了一阵坏笑。

即使这样的时刻，陈正还没忘了找达娜寻开心。夜里，陈正特意找来一个女孩陪自己睡，大哥的死令他感到无限恐惧，但即使有美人相伴，他依然几次被噩梦惊醒，惊醒时不停地哇哇大叫。凌晨3点左右，那个女孩受不了陈正的折磨，偷偷地溜走了。

次日清晨，陈正精神恍惚地钻进自己的奔驰车，然而就在他打着火的一刹那，奔驰车突然剧烈爆炸，陈正一命呜呼。这一天，公安机关已经感觉陈正和陈道的做法非常过火，决定对他们采取些行动，不能任由他们这样折腾，但万万没有想到陈正驾车时突然发生爆炸。

这样的一次爆炸杀人，又说明了什么呢？

四

一定是陈正连日来的疯狂举动惹怒了某个恶势力，对方采取了报复行动。按照这个思路，案件侦破便更加复杂了。警方陆续找来陈永被杀后，陈正动用私刑折磨过的几个人，这些人鼻青脸肿，不知所措。警方紧锣密鼓地调查，有价值线索却并未出现。

战刚在爆炸现场没有发现任何能给他带来灵感的东西，但在陈正办公室却有了意外收获。当陈正办公室的保险箱被打开时，一支马卡洛夫手枪呈现在他面前，更为重要的是，战刚还在保险柜内发现了多份制造枪支用的图纸，其中包括一份马卡洛夫手枪的制造图纸。

杀人凶手没有眉目，陈氏兄弟涉枪犯罪证据却跃然纸上。在对陈正住处进行搜查的过程中，又陆续发现了俄罗斯产的制式枪支和仿制枪支，以及部分弹药。这样的收获令所有人颇感意外，在陈氏兄弟手下陆续被传唤的时候，陈道却失踪了。其实在这起案件中，第一个失踪的并不是陈道，陈氏兄弟手下一致反映与三兄弟关系密切的刘明浩也始终不见踪影。

调查工作进展得非常顺利，陈氏兄弟涉恶涉枪犯罪证据很快呈现出来，但取得这些证据为时已晚，毕竟一号和二号人物都已经命丧黄泉。这个时候，公安机关开始通宵达旦寻找陈道的踪迹。

密集的调查工作深入展开后，达娜的名字很快出现了。战刚从陈氏兄弟手下的口中得知了这个女人的悲惨遭遇。但战刚关心的远不止这些，他深入研究达娜的通话记录发现，在陈永和陈正遭遇不测之前，他们两人几乎天天给已经待在漠河两个多月的达娜打电话，达娜每天也要给他们打上几个电话。但是，当陈永和陈正死后，达娜却没再给他们中的任何一个人打过电话，这说明什么？说明达娜已经知道他们死了，而且知道得很准确。

达娜的手机通话记录非常干净，除了陈氏兄弟，没有和任何人的通话记录，看来陈氏兄弟的女人是无人敢招惹的。但恰恰是这样的通话记录，却暴露出了致命的问题。

显然，陈氏兄弟的死和达娜有着某种联系，看来两次谋杀应该是出于报复动机。战刚在盯着达娜手机通话记录出神的时候，心跳突然加快起来：站在达娜的视角看，围绕陈氏兄弟有一个死亡名单，老大被干掉了，老二被干掉了，剩下的应该就是老三了。要命的是，陈道失踪后，达娜与陈道的通话记录突然同步消失了！

果然不出所料，陈道的尸体在黑龙江畔三合站的一个树林子里被发现了。报警的人当时说，有人上吊身亡。警察一到现场通过勒痕便轻而易举地发现，陈道不是上吊身亡，而是被人勒死后重新挂在树上的。

谜团就像一股浓浓的烟雾，在黑暗的夜里越来越浓。案件的复杂程度，远远超出了警方的想象。警方对陈氏兄弟手下进行了认真审讯，查出了俄罗斯方面卖给陈正枪支的人，并迅速通报给了俄罗斯警方，俄方迅速采取行动将有关人员抓捕归案。至于陈氏兄弟在市场上收取保护费，以及多年来与相关竞争者火拼的情况全部水落石出，人们面对三个死人已经不再有任何惧怕和隐瞒，这一系列环节的侦查取证并不难，陈氏兄弟的手下均被按照各自违法情节依法处理。但是，陈氏兄弟被害案的进展情况则完全独立于这一系列违法行为之外。其间还有一个难点，那就是都知道陈氏兄弟有非法制造枪支的情节，却没有任何佐证。陈氏兄弟的手下，没有任何一个人知道与此有关的事情。看来，陈氏兄弟对自身的敏感犯罪行为还是非常谨慎的。战刚期待在找出真凶的同时，在这个问题上也能有个答案。

战刚只身来到漠河，在沃尔别克大街附近的那个面包房寻到了达娜的踪迹。战刚花费全部精力跟踪达娜，发现这个有着俄罗斯血统的女孩终日在沃尔别克大街上溜达，大多时候神情落寞，她经常牵着那条黑色长毛牧羊犬驻足在一个街口，似乎在等待着某个人……

五

她等待的是否就是刘明浩？

如果答案是肯定的，那么陈氏兄弟的死就很可能与刘明浩有关。战刚已经与负责沃尔别克大街早年的管片民警联系过，从中得知刘明浩和达娜都是沃尔别克大街土生土长的孩子，刘明浩喜欢打架斗殴，达娜还是比较文静的。因为两家住得很近，老片警确定两个人当年认识，至于两个人的关系是近是远就不得而知了。

刘明浩在沃尔别克大街经营着一家俄罗斯商品店，里边的俄式机枪、大炮、飞机、坦克、军舰模型都是他亲手做的。沃尔别克大街当前的管片民警说，刘明浩手很巧，还曾送他一个仿制的SU27飞机模型。管片民警还说，刘明浩会说一口流利的俄语，他定期会到俄罗斯进货，由于刘明浩是个俄国通，所以他店里的俄罗斯商品总是与众不同，生意也最好。

片警的话使战刚受到了启发，结果他查通关记录后失望地发现，刘明浩一直在俄罗斯，至今没有回来。也就是说，陈氏兄弟被害整个过程，他一直身在俄罗斯！

越是蹊跷，战刚越感觉到谜底已经近在眼前。战刚集中精力，每天默默地陪着达娜散步，默默地陪她在街口等待。终于有一天，战刚看到了刘明浩在街口出现的场景。达娜和刘明浩紧紧拥抱在一起。

两个人紧紧拥抱了几分钟，在漠河当地警察的配合下，战刚将两人全部抓获，当场缴获了两个人专线联系的手机，上边的短信记录清晰地记录着一切，其中的三条短信极具震撼力，短信一：陈永，已罪有应得，你再也听不到他的声音了；短信二：陈正，已经成灰；短信三：陈道，已经安息……

当然，刘明浩极力狡辩，但他从俄罗斯偷偷潜回中国作案的举动还是很快被确定了下来。达娜起初一言不发，可这样的局面没有维持多久，她的证言很快揭穿了全部事实。

刘明浩手巧，有完整的车床设备，对造枪有着强烈的好奇心。陈氏兄弟就是利用他这个特点，提出与他合作造枪的想法。刘明浩一盘算，这样的合作对自己非常有利，所有的风险都由陈氏兄弟承担，自己只是出技术，一旦事发自己可以快速逃身。但是，他与陈氏兄弟突然间彻底割裂，还是源于达娜。

刘明浩与陈氏兄弟结识并交往一段时间后，深知他们兄弟在中俄边境地区的势力，得知童年好友达娜受到非人的蹂躏，他起初非常气愤，最后还是决定先与之合作，一切等他们没有利用价值后再说。但是，当刘明浩看到陈氏兄弟三人禽兽般对待达娜，而且经常使用她的身体“招待”客人的时候，一切的忍耐迅速超过了底线。刘明浩在沃尔别克大街一带非常有名气，早年所有的地痞无赖见到他都会老老实实的，他也算是有些名气的“刀枪炮”，陈氏兄弟那点文身之类的是吓唬不了刘明浩的。

“我要让他们三个一个接一个地消失！”对于刘明浩的承诺，达娜并未表态，她只是按照刘明浩的要求回漠河等待，没想到刘明浩和小的时候一样，凡事说到就做到。刘明浩精心设计了连环谋杀案，目的是使达娜获得解脱。刘明浩交代了全部犯罪事实后，带警察进山来到密林深处的一个私密处，那里有他的枪支制造“小车间”。刘明浩说陈正对他并不完全信任，造枪总是由陈正监工，陈正在每一次加工完毕后都会带走图纸，生怕刘明浩单干。

刘明浩最后通过战刚给达娜传过去了口信：日后不要回漠河，就在沃尔别克大街安心继承叶列娜奶奶的面包房……

血腥泥沼

罪恶像一种流感病毒，但他只在特殊的人群中传播，心理失衡、欲望畸变就会使罪恶具备条件，罪恶因子开始在一群人中飞速复制，他们的良知就像纷纷倒下的多米诺骨牌……

2001 年 12 月 28 日中午时分，一辆吉普车在黑龙江省齐齐哈尔市郊外旷野之间的一条大道上飞奔，开车的是齐市刑警支队二大队教导员秦刚，发着高烧的我正坐在副驾驶的位置上。那一天，是齐市入冬以来最冷的一天，但我却接到了一个特殊的采访任务：实地感受一个抢劫杀人集团被捣毁的过程。这个杀人集团的核心人物，所有成员尊其为“大哥”的王舰正被两名侦查员夹在中间坐在吉普车的后排。他是 27 日落网的。

从事公安宣传工作将近一年了，虽然内心一直在冥冥之中默默企望所有人幸福平安，希望各种公安杂志上的血腥案例能作为枯死的文字永远不在任何人身上重演，甚至一直在努力避免产生有朝一日书写极度血腥的好奇心，但偌大个城市，应该与不应该发生的事谁也无法预料，因为一些个别扭曲的心灵总有四处游荡的时候。

坐在车后排上的那个杀手背后有一个由多人组成的杀人抢劫盗窃集团，这伙恶徒夺走了 8 条人命，其中包括两名自己的同伙，另外还造成 5 人伤残。1998 年 3 月以来，该犯罪集团成员有分有合流窜于齐齐哈尔市、北京市、哈尔滨市、牡丹江市、河北任丘市、河北霸州市、辽宁本溪市等地，共实施抢劫、盗窃 49 起，抢盗的赃款赃物折合人民币 50 余万元。眼下这位落网的“大哥”与其中一系列案件及 6 条人命有直接关系，我们正由他带路去寻找他及其手下将内部所谓不稳定分子杀死后埋藏尸体的地方。车内静极了，由于重感冒而陷入一种迷离状态的我只一门心思地警惕着身后那位丧心病狂的家伙可别做有什么出格的事，车内的暖风不怎么好使，我冷得有些打哆嗦。

“王舰，这两天我一直和你媳妇保持着联系，她很关心你，说只要能保你一条命，倾家荡产也为你找个好律师。另外，我让她给你买的棉裤今天上午已经送来了。王舰，咱们好好配合，不犯原则的事我们可以给你提供方便。”秦教一边开车一边开始了他和王舰的谈话。

“对了，王舰，我们到你家去过了，帮你媳妇把你家的猪都喂好了，你放心吧。”另两位侦查员说着。

优秀侦查员进入一个案子的过程是一种全身心的投入，为的是追求侦查破案的最佳效果。侦查员分明已经在短时间内和王舰达到了一定程度上喜怒哀乐的共识，这将会极大地促进案子的进展。

后来我了解到，当天侦查员说的两个内容都是王舰最感兴趣的。被公安机关抓获以后，首先他每时每刻真正最关心的就是妻子水虹的消息，其次便是养猪场的那两百头猪，因为那是他和水虹的全部家当，他希望这二百头猪能卖个好价钱，好作为水虹日后生活充足的基础。侦查员那两段有些“温度”的话果真令王舰很感动。去找尸体那天的路上，王舰开始在一种自我陶醉的状态中讲述起了自己和同伙林林总总“有情”和“无情”的经历。王舰讲得动情极了，对每一个情节都很细致入微，为了能从中得到一些对案件进展有益的东西，秦教一直在一定程度上对他貌似极度自尊的人格表示尊重。在入冬以来最寒冷的一个冬日里，我们因此彻底感受到了王舰和他的同伙们那一颗颗比这天气温度不知还要寒冷多少倍的罪恶之心，并发现了一整套常人无法体会的罪恶逻辑。

二

王舰曾在某武警部队服役过，他的擒拿格斗等个人军事素质相当过硬，百米成绩一直保持在14秒以内。当时部队所在地公安机关每逢重要危险的抓捕行动都要和武警联合开展工作，王舰每次都是被部队作为第一主力安排到最有挑战性的任务中。王舰为自己的这段经历一直倍感骄傲。

一切变化的发生也许是从自己好赌开始。王舰转业回齐市后被分配到了某国营商店，时间不长就干出了令善良的父母及任何朋友都无法相信的事。他将商店的卖货款堂而皇之地据为已有，而且大部分都用在了请朋友吃喝和打麻将上。因款额达到了犯罪的程度，王舰被判刑十年。

王舰这个人有一大特点，他非常善于在一个群体中表现自己，并能够得到人们的认可，无论这是一个什么样的群体。在狱中服刑期间，王舰因表现突出不断被减刑，管教对王舰认可的同时，同期服刑的犯人也都把他作为榜样，他因此成为监狱中犯人积极分子委员会主任。1997 年 12 月 2 日，王舰被提前释放。

王舰出狱后，他坚决戒掉了好赌的习惯。为了不再让家人操心，他一心一意地想凭着自己诚实的劳动换取新的生活。他先是在市内景新服装市场帮姐姐卖服装，并不断地计划着做生意。王舰本来认为已经不再会有任何原因能导致自己走上邪路，堂堂正正的生活马上就要开始了。可不怕没好事，就怕没好人，狱友秦又林的出现很快便击碎了王舰对生活的全部希望。所有的事情在不知不觉当中进行。王舰开始陷入泥潭不能自拔。

1998 年 3 月的一天，王舰在姐姐的服装柜台内感到有几分憋闷，便走出市场准备买盒烟抽。在一个烟摊旁边，王舰很意外地碰到了自己服刑期间感情不错的一位狱友秦又林。由于秦长他几岁，王舰一直对其很尊重，今天在这里不期而遇，彼此都感到十分亲切。秦又林问王舰最近的情况，王舰不断地摇头说没什么事可做。那天，王舰还热情地把秦又林邀到自己家。几样简单的酒菜面前，秦又林动情地说一定要好好带一下王舰。可这个带法却令王舰吃惊不小，秦又林想领他去打劫一家雪糕批发商店的店主。不知为什么，王舰吃惊归吃惊，当时面对这件事却没表示反对。

隔了几天，秦又林又来到景新市场找到了王舰，并领来了一个年龄有十八九岁叫崔锋的人。秦又林压低声音告诉王舰准备带这个崔锋一起干。

1998 年 3 月 24 日晚 6 时许，齐市龙沙区肉联厂附近一家雪糕批发商店发生一起惨案，男女店主双双被杀死在屋内，货款 15000 元被人抢走。此案正是秦又林、王舰、崔锋所为！

这家雪糕批发商店其实就在秦又林家附近，他是兔子吃了窝边草，怕日后店主发现他，秦又林早就暗中做好了灭口的准备，但也许是怕王舰退却，因此事先根本就没向他交代。取他人性命是王舰所未预料到的，他本以为他们抢点钱就跑。王舰当时很后悔，并清楚地知道，自己的一生已经彻底交代了。一种强烈的怨恨涌上心头，和秦又林之间的兄弟感情马上荡然无存，与此同时，被害人悲惨挣扎的那一幕不断在自己头脑中闪现，王舰为此感到极度的恐惧。

干完案子后，秦又林领着王舰、崔锋来到了秦皇岛市，说是想做点生意让王舰、崔锋生活有着落，可一方面买卖不那么好做，另一方面秦又林对他们俩根本就不负责，抢来的那些钱几乎都被他挥霍一空。到了 8 月，吃没好吃的，穿没好穿的，王舰和崔锋实在待不下去，向秦又林提出要 120 块钱买火车票回家。这下子却激怒了秦又林，他明确地告诉王舰和崔锋，离开他回齐市可以，但若以后因有悔意不干这行而向别人乱说，他一定不会放过王舰和崔锋的家人。

王舰服刑多年，他一直有一种对家人的愧疚感，出狱后做买卖也好，抢也好，总想拿些钱摆在亲人面前。此次抢的钱全被秦又林占了，到秦皇岛也没做成任何生意，无论怎样都已无法向家人交代。而此时，秦又林的话又明显对自己的家人发出了威胁的信号，王舰感到内心有一种从未有过的绝望和憋闷，如果家人在一种不安的状态中生活，只能怪自己太无能，感觉生不如死。

在这种特殊的时刻，王舰做出了一个大胆的决定。世上绝没有后悔药，回避危机会使危险增加一倍，甚至更多。王舰觉得绝不能回避恐惧和秦又林的威胁，抱定决心破罐子破摔，一定要在黑道上打出一片天下，要干就干个惊天动地。这样一来，对秦又林断送自己前程的怨恨及他对自己家人的威胁已算不上什么，因为王舰已打算和秦又林彻底走相同的路，而且要邪恶得比他还带劲。王舰的种种不快均因自己的决定烟消云散。此时，他原有的软弱顷刻间转化成了一种畸形的坚强。

为了让自己具备干“大事”的条件，始终保持清醒的头脑多想“正事”，王舰对自己的要求非常严格，不赌、不嫖、不饮酒成了他做人的三大原则。在王舰的头脑中，开始终日思索怎样干大案子，他一直坚信自己有朝一日遇到任何一个“大活”一定会滴水不漏。王舰这种罪恶状态下的自信是非常可怕的，注定要给社会带来恶劣的音符。从那个时候开始，王舰将自己打造成了一个与社会对抗的魔鬼，部队的经历令他有了良好的身体素质，而狱中生活更让他明白了怎样驾驭各类人。

在一切罪恶还没有启动之前，王舰先是对秦又林有些看不上眼了。他觉得干什么就应该吆喝什么，而秦又林终日吃喝嫖赌“不思进取”，什么“正事”都不干，又常常因一些节外生枝的事情被公安机关屡屡传讯，这样反倒是秦又林容易把他们的案子漏了。另外再有一点，王舰和崔锋返回齐市后曾到秦家看过他的老母亲，得知秦又林是一位打爹骂娘的主。王舰觉得秦又林这种人太没道义，这又令他很快想起了自己一心拿秦又林当朋友，结果被秦又林引上斜路，导致自己家人受其威胁的旧痛。种种原因累加，王舰认为干掉秦又林非常正确，自己既然被他引上绝路，多杀他一个也无妨。他就这样产生了一个如此大胆的想法，认为只有这样他内心才能平衡，更重要的是，日后自己才能无任何后顾之忧。

1998 年 8 月的一天，在王舰和崔锋从秦皇岛市返回齐市近一个月以后，王舰给仍在秦皇岛市的秦又林打了一个电话，说他干活的工地在每月的某天都存放有大量工资款，估计这“活”在秦哥指挥下一定能拿下。秦又林被这块“肥肉”馋坏了，同时也为这两位小兄弟对自己的尊重感到有些得意。当时手头正紧张的他二话没说就从秦皇岛往回返。在秦又林到达齐市前的那天下午，王舰和崔锋便在昂昂溪区水师乡崔门屯崔锋家的祖坟附近挖好了一个深坑，这是为秦又林准备的。

王舰知道秦又林经不住诱惑一定会来，也知道他会提出到崔门屯崔锋家边吃农家菜边趾高气扬地发号施令，更知道喜好花天酒地的秦又林绝对不会在农村住宿，喝酒至深夜一定会提出回市内的要求，而那个事先挖好的坑就在回市内必经的那条村路旁。一切事情与王舰事先预料的竟然丝毫不差。

王舰本来从不习惯向任何人叫哥，尤其是现在他非常想在黑道上干点大事，然后网罗一帮小弟尊自己为大哥。王舰在罪恶的道路上有着很大的野心，他认为秦又林没什么本事还容易坏事，根本不配再以大哥的语气指指点点。那天秦又林以老大的口气在崔锋家对抢劫工地工资款一案进行了自认为周密的部署，王舰外表冷静，内心却蕴含着股股杀气，最后还是汇成一个这样的意念：不是你秦又林，我能被逼上这条路？想着想着王舰攥紧了拳头。

当天深夜，王舰、崔锋在预定的村路上送秦又林回市内，快走到深抗所在位置时，秦又林做梦也没想到一根绳子竟突然间套在了自己的脖子上。王舰要把他活活勒死！真是巧合，也许是王舰用力过猛，绳子一下子断了。秦又林撒腿玩儿了命地奔大道跑去，一肚子的尿水都渗了出来，吓得连“救命”二字也没顾上喊，王舰提着剩下的一段绳子追了上去。夜深人静，空中残月望着这场同伙互相残杀的闹剧乐弯了腰。一阵刷刷的脚步声过后又出现了“嗝”的一声，秦又林跑出二百多米后还是被王舰追上了，并给上了绳套“绳之以法”。

转眼间，王舰、崔锋就令秦又林入土为安了，害自己邻居的秦又林也算罪有应得。王舰说，在他已经杀死的和准备想杀的人当中，最想杀的就是这个秦又林，因为不管怎样如果他不出现，自己的生活肯定会走另一条道路。尤其是后来水虹的出现更令王舰坚信这一点。

二

1999 年年初，王舰生命中最重要的两个人的轮廓在他头脑中越来越清晰，并最终认为自己什么都可以没有，但绝对不能失去这两个人，这两个人一个是女人水虹，一个是这一年出狱的把兄弟王宏卫。水虹的出现为王舰的生命带来了短暂的亮色，他甚至因此后悔自己最初的罪恶抉择；可与此同时，王舰又实在想带领王宏卫在反社会的罪恶殊途上快马加鞭。这是王舰心中的一对矛盾，但王舰还是坚定地侧重于后者，因为经过权衡，他得出了一个简单的结论：干一个是干，干两个也是干，那就大干。在王舰的头脑中，面对水虹的内疚感远不如罪恶行事生发出的那种快意。

1999 年 3 月初的一天，王舰和水虹在一个朋友聚会上相识了，水虹大王舰五岁，但二人偶尔的几句闲聊却给彼此留下了特殊的印象。水虹大名戴水虹，她是一个很不幸的女人。多年来自己的丈夫一直生活很不检点，终日和一些卖淫女厮混，光是被她堵在家里的情况就有二十余次。水虹一旦对此有一点儿意见，就会遭到丈夫无情的毒打。他们的儿子已经长成小伙子了，可水虹的生活还是处于这样压抑的境况当中。丈夫的行为愈演愈烈，水虹则是常常新伤换旧伤。水虹忍受不了丈夫的放荡和对自己没完没了的毒打虐待，但同时自己又很要面子，所以她采取了没向任何人公开，在暗中和丈夫离婚的方式。在和丈夫离婚的这三年时间里，水虹住在母亲家，平日包一条公交线路，忙得她没有精力去给生活一丝伤感，她的所有朋友竟也全然不知她的生活真相。水虹和还未成家的王舰相遇后，二人相见恨晚，开始频频见面。1999 年 3 月 15 日，水虹收车后，王舰把她领到了自己的住处，那夜二人聊至天明，水虹忍不住把自己多年来的压抑及自己与丈夫离婚的情况向王舰进行了完整的倾诉，而同样是在那天夜里，王舰把自己曾经服过刑的经历向水虹进行了诉说，二人对彼此的经历都抱以了极大的同情。

事实上，王舰和水虹相处取得如此效果也不难想象。二人生命中都有隐痛，在互相以诚相待的情况下产生火花也是正常的。水虹的经济条件很好，按王舰和其同伙后来的逻辑，对一切有钱的女人他们一定会夺其性命，取其钱财，而他们对水虹却没有丝毫的邪心。王舰动了真情，他决定要照顾这个女人。最后二人感情不断升温，王舰又很自然地产生了怨恨自己走错路的想法。

1999 年 3 月20 日晚，王舰还是在她收车后约了她，二人上饭店吃完晚饭后来到街上，边散步边聊天。初春夜晚的街头到处都是白天融化的半冻不冻的雪水，这使得有些暖意的晚风带着些许潮湿的晴朗。不经意之间，王舰和水虹挽起了手。此时，王舰心中一阵酸楚。他责怪生命为何这么不公平，偏偏把这一幕安排在那罪恶一幕之后。

那天夜里，王舰和水虹相拥在一起。水虹很明显地感到王舰是第一次经历男女间的这种事。水虹认为这对王舰太不公平了，毕竟自己是一个已经结过婚又大王舰五岁的女人，因此她眼泪哗哗地流了出来。水虹深情地对王舰说她不会在意他的经历，只要他们二人不怕吃苦，一定会有好的生活。

时光中的缘起缘落肆意掺杂，一切都不能确切把握。当时已三十二岁的王舰在个人感情上还是一片沙漠，虽然选择了另类的道路，但冥冥之中他还是像正常人那样虔诚地期待着自己感情上的归宿，而且把这一点想得十分郑重。他因此多年来从未碰过任何女色，这也是同伙们概括王舰特点的重要一项。王舰和水虹之间发生的一切在刚刚开始的时候就已令王舰很有满足感，他坚信无论自己将来是什么下场，认识了水虹今生足矣！但同时他更知道，水虹受过的伤害太多，他一定要细心呵护她，不再让她有什么缺憾。事后证明，王舰给予水虹的感情是竭尽全力的，但毕竟他选择的道路是与常人完全不同的，他不能给自己带来完美，也不可能不给水虹留下缺憾，而且这种缺憾对本来就很不幸的水虹来说，其痛苦将会是比以往更加巨大的。王舰此时非常想以自己的方式混出点名堂，给水虹提供更好的条件，而且他对水虹说自己现在正在做生意。此时，王舰的把兄弟、战友加狱友王宏卫正好刑满释放了。

说起这个王宏卫，他和王舰的感情可不一般。二人当年曾在同一支武警部队服役，令二人万万没想到，也非常巧合的是他们若干年后竟然又成为同一所监狱的狱友。王宏卫和王舰的脾气禀性很相投，因此走得很近。服刑期未满时，在王宏卫和王舰之间发生了一件事，这令他们彼此终生难忘，也为他们日后亲兄弟一样的感情打下了坚实的基础，并最终结成了把兄弟。

王舰和王宏卫一个被判刑 10 年，一个被判刑 14 年，王舰当时在狱中一直表现突出，而王宏卫则一直没有得到减刑的机会。王宏卫在狱中经常偷偷地和其他狱友利用各种方式赌博，输赢都是香烟一类的小东西，但这按监狱管理规定是绝对不允许的，如果被发现按有关规定处罚是相当严厉的。在某天王宏卫又设赌局的时候，他被人举报了，如果事实查清，王宏卫可能很长时间内都不会有减刑的机会。这个关键时刻，王舰主动站了出来，他替王宏卫承担了一切，向管教坦白赌局是他设的，王宏卫只是替他玩了一把。王舰因此根据狱规受到了非常严厉的处理，而王宏卫则未受丝毫影响，当年就获得了一次宝贵的减刑机会。减刑意味着早一天自由，这可是千金难买的自由啊，王宏卫对王舰的感激之情无以言表。在后来的日子里，从各种各样的小事当中王宏卫对王舰越发敬佩，终于有一天，他们二人割破手指结为把兄弟，有福同享、有难同当、不求同日生、但求同日死的旧话成为彼此之间发自肺腑的不渝信条。如果后来王舰坚持走正路，也许他们兄弟之间的这种感情会极大地促进各自取得人生的成功，但令他们万万没想到的是，这种感情日后竟如同给罪恶的烈火火上浇油。

如今，王宏卫出狱了，王舰别提内心多么快意。而刚刚出狱的王宏卫此时也如同王舰当时出狱的情况一样，一心想走正路赚钱，给家人一些报答，让多年来为他操碎心的家人能够安稳一些。王舰心里知道自己是怎样被秦又林拉上贼船的，他起先不想让王宏卫也那样。王舰准备带领水虹和王宏卫一起先做些什么以维持生活，而且不管做什么，自己的身边有水虹，有兄弟王宏卫，王舰对自己非常有信心。可以说，王舰这段日子还是真的出现了一点想弃恶从善的意思，但这绝对是一个小小的片段而已。

王宏卫小时候曾非常想当警察，结果长大后没当上，他因此决定做贼，开始到处偷东西，认为当不上一个厉害的警察就当一个厉害的贼，不管怎么说贼还在警察前边，自己做得好、做得妙，就不会被警察抓住。但他还是在 1989 年东窗事发入了狱。事到如今，王宏卫已放弃了做贼的念头，觉得还是得走正路。但他的把兄弟大哥王舰毕竟已经是一个很不稳定的人了。近墨者黑，王舰的罪恶细胞很快转移到了他的身上，王宏卫当时绝对没想到，自己虽不当贼了，日后却在王舰的诱导下成了一个匪，一个非常专注的劫匪！

刚出狱的王宏卫一心想做些生意，但亲人朋友谁也不愿借给他钱，尽管他们很富裕，王宏卫感到谋生艰难，人情太淡。在如此的情况下，王宏卫产生了一个想法，他准备找大哥王舰一起去投奔鸡西的一个朋友，他们的这位朋友也是二人的狱友，听说他那边的生意做得很大。1999 年秋日的一天，王舰、王宏卫带着崔锋一同去了鸡西，通过杀秦又林一事，王舰走到哪里都带着崔锋，因为怕他暴露两人的罪行。在鸡西市，他们并没有找到那位朋友，却得知他们的这位朋友是在黑道上混的，并且是当地的一霸，那阵子公安机关正在抓他，仇家也在找他，王舰等人因此没敢再多打听，以防惹祸上身，三人马上离开鸡西到了牡丹江。

三人到了牡丹江后，身上仅剩下了五元钱，这点钱肯定不够买回家的火车票。三人肚子饿极了，用这钱买了一斤包子来到一偏僻处吃了起来。崔锋年纪小，一阵狼吞虎咽吃了一多半。包子很快光了，谁也没吃饱。发展到这个地步是他们所未想到的，三人不约而同地为自己的狼狈相无限伤感。这时王舰发话了，他低声说："抢吧!"王宏卫犹豫了一下后把心一横，就像当年王舰给秦又林的答复那样表示了同意。王宏卫在自己无比敬重的这位大哥的诱导下干了自己想都没敢想过的事，进行了自己平生的第一次抢劫。那天他们在牡丹江市尾随一女子走进了一个居民楼。

就在那个时刻，生活中一点小小的不快便令王舰那颗曾短暂休眠的罪恶之心迅速复苏，他又恢复到了魔鬼一样的状态。按理说他若是把王宏卫当弟弟看，真的爱护他，这个案子完全应该由他动手，反正自己已有重大案底，而他没有。当王宏卫对他说"舰哥我来"的时候，他没有反对，此时他突然决定把王宏卫和自己拴在一起，同坐一条船。虽然这是纯粹的险恶用心，但王舰并不认为自己是害了王宏卫，因为从那一刻起王舰已下定决心要和王宏卫日后联手干大事，罪恶的路上有王宏卫相助一定会如鱼得水，自己太需要可靠的人做搭档了。

当天王宏卫冲到那女子近前的时候，人到刀到，利索地把她逼住了，抢劫很快成功，收获是"爱立信768"手机一部、照相机一部、人民币500元。王宏卫后来做了数十起持刀抢劫案，甚至其中不乏数人死伤的事，但给他留下印象最深的就是自己的第一次抢劫，因为那是他走一条特殊道路的开始。那次抢劫有收获后，王宏卫舒服极了，感觉舰哥给他领了一条好的来钱路，没有本钱不说，谁的人情也不欠。那一刻，一个犯罪团伙的核心部分就这样形成了。而且后来的事实证明，王宏卫"进步"非常快，竟成了团伙内部干案子的主力，王舰则以其凡事多谋善虑、沉稳凶狠成为团伙的核心与灵魂。

王舰三个人从牡丹江返回齐市后，水虹总感觉他们几个人不太对劲，而且发现除王宏卫、崔锋外，总来找王舰的那些人很杂。那段时间总找王舰的是沈昕、昝宝财、肖一博、杨秋惠等人，他们都是刑满释放人员，有的还是王舰、王宏卫的狱友。王舰那时一直在掂量，有朝一日怎样使用这些人，使用谁恰当。水虹对王舰的交友圈很不放心，她觉得这些人看着都不像好人。为防止王舰、王宏卫、崔锋手头紧做坏事，水虹隔三差五便拿出很多钱给他们花，并且大多数时间都让他们三个待在家中。水虹知道王舰和王宏卫感情很好，年纪较小的崔锋又总跟着王舰，因此她把王宏卫、崔锋当成自己的弟弟一样，王宏卫和崔锋对水虹也很尊重。但在这期间，很快出现了一些变故。

先是水虹为了让王舰远离那些不三不四的朋友，把自己承包多年十分挣钱的公交线路兑了出去，1999 年 10 月在郊区一个偏僻处办了一个养猪场。她一心想让王舰远离各种喧嚣，让那些闲杂人员永远也找不到他，当然这里不包括王宏卫和崔锋，作为嫂子的她事实上一直对他们的印象很好。但这件事令王宏卫很反感，他此时的感觉有些类似当年王舰对秦又林的看法，他认为大哥王舰有些“不思进取”，终日和嫂子水虹卿卿我我，这回又要遁世过田园生活了，王宏卫当时也像王舰初涉殊途时那样一心想大干一场，而且要立竿见影，马上行动。再有，王舰的一个意外决定更让王宏卫感到有些震惊和不可理解，以至于二人之间出现了一点小小的变故。在一天崔锋不在的时候，王舰把他和秦又林、崔锋干的抢劫杀人案和自己与崔锋杀秦又林及为什么杀他的事向王宏卫说了。王宏卫在心里暗自嘀咕，当年王舰在狱中和秦又林也是称兄道弟的感情不错，王舰竟然能下得了手，王宏卫觉得王舰的手够黑的。但出于自己和王舰的交情，王宏卫觉得只要是大哥做的，不管什么样的事，他都会予以理解，并坚决保密，这么大的事能与他诉说，当然是一种信任。在唠完这些事情后，王舰向王宏卫又直言了一个重要决定，这个决定是令王宏卫非常意外的。王宏卫从来没和王舰红过一次脸，但在王舰的这个决定做出以后，二人的关系第一次有了一点儿不悦。原来，王舰总觉得崔锋有些碍手碍脚，而且还知道很多自己的秘密，如果想干大事，王舰认为他有王宏卫就可以了，然后适当使用一下不了解其前科的杨秋惠等人。这种格局在王舰看来是比较安全的。因此他决定把崔锋给“做”了，并把这个想法和王宏卫说了。王宏卫不是不敢杀崔锋。王舰 1967 年生人，王宏卫 1969 年生人，崔锋则是 1979 年生人，崔锋比他们两人小了将近十岁，王宏卫觉得崔锋年龄太小，除了这些以外，崔锋对王宏卫、王舰都非常尊重，王宏卫一直把他当作弟弟看，他也非常想把崔锋培养成骨干。正因为这些，当王舰提出想杀掉崔锋的时候，王宏卫和他出现了一个分歧，王舰对王宏卫的这种态度很反感，他们因此彼此第一次红脸，都感觉很不快。王舰因杀崔锋的事竟然对自己不满意令王宏卫有些意外，加上王舰和水虹十分火热，也不和他“谋事”，王宏卫于1999年年底一气之下出走离开了王舰，到本溪开货车搞长途运输去了。

虽然因为这点小矛盾兄弟二人一下子分开了，但这毕竟是暂时的。就像任何一对正常的好朋友之间闹矛盾一样，这对罪恶知己日后对当时的分歧没再提过，倒是八个月左右的分别时光令他们大大增添了对彼此的想念，八个月的光景使二人之间的特殊感情就像是被封存了一段时间的烈酒，当再一次开启的时候，王舰、王宏卫之间的兄弟感情迅速升华到一个最高点，一种异常的罪恶芬芳迅速四处弥漫。

三

水虹的养猪场设在了齐市昂昂溪区水师乡某个村子里。王宏卫走了，王舰便先集中全力和水虹开这个养猪场。为防止崔锋没事做，出去犯案惹事牵连自己，他把崔锋也带到猪场帮自己干活。这期间，王舰对水虹的内疚感不断加剧，他眼前的这个善良的女人为了自己竟然放弃了城里的生活，跑到这个偏僻的地方和自己厮守，王舰有一种无法诉说的感动。别的先不想，王舰浑身上下有使不完的力气，他开始拼命地干活。猪场里共有二百余头肥猪，王舰基本上是自己一个人对付。140斤体重的他面对的可是数万千斤好吃懒惰的活物啊，打猪草、扛饲料、和猪食、清理猪舍，王舰没白天没黑夜，没完没了玩命地干，水虹、崔锋有时帮他打打下手。在此期间，王舰和水虹的感情一直相当好，他们两个可真是从未吵过架，卖猪赚的钱水虹从不过问，全由王舰处理。再后来，水虹在2001年年初又用全部积蓄在家附近承包了一大片苇塘。她算了一下，这个苇塘足可以赚来20万元。

水虹如此用心良苦，其实她自己另有打算。和王舰一起生活的日子她感到很幸福，但她一直为自己大王舰五岁而感到非常对不起他，她总想利用苇塘和猪场多赚些钱，然后给王舰一大部分，自己再悄悄地走开，让王舰重新娶一个年轻妻子。为了这一点，水虹一直未和王舰正式登记，就是想让王舰在法律上保持未婚的身份，水虹认为那样才对得起王舰。水虹曾很想为王舰生个孩子，但是她让自己打消了这个念头。这一切王舰心中明了，水虹越是替他想得多，他越是不想离开水虹，王舰早已抱定决心要永远和她相伴。

苇子这种植物十分特别，如果在秋天闹起了火灾，第二年便不会再有春风吹又生的故事，因为干燥的秋苇是从苇身一直烧到苇根。2000 年左右在齐市养猪并不怎么赚钱，水虹的这个猪场并没有预想的那种丰厚的利润，她把希望全部寄托在了这个苇塘上。天有不测风云，2001 年秋天，齐齐哈尔的湿地上恰恰就着了一场大火，那场大火烧光了水虹苇塘的每一根苇子。水虹一筹莫展，而令她视为全部的那个王舰亦如那根根被烧透的苇子，不会再有重生的希望可言。

在乡下生活的这两年左右时间里，王舰头十个月的状态还是很投入的，一心吃苦耐劳地准备和水虹好好过日子。但先是王宏卫回来，随后王舰又和他及一帮兄弟出了几趟远门。几次离开，水虹并不知道王舰他们去干什么，王舰编造的种种理由并没让她感到其中有什么不妥。孰知，这期间王舰是真正采取了进一步行动，这是在他潜意识里预谋已久的，是任何真情根本无法阻挡的。行走于罪恶之间的时候，王舰忘记了一切牵挂。他的行为更是激发了一群恶魔。

2000 年 8 月 1 日的狱友聚会上，王宏卫和王舰再次重逢，王宏卫看到皮肤晒得黝黑的王舰感到非常亲切。八个月的分别令他们彼此都非常想念，此时他们谁也没提任何不愉快的事情。他们二人聊了很久，很快就完全恢复了当初的状态。王舰和王宏卫预感到二人最默契的时光即将到来。

那次狱友聚会后没几天，王舰、王宏卫、崔锋便来到了河北省霸州市。王宏卫几个月来在外面奔波的时候，一直是在有意无意地为日后作案踩点。在霸州市，他早就相中了一家经营塑料管的商店。经和王舰商量，一个周密的犯罪计划形成了。

作案当天下午 3 时，王舰他们三个人出现在了这家商店内，以看货为名将店老板和女服务员引到了离商店店面较远的仓库中。一进仓库，时机就算成熟了。王舰掏出了一把手枪，王宏卫拔出了匕首，店老板和女服务员一下子吓呆了，崔锋上去把他们捆了个结结实实。两名被害人被捆上后，发现眼前三个人一直在笑，原来王舰拿的是仿真塑料枪。店老板无奈地摇摇头。王舰他们从两名被害人身上抢去了 1000 元现金和一部松下 500 型手机之后，被害人由崔锋看着，王舰返回了商店中，王宏卫则骑着老板的自行车去雇汽车，他们准备把店中的所有塑料管运到外地去卖。

在此过程中，商店还真来了一个买货的。王舰沉着应对，说老板有事出去了，他是新来的服务员，然后他按照售货表上的价格卖了一部分塑料管，几千元就此到手。到了天快黑的时候，王宏卫雇的大卡车来了，三个人把店内剩余的所有塑料管全部装上了车，连夜运到它处以低价卖了。

这次作案大获成功，尤其是作案时王舰的沉着让王宏卫、崔锋佩服得没话说，王舰因此充满了一种畸形的成就感。这种感觉对他来说，就像一针罪恶强心剂，认为自己“大有可为”。他一门心思地准备带着王宏卫和崔锋“干大案”，希望有朝一日自己能打出一片电影中的那种非常黑的黑社会，自己当然是做老大，王宏卫和崔锋则作为自己最得力的杀手伫立两旁。王舰的头脑中时不时便会闪现这种影像，一件事的发生更是让他提前找到了这种感觉。

刚从霸州市回来，王舰就病倒了。在王舰看来，将来不管做多么厉害的老大，眼下还得先帮水虹喂猪。但一天当他再次去扛那两百斤一袋的猪饲料时，却说什么也扛不起来了。在医院详细检查后发现，王舰患上了自发性气胸，这是长时期超负荷劳动造成的，必须切除部分肺叶，很快他就被推进了手术室。

这场病对王舰来说有着重要意义，在这期间他竟彻头彻尾地找到了做“老大”的状态。从那时开始，更多的人聚集在了他的身旁，也是从那时开始，一帮手下开始叫他“老大”。

王舰生病的事惊动了王宏卫、崔锋不说，前一段时间和他失去联系的沈昕、昝宝财、肖一博、杨秋惠等人全来看他了。为了给王舰壮一下所谓的面子，在王舰住院期间，他们所有人 24 小时轮流护理，一刻不离左右，王宏卫和崔锋还连夜赶到外地抢了四千多块钱给王舰看病。在此期间一件事的发生，使王舰和王宏卫的感情发展到了最高潮。一次王舰病情突然加重，他所有的兄弟全来了，唯独王宏卫当天有事外出不知道情况，水虹开始四处找他。当找到王宏卫告诉他王舰病情加重的情况后，王宏卫的眼泪不由自主地涌了出来。赶到医院后，看到人们都围着王舰，王宏卫开始失声痛哭，随后竟然拔出随身携带的一把大号匕首去找医生和护士：“我大哥要是有个三长两短，你们谁也别想活！”王宏卫往外冲的时候，王舰用十分微弱的声音叫住了他。王宏卫听到王舰喊他马上来到床前，紧紧握着王舰的手。王舰在此情景中，几滴眼泪竟也从他那双冰冷的眼中流了出来。王宏卫后来曾说过，长这么大自己记忆中仅流过两次泪，一次是出狱后见到父亲，一次就是王舰这场大病。

事情发生到这里也真是有些让人奇怪，王舰、王宏卫二人的感情素材在常人看来并不是很充分，至于那么彼此感动吗？但事实上，罪恶的心灵就像片片沙漠，偶有的一点湿润肯定要比正常人宝贵多了。但是有一点，这其间烘托出的东西注定是和罪恶相连的，他们所谓的友谊只不过是一种罪恶链接，感情越深罪恶温度就越高，给社会带来的危害就越大。

王舰的病慢慢地好了。这次病虽然使王舰体力大大下降，却聚集来了一大群帮手，王舰把他们视为自己的棋子，当时王舰的想法是真准备彻底展开一轮“大干”。王舰把自己想成了一个非常有智谋的人物，他认为自己相中一个目标后经过一番精心策划，然后让手下根据自己的想法实施，一切将会滴水不漏。王宏卫等一大帮人也都是这样认为的，觉得干什么事只有“老大”把舵心里才有底。但感觉毕竟是感觉，王舰基本上没有十分完整地当上一段时间现实的“老大”。后来一切的事实更加证明，虽然所有人都叫他“老大”，但他的这支队伍却不像想象的那样“团结”，有时甚至完全失控。

四

王舰的病刚好不久，他便带领手下们浩浩荡荡地赶到了河北省，没有找到什么确切的目标后便来到了北京市。团伙成员昝宝财的女朋友小利在北京市某郊区暗里做小姐，这个小利可不是什么省油灯，当得知王舰他们正在寻找目标的时候便入了伙，并提供信息说她有一个经常陪的客人挺有钱的，而且她知道他家住址。

也就是一两天的准备，小利在一天晚上便把那人约去吃饭了。王舰一帮人来到了该人家的楼下，王舰是老大嘛，必须露一手，好在他在部队时练就了一身好本事，虽然刚做完手术不久，但还是能应付。王舰独自一人徒手仅利用楼房本身的棱棱角角便从一楼爬到了六楼，同伙们简直看呆了。王舰爬到了该人家凉台后，一只手抠住窗框，另一只手将玻璃击碎，从凉台窗户跃了进去。进入室内后，王舰把门打开了，同伙们鱼贯而入。也真是凑巧，他们进屋什么也没找到的时候，一个女的开门进来了：“你们是谁呀?”团伙成员一阵奸笑：“抢劫的!”随即这女子便被上了绑。他们从她身上搜出了两万元现金，一种罪恶的喜悦挂在了他们每个人的脸上。

对于第一次行动，王舰看得十分重要，他雄心勃勃地认为这仅是个开始。此次作案王舰虽然起到了最重要的作用，但为了体现自己“老大”的风范，他并没从中拿多少钱，而是尽量给手下分。但这群人毕竟是一群乌合之众，一有钱摆在面前就开始互相猜疑起来。分钱那一刻，除王舰和王宏卫外，他们几乎每个人都认为自己少拿了，相信有人在翻箱倒柜时藏钱了。这令王舰十分寒心，他很快便预感到这是一伙永远也带不成气候的小瘪三。但他和王宏卫还是在第二天给他们开了一个会。王舰态度十分明确：“我们既然出来干，首先必须相互信任，大家必须捆在一起不能互相猜疑。”作完此案后，王宏卫这几天一直也不怎么高兴，心想这样的案子他和王舰、崔锋完全可以单独干，本来就是想让大家都赚点钱而已，可眼下这帮聊起来意气风发的兄弟们怎能互相猜疑呢？尤其让王宏卫无法忍受的是作案期间只有他和王舰、崔锋三个人上手，其他人好像有意在退缩。因此王宏卫在开会的时候对这帮人一顿大骂，同时做出了一个决定：“你们谁都说自己挺行，今天大家什么事都先别干，分组进行抢劫比赛，到晚上看谁抢得多!”就这样，团伙成员被分成三个小组，他们来到街头开始四处寻觅。

到了晚上天快黑的时候，外出的人全回来了，不回来不要紧，一回来倒给王舰、王宏卫气得火冒三丈，因为每一组都是空手而归。王宏卫对他们恶狠狠地说：“今天晚上谁都别吃饭，我和舰哥出去抢，你们看着，我们俩打样!”

众目睽睽之下，短短时间内，王舰、王宏卫当着同伙的面在北京大街上连续进行了两起抢劫。王舰他们在这边抢着，同伙们就在远处看着，两起抢劫过程中，被害人有厮打的有喊叫的，可同伙们谁也没上来帮一下。这回王舰和王宏卫对他们彻底灰心了，带着种种不快，他们回到了齐齐哈尔。

这第一次外出作案给了王舰很大打击，看来带着这帮人大干一场是不可能了。王舰决定战线收缩，要干事，还得是他和王宏卫、崔锋三人。既然这些人不义，王舰也不再对他们讲情面，他开始一方面往绝路上带这帮人，另一方面萌生了又一个阴险的想法。

他们从北京回来7天后的中午，小利也从北京回来了。这回她带来了一个坏消息，说北京那边有点怀疑她了。小利先给王宏卫打了电话，王宏卫说他晚上请她吃饭。而事实上，王宏卫撂下电话便找到肖一薄马上乘火车去了本溪，王宏卫是怕小利在先警察在后。王宏卫能带上肖一薄是因为他的这个手下曾在他结婚的那天晚上当众给他下跪，说自己为了给他备份礼抢了一天什么也没抢到，太没脸见大哥。王宏卫因此认为他忠心耿耿，所以只带他逃走了。王宏卫给王舰打了电话告诉他警惕，王舰沉着地说一切由他处理。在对待这个女同伙的问题上，王舰采取了老办法——杀之以灭口！但这回杀人他采取了另一种阴险的手段，为此他进行了周密的计划。王舰决定利用杨秋惠和沈昕的手杀死小利，而且一旦昝宝财不同意就连他也杀死。在见到杨秋惠和沈昕的时候，王舰对他们说如果小利把事露出来一切就都完了，让他们看着办，是不是应该把小利处理掉。杨秋惠平日大话连篇，喜欢斗勇比狠，常常喜欢以炫耀的口吻说自己身上有十几处刀伤，曾经缝过300多针等。这次听说要杀的是个弱女子，他精神头格外足。王舰怕事情有突变，便把外出的崔锋迅速叫了回来，给自己做保镖，防止这帮人改变主意对自己不利。小利回来的当天下午他们一帮人在外边吃了一顿饭，小利当时还不知道那是自己“最后的晚餐”。吃完饭后他们一起来到了养猪场。当天，王舰把水虹支走了。

在王舰和水虹的家中，王舰劝小利不要再回北京了，小利说要是不回去也没事做。到此地步，王舰觉得必须将小利杀掉，否则自己的连环险境就会出现。在昝宝财出去的时候，他示意杨秋惠他们动手。转眼间一根绳子套在了小利的脖子上，她被活活地勒死了。小利刚死，昝宝财就进屋了。这群恶狼一样的同伙们一言不发地望着昝宝财，如果他对杀他女友稍有些不满情绪，那他就会马上被解决掉。好在昝宝财知趣而镇静地表示理解。王舰等人把小利的尸体装进了一条麻袋内，放在了院内的草垛中。夜深的时候，他们几个人把尸体运到了一个乱坟岗上埋了，而且还假惺惺地给烧了几张纸。

王舰后来给王宏卫打了电话，告诉他说小利已被解决了，而且是杨秋惠他们动的手。王宏卫说为什么让他们动手，王舰说就是想利用此事把这帮人拴住，什么事他们都等好能行吗？二人在电话里彼此阴森地会心一笑。

事情发展到这个地步，王舰已打造了一群魔鬼，他本想利用这件事做一次努力，使这帮人全在他的控制之下，可事与愿违，事情完全超乎了他所想象的程度，他自己根本控制不住形势。团伙成员杀小利就像一次罪恶洗礼，他们谁也不再像在北京抢劫比赛时那样缩手缩脚了，很快便开始有分有合地大肆干起抢劫案子来。在王舰看来，这种局面对自己是最危险的，因为一旦任何一个人落入公安机关手中，自己的处境都是相当危险的。更让他受不了的是，在杀死小利随后的一年中，谁也没把他当成真正的“老大”去看待，完全是各自为战。为此，在随后将近一年的时间里，王舰在猪场那边提心吊胆，他预感到自己早晚会因为这帮人出事。有时自己真想带水虹逃走，但他不忍心和水虹诉说一切，自己走又实在舍不得水虹，他只有硬挺。有时同伙们来猪场探望他，王舰还会给他们点钱，告诉他们别在外边惹事，为的就是让他们减少落网的可能。当然，最直接的目的是为了保全自己。

2001 年对王舰来说绝对是一种煎熬，而他的手下们在社会上则开始撒了欢地干案子。他们把自己想象成城市里的游击队，这期间街上所有的人都可能成为他们袭击的目标，只要是作案对象在他们看来好像是有钱人就行。他们经常无耻地认为自己是现时代的“佐罗”，专门打劫有钱人，可事实上被害人大部分都是普通老百姓，抢来的钱无一例外地全被用在吃喝嫖赌上。在他们看来，只要有城市在就不怕没“柴”烧。

王宏卫也是在这段时间变得异常疯狂的，做一般的小案子犯不上找王舰，他作案或是领着崔锋或是领着肖一薄，但其中当属他和崔锋一起作案时最疯狂，甚至曾经又夺取了两个人的生命。

王舰及其手下的这伙人长期在各地作恶多端，对待同伙又是极其残忍，这使得他们的性格严重扭曲，杀人动机变得越来越简单，越来越盲目。

2001 年 6 月初的一天，王宏卫在南市场附近的一家录像厅内看录像，由于里边热便在录像厅门口乘凉。这时眼前经过的一名女子引起了他的注意，这名女子十分貌美，穿着很入时，而且打着一把小旱伞更增添了她的风韵，眼看着这女子跟着两女一男进了一家砂锅店。巧的是，王宏卫看完录像后到这家砂锅店吃饭的时候那女子还未走。吃饭的时候，王宏卫的眼睛一直没离开过那女子。赶在这位女子上洗手间的时候，王宏卫跟了出去，并主动搭话，说想与其交个朋友。这女子非但没有任何戒心，反而把自己的手机号给了王宏卫。

这名女子叫湘若，平日十分喜好交际。几天后，王宏卫和崔锋多次打电话请她去喝酒、蹦迪，湘若均应约而至。但在这期间，湘若的一个弱点渐渐暴露出来，她兜里没有几个子儿却总要装出有钱的样子。一段时间后，王宏卫对湘若本人已没什么兴趣，他误认为她很有钱，因此便开始寻找机会准备打劫。一天，王宏卫和崔锋再次请她吃饭，湘若应约而来。一顿大吃二喝之后，王宏卫和崔锋将她带到了他们在铁锋区庆云市场附近租的楼房内。

湘若这名女子在王宏卫、崔锋二人面前一直表现得很清高，王宏卫、崔锋对此一直耿耿于怀。那天，湘若借着酒劲半真半假娇嗔地对王宏卫说：“你娶我行不行？”王宏卫根本听不进去这种酒后胡话，再说，他感兴趣的也不是这些，他和崔锋一对眼神便彼此明白了对方的意思。崔锋取出小绳，转眼便把这湘若小姐勒死了。杀死湘若后，王宏卫和崔锋翻了她的手包，里边竟然没什么钱。原来是个穷光蛋！二人气愤地将尸体运到了昂昂溪区崔门村附近一片树林内，将其一埋了之。坟前，王宏卫对地下的她说："你死在了虚荣上。"

时隔不长时间，2001 年 6 月中旬的一天，王宏卫上歌厅时认识了一位叫那丽的女子。事实上，这个叫那丽的女子家住内蒙古，她在齐市白天以炒股为生，晚上则以做歌厅小姐解闷，但很不幸，她遇上了王宏卫。一天晚上，王宏卫还是把她领到了他和崔锋所租的楼房，二人发生关系后，这个叫那丽的女子不知为什么竟一时心血来潮，娇嗔地朝王宏卫要他手里的那个 V998 手机。王宏卫本来想对这个女子又谋财又谋色，但那丽朝他要东西是他没想到的。王宏卫对她说："找你陪一次的价钱太大了点吧，再说市面上也没这个价呀！"王宏卫朝崔锋递了一个眼神，崔锋掏出小绳将这名女子也勒死了。事后，他们把这个尸体运到龙沙区大民镇南树林内埋了。王宏卫在坟前又留下一句："小姐，你死是因为你太贪了！"

王舰听说王宏卫和崔锋做的这两起案子后，表情冷若冰霜，得知尸体已被埋掉了感觉还踏实些，但他知道，如此的疯狂可不是好兆头。王舰开始劝王宏卫，别总花天酒地，不该追的女人不要追。王舰常常拿自己不好烟酒不近女色引导王宏卫，告诉他不要为了放纵自己总去做小案子搞钱，应该轻易不出手，一出手就要在恰当的时候搞大的，由于当时苇塘还没着火，王舰告诉王宏卫，他准备将来利用猪场和苇塘挣的钱买些枪之类的装备，然后他们一起干大的。当王宏卫告诉王舰说沈昕、昝宝财、杨秋惠及一个新同伙叫芦益民的整天在到处抢的时候，王舰露出了十分忧虑的表情，但已经经历四条人命生与死的王舰冷静地做出了一个决定。那个时候王宏卫正要开个饭店，王舰便要求王宏卫把店名叫作宏锋小吃楼，对以前的同伙们说店是王宏卫和崔锋合开的，以此店为据点，没事让这帮人常过来。王舰这种打算的背后其实掩藏着一种更险恶的用心，他想把这帮人经常性地拢在一起，别走散了，等时机成熟的时候，便把这帮人一网打尽全部处理掉，清除一切后患！在这之后，他们两人安心做几个大案就收手去做普通老百姓，好好生活。

王舰和王宏卫的计划就这样制订了，但在清理门户之前，他们发现了一个非常好的作大案的目标，此次二人谁也没通知，而是仅带了得力助手崔锋。王舰一门心思地认为这是一个绝好的机会，认为这将是自己真正的转折点，作案之前他一直按捺不住内心的喜悦，但令他万万没想到的是，一切罪恶的终点即将来临。

2001年12月24日平安夜，齐齐哈尔市城区边缘浏园泳区天寒江冻，空中的那轮残月及稀稀落落的星星根本无法和这里无际的黑暗相抗衡，冬日凛冽的西北风在其间肆无忌惮地呼啸而过，就像黑夜中的魔鬼放荡狂笑……

这里也许是“上帝”在平安夜里完全忽略的一个角落。

临近子夜，江心出现了三个躁动的黑点。“求求你们，我们实在没钱。”在黑暗的江心，一对被捆绑的夫妇坐在冰面上，向三个男青年哀求道。

“不给钱，就把你们扔到这个冰窟窿里去。”三个人指着旁边一个刚刨好的冰窟窿，边说边把他们往冰窟窿边缘推。

“救命啊！救命！”被捆绑的这对夫妇由于害怕开始大声喊叫。

此时，三个男青年的眼中纷纷出现了凶光，互相一对眼神，其中的两个分别在身后把一根绳子套在了这夫妇二人的脖子上，转眼间，这对可怜的夫妇命丧黄泉，并被这伙穷凶极恶的歹徒扔到了冰窟窿中。

黑夜里短暂的悸动过后，一切又恢复了平静。三名男子跳上停在江边的红色本田轿车，很快便消失在夜幕之中。

这三名凶残的男子就是王宏卫、王舰、崔锋。平安夜抢劫杀人案中被害的夫妇二人系江石、兰婀夫妇，王宏卫一伙与其遭遇并非偶然，江石夫妇在齐市经营多家店铺，生意十分兴隆，但兰婀却犯下了一个致命的错误。2001年夏季的一天，兰婀到市内某储蓄所取完十几万元钱后便明晃晃地把几大捆钱从储蓄所内抱了出来，并当众把钱一捆一捆地往她开来的那辆红色本田车内扔。如此清点无误后，她开车扬长而去。这一幕正好被王宏卫撞见了。

在随后的半年里，王宏卫和同伙王舰、崔锋多次在市区搜索跟踪这辆红色本田，但几次都因红色本田车速太快而未能跟住。到了12月23日，他们终于确定了红色本田车库位置。于是，在24日晚22时，江石夫妇二人正欲将车入库的时候，王宏卫三人同时出现，将二人用刀逼住后捆绑起来，强行索要钱财。在江石夫妇身上，三人并未发现所预想的大量现金。随后，他们将车开到了浏园泳区，用冰窜子刨开了一个冰窟窿……

12月25日深夜，被害人的家属到市公安局刑警支队报案，称江石、兰婀二人于12月24日晚22时同家人失去联系，家中的红色本田车下落不明。

人车失踪案性质一般都十分恶劣，结果往往很严重，公安机关对此类案件都相当重视。接到报案后，齐齐哈尔市公安局市局及刑警支队领导对此案极为关注，对破案工作进行了统一部署，各项侦查工作有条不紊地迅速启动。首先，各县（市）区纷纷设卡，全力搜索失踪红色本田车。与此同时，围绕江石夫妇二人的社会关系，侦查员们开展了认真细致的走访调查。

有利的消息很快传来，失踪的红色本田车在伊安县境内一个偏僻的农村被发现。车的后备箱内，侦查员们发现了被害人穿的两件貂皮大衣，通过这一点，参与本案的侦查员们凭着职业的敏感预感到这个案子一定不会仅是丢了一辆车那么简单，侦查员们感到了其中的不祥。他们对江石夫妇的生命担忧起来。为了这一点，刑警支队支队长汲忠义、副支队长刘明举、依安县公安局刑侦副局长韩喜纯分别带领刑警支队二大队全体侦查员和依安县局部分侦查员展开了一系列周密细致的深入侦查工作。

就在失踪车辆被发现的同时，通过全市公安基层单位的摸排，发现在市内居住的无业人员王宏卫、王舰、崔锋等为数不多的几个两劳释放人员具有重大嫌疑。

侦查员们很快就盯上了王宏卫、崔锋二人开的那家宏锋小吃楼。12 月 26 日晚，刑警支队二大队教导员秦刚、副大队长宋占江带领全体侦查员及部分依安县局侦查员在宏锋小吃楼门前进行蹲守，准备在王宏卫三人一同出现时将他们一网打尽。但等至深夜，除发现王宏进进出出外，并没有王舰、崔锋的踪影。临近 23 时，王宏卫开着一辆微型面包车拉着两个女的来到了龙南街一家火锅楼内，开始大吃二喝起来，侦查员们又开始在这里蹲守。此时，刑警支队支队长汲忠义赶到了现场，为防止贻误时机，他果断地决定采取抓捕行动，并带领侦查员们伪装成客人进入饭店，几分钟后，王宏卫落网。

王宏卫落网后，市局明确要求加大对王宏卫的审讯力度，并且不能就案办案，注意从中发现一切问题。刑警支队支队长汲忠义亲自主持了对王宏卫的审讯工作。

按理说，王宏卫把其他人供出来是可以理解的，王舰则是他应该掩护一下的。但王宏卫交代的第一起案件就是他和王舰、崔锋在平安夜杀害江石夫妇，抢走红色本田车的犯罪事实，随后又将他和王舰、崔锋及其背后犯罪团伙的累累罪行和盘而出。后来甚至又带领侦查员去偏僻的养猪场抓王舰。这其实是令人费解的。

王宏卫落网后，抓捕行动全面展开。

通过审讯王宏卫，侦查员们很快得知王宏卫本人非常凶残，其同伙也个个凶残无比，杀人成性，刑警支队的领导及广大侦查员们为此进行了充分的准备。27日凌晨，刑警支队副支队长刘明举、二大队大队长冯陆成带领骨干侦查员将王舰在昂昂溪区水师乡平房村的养猪场包围。庆幸的是，侦查员们没费一枪一弹便一举将睡梦中的王舰成功抓获。

27日下午，二大队侦查员张志宇和依安县局两名侦查员深入虎穴，在宏锋小吃楼内守株待兔，等待来此据点的团伙成员。结果陆续抓获了团伙成员，犯罪嫌疑人沈昕、昝宝财。

27日17时，二大队侦查员孟庆武、李志刚、段健为在芦益民家中将其擒获。

家住市龙沙区安顺路派出所辖区的本团伙重要成员、犯罪嫌疑人肖一薄多日来一直在外游荡没有回家，管片民警王占海连续多日在肖家周围守候，并广泛发动群众协助抓捕肖一薄。2002年1月2日早晨，肖一薄刚进家门没多久，王占海和龙沙分局刑警队侦查员便将其擒获。

本团伙另两名成员崔锋、杨秋惠则被网上通缉。

王舰12月27日落网那天正好是水虹的生日，那天他特意没有和任何人联系，家中仅有他们二人，他一心想为水虹好好过一回生日。这次作案没像想象的那样成功，王舰情绪很低落，他本来是想把此次抢的一部分钱交给水虹，以弥补苇塘和猪场赔的钱，然后自己彻底离开水虹，不再拖累她。没向任何人道出的这个想法不仅没实现，王舰此时不知为什么还有了一种很不安的感觉，他预感到这次事情好像不太妙。王舰对水虹说："虹，我这是最后一次为你过生日了，但我到哪儿都会记着你！"水虹听了这些话非常纳闷，问王舰怎么了。王舰又说了很多似是而非的话，但总的意思是水虹和他吃了那么多的苦，自己实在是没办法报答。王舰最后告诉水虹说，如果他突然消失了，自己一定要多保重，首先把猪都卖了回市里住，不要再待在这儿吃苦受罪。王舰当时是下定决心第二天一早就潜逃。但他万万没想到警察行动这么快。那天他刚刚进入梦乡的时候便被逮了个结结实实。水虹当时可被吓坏了，她感觉这一切太突然。后来水虹来到刑警队见到王舰时，王舰对她说："我没有希望了，不要再管我，抓紧把猪卖了，剩下的路水虹你一人走好！"在被抓最初的几天里，王舰一直纳闷王宏卫落网后为什么能这么快供出自己的住址。王舰自己给了自己一个很痴的答案："我是'老大'，王宏卫因我胜过他而不服气，他一定是想在死的时候拉着我，我落到这样的下场，他王宏卫也就算胜过我了，最起码也是平手。”

对于这个问题，王宏卫对侦查员说：“王舰嗜杀成性，他杀了同伙秦又林、小利，还曾想杀崔锋，后又提出要把团伙所有人灭掉。王舰为了自己什么都能做得出来，如果真的有一天一笔巨款摆在我俩面前，我俩百分之百是要一决高下的。”他又说最近一段时间自己已把一切问题看透，最起码没王舰，他王宏卫能不能以抢为业还不好说，并且前一阵子他一个平日比较有钱的表姐在一天夜里被人抢了，根据描述他感觉这事很可能就是王舰干的，王宏卫认为王舰也是在背地里“干活”，背地里干不要紧，但抢了自己的表姐王宏卫很想不开。

原来王宏卫与王舰之间的信任感已在转眼之间全部消失了。罪恶链接本身就是一种十分虚弱的组合，王舰一直活在一种自我想象的世界中。所以，有了以上想法的王宏卫还能容得下王舰吗？

王舰和王宏卫有一天在公安机关的走廊内碰上了，王宏卫说：“你怪我吗？”王舰说：“不怪，我没带好你，下辈子还当同案，干大的。”

真是死不改悔，到这个地步了还互相死要面子，硬撑给对方一个漂亮的答复以求自身一个完整的形象，这本是一个多么支离破碎的局面！

人的机体若是染上了病毒感冒吃片药就好了，可若是灵魂染上了病毒是无论如何也无法挽救的，王舰和王宏伟就像那苇塘里着了火的秋苇一样，化为灰烬而且永不再生，哪还有什么“下辈子还当同案，干大的”！

越狱者的“瓮中人生”

一、墙上贴的就是你

到了刘家堡，才知道什么叫乱。美美超市四个大红字，在这片乱中显得挺扎眼。

地处城乡结合部的刘家堡是这个城市里流动人口最集中的地方。早晨上班和晚上下班的时间段，这片棚户区人声鼎沸的程度绝不亚于市中心最繁华的去处。公安局的统计数字显示，刘家堡一带居住的流动人口有四千左右，这个数字意味着包片警察肩上的担子不轻。

每天身处在自己的超市里，美美除了收钱的动作以外几乎都在QQ上聊天。QQ给她提供了一个与平日生活完全不同的世界，除了网络种菜、偷菜，她还结交了数不清的网友，长年累月的神聊闲侃，平抑了她的情绪，也练就了她很强的与人沟通能力。美美总是将自己打扮得很精致。在这片棚户区里，她本人和美美超市四个大红字一样扎眼。但扎眼归扎眼，美美从来不自命不凡，她和这里的人们有着非常融洽的关系。虽然附近来来往往的人们都不是很富裕，但性情都很淳朴，他们与美美之间有着融洽的邻里关系。美美甚至还在电脑桌上放了一盒廉价烟，谁若前来和她聊天，她就会给点上一支。美美这个店还有一个功能，就是为周边的外来人口提供职业中介，她干这方面的中介从来都是有一说一，不乱忽悠，因为她知道这些老老少少活得都不容易。

美美三十出头，风韵正当时。她身处这样的环境，难道不会有心怀叵测的人对她和她家的这个店铺心生邪念吗？这个问题其实不需要任何担心，美美的丈夫相当强悍，心肠也热，在刘家堡一带有着很好的人气。有了这些因素，美美超市在某种程度上成为刘家堡的“商业中心”，美美她们两口子算是这里的“名人”。两个人对刘家堡的人们非常熟悉，什么时候若是来个新户，到店里买个酱油的工夫就会被察觉。派出所片警在搜集这里外来人口信息的时候，经常向美美求助，她提供的情况八九不离十。

这天早晨，派出所的片警张云拿着一沓通缉令和一桶胶水来到店里，对美美和她的丈夫说：“市里一个监狱有人越狱了，咱们这儿环境复杂，很可能跑到咱们这里来，得注意点儿。晚上早点儿关门，有情况给我打电话。”随后将一张通缉令“啪”的一声粘在超市门口，走的时候又加重语气说：“这个逃犯有绑架、抢劫、强奸经历，千万小心!”

张云平日来到超市的时候，时常会和美美聊聊天，吸根烟或喝点水，但那天却神色匆匆地离开了，他那紧张的神色说明追逃任务紧迫。张云这个样子，一下子令美美产生了从未有过的紧张感，好像逃犯随时会出现在店里边。她的丈夫却凶巴巴地说：“媳妇，你别担心。有我在，你怕啥？敢来咱家，就是来送死!”

一天、两天、三天……十多天过去了，美美始终让丈夫陪着她，不让他离开店里去进货。到了第十三天，店里部分商品缺货严重。下午的时候，美美终于同意丈夫外出进货，因为她已经放松了许多，她觉得自己不会那么“幸运”，这么大个城市，那个逃犯怎么就会来到刘家堡？即使来到刘家堡，怎么就一定会来店里呢？总之，美美觉得自己几天来有点神经质，而这种神经质已经影响超市的正常运转了。

但是，很多事情就是这样蹊跷，紧锣密鼓设防的时候不见险情，等到不设防的时候险情却毫无预兆地来了。就在丈夫外出上货那天下午两点多的时候，一个身穿灰黑色棉袄、灰色棉裤，神情狼狈的男子推开了店门。美美一愣，她一眼认出这张瘦弱的脸孔就是门旁张贴的通缉令上的那个通缉犯!

一时间，美美急得想哭，却因惊吓过度而欲哭无泪……

仅仅是一瞬间的对视，对方的眼神瞬间变得令人恐惧起来。

店堂里只有附近居民楼里的一位大爷在专心选购商品，他暂时没有注意到店里突然而至的危机。对视没有多久，那男子竟然迅速转身，推门离去。但仅仅是几秒钟过后，男子又推门再次进屋。

短暂的几秒钟，美美感觉大脑一片空白。还没等她缓过神来，那个折磨人的家伙竟然又回来了。她只感觉心里“咯噔”一下子。

“你能看出来吧？”再次走进店里时，他走到柜台前指着通缉令说。

“能看出来，墙上贴的就是你！”美美用微弱却平静的声音回答。

买货的大爷听到了这两句“镇定”的对话，吓得蹲到了小店的角落里。老人这几天也看到了大街小巷的通缉令，瞬间就明白发生了什么。他起身要往外走，那男子却眉头紧锁地朝他一指说：“你，待着别动！”老人顿时吓得咕咚一声坐在地上。

这个时间段，是一天里顾客最少的时候。美美在心里不断责备自己，怎么会偏偏在今天让丈夫外出上货？同时也在期盼丈夫能快点回来。她的心里真是怕得要命啊。抢劫、绑架、强奸，这几个字眼都和眼前的这个人有关，自己该怎么办？自己这辈子从没遇见过什么坏人，可现在竟然遇见了这么恶劣的一个。美美觉得自己实在背运。

二、越狱者的“艳遇”

这是一起轰动全国的越狱事件。他为什么要越狱？他如何设计的逃亡路线？在哪些地方待过？与哪些人进行过接触？他在逃亡期间又经历过哪些不为人知的事情？他是否会再次行凶害人？十多天里，越狱者孙冠给人留下了一堆疑团。

白宝山是中国犯罪史上最臭名昭著的杀人犯之一。1996 年 3 月至 1997 年 8 月，短短一年多的时间内，因盗窃、抢劫被判入狱的白宝山，在出狱后不久便流窜于北京、河北、新疆等地袭军袭警，先后抢枪 3 支，抢钱 100 多万元，打死打伤 15 人。很多犯罪嫌疑人作案的动机来源于一本书的内容或一件事、一句话。一个很有名的例子——被媒体称为“河南黑帮教父”的宋留根最爱看的书就是《教父》，即使坐在马桶上，他也要浏览一下。孙冠最崇拜的人就是白宝山，那本描写白宝山的书籍他看了十多遍，他幻想自己就是白宝山。孙冠渴望有机会成为白宝山那样的人，他的越狱动机就源于此。

孙冠今年 26 岁，因犯抢劫、绑架、强奸三大罪被判入狱，只因当年事发时不满 18 周岁而未被处以极刑。漫长的刑期让他“无法忍受青春年华在监狱里荒废”。无数个难以入睡的夜晚，他始终在默默研究越狱方案。

孙冠入狱后很会表现自己，给管教和狱友们都留下了极好的印象。有任何劳动表现的机会，他都会积极争取。但他叵测的居心，却从来不曾有人发觉。这年冬天，城市遭遇了五十年一遇的大雪。孙冠在铁窗内看着纷飞的雪花，心中如刀割一般。他一遍又一遍地问自己：“难道，等到下一个再下雪的季节，我还是在这里唉声叹气吗?”

就在凝望一场又一场大雪，一次又一次慨叹时，那雪竟给了他一个灵感。于是，他开始孤注一掷地实施越狱行动。

雪的确太大了，监狱几乎已经清理不过来了。往往是上一场雪留下的积雪还未清走，下一场雪就又来了。在预警的工作区，更是留下了一个大雪堆。一次傍晚清雪，孙冠再次报名，并因此来到预警工作区清雪。他号召狱友们把积雪都往那个大雪堆上送，谁也没多想就照做了。当雪堆高度逐渐接近墙头时，孙冠趁人不备飞身上墙，接着便跃进墙外的雪野……

孙冠永远记得那飞身跃下的感觉，那是他此生无法磨灭的一种快感。这种快感支撑着他始终以百米冲刺的速度狂奔，直到躲进一处临时藏身的农舍。孙冠坚定地认为，他从此自由了。可令孙冠没想到的是，这种接下来给了他十天快感的自由，最终却意想不到地给他带去了比坐牢还绝望的全身心崩溃。这十天的“瓮中人生”，经历的所有蹊跷与难堪令他刻骨铭心。

案发当天夜里，服刑人员越狱的消息还没有对社会公开，暂时还处在封锁期，媒体也尚不知悉案情，警方也没有接到命令做过多防范。孙冠在天黑下来的时候离开藏身的农舍，潜入市里继续重操旧业。那一夜，市里发生的抢劫案几乎都是孙冠干的，但好在无被害人伤亡。孙冠一直折腾到天亮。

很容易地抢来了厚厚的钞票和衣物。天亮时，孙冠来到了一个服装城，买了手机、手机卡和线衣线裤、棕色皮鞋、牛仔裤、腰带、单肩皮包、围脖、手套、墨镜，甚至还买了假发套和化妆品，目的是便于日后用来伪装，然后想办法逃离这座监狱所在的城市。但在他走出服装城的时候，孙冠发现路上到处都是警察。很明显，警方已经开始全城布控搜捕。

买完衣物后，孙冠迫于压力决定就近租个房子。他想租个房子隐藏下去，至于时间则是个未知数，可能十天、二十天，甚至更长。他觉得自己可以在夜里出来实施抢劫，靠抢劫来养活自己。只要度过这个艰难期，他就可以开始干绑票一类的“大活”。但即使是租房，孙冠也没消停。他觉得自己要租就到高档社区租房，而且最好是和别人合租，如果与他合租的是个有钱人，他还可以顺手牵羊，或者直接将对方洗劫了。来到一家中介，一个房源令孙冠喜出望外，竟然有两个高级女白领在招合租。虽然没有身份证，但孙冠在交了房费和押金后就顺利租到了房。

孙冠不是一个土包子。他原本是这座北方城市非常有名气的上海菜厨师，受雇于金黄埔会馆。虽然入狱前年龄还不到18周岁，但他在当地烹饪界已经小有名气，他的工资正在快速上升的通道中。当时，谁也没想到他会自毁前程。别看他在监狱里待了八年，曾经的厨师经历使他见了许多世面。所以和两位女白领接触起来心思很够用，很快讨得两个女孩欢心。要命的是，孙冠精湛的厨艺为她们提供了一个浪漫的晚餐，三个人把酒言欢的最终结果是烂醉如泥。事实上，两个女孩白天已经通过电视新闻得知了有人越狱的情况，但她们谁也没往那里想。

这里大意的还有此前的那个中介，工作人员原本也看到了新闻，但也是因为没有多想就将房子租给了没有身份证的孙冠。孙冠越狱的头两天，虽然警方动用了一切手段宣传，但社会各界群众似乎并没有产生足够的警觉，谁也不相信那个越狱的逃犯会与自己遭遇。

酒过三巡，菜过五味，一个女孩接了电话就离家了，而另一个女孩却对自己身处的险境全然不知。当孙冠与她滚到床上时，她还以为那是一段难忘的邂逅。

八年没尝到女人滋味的孙冠如狼似虎，在女孩的身上俨然就是凶猛的野兽，向她的身体一遍又一遍地疯狂进攻。孙冠不知饥渴的宣泄最终令女孩害怕了，她从最初的主动配合迅速变为不知所措，她的眼泪没有博得孙冠一丝同情，她的哭声因为过度恐惧和身体的痉挛而弱化成了上气不接下气的喘息。对于女孩来说，这是一种濒死的体验。

折腾到后半夜三点钟左右，体力耗尽的孙冠终于消停了。这个时候，酒劲全无的女孩忽然间想起了白天的电视新闻。女孩挣扎着来到另一间屋子，拨通了女友的电话。经过长时间的等待，女友终于接了电话。女孩小声地对女友说："刚才我被强奸了，那人好像越狱犯……"

"疯了吧你？大半夜的？"那边的电话竟然撂了。女孩正绝望的时候，孙冠忽然间出现在了她面前。她顿时惊得想哭的力气都没有了，过度惊恐使她的身体像面条一样瘫软在地上。

孙冠走过来，用手摸了摸她的脖子说："很细，太细了……"女孩断定他要掐死自己，便直接跪在地上恳求，孙冠竟笑得挺开心："我不杀人，把钱都给我就行。日后有机会，我会把钱和人情都还你。"

孙冠知道：这里待不下去了，于是拿了女孩的钱包迅速逃离。

三、魔鬼般的往事

入狱前，孙冠刚刚担任"副灶"，这对一个不满18周岁的厨师来说意味着在这个行当里有无量的前途，但孙冠对此没有丝毫满足。在他受雇的金黄埔会馆，他认识了一个很漂亮的女服务员，他对她很有好感，但这个女孩却不搭理她。孙冠觉得这是因为自己家境不济，自卑的他觉得自己的确没有资格喜欢人家。孙冠当时认为造成自己低人一等、他喜欢的女孩不喜欢自己的原因，就是因为自己家境的贫穷。这使他产生了快速“致富”的想法，而对于“致富”的手段，他选择了绑架。

会馆里有很多一掷千金的顾客，孙冠决定给这些人点噩梦。他没事的时候就观察和开车尾随，逐步掌握了一些人的活动规律和住址。他决定先试试抢劫练胆量，时机成熟的时候再开始干绑架。第一次抢劫是在夜里，他藏在会馆一个顾客家附近，当该人醉醺醺地来到自己家门前时，孙冠一个大球棒下去将其打昏，随后抢走了他的包。没过多久，尝到甜头的孙冠又在一天夜里潜伏在一个常来会馆的女顾客家附近，在其开门的一刹那尾随入室行抢。当发现该女子家中无人后，竟对她的身体施暴……

作案两起，令孙冠在心理上产生了莫名的平衡感。他决定一劳永逸，对会馆老板的孩子进行绑架，然后索要巨额赎金。孙冠觉得一旦事成，此生不必再烟熏火燎地终日煎炒烹炸了。但是，抢劫案干了，强奸案干了，孙冠毕竟还是个未满18周岁的孩子，做起与年龄不相称的事情总会显得幼稚可笑，虽然他自己从不这样认为。绑架和抢劫不同，是需要周密设计的。孙冠设计的绑架计划外表吓人，却是漏洞百出。

孙冠生得高大威猛而早熟，18岁的他看起来像30岁，他的思想和身体像刚成熟的公鸡活泼好动，两天不外出嫖娼泄欲就会像热锅上的蚂蚁烦躁不堪。这副德行的孙冠，又能干成什么事情呢？好事想不明白，赖事也做得稀里糊涂。相对于最初两起案件，孙冠的绑架案件则干得非常幼稚，并直接东窗事发。

当天，孙冠将会馆老板读高中的儿子在上学路上绑架，并伪装声音给老板打了勒索电话，让其准备500万元现金赎人。经过警方的调查发现，被害人早上6时20分从家中背书包出去上学后失踪，学校及亲属、同学都没有看到他，而且绑匪频繁给被绑人父亲打电话索要赎金，并叫嚣不给就把人“做了”，给少了就“摘点啥”！警方确定这是一起有预谋、有准备、精心策划的特大绑架案件。因绑匪索要现金500万元，说明其对被绑人家庭条件比较了解，于是重点对被绑人父母接触关系开展调查。这个思路很快使孙冠老板警觉。案发当天上午，“副灶”孙冠失踪了，而且手机关机，这位老板断定此事一定与孙冠有关。

警方围绕被绑人每天上学的行走路线调取监控录像，这位老板很快认出了录像中频繁出现的孙冠身影。由于监控探头有盲区，案发当天并没有录下孙冠绑架其儿子的过程，但录像中却发现了孙冠那辆破旧的桑塔纳轿车出现在案发区域。为了确保人质安全，谈判专家组根据可能发生的情况准备了数套工作预案，教导家长如何与绑匪周旋，全市所有出城卡点进行布控堵截，防止绑匪挟持人质外逃。商人是最聪明的。事情发展到这个地步，这位老板决定暂时抛开警方单干，因为他看到过绑架案被撕票的新闻，他不想拿自己唯一的儿子去冒险。他的这个想法绝对不是心血来潮，而是因为他确信自己对孙冠有着足够的了解。

“孙冠，我知道是你，别装了。你把儿子平平安安地还给我，我把钱稳稳当当给你，我们相处一场，要有个好结尾！你也别要500万，100万足够了！”

当老板在电话中直截了当挑明的时候，孙冠起初吓了一大跳。后来一想，事已至此，还怕个鸟？细细想来，老板对自己真是不错，工资从来不拖欠，平日虽然严厉点，但也没伤过他。孙冠原本就没有一点撕票的想法，老板既然这样说了，他觉得就可以这样收尾了，于是问：“你报警没？”

“报了，但这事儿我不想让警察管了，咱们自己解决算了。日后，你出息了，这100万你愿意还我就还，不还也没什么。警察那边，我主动撤案，你放心。”这番话让孙冠听着无比舒坦，也满足了他的自尊。老板给了他一个新号码，告诉他有想法就给那个新号码打电话。

孙冠对自己的举动毫无悔意，他觉得正是因为这起绑架才使得他和老板有了平起平坐的机会。除了白宝山，孙冠更是没少读世纪贼王张子强的故事，孙冠相信自己日后就是干这个的，所以心中不禁涌出一种畸形的自信。老板提出和他单独见面给钱，他可以在得到钱后离开，再放了老板儿子。这种宽松的举动令孙冠非常满意，真的像回事儿似的前来单刀赴会了。

孙冠期待着一个平等的见面，但当他真的与老板相对而坐的时候，老板威严的表情令他汗流浃背，所有的自信瞬间崩溃了。周围还有几个人，都是会馆里的人，似乎都在给老板站脚助威。

“你多大个人？怎么能惹出这么大乱子？你对得起家中的老娘吗？”老板的骂声劈头盖脸，接着就是一顿大棒雨点般砸在他身上，“不交出我儿子，你他妈也别活着出去！你外边的同伙要碰我儿子一根汗毛，你也他妈别活着出去！”

老板神色疯狂。骂够了，打够了，他亮出了底牌。

“给你同伙打电话，放了我儿子。我把你送警察那儿去，我给你老母亲拿去5万生活费，你服刑的时候她要有什么困难，我会帮。”

孙冠母亲40多岁生了他，父亲早早就得病去世了，没有工作的母亲一直和他相依为命，他早早地走上社会学厨师，就是为了早点自立养家。老板给他母亲的待遇，点中了他的要害。孙冠原打算谎称有同伙看着人质，他这边拿不到钱，那边就会下手撕票，却万万没想到老板会来这一招。看来，如果真的外边有人撕票，老板这阵势也得把他撕票。

“我没同伙，孩子在我车的后备箱里绑着……”孙冠缴械投降。

这是一段惨不忍睹的经历，但孙冠对自己的老板真是怨恨不起来，而且佩服得五体投地。自己被判入狱后，老板真的信守前言，甚至连母亲来监狱看他时存的生活费都是老板的钱。对此，孙冠感激涕零；而事实上，他的老板这样做也是为了日后不和他这样的叵测之人结下深仇，人家毕竟是在明面里做生意的，经不起报复。

逃亡期间，孙冠曾经打算到金黄埔会馆看看，主要是看看自己喜欢的女孩是否依然还在那里工作。但是，一路上，他看到了数不清的通缉令，根本不敢正眼瞅人，一张张印着自己头像的通缉令最终让他退却了。他想，如果真的再遇上老板，说不定又是怎样责骂他，最后还得把他重新送回监狱。

四、拼命逃窜却无处可逃

孙冠决定自己要竭尽所能逃离这座处处设防的城市，他准备购买一辆摩托车逃走，但所带的钱不多，只好作罢。他看到一个批发市场靠近铁道线有货运列车，认为这不失为逃跑的好路子，便买了两只烧鸡、两瓶白酒，爬上火车等待开车好逃离。孰料这列货车是编组车厢，转了几圈之后仍然没出城，孙冠无奈地跳了下来。

越狱的第三天，孙冠用帽子半挡着脸，拦了一辆出租车声称要去外县。一路上他心神不宁，语无伦次衣着邋遢，帽子上都是灰。当车行驶到出城的一个路口时，孙冠看到前方远处有数辆警车，就说自己没带身份证要求掉头。司机发现情况不对，准备径直将车开到警察身边。孙冠突然拿出随身携带的一瓶白酒，摔碎后逼向司机颈部，并告之他不要加速，以免引起警察注意，随后胁迫司机半路拐弯，最后在无人处下车逃走。而他下车的地方就是刘家堡。

孙冠在刘家堡转了一圈，发现了一个废弃的锅炉房。这个废弃锅炉房外墙被各种垃圾形成的小山包围着，一道小门一半已经被混着粪便的黄色冰包堵住了。孙冠钻过小门，踩着遍地垃圾来到锅炉房前，并由一个破烂的窗户钻了进去，他在那里安静地睡了一夜。

第二天，孙冠发现锅炉房里间有个管线井，井边都是冰霜。井里的温度也就是零度左右，但与锅炉房相比，井里面却相对暖和一些，他于是来到井底。“井底之蛙”“坐井观天”这样的形容词如果用来形容孙冠，虽然十分切合实际，但显然无法描述他的狼狈：冰冷潮湿、满地污秽、粪便、尿渍、脏水……这就是孙冠的生存环境。

一天夜里，孙冠实在想念老母亲，便出井往家打了个电话。与母亲通电话时，话筒里传来了母亲的哭泣声。放下电话后，孙冠的情绪很低落，又回到井里继续躲藏，准备躲几天再出来。但是那个井太小了，又很潮湿，躺下伸不直腿，只能蜷曲着，由于害怕被别人发现，他在这里不敢露头。这期间他吃掉了两只烧鸡，喝掉了整整两瓶白酒，又吃了些别的食品。他每天都在往井上看，天亮了睁眼，天黑了睡觉，这就是一天。孙冠掐着指头算了六次，也就是六天。

越狱的第十天，孙冠将假发用剃须刀刮短，装成拾荒者走出了废弃锅炉房。他壮着胆子沿路走到一个小市场，在那里买了几只水煎包、两盒烟，在一个垃圾堆里捡了两个包和一个鸡毛褥子。他想返回市里，看看警力如何，但没敢于成行。当晚，他回到锅炉房时发现好像有人来过，就准备次日转移地点。第二天早晨，孙冠早早出门，穿着黑色棉袄，戴着假发套，先到一家小浴池洗了个澡。洗完澡后又在小摊上吃了几个包子，在早市买了袜子、鞋、手套，之后来到一家洗衣店，交了三元钱洗裤子，再到对面一家理发店理发，他认为自己戴的假发太长了，不自然。

“把我的头发剪得越短越好，剪成寸头……”

对此，理发师觉得奇怪极了，因为他看出孙冠戴的是假发，于是认为孙冠一定是精神有问题，就耐心地劝他：“假发剪太短不好看。”

孙冠在店里剪头用了十五六分钟，离开时理发师说费用是五元，他扔下十元钱说：“不用找了。”过了一些时候，理发师外出上厕所，看到了通缉令，发现戴假发剪头的人就是孙冠后，立即报了警。

孙冠离开理发店后，还找了一家照相馆，戴着修理过的假发照了 8 张一寸照，准备办个假身份证。然后他又去超市买了木梳和水，又打了一辆出租车，在小摊买了两顶帽子、一副墨镜。他戴上黑色帽子，摘下之前戴的眼镜，准备去找一个过去一起干厨师的朋友，想到那里寻求帮助。可到了朋友家门口，却看见有他的通缉令。他怕被人发现，也怕连累朋友，就没有进去，之后便再次寻找更隐蔽的地方。

孙冠想找一个干净一些、舒适一些的地方躲起来，很快就发现了一个废弃的工厂，那里有不少未完全拆迁的空房。事实上，这个工厂周围的老百姓已经自发地组成了治安巡逻队，很多居民对有人越狱的事情都知晓，也能直接说出孙冠的名字，甚至也曾有人见过穿棉袄棉裤的孙冠，但大家以为是在附近工地干活的民工，没太当回事。孙冠几天来的表现还算有些头脑，虽然他在贴有通缉令的地带活动，但巧妙的伪装并没有让人发现他。孙冠的伪装功夫的确不错，虽然洗过了澡，又理了假发，但出现在这个废弃工厂时，他抓把尘土往脸上抹了半天，又把自己弄成蓬头垢面，一身破烂的模样。

废弃工厂的大院，成了一个监控弱区，原因就是这个院里有两条狗，不管是谁，只要进入这个院，它们就会狂叫着逼上来。曾经有人在这里上厕所时被它们吓得犯了心脏病，居民们平时都不敢接近这个老工厂大门。孙冠从围墙跳进来的时候，两条狗竟然没有叫。孙冠小心翼翼地进入了这个大院，就在垃圾和粪便遍布的老楼内，找了一个稍干净的角落，并着手给自己搭了一个暖和的住处。他准备了一个吃饭的金属盆，找了一个垃圾毛绒玩具做枕头，还有前一天捡的鸡毛褥子和一些棉布织物。一个“舒服”睡觉的窝儿就搭成了，但就在他还没有享受“舒服窝”时，更夫便把他的“好事”冲散了。夜晚的时候，孙冠的鼾声惊动了更夫，更夫过来巡查，看到孙冠躲在墙角处睡得死猪一般。

更夫觉得眼前这个人就是乞丐，费尽力气把孙冠叫醒了，然后就撵他走，可孙冠说什么也不走，还跪下来求更夫，求他让自己再睡会儿。更夫于是气哼哼地走了，走时嘴里叨咕着：不走，我去给派出所打电话，给你送遣送站去。

孙冠听了这话像触电一般，激灵一下子精神了，更夫背影刚刚消失，他来不及带走一样东西便逃掉了。片警得知情况后迅速来到现场，打开包看了一下，发现里面有假发和眼镜，以及各种衣物等 11 件，还有孙冠脱逃后为买伪造身份证拍的 8 张一寸照片，拍照时显然戴了假发伪装。

五、超市女老板智斗越狱者

寒冷、饥饿、惊悚，孙冠觉得自己实在撑不下去了。几天来，只有在监狱大墙上的纵身一跃充满极致的快感，余下的一切都在难以名状的憋闷中度过。他对未来已经不抱多少希望，他想自杀，却没有勇气。

这次逃跑匆忙，所有东西都没带出来。在刘家堡一带拦路抢劫肯定不行，这里的人都很穷，兜里也就几个买菜钱。到市里作案，孙冠已经没有那个胆量了，连刘家堡都到处是自己的通缉令，市里的风声一定会更紧。

饥肠辘辘、狼狈不堪的孙冠来到距离他躲藏之地不足百米的美美超市。进去之前，他的心态像一头恶狼，谁若不配合他，肯定会遭殃。孙冠心里这样想着，他的心中对那个更夫充满了怨恨。自己只是求他睡上一觉，那人为何那样不近人情？孙冠后悔了，他觉得自己当时应该暴揍那更夫一顿。因此进入美美超市的时候，孙冠是满怀敌意的。他想好了，谁再惹他就要谁的好看。

“你能看出来吧？”再次走进店里时，他走到柜台前指着通缉令说。

“能看出来，墙上贴的就是你！”美美用微弱却平静的声音回答。

这番对话过后，美美经历了短暂的恐惧后很快镇定下来，她觉得自己应该正视眼前的情况。她发觉眼前的这个人也够可怜的，他比在附近长期生活无着落的人强不了多少，一种同情感油然而生，但依然保持着足够的警惕。的确，由于长期生活在刘家堡一带，美美非常善于和那些生活陷入窘境的人沟通，她这个特长在眼下很快发挥了作用，直接表现就是她的镇静和从容。美美决定用真情去规劝眼前的这个逃犯自首。

美美选对了时机。此时的孙冠，什么心情都没了，抢劫、绑架等所有的雄心计划全然不在，眼下丧家犬般的生活已经给了他很好的教育，他渴望得到的，已经回到了两项活着的最基本元素——安稳睡觉，安稳吃饭。

美美给孙冠倒了杯热水，泡了盒方便面。此时的孙冠已经没有心思在意美美的容貌，也没有心情去动不必要的邪念，但美美的举动让他感觉很温暖，有了想和她沟通的感觉。他狼吞虎咽吃面的时候，美美在 QQ 上向网友发出了求救信息，警察那边很快就得知了情况。同时，她和孙冠的对话也在有条不紊地进行着。美美将桌子上的那包烟和一个打火机扔给孙冠，孙冠主动跟美美打开了“话匣子”，他眼神中那些令人恐惧的成分也在瞬间消失得无影无踪，取而代之的是彷徨无措和举棋不定的忧郁。很明显，美美几个简单的举动令孙冠有了安全感。

“我逃得太累了。”

“那就投案吧！我这里有很多好的打工信息，你如果是个正常人，找点活干多好？干什么非得犯罪又越狱？”

“举报我可以有奖金，你打电话吧！”

“我不想要那奖金，你自己要想好了就报警投案，那是你自己的事情。我这里你想吃什么，喝什么，随便。”

孙冠疲惫地坐到一个货架上：“我想打个电话。”随即拿起柜台上的电话拨出了一组号码。美美隐约听见电话那边有人低语，但说什么没有听清，只知道话筒另一端是个女性的声音，而孙冠那张消瘦、脏污的脸上流出了几滴眼泪，“妈妈，我要自首了。”“以后一定让你省心。”

孙冠挂断电话后对美美说，妈妈听他要自首在那头哭了，告诉他：“那太好了，你想通了，回去就好好的。”孙冠有些紧张，双手不停地哆嗦，竟拿不起话筒，美美要帮他报警自首，孙冠同意了。

于是，美美又当着他的面报了警。电话刚刚撂下，一幕警匪片电影中才能看到的场景出现在眼前：几十名警察从仓买店鱼贯而入，将身着灰黑色棉袄的孙冠紧紧围住，并很快带进警车。这是网友帮助美美报案的结果，警察因此来得极快。

孙冠被民警带走后，美美才感到后怕，随后将亲友叫到店里壮胆。当晚，她和丈夫在店里看到了孙冠在自己店里被抓捕的新闻，紧张的情绪仍久久不能平复……

脱逃犯罪是指依法被关押的罪犯、被告人、犯罪嫌疑人脱逃的行为。所谓“脱逃”，是指行为人逃离司法机关监管场所的行为，主要是指从监狱、看守所、拘留所等监管场所逃跑，也包括在押解途中逃跑。依照我国刑法规定，依法被关押的罪犯、被告人、犯罪嫌疑人脱逃的，处五年以下有期徒刑或者拘役。但美美向警方提供了证明，孙冠有自首情节。

子弹的危机

牛奶刚刚热好，刘成的电话就响了。他一看号码，脑袋便嗡的一下闪出许多金星子。浓烈夸张的香水味、艳丽无度的红唇、极具挑逗性的身材，非常无奈地展现在他面前。

来电的是财务科张明明，是单位里远近闻名的轻佻靓女。为了自己那点见不得人的破事，她已经纠缠刘成有一阵子了。但作为高纬度城市资深的监察部主任，刘成始终保持着极大耐心。

“刘主任，您再给我个机会吧！我保证今后不会再犯这个错误了！”

“小张啊……这事情，大家都看着呢！和你说了多少遍了，你捅了这么大娄子，不是我想给你机会就能给你机会的。你主观态度不错，我会把这一点如实反映的，也会在某种程度上减轻对你的处理，最起码不至于开除。至于你一而再再而三地强调，希望不对你做任何处理，那怎么可能呢？别说我这个监察部主任，就是咱单位一把手也不可能那么决定，那样怎能服众？还怎么管理这么个大单位？”

刘成这些日子心情极差，都是被这个张明明弄的。张明明挪用单位十万公款炒股票，结果被深度套牢，而她挪用公款的举动恰在这个时候被发现了。钱虽然很快被还上了，但对张明明的处分是必不可少的，班子成员已经基本达成共识：调离财务岗位，但不砸这个女孩的饭碗，给她一个重新做人的机会。

看似平淡的一个早晨，一场危机正悄悄地酝酿着。

一、监察主任在自家车库前被枪杀

就是在这天早晨，刘成吃过早饭下楼已接近9点。由于9点30分要到市里开会，所以他不打算去单位，而是直接赶赴会议现场。

刘成悠闲地来到自家车库门前。车库门开启后，他站在门前抻了几下胳膊，又扭了扭腰。由于是深秋，空气非常清爽，刘成贪婪地连续深呼吸了几下。这时，他发现不远处有一名身着橘色制服的清洁工似乎要开始打扫工作，便走进车库钻进黑色的帕萨特车内。这个阳光明媚的早晨，刘成万万没有想到，他所感受到的一切竟会是自己生命里的最后一幕。此刻，他离死亡也仅一步之遥。

8 点 05 分，刘成从车库倒车至库门前时，那位清洁工来到了车旁边并向他招手示意，似乎是有什么事情要问。对于这样一位身着制服的清洁工，任何人都不会将其与某种不测联系起来，刘成也不例外。刘成没有摘挡，踩住刹车后摇下车窗客气地问："您有什么事？"

然而，刘成在发问的一刹那却发现来人将一个乌黑的枪口对准了自己，他下意识地闪身将身体压低并转向副驾驶的位置，接着猛踩油门，但他还是没有躲过子弹，枪声连续响起，头部中弹的刘成瞬间倒在车中，失控的轿车撞击到不远处的水泥围墙后，歪斜着停了下来。由于案发时间段是小区一天中最为冷清的时间段，所以这一幕没有任何目击证人，枪手作案后逃之夭夭。10 分钟后，市局 110 指挥中心接到群众报警：开发区桐林阁别墅小区某车库门前，一辆黑色轿车尾部碰撞到水泥围栏，车内男子受伤。

接报后，指挥中心民警最初以为现场发生了一起交通肇事，但属地公安机关民警赶到现场后却吃惊地发现，该男子头部伤系枪伤。毫无疑问，现场刚刚发生过的是一起标准的凶杀案，民警当即对现场进行保护并逐级上报市公安局、省公安厅和公安部刑侦局。民警到达现场后不久，医护人员随后赶到，刘成当时还有生命迹象，但在被送往医院途中死亡。

案件发生后，市公安局成立了以副市长、公安局长项成为组长的持枪杀人案专案组，迅速启动命案侦查工作预案，全力开展案件侦破工作，省厅多位刑侦专家也赶到现场指导案件侦破。现场总共找到 6 个弹壳，同时 6 个弹头在费尽周折后也全部被找到了。

刘成随身携带的财物没有任何丢失现象。专案组认定这是一起有预谋、有准备、针对特定对象的持枪故意杀人案，案件背后一定掩藏着某种刻骨铭心的恩怨。案发后，几名专案组民警身处现场认真揣摩，鉴于刘成的车窗是摇下的，因此认定很可能是熟人作案。他们再现了这样一种场景：刘成开车从车库出来遇到了一个熟人，这个熟人上前向其打招呼并表示有事要说，刘成摇下车窗，结果毫无防备地遭到枪击。

有了这样一个推断，警方最初信心很足，并相信通过认真调查与刘成有纠纷的人和事，真相会很快大白于天下。毕竟，刘成是监察部主任，警方相信一定是其所在单位受到过处分的某个人怀恨在心，因此动了杀机。侦查工作重点围绕被害人刘成的个人背景、工作情况、社会交往、婚姻家庭生活等因素以及近期活动规律全面展开。

桐林阁别墅枪案非同凡响，杀手总共射出6颗子弹，可以看出其一心想置被害人于死地的决心。有关消息不胫而走，6颗子弹引发了一次城市危机，人们茶余饭后都在像福尔摩斯一样作出种种推理假设。

二、参与破案的警察都感觉匪夷所思

刘成遇害的消息，令刘成所在单位极为震惊。在人们眼中，刘成做事是非分明，很讲原则，由于长期从事监察工作，他一向洁身自好，刘成因此在整个单位口碑极佳，很有威信。既然刘成出了事，人们也开始纷纷结合他的性格特点分析其遇害原因，因为刘成的个性当中毕竟有刚直不阿的一面，有人猜测刘成一定是因为在某件事情上坚持原则得罪了人才出了事。但是，具体应该是怎样的深仇大恨才能下如此狠手呢？

张明明最近受到刘成处理，而且是这个世界上最后一个与刘成通电话的人。当民警找到她，告之刘成被枪杀一事时，她的神态突然很反常，额头冷汗密布，眼泪哗哗流个没完。

“我，我不会干这种事，这事绝对和我无关……”

她做这些解释的时候有气无力，面色苍白，令办案民警的心紧绷起来。

的确，枪杀案与她无关，但她所担心的是自己的男友徐振。她和刘成通话时不到7点，徐振随后离开时一副忿忿的样子，而在他离开自己的两个小时后，刘成就被枪杀。说心里话，张明明平日里感觉徐振的混混习气相当浓厚，一旦心里不服谁，就成天叫喊着打呀杀呀，他也曾经因为打架被治安拘留过。而张明明是非常喜欢徐振这种张扬风格的，她觉得和这样的男人在一起才有感觉，才带劲儿。他相对于她正应了那句话：男孩不坏，女孩不爱。

张明明的这种担心则被民警洞察到了。此时，张明明之所以如此害怕，并不存在对男友的惦记与关心，并不存在对他做错事情的无奈，她品质里根本不具备那种优点，她只是想自己怎样和这事情解脱干系，怎样不让自己受牵连。所以，不知所措过后，她对民警工作异常配合，主动提供了徐振的全部情况，并带着民警来到二手汽车交易市场寻找徐振。徐振不在，张明明最后打电话问明了他身在何处，最后和民警找到了他。

“你有什么事，可都要和警察老老实实说啊！”

当着十多个民警的面，张明明焦急地对徐振说。眼见来了这么多警察，徐振的样子相当紧张。民警单独问话时，他直接交代当天早晨离家后，和一个偷车贼谈了一桩生意，他刚刚从该人处买来一辆昨夜偷来的捷达。民警耐着性子又捕捉到了偷车贼的踪迹，并将其抓获。接下来深入调查发现，徐振和枪案没有任何瓜葛，但他买赃车之类的事情却不止一件……

张明明和徐振，成为这起枪案最初侦查时的一段闹剧。在此之前，很多民警都认为案情很简单，只要徐振落网，一切就都清楚了。但随着这个线索被查否，案情顿时显得扑朔迷离。

警方派驻一个工作组进驻刘成单位。该单位无论是领导，还是普通工作人员，刘成生前的同事们对警方的工作都全力配合。经过许多天工作，警方不仅发现刘成平日为人极佳，更是准确获知刘成所在单位风气纯正。除了张明明，警方没有发现与被害人有关的任何重大工作矛盾、经济纠纷、社交恩怨，也没有查出被害人近期活动的任何反常表现。这样一来，警方的侦查工作很快陷入被动。面对性质如此恶劣的枪杀案，侦破起来竟然没有任何切入点，参与破案的警察都感觉匪夷所思。但是，真正离奇的事情还在后边。

三、一桩外表看起来幸福的不幸婚姻

很多谋杀案件的起因，时常也会源自案件发生前许多年某个不经意的诱因。警方的工作量忽然间剧增，因为他们开始沿着刘成参加工作以来的轨迹开展侦查工作，力求从中发现某个疑点。同时，他们还从刘成的社会交往圈子、婚姻家庭生活、家庭情感矛盾入手，认真搜寻可能存在的疑点。问题，意想不到地出现在了刘成的婚姻上。

婚姻不幸福，这是外人不知道，刘成本人也不知道的事情。这个判断，是他妻子吕秀华对两个人婚姻下的结论。她觉得他太墨守成规，她觉得他太没有味道，她觉得与他一起生活过于平淡无奇。她不甘心，所以出轨，对象是一个小她许多的小男人。

握着一个人的通话单，就会知道这个人是否有外遇，外遇有几个。这是刑警何庆国的看家本领。不要小看这本领，如今破案时很难离开与“外遇”有关的元素，何庆国凭此破获了许多案件，其中不乏若干起有影响的命案。

刘成谋杀案发生后，何庆国认真研究了他和他妻子的通话单。结果发现，刘成工作生活非常有规律，八小时以外是典型的居家好男人，而他的妻子吕秀华却存在问题。何庆国下了结论：她有外遇，一个叫林赛的小伙子。

如此结论，无疑一枚炸弹。吕秀华面对警察时，仿佛有个地缝都想钻进去。要知道，以她的身份来面对这个尴尬，实在无地自容。

吕秀华已担任一家大型国企老总多年，具有可观的年薪收入。正因为如此，家里才买得起别墅，而女儿则在北京一所贵族学校读高中。吕秀华单位总部设在省城哈尔滨，所以她办公也在省城。几年前，吕秀华在市里工作，后来因为业绩突出出任省里总部老总。一家三口人，分别生活在不同城市的局面已经维持了很长一段时间。

刑警办案，揭开当事人面纱是一个必需的常规动作，而面纱的背后往往有许多超乎想象的内容。吕秀华执掌着巨轮般的企业，一切应付自如，运筹帷幄。她外表看起来威严、庄重、不可侵犯，但谁能想到她也会有所困惑，也会有所放纵？

“是不是你？那天早晨，你在哪里？”

刘成被枪杀后，吕秀华第一时间就找到了那个小自己十多岁的情人。两个人的关系已经维持了两年多，他是企业里的一个小角色，这与他年龄相称。年龄的差距没有影响两人如胶似漆的关系，吕秀华称其为自己的开心果，而他恋她、依赖她的程度也非三言两语可以形容。除了工作，吕秀华生活的全部内容就是和他通电话、短信、MSN，要不就是沉溺于给她带来癫狂的身体愉悦。所有的感觉，都是刘成所不能给予的。

碰触到这个畸形层面的时候，刑警何庆国有些不忍下目，但破案的迫切需要，决定了必须将其来龙去脉全部搞清。别说警察怀疑吕秀华背后私藏的这个男友，吕秀华本人也高度怀疑。所以，在警方承诺高度保密的情况下，她对此予以密切配合。

面对吕秀华的提问，林赛的回答遮遮掩掩。当警察再向他不断问起这个问题时，他却显得相当诚恳，“开枪杀人，我不可能干出这种事，也没那么大的能耐。我一个寻花问柳的，偷人还行……”

林赛原本是专案组很大的一个兴奋点，也对这个线索抱以很大希望，但翻来覆去一顿折腾，办案民警最后查明林赛案发当天整整一上午，都在与女友缠绵。民警排除了其女友说谎或作伪证的可能，因此从作案时间上排除了林赛。

四、三个最重要走访对象不配合警方工作

案发五个月有余，此前每一个看起来有价值的线索都被排除了，破案却没有任何进展。如此一来，此案被列为专案长期工作，刑警何庆国成为第一个主办侦查员。所谓长期工作，说明了侦破工作的复杂性，公安部和省公安厅都已经将这起案件列为挂牌案件予以长期督办。

何庆国立足案发现场重新进行了认真研究，并反复进行现场模拟实验。何庆国提出，凶手作案前后之所以没有任何目击证人，说明他离开现场的速度极快，这其中存在两种可能，一个是他就住在周围，另一个是说明他有交通工具，凶手应该有摩托车或汽车，他决定和民警再开展一次有重点的走访调查。早在案件发生后不久，专案组就曾经部署过大范围走访，但是没有一个人能说出他们在案发之前曾经见到过任何值得怀疑的事情。此次重新走访，何庆国重点向周围住户了解，是否在案发前后见到过值得怀疑的汽车或摩托车。

刘成家车库附近还有三家车库，四个车库构成了一个完整的建筑，位于小区西北角，平日里显得偏僻阴冷。夹在四个车库和别墅区封闭式院墙之间的是条水泥路，水泥路和别墅区主路连接在一起。三家车库的主人分别是中心医院医生、市里一所最知名中学的校长及一个被人包养的女人。何庆国决定把工作重点放在这三个人身上。

专案组开展工作的头三个月，民警已经分别找他们询问过一些情况，几个人的态度都很相似，最初的一次、两次还很客气，但除了那个中学校长将走访民警请进客厅外，另外两位根本没有礼貌性地邀请民警进屋说话，走访工作仅仅是在家门口完成的。要知道，他们三个最有可能在案发前几天在车库周边发现一些可疑情况，所以专案组对于同他们接触、交流才显得异常重视。但是，警方重视归警方重视，当民警上门次数多了，这三位开始不耐烦了，最后对民警的态度都是一副爱搭不理的样子，显得没有耐心的同时，表情神色也不是很礼貌。开展重新走访之前，何庆国做好了碰钉子的准备，但三户人家恶劣的傲慢态度还是超出了他的想象。

中学校长："我们也得正常生活，你们警察破案可以理解，但也总不能案子一天不破，我们就一天不得安宁吧？没什么说的！"

中心医院医生："我救的人命数也数不清，哪一次要都像你们这样啰嗦，白大褂我肯定不好意思穿了……"

去那个被包养女人的家时，开门的是那个男的，他对警察的到来更加不耐烦："我有情况会主动找你们，以后不要再来敲门！"

何庆国连续碰上三个大钉子，没有一个例外。6 颗夺命子弹，除了死者家之外距离这三家是最近的，但子弹并没有使他们产生危机感，他们对于子弹中隐喻的答案似乎远远不如警察和社会面上大多数人那样诧异和感兴趣。

何庆国心里开始琢磨：如果枪案遇害的是他们中的一个，而刘成反过来是走访对象的话，凭这三个月的调查结果来看，刘成是一个人品相当不错的人，他一定不会像他们三个这样给人上钉子。但何庆国转念又一想，人家都是有身份的人，肯定不会像普通老百姓那样有耐心，加上这案子的确也很疑难，公安机关总来打扰确实不是很好。

"为什么刘成这样的一个好人会遇害？杀手开了 6 枪，这得多大的仇恨呢？"何庆国反复思索。专案组五个月的工作，把刘成从小到大有芝麻大恩怨的人都找到了，但没有任何结果。对于报复杀人案件来说，极少遇到类似刘成的情况。

"难道是，杀手杀错了人？"

突然产生这个想法的时候，何庆国心里不由得一惊。可接下来的日子里，何庆国竟陷入这个想法不能自拔，他确信：杀手要杀的绝对不是刘成，而是周围车库的某个邻居！他同时确信：这是一起雇凶杀人案件，杀手由于对谋杀对象不是很熟悉，导致认错了目标；如果主谋直接下手，绝对不会出现这种情况！

何庆国的推断，仅仅是一个假设，而且是一个很大胆的假设。他在单位里原本就是一个不太合群的人物，而这次的怪异推断也引起了极大的争议，不同意何庆国推断的人都用带有几分讽刺的语气说：老何办案，越来越像闹笑话，由他折腾吧！

何庆国抱定自己的推断不放松，心想：赌一把，如果真的不行，不外乎自己丢些颜面，还能怎么样呢？

五、杀手受雇于人

当天制造血案的杀手名叫杨忠，他与刘成无冤无仇，完全是受朋友之托才下此死手。托他杀人的朋友名叫童大化，童大化承诺事成之后付给他20万现金。杨忠将童大化视为自己一生最好的朋友，所以替他杀人并不单纯为了钱财，杨忠觉得即使童大化不提出给他20万，他也会对其唯马首是瞻，让他做什么都会义无反顾。

为了确保谋杀成功，童大化设计了周密的谋杀方案，他专程到劳保商店为他和同伙买了保洁员专用服装，用以“化装侦察”及实施杀人时穿着，童大化认为通过这样的伪装，可以使谋杀对象彻底失去警惕。杨忠、王元辉作出分工，杨忠负责杀人，王元辉负责指认目标。他们觉得这样明确的分工，可以减少他们同时在现场出现的机会，进而更有效地保证彼此不会暴露。此后，童大化多次带领王元辉到现场目标经常活动的地点巡视、踩点，又向其描述了谋杀对象的体貌特征、驾驶轿车以及住所位置，王元辉在此期间始终没有见过谋杀对象本人或照片。王元辉又多次独自踏勘，以寻找作案机会。最终，三人决定在目标自家车库门前，利用其早晨外出时下手。

事发日早晨6时50分，杨忠、王元辉携带童大化提供的手枪，驾驶一辆白色轿车进入案发现场小区，杨忠化装成保洁人员在楼头窥视，王元辉在车内等候接应。当刘成从家中出来到车库提车，开着帕萨特来到车库外边时，杨忠得到了王元辉的目标确认暗示，随即快步赶到车库门前，并装作有事要问的样子，示意刘成放下车窗，随即开枪行凶杀人。

“大哥，目标已经被做掉！不可能有活口！”

“很好，你们先回住处，下午我带着钱过去。”

事发当天与童大化通过电话后，杨忠便与同伙王元辉驱车直奔他们的出租屋。为朋友两肋插刀归插刀，但杨忠作案期间还是心脏狂跳，从接近目标到开枪，再到跑回车里，杨忠整个过程浑身僵硬，大脑一片空白，他只是明确知道枪打响了，却不知道自己到底开了几枪。作案后与童大化通电话过程中，杨忠浑身上下已经被汗水浸透。“无论怎样，我必须离开大庆，待在这里心就发慌。”杨忠这样盘算着。

当天下午，童大化风尘仆仆地赶到了他们的住处，送来了6万元现金，并取走了手枪等作案工具。他对杨忠、王元辉说自己手头有点紧，回头会付清余款。杨忠做这起案子原本就不是为了钱，所以没有对童大化少付佣金表示任何不快。童大化让二人就在住处待着，哪里也不要去，等社会面上对这件事逐渐淡化时再外出做事，但杨忠没有同意，他说自己心情不好，想回家和老婆孩子在一起。随后，杨忠给了王元辉 3 万元后，独自来到郊区的一个棚户区，他的妻子和 8 岁大的女儿在此暂住，杨忠觉得这里才是他避风头的好去处。

杨忠心慌意乱的同时，何庆国也在紧锣密鼓地工作。何庆国的大胆假设如果成立，也将会掀开一个连杀手杨忠自己都不知晓的谜底。

六、阴霾笼罩的别墅群

这座城市里，桐林阁别墅区意味着房价的极致，风情景致不必细说。但是，随着枪击案的发生，无形的阴霾笼罩了这里的一切。谁也不愿意提起那个早晨发生的一幕，但心里又总会不由自主地想起。医生、校长和那个女人，之所以不愿意被警察多打扰，从心理的角度来说就是不想再回忆起那恐怖场景。毕竟，他们三家的车库距离案发现场是那样近，以至于夜晚开车入库时总会泛起阵阵冷汗。

何庆国费尽周折，苦口婆心地告诉刘成三个邻居关于错杀的情况，并重新赢得他们信任的时候，形势出现了大逆转。何庆国的电话几乎被他们打爆，他们争着提供情况，都在努力回忆案发前每一个自己认为反常的细节。但真正令何庆国焦头烂额的，竟是一些起先根本无法预想的事情。

“是不是有人打算杀我呢？”当三家主人扪心自问的时候，没有一个不陷入莫大的恐慌之中。最初的时候，何庆国最怀疑的对象是那个女人家里的凶悍男子。那个人江湖习气很重，言谈举止阴阳怪气的。但是，医生和校长却在短时间内给何庆国提供了大量线索。医生和教师都是很仔细的行业，也许是职业因素使然，他们把自己的身家性命格外当回事，更为重要的是，他们两个这些年也的确得罪了很多人。

先说这个市里闻名遐迩的外科医生。和北京、上海一些著名医院里的医生比起来，他的医术也许相差十万八千里，但在这座不大不小的城市里却是不折不扣的一流。一流归一流，也有人给他起外号称其为“屠夫”，更有人把他所在的这家规模不小的中心医院称为“大卫生所”。一次开刀，大额红包必不可少，病人的性命却在很多时候要靠自己的造化。接下来，大量的提成药铺天盖地，不弄个病人倾家荡产誓不罢休。再有，“医生是职业流氓”这个概念用在其身上更是淋漓尽致，他身边只要是有点姿色的女护士，都禁不住他的专业利诱。病人家属拿着菜刀冲进他办公室的事情曾经发生过不止一次，语言威胁更是家常便饭。

此时，医生在何庆国面前就像霜打的茄子，一点精神头都没有。但每次面对何庆国的时候，都不会忘记随身带来茅台、五粮液，外加市面上最贵的香烟。这个医生看来的确见过世面，他与何庆国称兄道弟时非常像个生意人，热情豪爽的劲头一点不像拿手术刀的。医生在何庆国那里喋喋不休地回忆着多年来的诸多“细节”，他不止一次地如惊弓之鸟般恳求何庆国：“何警官，这些事，一定替我保密……”

而那个校长，得罪的人虽然没有医生多，但也不在少数。他管理的这所学校同样全省一流，很多外地孩子家长都想方设法来这里读书。入学、挑好班级，校长得到的红包沟满壕平。他也不由自主地产生了一种傲气和霸气，这种傲气和霸气对于他这样一个为人师表的人来说是很可笑的，但人们都是有求于他，所以对此均能忍耐。可是，求他的人实在太多，当这位校长因为种种原因发生收人钱财不给人家办事的事情后，人们对他的恭维与耐心就会瞬间失去。话语攻击、人身威胁随之而来。

校长一般都在校长室与何庆国长谈，他同样给何庆国各种利诱，目的同样是为了挖出针对自己的阴谋，以及对他的那些丑事予以保密。与那个医生一样，在利用工作便利敛财的同时，校长也将一些教师及各色女人揽入怀中。医生和校长在这方面还都有个共同担心，那就是因为女人而与人结怨，说不定哪个女人的丈夫或暴脾气情人因为他们而“染绿”，气急败坏才前来算账。

何庆国这些年没少破各种千奇百怪的案子，但手头这个虽说蹊跷，可也都在情在理，只不过是混乱一些。按照医生和校长提供的一个又一个线索，何庆国和同事累个半死。很多线索的确非常可疑，曾不止一次地令何庆国感觉凶手就要出现，谋杀就是针对医生或校长，最终又因为各种原因被逐一排除。

阴霾笼罩着桐林阁别墅区，更笼罩着医生、校长的心……

七、杀手的目标到底是谁

何庆国感觉医生和校长的表现就是一场闹剧，他把注意力更加集中地放在了那个女人身上。女人叫黄华，包养她的那个人叫胡智，是一名房地产商。深入调查后发现，胡智待黄华很好，他的妻子也知道两个人的关系。事实上，胡智生活里就两个女人，一个原配，一个黄华，此外并没有别的女人。杀手要杀，目标肯定不会是黄华，而应该是胡智。

是原配要杀胡智，还是黄华要杀胡智，或是胡智的某个生意上的对手要害他？

沿着这几条线查下去，又是不可想象的工作量。何庆国几乎有些坚持不住了。这个时候，黄华提供了一个重要情况，使案件侦查似乎有了另一个转机。

黄华的母亲那几日住院。她忽然记起，案发前连续三天，每当自己回家给母亲做饭时，就在自家楼下连续看见一辆车牌号末尾为“06060”的白色神龙富康轿车，而该辆轿车在案发后却再也没有出现。这辆轿车令她印象深刻的原因有两个，一个是车牌号码不错，顺溜；另一个是车比较老，与周围停靠的高档轿车放在一起比较显眼。

何庆国确定驾驶这辆轿车的人具有重大作案嫌疑，于是该车的有关情况通过市局通报至全省，并部署全市公安机关及周边市县予以查缉。结果，有派出所民警在哈尔滨市一个城乡结合部发现了一辆同样牌照的白色三厢神龙富康轿车。这么快发现可疑车辆令何庆国颇感意外，按照常理分析，犯罪分子如果驾车作案，通常会使用假牌照，而且往往在作案后以最快的速度卸下作案时使用的车牌。而该辆白色神龙富康轿车如此“大摆大放”，令人感觉这个线索很可能也是个插曲。即便如此，警方还是大兵压境，设伏等待车主的出现。当日中午，警察一举抓获了名字叫王元辉的车主。一切比警察设想的顺利许多，王元辉落网后交代，枪杀案就是他和昔日狱友杨忠合干的，而且是杨忠开的枪。根据王元辉的供述，警察又赶赴内蒙古将杨忠抓获。

二人落网后，均对桐林阁别墅开枪杀人案件供认不讳，他们如出一辙地指出，死者系朋友童大化的仇人，该人欠童大化1000万。至于死者姓甚名谁，他们一概不知。

市局增派了大量侦查员，由何庆国负责下一步工作。杀手都抓到了，但杀手的目标还是不能确定，此案在市公安局机关引起的轰动再一次升级。何庆国断定，如此蹊跷的案件，一定是空前绝后的。

警察当即开始抓捕已经踪影皆无的童大化，并调查童大化与刘成之间的关系，但没有人能够明确指出二人曾经相识。童大化是一名生意人，在市里开有一家远近闻名的大酒店，刘成曾经到这个酒店消费过，但没有人听刘成提起过他认识童大化。童大化是否真的与刘成之间有什么瓜葛呢？刘成果真能瞒着所有的亲人和朋友，与那个叫童大化的人发生价码高达千万的纠纷？并又因此丢了性命？这种困惑使所有参与案件侦破的警察在思想上乱作一团，因为所有的一切太不符合逻辑。然而，这一切终于在童大化落网的那一刻，瞬间得以化解。

在何庆国的安排下，医生、校长、胡智、黄华及刘成的妻子都对两名杀手进行了秘密辨认，但他们中的任何一个人都不认识二人，都看不出二人与自己会有着某种潜在关系。但提起童大化，医生、校长、胡智都知道，他是市里最大的包工头子。童大化与医生、校长、胡智的关系都不算远。手下大大小小工头和民工有病或子女上学，童大化总会带着红包找到医生和校长，而他在生意上与胡智又往来密切。胡智这个时候说，童大化是他为数不多的好朋友之一，绝对不会害他。但何庆国断定，问题最有可能出现在童大化和胡智之间。

没过多久，童大化被抓获。他交代枪杀目标是与自己有生意联系的胡智。进一步工作确认，童大化和刘成的确不认识，而胡智与刘成两家的别墅挨着，车库也挨着。童大化向警方交代，他与胡智是房产生意的合作伙伴，胡智待他不薄，但自己杀了他就会霸占很多房产，而且还不用偿还欠胡智的巨款。童大化算了账，说如果他真把胡智整死了，他可以多得一千万。

王元辉指错了目标，杨忠因此杀错了人！

公安部和省厅许多刑侦专家在事后都表示：从没有遇到过这样离奇的雇凶杀人案。

八、杀手感慨："情义"两个字把我忽悠了

三名嫌疑人落网后，在事实和证据都已经全部清晰的前提下，办案警察将"错杀"真相告诉了杨忠和王元辉。与童大化对此深信不疑完全不同，杨忠、王元辉最初说什么也不肯相信杀错了人，他们没有悔罪的意思，而是因此完全沉浸在了一种懊恼的情绪中。

今年27岁的王元辉与41岁的杨忠曾经是狱友。童大化向杨忠提出了雇用他替自己杀人的想法后，杨忠找到王元辉谈及此事，王元辉同意加入。杨忠决定与王元辉合伙干的原因是因为觉得此人很精明，将他引荐给童大化后，童大化对其也很满意。但是，就是这个他们都认为很精明的王

元辉，最终却令人大跌眼镜。

童大化设计了周密的谋杀方案，王元辉在此期间始终没有见过胡智本人或照片。童大化已经向王元辉交代，胡智平日开着一辆黑色克莱斯勒，而刘成开的是一辆黑色帕萨特，两者的区别显而易见，加之胡智和刘成身高体态不尽相同，但王元辉还是糊涂地认错了人。杨忠则对童大化牢骚满腹：这么大个事，却从来没有让我们见过胡智本人，甚至连照片也没见过；我们替他卖命，但他对我们太不负责了……

狱中的杨忠开始不断反思自己与童大化的交往过程，逐渐意识到自己将他当作今生最好的朋友是个天大的错误，自己拿童大化当最好的朋友不假，而他却一直在想方设法做一个局，最终让自己成为他的马前卒，替他喋血卖命。

今年41岁的杨忠原籍内蒙古扎赉特旗，他凭借自己的“拳头”在扎赉特旗一带很有名气。2000年，杨忠只身来到这座盛产煤炭的城市闯荡。杨忠来到此地并没有从事正儿八经的职业，而是干起了帮别人暴力讨账的“买卖”，并因此没少赚钱。但杨忠没有就此满足，他每天晚上都会冒充警察，到公园里的僻静处“打击卖淫嫖娼”，结果他本人被真警察给抓了。2003年3月，杨忠因敲诈勒索罪被大庆市让胡路区法院判刑8年，2008年提前释放。

走出监狱后，囊中羞涩的杨忠最难过的是自己这么多年始终没有一个像样的朋友，他交往过的那些人可以在一起打打杀杀、胡吃海喝，却没有一个在自己身无分文时施以援手，童大化在这个时候出现了。

童大化在市里开有一家很有名气的大酒店，杨忠与他结识后，觉得童大化为人坦诚又大方，比他所有认识的人都强。当童大化感觉到杨忠缺钱花时，时常会甩给他三两千，还在一个小区给杨忠租了一个房子。这些都让杨忠感激涕零。

“我最欣赏像你这样讲义气的人。我们以后就是亲兄弟，凡事互相帮助，不要见外。”每次请杨忠喝酒时，童大化都会这样说。每当听到这样的话，平日里不爱说话的杨忠总会在内心有种深深的感动，然后就是大口喝酒，往往会喝掉一斤多高度白酒。认识童大化这样的朋友，使得杨忠心里就一个感觉：爽！

童大化还提出，准备和杨忠合伙干一个工程，一起赚大钱，但是得等他把政府有关部门疏通好。童大化让杨忠在工程没有批下来之前，先住在他租的那栋房子里。杨忠开始苦苦等待工程被批下来的消息，每天都在做着发财梦，但他等来的却是一把枪。童大化给他这把枪，是让他替自己去杀人。

5月的一天，童大化单独约杨忠喝茶。席间，童问杨想不想“干大事”，并称自己的朋友被人诈骗1000多万元，这位朋友想出资20万元“做掉”对方。后来，童大化直接向杨忠表明，其实自己就是被骗者。这令杨忠义愤填膺：“大哥，只管交给我办。什么钱不钱的，我会为你两肋插刀!”

如今，铁窗中的杨忠对自己当初的那种态度后悔不迭。当他在看守所内静静地回忆起自己与童大化交往的完整过程时发现，童大化从认识自己的第一天起就想利用自己去杀人，没钱给钱，没住的地方给租房子，这些都是收买人心之举。时机成熟时，童大化利用自己讲究江湖义气的特点，最终提出让自己帮他杀人。

“还是那句老话，天下没有免费的午餐。感觉好的不一定就是对的，人家是请君入瓮，拿着‘情义’两个字把我给忽悠了；而我不得不为此搭上这条命。”面对铁窗，杨忠是一声长叹。

最后的笑脸

一

他难以忘记她的笑容。车窗外夜色如墨，但在他眼中，那黑暗里布满了她一张张笑脸。

他絮叨地向的士司机反复诉说，说她的笑是怎样的软绵绵，是怎样的令他魂酥骨麻，最后怎样令他和自己的老婆离了婚……

开夜车经常会遇到这样的醉鬼，一般情况下，的士司机对这样的诉说就当解闷儿了，可这一次不行，因为这个醉鬼浑身是血，手里还拿着一把带血的砍刀！

“你看我身上的血，这不是猪血，这是人血！”

自从这个酒鬼在那个塞娜酒吧上车后，的士司机便一直沉浸在巨大的恐惧中。他想按一下车内的报警器或把车开到警察局门前，但是很快又打消了念头，因为他害怕酒鬼手中的刀。

“你，你别怕，我不会伤害你，我现在还要去杀人，杀我的老婆，我的老婆陪别的男人喝酒坐台……”

醉鬼说着说着就睡着了，微微打起了鼾声。这个人已经烂醉如泥。

机会来了！司机准备报警。但是，就在他一边观察着醉鬼一边要按报警器的时候，他在后视窗里发现了一辆飞奔的摩托。直到这个时候，的士司机才意识到自从他在塞娜酒吧起动车，这辆摩托就一直在跟着他。

开摩托的是个女的，她以一种凶恶的眼神注视着的士。按报警器之前，司机先点了刹车，但这个动作惊醒了醉鬼。

“到了，就这里，我下车。”

他把刀放在驾驶台上，开始从兜里翻钱，拿出了两张百元钞票后看也没看就扔给了司机。他下了车，刀却忘在了车里。

的士停车后，那辆摩托车也停了下来。在那个危险的醉鬼离开后，开摩托的女子随后来到了的士司机身边……

二

“我要杀了你！我刚杀了一个人，现在再杀你！”

他进屋便对老婆醉醺醺地这样说。但是，这个时候他发现自己的刀没了，于是伸出双手，他准备掐死她！

他烂醉如泥，他扑了过来。眼见他东倒西歪的样子，她只是轻轻一推，他便倒在了一边。她操起一根木棒，向他疯打，直至把他打出家门。他被揍得鼻青脸肿。

寒风扑面，他清醒了一些，这使他意识到自己应该——逃跑！

塞娜酒吧杀人案发生的那个晚上，案件嫌疑人韩盾逃跑了。

最先报案的是韩盾那位已经离了婚的老婆，随后是的士司机，他报警时间与韩盾前妻相比晚了足足有十分钟。按照韩盾前妻提供的情况，派出所民警在韩盾下车的地方进行了仔细搜寻，但没有发现韩盾的踪影。按照的士司机后来的报警情况，另一路警察又赶到了塞娜酒吧，刑警许衡、林琦便在这一路警察里。公安指挥中心听到的士司机的血腥描述后，果断地指调刑侦部门参与出警。

塞娜酒吧进入许衡、林琦视野的时候，他们发现这个酒吧在本该最为喧嚣的时间里却异常沉寂，外表所有霓虹灯全部处于关闭状态，门前仅有一辆踏板摩托车歪斜着停在那里。几辆警车仅仅是打开了暴闪的警灯，而没有打开警笛。所以，警车的到来完全没有打破这种寂静。

酒吧里有微弱的光，似乎还有某种声响。自进入酒吧开始，许衡、林琦便小心翼翼，因为目前谁也不知道这个酒吧曾经发生了什么或即将会发生什么。子弹已经上膛，他们紧握着手枪摸索前行。

最后，许衡、林琦发现了那声响的来源，它源自一间包房，那是人踩在碎玻璃上才会发出的声音，许衡、林琦贴着墙壁来到那间包房门口。包房的门开着，互相打了几下手势后，许衡突然转身，他那黑洞洞的枪口随后“嚯”的一下对准了包房室内空间，许衡、林琦同时听到了一个女人的惊声尖叫！

披头散发的俞娜叫个不停，许衡、林琦瞬间便缓过神来。

“行啦！行啦！我们是刑警队的！”

许衡、林琦心中充满了不悦。与此同时，他们发现一个浑身是血的男子躺在血泊中。那名男子的呼吸和脉搏都没有了，他已经流尽了最后一滴血。

死者为夏煊，是塞娜酒吧的老板，那个尖叫的俞娜是他的妻子。

对于夏煊，许衡、林琦都非常了解。夏煊是这个城市里非常有名气的一个“老炮子”，他从小到大一路打打杀杀。由于脾气火爆，下手凶残，对自己圈子里的兄弟朋友又异常讲义气，夏煊因此成为黑道上人见人怕又人人想结交的人。因为经常参与暴力要债和暴力寻仇，夏煊曾与很多伤害案子有关，看守所进进出出一度是常事，他也曾蹲过三年大狱，并被劳教两年，却一直没有犯过什么要命的大案子，至少表面上是这样。林琦、许衡曾听老一代刑警说过，像夏煊这样的人很有可能有人命在手，只不过是无法掌握他的任何证据罢了。林琦、许衡还听老一代刑警说过，他们曾利用夏煊犯一些小案子的机会使尽浑身解数审过他，但夏煊相当有种，就是闭口不谈任何事情，每次因为没有证据释放夏煊的时候，他都会躬身给警察鞠躬，事后也不状告审他的警察刑讯逼供。所以，夏煊是典型的“道上人”。现在，夏煊死在了自己的酒吧里，死在了自己用血和命换来的钱财开办的那个酒吧里！

谁都知道，夏煊好冲动，好打人，酒后的夏煊更是可怕无比；但那天夜里，夏煊却成为一起命案的受害者。

许衡、林琦在现场看到，遍地是酒瓶子，遍地是散落的水果，这些散落的水果当中有一把带血的尖刀。

三

“为什么，他们为什么这样？”在许衡、林琦询问俞娜有关情况的时候，俞娜反复絮叨着这样一句话。

“对不起，我是惊吓过度。”俞娜最后稳定了一下情绪对眼前的两位刑警说。

“你为什么不报警，也不叫救护车？”俞娜的表现令许衡、林琦感觉很奇怪。

“我被吓蒙了，真的，太可怕了！”俞娜的眼神迷离又漂移不定。

“我看，你丈夫出这么大的事情，除了惊吓，你好像没什么悲伤，你们感情不好吗？”

夏煊被盖上白单抬走的时候，俞娜眼中没有一滴泪，许衡注意到了这一点，所以他提出了自己的问题。

“可以给我一支烟吗？”俞娜问。

“对不起，我们都不吸烟。”许衡回答。

“我怎么忘了，这么不知所措，我包里有啊！”

俞娜自己从包里取出了香烟，贪婪地吸了起来。透过缭绕的烟雾，看着这位外表美艳妖娆的不幸女人，虽然被她口中溢散的烟雾呛得嗓子发痒，但林琦多少还是有些怜香惜玉：“这种事情，谁碰到都够受的，不知所措是正常的。”

俞娜向着林琦苦苦地笑了笑，洁白的皓齿在烈红的双唇间闪烁而过。除了苦涩，其间似乎还夹杂着某种神秘，那种神秘感使许衡后脊梁窜上一股冷气。

“这个城市的警察，哪个不知道夏煊是个什么样的人？我是夏煊的女人，这一点让谁听了都会打个寒战。做夏煊的女人，怎么会幸福呢？”

“你们是感情不好？”听了俞娜的陈述，许衡又接着问。

“感情？这个文绉绉的字眼对于我和夏煊来说没有任何意义。”俞娜一副无奈的样子。

“那你说说杀死夏煊的凶手韩盾吧，你说你们三个在一起喝酒，他们两个话不投机就动起手来，一向斯文的韩盾竟然把一向霸道的夏煊灭了，那你们三个今天晚上是为了什么凑到一起喝酒，而且还特意把酒吧停业，今晚是有什么大事情吗？”

“我们是在谈判，我要同夏煊离婚，要同韩盾永远在一起。”面对许衡的问题，俞娜直言不讳。

“谈判？这个世界上还有人敢和夏煊谈判？而且谈的是从他身边要走他的女人？”

许衡的话还未说完，俞娜已经泪流满面。这个晚上，俞娜第一次流出了眼泪，并且是很汹涌的那种，她的眼泪是流给那个韩盾的，她泣不成声地说她再也见不到他了，因为他犯了死罪，并为此负案在逃……

韩盾是这个酒吧的调酒师，每当他上下翻飞舞动着调酒罐的时候，他的眼神总会紧盯着老板娘那甜甜的笑脸。韩盾在调出各种醉人美酒的同时，自己却陶醉在俞娜醉人的笑脸中。起初，韩盾感觉到其中似乎存在一种勾引，但一向自卑的他对此却不能确信。

韩盾连自己的老婆都未能留住，她的老婆是常年混迹于歌厅酒吧的货色，韩盾觉得那是自己缺乏吸引力的结果，当老婆向他提出分手的时候，他对自己的判断更为清晰了。韩盾是个懦弱无能的家伙，当别人领着他的老婆在酒吧里招摇的时候，他连个屁都不敢放。就是这样一个韩盾，却受到了俞娜的青睐。这是韩盾无法面对和无法想象的，所以他在一开始不确信是很正常的，但当俞娜的笑脸离他越来越近，直到他感受到了她灼热的体温时，韩盾才最终发现——一切都是真的！

俞娜对许衡、林琦说，当她和韩盾准备不顾一切地走到一起，并在与夏煊展开第一次谈判破裂的时候，一向懦弱的韩盾竟然不可想象地爆发了，最后取得了那场恶斗的胜利。对于这种结果，俞娜表示实在出乎意料。

许衡问俞娜现场的那把尖刀是谁的，俞娜说是那天晚上用来切水果的。许衡问俞娜既然是这样一种谈判，夏煊和韩盾为什么边喝酒边谈，他们怎么还有喝酒的心情？许衡觉得这样一种谈判，夏煊绝对不会有细斟慢饮的耐心。俞娜说他们三人是先在一起喝的酒，在都喝得差不多的时候，她提出了最关键的话题。随后便发生了血腥的一幕。

谈话进行到这里，许衡忽然意识到俞娜的确是满嘴酒气，但她神智还算清醒。许衡止不住地盯着俞娜看了一会儿，他忽然发现俞娜与他对视的目光很特别，他渐渐发现俞娜的白眼仁儿在增加，黑眼仁儿在变小——俞娜在瞪他！

俞娜对许衡盯着她看似乎很不高兴，她对许衡的絮叨似乎也很没耐心："我的心很乱，你们别再烦我了。说实在的，我觉得你们应该把心用在抓人上边，对吧？我没心情在这里陪你们开心！"

"对不起，这么大的事情，我们也是例行公事。我们先不麻烦你了，你自己先多保重，情绪不要太激动了。"

许衡向俞娜表示了歉意，这令俞娜的表情有所转暖，许衡接着问："我再问最后一个问题，也是很重要的一个问题，你把韩盾杀死夏煊的过程说一下。"

"我的想法一说出来，夏煊的酒杯就朝着韩盾飞了过去，但没打中。也许是韩盾觉得应该先下手为强吧，也许是酒精给他壮了胆子，他先是操起切水果的砍刀砍了夏煊，又拿酒瓶子砸夏煊的脑袋，最后又用尖刀刺了几下，夏煊就不动了。"

"砍刀呢？"

“韩盾拿走了，他杀了夏煊，接着又要去杀他以前的老婆。韩盾口口声声说他老婆坐台不要脸，说非要杀了她不可，我怎么拦也拦不住，他最后提着刀走了。”

问俞娜的问题暂时告一段落，许衡与林琦紧接着找到了那位报警的的士司机。

四

“我总在塞娜酒吧前等活儿，刚才那个浑身是血、手中拿着砍刀的人一出酒吧就上了我的车。这样，我就不能不拉他了。酒鬼，我常碰见，但这位这架势可把我吓坏了。后来，那人终于下车了，我接着就报警了……”的士司机佟钥心有余悸地讲述了他所经历的一幕。

“你经常在塞娜酒吧前等活儿，那你认识这个酒吧的老板、工作人员和一些常客吗?”许衡向的士司机问到。

“不认识，有些人也就是脸熟罢了。我只在意马路和钞票，不在意人。”司机半开玩笑地说。

对于司机的玩笑，许衡没作任何回应，他起身说：“你说那人的砍刀落在你车里，咱们一起取一下。”许衡从现场勘查员那里要了一副白手套和一个塑料袋，随后便大步来到酒吧外，他一边走一边戴上了白手套。

许衡发现这辆的士内部非常清洁，完全不像有些的士那样污糟糟的。许衡把的士副驾驶座位前地板上的砍刀小心地放到塑料袋里，那把砍刀上有很多血。许衡在把这个凶器交到勘查员手中时，在他耳边嘀咕了一阵子。

命案发生，公安机关各级领导都来到了现场，并成立了专案组。在了解到现场情况后，专案组对抓捕韩盾的工作做出了四项部署：一、结合嫌疑人体貌特征开展堵截盘查；二、将韩盾上网通缉；三、对韩盾可能投奔的本地和外地亲属家设伏；四、封锁被害人死亡的消息，尽可能制造被害人没有死亡的假象，鼓励韩盾自首。

“走，我们还有更重要的事情做!”专案组的工作部署刚刚完毕，许衡叫起林琦便走。

许多年来，许衡就是这副样子，在开展案件侦查的时候我行我素。起初他给人的感觉有些不合群，并有些孤傲，后来他以自己侦查破案的独到方式和实实在在的成果赢得了领导和同事们的认可。

“男人女人之间，真是一种莫测的关系！俞娜为什么喜欢韩盾？是什么力量驱使他们非得走到一起呢？”在赶赴韩盾前妻家的路上，林琦向比他年长些的许衡问到，他期待着平日喜欢开玩笑的许衡能够有些精彩的答词，许衡的回答却比较叵测：“眼下，这个问题对我们来说并不重要，如果有一天这个问题真的需要有个答案，我觉得这其中很可能包含着一个很难取证的阴谋……”

五

“韩盾？就他那熊样还能动刀？而且是和大名鼎鼎的夏煊打架？两位警察小哥儿，别逗啦！”听了许衡、林琦陈述的经过，韩盾前妻大笑了起来，她这样的女人对夏煊一类的人物还是比较了解的。

“韩盾来你这里以后都说了些什么？都做了些什么？”林琦问。

“他说他要杀我，还伸出手来掐我脖子。我几棒子就把他打出去了，他从来都是很怕我的，然后头也不回地就跑了。”那女人很开心地叙述着。

“来你这里之前，他的确同夏煊打了起来，你别不信！”林琦有些着急了。

“不会吧，看他醉得跟泥似的，哪能有力气呀？就他那样，不论是胆量，还是力气，都弄不过夏煊的！韩盾这个人，一个典型的孬种……”

韩盾前妻把他一顿羞辱。

“韩盾和夏煊的老婆俞娜好上了，韩盾是为了俞娜才和夏煊玩命的。”林琦进一步解释。

“俞娜？俞娜能看中韩盾，算了吧！我太知道俞娜的老底了，我们从前是一起坐台的姐妹。俞娜最看中男人的钱，除此以外对什么都没耐心，她怎么可能看上韩盾？”

浑身是血的韩盾一来一去，吸引了很多晚饭后遛弯的左邻右舍和路人。韩盾前妻家楼下聚集了很多人，他们给先期到达这里的警察提供了很多情况。其中有一点引起了许衡的注意，他听一个目击者说韩盾乘坐的出租车差点同一辆踏板摩托相撞，在韩盾离开后，开踏板摩托的女子同的士司机很气愤地说了些什么。最后，出租车和踏板摩托朝一个方向离去了。

许衡仔细询问了踏板摩托的样式、牌号、颜色等，虽然牌号无人记准，但目击者指出是一辆白色“大船”。

许衡、林琦又同韩盾的一些邻居聊了一会儿，他们最后对韩盾自卑懦弱的性格特点及他与前妻多年来的关系状况有了很客观的了解。

“老实人的愤怒了不得！”林琦发出了感慨，许衡则默不作声。

回到塞娜酒吧现场，天也快亮了，许衡与林琦都没什么困意。当时勘查工作已经完毕，勘查员正在把一个个铁箱子往勘查车上搬运。

“门口那辆白色‘大船’是谁的？”许衡问俞娜。

“是我的。”俞娜回答。

“今晚的小聚会开始后，你离开过酒吧吗？”许衡接着问。

“……没有！”俞娜回答这个问题的时候略有迟疑，那种迟疑被许衡完整地捕捉到了。

“没有？你说‘没有’就算了，我问你，韩盾的刀是哪里来的？”

“也是用来切水果的。”

“俞娜，说实话，你到底是喜欢韩盾，还是喜欢夏煊？”

“当然是韩盾！”

“我看，你是谁也不喜欢！”

俞娜的回答似乎不容置疑，但许衡却用一种很重的语气这样评价。

“如果你喜欢他们中的任何一个，现场都不该放那么多刀，又是砍刀，又是尖刀的！”

“我那天准备的水果多，像西瓜就得用砍刀切，小点的水果就得用小尖刀削，都是有用的！”

“俞娜，你还嘴硬！看来，水果、酒、刀都是你准备的，这一点还算诚实。谁都知道夏煊的火爆脾气，你还让他喝酒，而且还喝得那么多！你又把两把刀明晃晃地摆在那里，你是不安好心。如果你真的喜欢韩盾，你应该意识到夏煊很有可能会伤害他；退一步，如果你喜欢夏煊，你应该知道他那脾气很容易惹事。无论从哪一点考虑，你都不应该将两把刀放在一个夏煊可以随手拿到的地方。”

“你这是胡说八道！”

这种时候，许衡是不在意此类难听的字眼的，他对俞娜步步紧逼。

“你是想让他们互相残杀，反正，哪个杀了哪个，另一个都好不了。但，只有你俞娜好，这个酒吧是你的了，夏煊的所有财产都会是你的！对不对！”

“‘对不对’，在这里根本不要紧，你不用那么激动。现在的事实是，韩盾醉酒后把夏煊杀了，这是唯一的事实，你们警察只管抓凶手好了！至于别的东西，说那么多有用吗？话说回来，我觉得你这个警察精神不太好，你这些乱七八糟的判断都是哪儿跟哪儿啊？莫名其妙！”

俞娜神态自若，许衡怒火上升，但他还是稳定住了自己的情绪。

“对不起，从现在开始，你和任何人联系都得经过我们同意。二十四小时之内，或许一半的时间内，我有把握给你、给我自己一个说法。”

俞娜一副很不高兴的样子，嘴里嘟嘟囔囔，一名女警察最后来到了她的身旁。

六

“林琦，我们快去找那个的士司机，这个家伙太可疑了！”

“的士司机，他怎么可疑？”

“塞娜酒吧停业，的士司机还在那里等什么活儿？韩盾折腾了一阵子后，他老婆才报的警，但的士司机的报警记录与韩盾老婆比还晚了十分钟。在这个时间差里，那个叫佟钥的的士司机做什么了呢？俞娜明明与佟钥在韩盾老婆家附近一同出现又一同离开，他们却都对这个问题避而不谈，这问题还不严重吗？”

的士司机佟钥再次被叫到刑警队，许衡开始没有问他任何问题，而是让他一个人在一间屋子里独处。在此之前，许衡目光炯炯地对佟钥说：

“小伙子，好好想，好好编！我一会儿再问你话，如果你编得不合理了，我就不客气了啦！”

许衡的目光是很典型的刑警目光，那是刑警生活“修炼”的结果。在这种目光面前，佟钥一下子沉默了，那是一种不安加烦躁的沉默。

……

转眼间，几个小时又过去了。在这几个小时里，许衡、林琦调来了俞娜和佟钥的通话单，分析结果表明，他们之间原本就联系密切，案发前后也有通话记录。

“哼！看来他们是老朋友！”许衡、林琦四目相对，充满惊喜。

各种鉴定和尸检结果在案发第二天上午出来了。鉴定表明，砍刀上的血迹是夏煊的；尸检结果表明，夏煊头部、胳膊等部位有诸多创口，这其中有砍刀形成的，有酒瓶子破裂后碎玻璃划的，均不是致命伤，夏煊胸部三个锐形创口是他丧命的原因，其中一刀刺中肺部，两刀刺中心脏。鉴定结果还表明，这三处创口系现场遗留尖刀造成的。

这里，一个奇怪的问题又出现了——现场遗留尖刀的刀把上竟然没有指纹、没有任何物证！

这个奇怪的问题，对于许衡来说却意味着更大的兴奋。

“林琦，天助我也！你知道天助我们什么了吧？”

“没有指纹最好，如果是烂醉如泥的韩盾用这把刀刺穿了夏煊的心脏，他哪里还能有心思把自己的指纹擦掉？”

高大威猛的警察许衡、林琦像两只兔子似的乱蹦，他们太高兴了！

俞娜和佟钥，他们两个到底谁是凶手呢？他们是怎样一种关系呢？许衡、林琦开始以一种更加兴奋的感觉去寻找答案……

七

这一次，许衡开始更加仔细地观察了佟钥。形象高大的他应该是某类女人比较喜欢的男人，衣着清洁得体，皮肤白净且鼻梁直挺，头发梳理得一丝不苟，言谈举止稳重内敛。佟钥看起来并不像一名的士司机，如果单凭感觉判断，他的职业应该是人们常说的那种“白领”。

“你这个人，收拾得挺精神的啊！”

一个男人如此赞美另一个男人，怎么感觉都不那么对劲，但许衡的这个评价事出有因，他的这个评价并没有令佟钥感到窘迫。

“开的士，司机和车内的环境都要整洁，这样生意才会好。”

“不止是生意好吧？除了勾客，是不是还会勾引——女人？”

许衡的这番话很重，若是常人听了不火冒三丈才怪，但许衡自有他的考量和把握。不出许衡所料，佟钥没有任何生气的意思，他又开始不安起来，还点了一支烟。

“你和俞娜是怎么认识的？”

佟钥没有急于回答许衡的问话，一支烟吸完了又点燃了一支，随后说起了他和俞娜的事情：

“我常年在酒吧前等活儿，俞娜经常在酒吧门前坐着望景，她也经常坐我的车，就这么认识的。俞娜确实是那种很风骚的女人，像俞娜那种诱惑真的是很难抗拒的，我一开始以为她是拿我解闷，我觉得她拿我解闷没什么大不了，因为同时我也是在拿她解闷。后来，我想不到她对我竟产生了感情，她的确是这么说的。她说她丈夫待她不好，经常对她拳脚相加，她还经常给我看她身上的伤痕。我后来真的是同情她了，我对她的丈夫夏煊充满怨恨，但除了怨恨，我也没什么办法。我能感觉到，俞娜对我挺痴情。”

“佟钥，对于夏煊的案子，你能不能说点实话？我们不想听谎言！”许衡的态度很严厉。

“当时是这样，我在酒吧外边等活儿，突然看到浑身是血的人手持砍刀跑了出来，他一出来就上了我的车，他那副样子，让我去哪儿我就得去哪儿，不敢不去。我开了一段路，忽然发现俞娜骑着摩托跟在我后边。那人下车后并没有发现俞娜，头也不回地就走了。俞娜对我说出事了，说坐车那人杀死了夏煊。我们一同返回酒吧，我发现夏煊已经死透了，就没有叫救护车。随后，我就报了警。我告诉俞娜，等警察来了，把事情说清楚就完事。”

佟钥表情胆怯地陈述着，许衡似乎不那么满意：“那你有必要离开吗？出了这么大的事情，照常理，你应该在俞娜身边才对。”

“我是不想让别人知道我和俞娜的关系。我觉得尤其是出了这件事情，我们还是距离远一些才好。况且，当时我在她身边也没什么具体作用。我以的士司机的身份报警，这就足够了。”

“你有很多事情还是没有说出来，比如，塞娜酒吧案发那天原本就停业，你还在门前等什么客人？你把自己对这件事情的参与伪装成巧遇，你要想说谎，事先一定要设计周密些。佟钥！在这件事情发生前后，你不像自己说的那样清白！”

这个时候，许衡的手机响了，手机里传来了韩盾落网的消息……

八

一个懦弱的男人可以为了一个女人同另外一个强悍的男人拚命，可以看出这个男人对这个女人的感情有多深！既然是这样，每一个参与案件侦破的人都相信韩盾一定会回来看俞娜，至于韩盾何时会出现，谁也不好估计那个具体期限。但是出乎所有人意料之外，韩盾在案发后的第二天傍晚就出现在塞娜酒吧。在那里布控的警察轻松将他俘获。

从落网的那一刻起，韩盾便抱定了必死的决心。但随后俞娜的表现令他心灰意冷，记忆深处的笑脸不见了，俞娜见到他没有任何的生离死别的缠绵。

“死，对于我来说已经躲不过了。俞娜，我希望最后一次见到你的笑脸，好吗？”

韩盾对有女警看守的俞娜说。这位调酒师的话令在场的警察动容，然而俞娜仅仅是咧咧嘴便算是笑了，那是苦笑，比哭都难看的苦笑！

俞娜的唇色已经全部褪尽，面色苍白，这都是警察许衡给她造成的。

许衡在得知这一系列场景后笑了，他对林琦说：俞娜已经没有心情表演了！

在审讯韩盾的时候，他态度非常好，对于那天与夏煊在一起的原因、事件的经过及他与俞娜的关系，与俞娜曾经表述的完全一致。但是，这里出现了一个大问题，由于当时喝了一斤多白酒，韩盾记忆发生缺失，他只是说自己酒后与夏煊打了起来，还动刀了，自己亲眼看见夏煊倒在血泊中，但细节问题全记不起来了，甚至到前妻那里的事情经过都回忆不起来了……

对于深度醉酒的人来说，这样的情况可以理解。

“许衡，你说韩盾和佟钥，俞娜能更喜欢哪一个呢？按照俞娜的逻辑，他们都算不上有钱人，最起码都没有夏煊有钱，她干吗要喜欢他们当中的一个呢？”

林琦的困惑同样存在于许衡内心。许衡觉得这起案件背后暗含着贪欲、利用，许衡非常清楚的一点是：夏煊死了，俞娜就会得到他的所有财产，按照目前的发展态势，她也会无忧地与佟钥在一起。——许衡准备彻底破解迷局，查证自己的思路！

九

“佟钥，你想好了没有？就你这熊样，还敢参与这种事情？俞娜在你被抓之前就先被抓了，她一开始还装腔作势地说对韩盾好，但后来我看她还是和你感情最没得说呀！韩盾、夏煊，他们是鹬蚌相争，你和俞娜则是渔翁得利！”

再一次审讯佟钥的时候，许衡开场白的每一句话都刺到了佟钥最敏感的神经，他咕咚一下跪在了许衡、林琦面前：

“警察原来这么厉害，看来犯罪这东西除了别做，只要做了，无论当初怎样周密设计，最后还是漏洞百出。我还要养家糊口，我家里还有老人孩子，帮帮我吧，我不能丢了工作！”

听了佟钥这番话，许衡感觉到一切就要水落石出，他已经隐约预感到真正的凶手就要现形……

十

“爱我，就给他两刀，所有的账都会记在逃跑的那个可怜虫身上！他死了，我们就可以安心地在一起了！”

返回酒吧后发现昏迷的夏煊浑身是血，正躺在地上呼呼地喘粗气。韩盾往他头上砸了几瓶子，又砍了几刀，夏煊便成了那副模样。夏煊没有死去，俞娜的神态很失望，也很着急，于是她向佟钥提出了最迫切的要求。

此前，俞娜已经告诉佟钥：今晚，夏煊一定会杀人，而且还会想杀我；你在酒吧外等着我，如果我命大能跑出来，你马上拉我跑。然后，我们报警，警察会把夏煊抓走。明天，我们就可以永远无忧无虑地在一起了！

然而，令佟钥没有想到的是，跑出来的竟是调酒师，而且他浑身是血，还带着刀。佟钥不敢不按他说的去做，佟钥害怕他一旦不高兴会给自己一刀。

俞娜骑着摩托追了出来，她在韩盾下车离开后告诉佟钥：怎么也没想到，夏煊被打倒了！我们赶快回去，如果夏煊没死，就赶快补上两刀，机会宝贵。你看这人喝成这个样子，他已经认为自己杀死了夏煊。明天，警察就会找他算账！

在酒吧里，俞娜把一把尖刀递给了佟钥，他犹豫了一下便把刀扔了。这个时候，俞娜重新捡起那把刀，疯狂地向夏煊胸部刺去。当俞娜以这样凶残的方式向曾经欺压过她的男人发泄时，佟钥既同情又害怕。佟钥把韩盾在车上的表现又详细地向许衡、林琦讲了一遍，随后道出了自己没有动刀的原因：

“那人对俞娜好像比我还痴情，我能听明白是俞娜害他离婚的。说实在的，俞娜那甜甜的笑脸经常会在我脑海里浮现，开车累的时候想想她甚至可以起到解乏的作用。但当那人絮叨地向我反复诉说俞娜的笑是怎样的软绵绵、是怎样的令他魂酥骨麻的时候，我突然意识到俞娜的笑容并不是属于我的专利。我开始后悔与俞娜走到这个程度。如果不是突然的醒悟，我也许会真的朝夏煊下刀。”

佟钥还告诉许衡、林琦：由于担心警察发现，我告诉俞娜把刀柄上的指纹擦掉了。

十一

俞娜说：每当我骑着摩托在大街上飞奔时，我总会有撞向某个地方的冲动，现在我如愿了！

案发后不到二十四小时，许衡、林琦便听到了俞娜的感慨……

案发当日下午，俞娜向夏煊提出晚上有最重要的事情商量，虽然有些不耐烦，夏煊还是答应了。有调酒师在，夏煊便认为是生意上的事情；事实上，俞娜在一开始与夏煊谈的全是生意上的问题，这样，韩盾也有很多话可插。夏煊原本就嗜酒如命，那天他与韩盾聊得还算投机，两个人分别喝了一斤多白酒。见火候到了，俞娜便搬出了致命话题。夏煊刚刚朝着韩盾飞出个酒杯，在他最凶残的情绪爆发前也就一秒钟的时间，由于酒精的作用，韩盾先下手为强了！

对于这场戏，俞娜蓄谋已久。她觉得自己与像调酒师那样的窝囊废偷情可以更加完美地激起夏煊最疯狂的报复，她为此特意在酒桌的醒目位置摆放了切水果的刀具，以方便夏煊需要的时候随手可得……

俞娜觉得自己的设计合情合理，只要她事后在外人面前充分表现出她与夏煊一起生活的不幸，同时充分表现自己对韩盾的爱慕之情，那种谈判产生的后果就会让人接受。俞娜觉得到时候人们会过多地关注她的“苦命”，而不会过多在意包括酒吧在内的，所有属于夏煊的财产都归她所有的事实。那个时候，她就可以安心地与佟钥在一起了。

“俞娜怎么可能喜欢佟钥呢？调酒师的职业比的士司机文雅多啦！”

“这个问题若细细分析，也许比判断谁是真凶还要复杂些！我们都是只会喜欢一个人的人，弄不懂那些三心二意人的心思。”林琦的这个问题，许衡也弄不大明白。

作为结局，俞娜被毫无疑问地判为死刑，韩盾、佟钥分别涉嫌包庇和伤害犯罪被判缓刑。判决那天，韩盾向着俞娜哭天抹泪，俞娜对他面无表情。但当她与佟钥在法庭上最后分别的时候，俞娜向着佟钥非常鲜明地露出了她曾经的笑脸。那种笑容，无论如何也无法将其与一起谋杀联系起来，人们见了那笑容都为俞娜惋惜。

但是，旁听的许衡、林琦却发现那笑容使佟钥面色苍白、大汗淋漓。许衡、林琦问他怎么了，佟钥说，俞娜的笑容可以令人疯狂，这让他想起就后怕；在他眼中，俞娜的笑容背后隐藏着这个世界上除了他谁也见不到的最恐怖的脸！